# मेरे संकल्प

# मेरे संकल्प

**जो बाइडन**


प्रभात
पेपरबैक्स
www.prabhatbooks.com

*प्रकाशक*
**प्रभात पेपरबैक्स**
**प्रभात प्रकाशन प्रा. लि.** का उपक्रम
4/19 आसफ अली रोड, नई दिल्ली-110002
फोन : 23289777 • हेल्पलाइन नं. : 7827007777
इ-मेल : prabhatbooks@gmail.com ❖ वेब ठिकाना : www.prabhatbooks.com

*संस्करण*
प्रथम, 2022



*अनुवाद*
वीणा शर्मा

*मूल्य*
तीन सौ पचास रुपए

*मुद्रक*
आर-टेक ऑफसेट प्रिंटर्स, दिल्ली

---

**MERE SANKALP**
*by* Joe Biden
(Hindi translation of PROMISES TO KEEP)

Published by **PRABHAT PAPERBACKS**
An imprint of Prabhat Prakashan Pvt. Ltd.
4/19 Asaf Ali Road, New Delhi-110002
by arrangement with CelticCapri Corp

ISBN 978-93-5521-118-7

₹ 350.00

माँ और पिता के लिए
जिन्होंने हमेशा वादा निभाया

जंगल प्यारा, गहरा और घना है,
लेकिन मुझे कुछ वादे निभाने हैं
और सोने से पहले मुझे कई मील जाना है
और सोने से पहले मुझे कई मील जाना है।

—**रॉबर्ट फ्रॉस्ट**

# प्रस्तावना

राजनीति का पहला सिद्धांत, बुनियादी सिद्धांत मैंने 1950 के दशक में अपने ग्रैंडपॉप (नानाजी) की रसोई में तब सीखा, जब मैं कोई बारह या तेरह साल का रहा होऊँगा। मेरे माता-पिता अभी हाल ही में हमें लेकर डेलावेयर आए थे, लेकिन अधिकतर शुक्रवार रात को माँ व पिताजी मुझे, मेरी बहन वैल, मेरे भाई जिम्मी और छोटे से फ्रैंकी को कार में भरकर हम सबको स्क्रैंटन, पेंसिल्वेनिया ले जाते, जहाँ हम अपने ग्रैंडपॉप फिनेगन के घर सप्ताहांत बिताते थे। शनिवार के दिन मैं अपने पड़ोस के पुराने दोस्तों के साथ बेसबॉल, बास्केटबॉल, चोर-सिपाही इत्यादि खेल खेलता था। खेल के बीच, हम ग्रीन रिज कॉर्नर्स की तरफ जाते और बीच में हैंडी-डैंडी पर रुककर अपनी कैपगन (खिलौना पिस्तौल) के लिए कैप्स लेते या पैपसी या सिम्मी पर पेनी कैंडी के लिए रुकते। सिम्मी ठीक जोसफ वॉल्श स्टोरफ्रंट बीमा एजेंसी के पास में था तो हम खिड़की पर लगे सलीब के निशान

के ठीक सामने से गुजरते। हमारे लिए किसी व्यावसायिक स्थान पर सलीब देखना असाधारण नहीं था। ग्रीन रिज स्टोर पर खरीदारी करनेवाले अधिकांश लोग हमारी तरह आयरिश कैथोलिक ही होते थे। हमने कभी इसपर ज्यादा सोच-विचार नहीं किया। हमें यही लगता था कि हमारी तरह आसपास के ज्यादातर बच्चे कैथोलिक हैं और हमें पता था कि हमसे किसकी उम्मीद की जाती है। शनिवार को सिम्मी की तरफ जाते हुए यदि हमें सड़क पर कोई नन दिख जाती तो हम सम्मान से अपनी टोपी उतारकर कहते—'गुड आफ्टरनून, सिस्टर!' और हम हमेशा उनके लिए दरवाजा खुला रखते। पादरी भी अकसर आस-पड़ोस में आते रहते थे और उनका भी सम्मान किया जाता। मेरे ग्रैंडपॉप चाहे मॉनसिग्नॉर वॉगन की शिकायत करते हों, जो हमेशा धन ही माँगते रहते थे, लेकिन ग्रीन रिज में कोई भी व्यक्ति पादरी के पास से उन्हें सम्मानपूर्वक 'गुडमॉर्निंग फादर' कहे बिना नहीं गुजरता था।

ग्रीन रिज में बहुत से कारोबार पचास वर्ष पुराने थे, इस भरे-पूरे इलाके में पहले-पहल इलेक्ट्रिक ट्रॉली ट्रेन की शुरुआत हुई, जहाँ बूटस्ट्रेप आयरिश लोग अपने परिवारों के साथ खुली हवा खाने के लिए छोटे हरे बगीचों में घूमते थे। इनमें से कुछ स्टोर्स में मेरी माँ भी गई थीं, जब वे छोटी बच्ची थीं।

सिम्मी, चार्ली रॉथ, लैरी ओर्र, टॉमी बेल में समय बिता लेने के बाद मैं रोजी थिएटर की तरफ बढ़ जाता, जहाँ बारह सेंट में दो फीचर मिलते, जो अकसर वेस्टनर्स या टार्जन की होती थीं।

अगर फिल्म के बाद हमारे पास समय बचता तो हम थॉम्पसन मार्केट पर रुक जाते। मिस्टर थॉम्पसन ने अपने स्टोर में एक असली बंदर रखा हुआ था; भले ही हमारे पास कैंडी खरीदने के पैसे न भी हों, फिर भी वह रुकने लायक था। हम एवलिन और ई-पॉल के सामने भी देर तक खड़े रहते और घर में बनी कैंडी व आइसक्रीम की महकती सुगंध का इंतजार करते, लेकिन जब सूरज डूबने लगता, तब मैं, चार्ली, लैरी और टॉमी अपने घर की तरफ चल देते और ईस्ट मार्केट स्ट्रीट से होकर लैकवाना रिवर की तरफ जाते। नदी में हमारी तरफ वाले किनारे पर आठ फीट ऊँचे पेड़ हमें हैरान करते और हम उनकी डालों पर झूलते हुए उस 'टार्जन' फिल्म के दृश्य को पुनर्निर्मित करते, जिसे हमने अभी देखा था। सबसे बड़ा एडवेंचर नदी के ऊपर वाले सोलह इंच के पाइप पर से सरपट पार निकलना था। हमें पता था कि हमें शायद ऐसा नहीं करना चाहिए; पचास के दशक में लैकी बहता नाला था, जो बेहद गंदा था। हमारे माता-पिता हमें हमेशा उससे दूर रहने की

चेतावनी देते थे, लेकिन जब तक हम उसमें गिर नहीं जाते, किसी को उसके बारे में पता नहीं चलेगा? पाइप पर दौड़कर जाने में शायद ही कोई नैतिक पाप था।

नदी पर खेलना समाप्त होने तक आमतौर पर दोपहर के खाने का वक्त हो जाता था, जो हम तेज गति से दौड़ लगाते—रिचमंट स्ट्रीट की पीछेवाली गली से होते हुए जहाँ एक तला गैराज की कतार थी। मैं और टॉमी गैराजों की छत पर एक से दूसरी पर छलाँग लगाते हुए दौड़ते जाते। 'जमीन दलदली है। छूओगे तो मर जाओगे—घड़ियाल तुम्हें खा जाएँगे!' चार्ली और लैरी अकसर घड़ियालों की खुराक बन जाते! कई बार रिचमंट स्ट्रीट के निवासी अपनी पिछली खिड़कियाँ खोलकर चिल्लाते—'अरे लड़को, चलो गैराज से नीचे उतरो!' कुछ भी हो, मेरे, चार्ली, लैरी और टॉमी के शनिवार की शाम वापस घर लौटने तक शाम हो जाती थी।

रविवार अलग तरह का होता था; यह दिन परिवार के लिए रिजर्व था। इसकी शुरुआत मास (धार्मिक संगीत सभा) से होती। इसमें मेरी उपस्थिति अनिवार्य थी। पूरा फिनेगन खानदान एक साथ सेंट पॉल्स कैथोलिक चर्च पहुँचा जाता और चर्च घर के विस्तार जैसा ही लगने लगता। मैंने पहले ही बाल्टीमोर प्रश्नोत्तरी से बचने का अपना तरीका निकाल लिया था—हमें किसने बनाया? ईश्वर कौन हैं? आत्मा क्या है? हमारा यह कहने का क्या मतलब होता है कि ईश्वर सब अच्छा करते हैं? और उत्तर थे—ईश्वर की वाणी उत्तम है और उनके सभी काम समर्पण भाव से करने चाहिए। उन्हें करुणा व फैसला पसंद है—धरती ईश्वर की दया से भरी है। मैं पूरी प्रश्नावली लगभग दोहरा सकता था। मैंने ईश्वर की प्रार्थना और एपॉस्टल क्रीड (प्रेरितों का विश्वास) याद कर लिए थे। मैंने अपना पहला कन्फेशन किया। मेरे ग्रैंडपॉप ने मुझे माला फेरना सिखाया और हर रात जब मैं अपने ग्रैंडपॉप को 'शुभरात्रि' कहकर चूमने जाता तो वे मुझे याद दिलाते—'जोई, पवित्र होने के लिए तीन बार मैरी का नाम लो।' मुझे लंबे समय बाद समझ आया कि वे शुचिता की बात करते थे। पहले-पहल मुझे लगता था कि उनका मतलब नेकी या उद्‌देश्य की शुद्धता से है, वह विचार जो हम सेंट पॉल के धर्मोपदेशों में अकसर सुना करते थे। यह अच्छा बनने से ज्यादा अच्छा करने के बारे में था।

मास के बाद फिनेगन और उनके दोस्त मेरे ग्रैंडपॉप के ट्राली लाइन के अंत में स्थित 2446 नॉर्थ वाशिंगटन एवेन्यू वाले घर में एकत्र होते। रात्रिभोज तैयार हो चुका हो या ओवन में गरम हो रहा हो तो महिलाएँ भी डाइनिंग रूम में आराम से बैठ जातीं और लेस के मेजपोश को उलट-पलटकर देखते हुए चाय पीती थीं।

इसी बीच ग्रैंडपॉप और आस-पड़ोस के उनके दोस्त, जो शायद स्क्रैंटन ट्रिब्यून के परम मित्र थे और मेरे फिनेगन अंकल जैक और बू-बू, किचन टेबल के पास बैठ जाते। वे दोपहर की धूप में बैठकर खेल व राजनीति पर हलकी-फुल्की बातचीत करते। वे सभी पुरुष पढ़े-लिखे, समझदार और समावेशी थे और उन्हें चर्चा करना पसंद था। वे स्थानीय राजनीति, राज्य राजनीति, वैश्विक घटनाओं, ट्रूमैन व मैकआर्थर मुकाबला, ट्रूमैन के स्टील कंपनियों के खिलाफ होने पर तर्क करते। वे ट्रूमैन के डेमोक्रेट्स थे, कामगार या कामगारों के बेटे थे, लेकिन वे मानते थे कि ट्रूमैन का यंग्सटाउन स्टील का अधिग्रहण की कोशिश हद से बाहर जाना है, शायद सुप्रीम कोर्ट ने उनकी लगाम को कसकर ठीक किया। राष्ट्रपति आखिर राष्ट्रपति है, कोई तानाशाह नहीं। यह कितना गैर-अमेरिकी था, फिर भी उनमें खासियत भी थी, उन्हें हैरी ट्रूमैन में यह पसंद था कि वे धूर्त नहीं थे। उन्हें अपना पक्ष पता था और उन्हें यह कहने में डर नहीं लगता था। ग्रैंडपॉप के यहाँ बैठे सभी लोगों को नए डेमोक्रेट नेता, एडलाई स्टीवेन्सन पर भरोसा नहीं था, उन्हें लगता था कि वे थोड़े नरम थे। वे आइजेनहावर को संदेह का लाभ देना चाहते थे; आखिर वे युद्ध के नायक थे। मेरे डैड, जो अमूमन इन चर्चाओं में शामिल नहीं होते थे, उन्हें आइक पर भरोसा था, क्योंकि उन्होंने पश्चिमी गठबंधन के प्रतिस्पर्धी राष्ट्रीय विशेषाधिकार और फ्रैंकलिन रूजवेल्ट, विंस्टन चर्चिल, चार्ल्स डे गॉल, फील्ड मार्शल मोंटगोमेरी व जनरल पैटन के बड़े अहं से चर्चा करके जंग जीतने में सक्षम थे। डैड का मानना था कि आइजेनहॉवर संतुलित व्यक्ति थे, एक नेता; लेकिन फिनेगन्स आइक की नीतियों पर तर्क करने को तैयार थे।

मैंने इन धुआँधार चर्चाओं के कारण ग्रैंडपॉप की रसोई के प्रति खिंचाव महसूस किया, हालाँकि मैं कम उम्र होने के कारण इन चर्चाओं में नियमित भागीदारी के योग्य नहीं था, फिर भी मेरे वहाँ यदा-कदा होने से वे नाराज नहीं होते थे। यहाँ तक कि जब चर्चा—स्क्रैंटन और लैकवाना काउंटी की स्थानीय राजनीतिक की तरफ मुड़कर गरमा जाती, तब भी वे मुझपर भड़कते नहीं थे। मुझे याद है, एक रविवार को वे पैट्रिक नामक एक स्थानीय नेता के बारे में बात कर रहे थे, वे समझदार आयरिश ऑपरेटर, धर्म प्रदेश का दोस्त, मजदूरों का दोस्त, अपने पड़ोसियों का दोस्त, अपने परिवार का दोस्त, शायद दोस्त से भी बढ़कर था। मैंने अनुमान लगाया कि पैट्रिक की राजनीतिक सहायता, उस सिफारिशी दिनों में भी, अकसर स्थायी अखबारों का ध्यान खींच लेती थी। कुछ युवाओं को लगता था कि अब वक्त आ गया है कि

पैट्रिक को हट जाना चाहिए, समय आ गया है कि स्क्रैंटन की डेमोक्रेटिक मशीन में ज्यादा आधुनिक चमक हो, लेकिन मैंने देखा कि मेरे ग्रैंडपॉप पैट्रिक के बचाव में थे, जबकि उनके दोस्त उनपर हमले किए जा रहे थे। कुछ समय बाद मेरे ग्रैंडपॉप ने बचाव करना छोड़ा और कुछ ऐसा किया, जो उन्होंने सनडे टॉकथॉन्स के दौरान पहले कभी नहीं किया था। वे मेरी तरफ मुड़े और बोले, "जोई, तुम सोचते होंगे कि ग्रैंडपॉप को पैट्रिक क्यों पसंद है।"

"नहीं, नहीं, ग्रैंडपॉप, नहीं।"

"तुम्हें मि. स्क्रैंटन पसंद हैं, है न प्यारे?"

अब मैं क्या कहता? आप ग्रैंडपॉप फिनेगन के टेबल पर झूठ नहीं बोल सकते। मेरे लिए विलियम स्क्रैंटन ईमानदार नागरिक का प्रतीक थे। वे ऐसे व्यक्ति थे, जिनका मेरे पिता भी आदर करते थे। मि. स्क्रैंटन इस टाउन के संस्थापक परिवारों से आते थे। वे युद्ध के दौरान विमान चालक रहे थे, जैसे मेरे हीरो अंकल। वे काफी पढ़े-लिखे और नागरिक नेता थे।

"हाँ पॉप, मुझे वो पसंद हैं।"

"जोई, मैं तुम्हें पैट्रिक और बिल स्क्रैंटन के बीच फर्क बताता हूँ, जब मैंने पैट्रिक से मदद माँगी तो वे हाँ भी कह सकते थे और न भी। वे मेरी तरफ देखकर यह भी कह सकते थे कि 'माफ कीजिए, एंब्रोस। मैं तुम्हारा दिल निकालनेवाला हूँ।' मैं इसे समझ सकता हूँ, पैट्रिक को जो भी कहते, मेरे मुँह पर कहते। मैं उनसे असहमत हो सकता हूँ, लेकिन वे मेरे लिए जो सोचते मेरे सामने बता देते।"

मेरे ग्रैंडपॉप ने मुझे उनकी कुरसी के पास बुलाया और मैं जब उनके पास पहुँचा तो उन्होंने मेरी कमर में बाँह डालकर मुझे पास खींच लिया। "जोई, क्या तुम्हें पता है मि. स्क्रैंटन का परिवार कहाँ रहता है?" मैं उस घर की कल्पना करने लगा, जहाँ स्क्रैंटन परिवार रहता होगा; ये हवेली होगी। उन्होंने कहा, "मैं अभी उन्हें फोन करके कह सकता हूँ कि मि. स्क्रैंटन, मैं ट्रिब्यून से एंब्रोस हूँ। मुझे एक समस्या है। क्या मैं आपसे मिलने आ सकता हूँ?" वे कहेंगे, "जरूर, आ जाओ एंब्रोस।" अब इससे ज्यादा नम्रता क्या होगी। मैं उन लंबी सीढ़ियों पर चढ़ूँगा और दरवाजा खटखटाऊँगा तथा उनका सेवक जीव्स दरवाजा खोलेगा। जीव्स मुझे अंदर आमंत्रित करेगा। मेरा कोट लेगा और इसके बाद मुझे लाइब्रेरी में बैठाकर मेरे लिए शैरी ले आएगा। मुझे नहीं पता था कि 'शैरी' क्या होता है और न ही इसके बारे में बताने के लिए मेरे ग्रैंडपॉप रुके, लेकिन सुनकर लगा कि शायद यह मिलना

अच्छा था। तब मि. स्क्रैंटन आएँगे और कहेंगे, 'एंब्रोस, मैं आपके लिए क्या कर सकता हूँ?' और मैं उन्हें अपनी समस्या बता दूँगा और वे कहेंगे कि उन्हें मदद करके खुशी होगी।

और तभी ग्रैंडपॉप उठे और उन्होंने मेरे कंधों के बीच थपकी दी। उन्होंने इतनी जोर से थपकी दी थी कि मैं चौंक गया। मुझे लगा कि शायद वे मुझसे गुस्सा हैं, मैंने शायद किसी तरह उन्हें निराश किया है। मैं अपने चेहरे को गरम होते महसूस कर सकता था, लेकिन मेरे ग्रैंडपॉप ने बोलना जारी रखा, "'एंब्रोस', वे कहेंगे, मुझे मदद करके खुशी होगी।"

"जोई, मुझे वहाँ से अपना कोट लेकर, दरवाजे से बाहर निकलकर, पहली सीढ़ी पर पैर धरते ही मुझे अपनी रीढ़ में सिहरन महसूस होगी।"

"जोई, तुम्हें पता है, हम आयरिश लोग इसे क्या कहते हैं?" मेरे एक अंकल ने कहा।

"हम इसे सिल्क स्टॉकिंग स्क्रू कहते।"

मेरे ग्रैंडपॉप ने मेरे अंकल की तरफ देखा तक नहीं। वे मेरी आँखों में देखते रहे और कहा, "जोई, याद रखना, मि. स्क्रैंटन जैसे लोग कंट्री क्लब में अपने दोस्तों के साथ वैसा नहीं करेंगे, जैसा हम जैसे राह चलतों के साथ करेंगे। वे राजनीति को अपना बिछौना समझते हैं। उन्हें लगता है कि राजनीति सिर्फ पोल व आयरिश व इतालवी और यहूदियों के लिए है तो कुछ भी चलेगा।"

मैं जानता था कि एंब्रोस फिनेगन डेमोक्रेट थे, जिनमें आयरिश होने के कारण स्क्रैंटन एलीट का नकचढ़ापन था, लेकिन मुझे तब भी स्क्रैंटन को सीधे नकार देने में बुद्धिमत्ता नहीं दिख रही थी। मेरे पिता हमेशा कहते थे कि आप किसी को केवल इसलिए दोषी नहीं मान सकते, क्योंकि वह धनवान है, लेकिन मैं समझ रहा था कि मेरे ग्रैंडपॉप मुझे वर्गवाद ये कुछ ज्यादा तात्त्विक चीज के बारे में समझाने का प्रयास कर रहे थे।

वे मुझे दो बड़ी चीजें समझाना चाहते थे—पहला कि कोई भी व्यक्ति या समूह, किसी दूसरे से बड़ा नहीं है। जनता के सेवकों का दायित्व है कि सबके प्रति समान रहें, भले ही उन्हें उनकी बात पसंद आए या न आए और दूसरा कि राजनीतिक व्यक्तिगत गौरव की बात है। व्यक्ति के शब्द उसका बंधन हैं। आपने जो वादा किया है, उसे निभाना होगा।

मुझे जितना भी याद है, मुझमें राजनीति को लेकर एक रोमांटिक धारणा थी

कि राजनीतिक को कैसा होना चाहिए और कैसे हो सकती है, अगर आप सही तरह से राजनीति करते हैं तो मेरा मानना था कि वास्तव में लोगों का जीवन बेहतर बना सकते हैं और ईमानदारी इसमें प्रवेश की न्यूनतम कीमत है। इससे पहली बार जुड़ने के तकरीबन चालीस वर्ष बाद मैं आज भी राजनीतिक और सार्वजनिक सेवा की संभावनाओं को लेकर मोहित रहता हूँ, बल्कि मेरा मानना है, जैसा कि मेरे ग्रैंडपॉप का भी मानना था कि मेरा चुना गया यह पेशा नैतिकता की पुकार था।

बचपन से ही मेरे दिमाग में तसवीर थी कि मैं किस तरह का व्यक्ति बनना चाहता हूँ। वह तसवीर, जो मेरी माँ और पिता से, उन कैथोलिक स्कूलों की शिक्षाओं से, जहाँ मैं पढ़ा था, अपने परिवार के हीरो अंकल बोसी की कहानियों से, जो पायलट थे और दूसरे विश्वयुद्ध में शहीद हुए तथा अपने भविष्य के आकार के बारे में मेरी आस्था से बनी थी। मेरी किशोरावस्था व कॉलेज के दिनों में, स्त्री व पुरुष देश को बदल रहे थे—मार्टिन लूथर किंग, जूनियर जॉन एफ. कैनेडी, रॉबर्ट कैनेडी और मैं उनकी वक्तृत्व शक्ति, उनके संवाद और उनके असंभव स्वप्नों के विशाल आकार में बह जाता था। मैं जानता था कि मैं इस बदलाव का हिस्सा बनना चाहता हूँ। मुझे पता नहीं था कैसे? मेरे पास कोई योजना नहीं थी, लेकिन मैं जानता था और यह तब स्पष्ट हुआ, जब युवावस्था में मुझे हैरतअंगेज राजनीतिक अवसर मिला, जब यह मिला तो मैं इसे अपनाने में झिझका नहीं, क्योंकि मेरे पास वह तसवीर पहले से मौजूद थी कि मुझे क्या करना है, मैं कैसा व्यवहार करूँ, जिससे इसका अधिक-से-अधिक लाभ ले सकूँ।

जब मैं अपने पिछले राजनीतिक भाषणों को देखता हूँ तो दिखाई देता है कि यह डॉ. किंग या कैनेडी परिवार की प्रेरणा से कहीं बढ़कर है, जिन्होंने मेरे सार्वजनिक जीवन में प्रवेश को सजीव बनाया। यह काफी हद तक मेरे ग्रैंडपॉप की सरल, सीधी आस्था जैसा था कि हमारे देश का कल्याण वही नेता कर सकते हैं, जो इसे वैसा ही बताएँ, जैसा वे इसे देखते हैं—'लोग नहीं जानते कि किसपर यकीन करें, अधिकतर वे राजनीतिज्ञों पर यकीन करने से डरते हैं।' मैंने वर्ष 1972 में अपनी सीनेट की उम्मीदवारी की घोषणा करते हुए विलमिंगटन में होटल ड्यू पॉण्ट पर उपस्थित जनता से कहा था।

हमारे पास ऐसे नागरिक अधिकारी होने चाहिए, जो खड़े होकर लोगों को बताएँ कि वे ठीक-ठीक क्या सोचते हैं। हमारी हाल के वर्षों की विफलता हमारे सामने जनता की रखी चुनौतियों को पूरा करने में विफल होना नहीं है, बल्कि हमारी दोनों

महान् राजनीतिक पार्टियों के इन चुनौतियों को जनता के सामने ईमानदारी व साहस के साथ पेश करने में विफल होने और लोगों के जो करना जरूरी हो, वह करने की इच्छा में भरोसा न करने में है, हम सब जानते हैं या कम-से-कम हमें लगातार यही बताया जाता है कि हम विभाजित लोग हैं और हम जानते हैं कि यह कुछ सीमा तक सच भी है। हमने अकसर अपने बीच के मतभेदों को हावी होने दिया है। हम अकसर महत्त्वाकांक्षी लोगों को इन मतभेदों का अपने राजनीतिक लाभ में उपयोग करने देते हैं। हमने अकसर कोई नेतृत्व न मिलने पर अपने मतभेदों से पीछे हट जाते हैं, लेकिन हमारे मतभेद मिलकर भी उन मूल्यों के सामने कुछ नहीं हैं, जो हम सब में एक जैसे हैं। मैं सीनेट का चुनाव लड़ रहा हूँ, क्योंकि मैं चाहता हूँ कि व्यवस्था फिर से काम करे और मुझे पूरा भरोसा है कि सभी अमेरिकी वास्तव में यही चाहते होंगे।

मुझे वर्ष 1972 में इसपर यकीन था; मुझे आज भी इसपर यकीन है। हमारे देश के संस्थापकों ने असाधारण प्रतिभा से राजनीतिक व्यवस्था को गढ़ा है और अमेरिकियों ने पीढ़ी-दर-पीढ़ी इस व्यवस्था का उपयोग अपने देश को व्यक्तिगत अधिकारों के प्रति अधिक निष्पक्ष, अधिक न्यायोचित, अधिक अभिनंदनीय, अधिक समर्पित बनाने में किया है। संयुक्त राज्य में शासन की ऐसी सर्वोत्तम व खूबसूरत व्यवस्था है, जो दुनिया ने आज तक जानी है। इस व्यवस्था में अंदर से कुछ गलत नहीं है; यह हमारे ऊपर है कि इसे काम करने में अपनी भूमिका निभाएँ।

मेरा सौभाग्य है कि मुझे इस उद्‌देश्य के लिए काम करने का अवसर मिला और तकरीबन पैंतीस वर्ष बाद मैं अपने काम को लेकर पहले से ज्यादा जुनूनी हूँ और उसके प्रति अधिक समर्पित हूँ, जो मैंने अपने पूरे कॅरियर में रहते किया है। आप अकसर हमारी राष्ट्रीय पार्टियों के शोचनीय स्थिति के बारे में, हमारे कड़वे और पक्षपातपूर्ण पार्टी मतभेदों के, हमारे संभाषणों में खेदजनक क्षुद्रता के बारे में पढ़ते या सुनते होंगे। मैं इनसे इनकार नहीं करता, लेकिन मैदान में भीतर से इसमें से कुछ भी अपरिवर्तनीय या घातक महसूस नहीं होता। हम हमेशा इसे बेहतर कर सकते हैं। मुझे इसपर यकीन है, वरना मैं अभी तक राजनीति में नहीं होता, बल्कि मुझे अपने कॅरियर में पहले कभी भी इतना शानदार अवसर मिलता नहीं महसूस हुआ, जितना कि आज है, शायद ऐसा इसलिए कि बीते इतने वर्षों के बाद, लोग सचमुच मुझे सुनने लगे हैं।

इतिहास में केवल कुछ ही दर्जन लोग हैं, जिन्होंने सीनेट में मेरे जितने लंबे समय तक सेवा दी है, जब मैं वर्ष 1972 में चुना गया, तब मैं उनतीस वर्ष का था,

जो शपथ लेने के लिए पर्याप्त उम्र नहीं थी, तब भी सीनेट में दिग्गज लोग खड़े थे। वे संभवत: उन लोगों से ज्यादा अच्छे या बुरे नहीं थे, जितने आज सेवा दे रहे हैं, जिनमें डिक्सिकैट्स से प्रोग्रेसिवर्स सब हैं और वे अविश्वसनीय रूप से मशहूर हैं—जेम्स ओ. ईस्टलैंड, सैम एर्विन, जॉन स्टेनिस, बैरी गोल्डवाटर, वॉरेन मैग्नसन, स्टुअर्ट सिमिंगटन, जैकब जाविट्स, हेनरी 'स्कूप' जैक्सन, अब्राहम रिबिकॉफ, फिलिप हार्ट और उनमें सबसे अच्छे—माइक मैंसफील्ड और ह्यूबर्ट हंफ्री जैसे लोगों से संपन्न हैं, जिनकी अमेरिकी लोगों की नजरों में इज्जत है। यहाँ पहुँचने पर मुझे यह पवित्र स्थान लगा और मेरा यह अहसास आज भी कायम है। पैंतीस वर्ष बाद आज भी यूनियन स्टेशन से निकलकर कैपिटोल डोम को देखना मुझे रोमांचित कर जाता है।

मैंने बिल्कुल नीचे से शुरुआत की, वरिष्ठता में सबसे अंतिम, जहाँ का ऑफिस इतना छोटा था कि मेरे कर्मचारियों को उठकर एक तरफ होना पड़ता था, जिससे सामने का दरवाजा खुल सके। उस वक्त मेरी छह महीने से ज्यादा काम करने की मंशा नहीं थी, लेकिन मैंने काफी लंबे समय काम किया, एक वक्त मैं ज्युडिशियरी और फॉरेन रिलेशन कमेटियों का चेयरमैन रहा। मेरे छह कार्यकालों में चीजें काफी बदल गईं, अच्छे व बुरे दोनों के लिए। मैंने अंतिम दक्षिणी पृथकतावादियों के साथ काम किया, लेकिन मैंने वहाँ कैरोल मोसले ब्रौन और बराक ओबामा का शपथ लेते देखा। वर्ष 1973 में सीनेट में एक भी महिला नहीं थी। आज सोलह हैं और इनमें से एक तो राष्ट्रपति पद के बहुत करीब है। मैंने कमेटी कक्षों, सम्मेलन कक्षों और क्लॉक रूम में तथा सीनेट के फ्लोर पर भी सामान्य शिष्टता का पतन होते व सहकर्मियों की दूसरों की आँख से दुनिया देखने के प्रति अनिच्छा को देखा है। मैंने प्रचार व शासन दोनों में पक्षधरता में वृद्धि और धन की शक्ति को बढ़ते देखा है, लेकिन मैंने गलियारे में एक पक्ष के दूसरे के प्रति हजारों छोटी नेकियाँ और व्यक्तिगत व राजनीतिक साहस के सैकड़ों कार्य होते भी देखे हैं।

सीनेट के नियम व परंपराएँ सेवा देनेवाले स्त्री-पुरुषों से सर्वोत्तम कार्यों की माँग का एक तरीका है। मेरे पहले कार्यकाल के शुरुआती दिनों में, जब कोर्ट ने राष्ट्रपति रिचर्ड निक्सन को वाटरगेट टेप्स पर विचार करने को कहा था तो सरकार संवैधानिक संकट की तरफ बढ़ती दिखाई दे रही थी। राष्ट्रपति ने सीनेटर जॉन स्टेनिस से उनकी ओर से काररवाई करने, टेप्स को सुनने, उन्हें अपने सहकर्मियों के लिए सार-संक्षिप्त करने, लेकिन उसे पूरी सीनेट से दूर रखने को कहा। स्टेनिस

आगा-पीछा करने लगे। वे अधिकारी शाखा के लिए काम नहीं करना चाहते थे; टेप्स सभी को उपलब्ध होने चाहिए। जॉन स्टेनिस ने संविधान को बनाए रखने के सिद्धांत पर काम किया। मुझे याद है कि उन्होंने उस दिन डेमोक्रेटिक गुट बैठक में क्या कहा, "मैंने अपने दायित्वों पर देर तक व कड़ाई से विचार किया। मैंने फैसला कर लिया कि मेरा सम्मान क्या करने में है और मैंने फैसला किया कि मैं सीनेट का आदमी हूँ। मैं राष्ट्रपति का आदमी नहीं हूँ। इसलिए मैं इन टेप्स को नहीं सुनूँगा। मैं सीनेट का आदमी हूँ।" मैं पूर्व गर्व से कहूँगा कि मैं भी सीनेट का आदमी हूँ। यह कार्य मेरी ताकत और मेरी गहनतम आस्थाओं में शामिल है।

मैंने डेलावेयर का सेवक हूँ, लेकिन मैं संविधान और राष्ट्र का भी सेवक हूँ। जॉर्ज वाशिंगटन ने सीनेट को 'उपशामक' संस्थान कहा है, जिसकी राजनीतिक लाभ के क्षण से बाहर परिचालन के लिए कल्पित थी। राष्ट्र का संस्थापना दस्तावेज संयुक्त राज्य सीनेटरों को राष्ट्रीय व अंतरराष्ट्रीय दोनों ही मामलों में दीर्घावधिक दृष्टिकोण के लिए प्रेरित करता है; जिससे हर मुद्दे पर संयुक्त व व्यक्तिगत ज्ञान और बौद्धिकता का उपयोग हो; जिससे अल्पसंख्यकों को बहुसंख्यकों के हानिकारक जुनून से बचाया जा सके; और ऐसे किसी भी राष्ट्रपति पर नजर रखनी है, जो अपनी शक्ति की सीमाओं के पार जा रहा हो। सीनेट को इस तरह डिजाइन किया गया है कि यह अपनी स्वतंत्र और संयमित भूमिका निभा सके और यह एक प्रकार का कर्तव्य और दायित्व जो किसी भी दिन या किसी भी दशक के पक्षपातपूर्ण विवादों का अतिक्रमण करते हैं।

संयुक्त राज्य का सीनेटर रहते मैंने इतिहास को देखा (और छोटी सी भूमिका भी निभाई)—वियतनाम युद्ध, वाटरगेट, ईरान बंधक संकट, बोर्क का नामांकन, बर्लिन की दीवार गिरना, जर्मनी का एकीकरण, सोवियत यूनियन का विघटन, 9/11, इराक में दो युद्ध, राष्ट्रपति पर महाभियोग, राष्ट्रपति का इस्तीफा और सुप्रीम कोर्ट के फैसले द्वारा राष्ट्रपति चुनाव। मैं दुनिया भर के युद्ध क्षेत्रों में गया हूँ और नरसंहार को निकट से देखा है। मैंने कोसीजिन, खडाफी, हेल्मट शिमट, सदात, मुबारक और मिलोसेविक के साथ आमने-सामने बैठकर सख्त बातचीत की है। मैंने निक्सन, फोर्ड, कार्टर, रीगन, क्लिंटन और दोनों बुश को राष्ट्रपति बनने के लिए संघर्ष करते देखा है। मैं राष्ट्रपति के लिए अपना चुनाव लड़ा और ट्रेन दुर्घटना के बड़े झटके के बाद अपने को सामान्य किया, जब मैं क्रैनियल एन्यूरिज्म से लगभग मर ही गया था। इसका परिणाम यह हुआ कि मैंने अपने स्वास्थ्य, अपनी साख और

सीनेट में अपने कॅरियर का पुनर्निर्माण किया। उसके बाद के वर्ष मेरे लिए विशेष रूप से लाभकारी रहे। मैं बालकंस में जनसंहार समाप्त करने में अपनी मददगार की भूमिका और 'वॉयलेंस अगेंस्ट वुमेन ऐक्ट' का मार्ग सुरक्षित करने को अपने सार्वजनिक जीवन के सबसे गौरवमयी क्षण मानता हूँ। यदि मैं और कुछ हासिल नहीं कर पाता (और यदि मैंने कुछ हासिल नहीं किया होता) तो मेरे लिए ये दो प्रयास मेरे लंबे कॅरियर की हर मुश्किल और संदेह के पल का भुगतान होता।

बीते वर्षों में मैंने अपने बारे में बहुत कुछ जाना है, लेकिन मुझे यकीन है कि मैंने अमेरिकी जनता के बारे में उनके विशिष्ट गौरव बिंदु के बारे में बहुत अहम सबक सीखे हैं। वर्ष 1972 में सीनेट का अपना पहला चुनाव जीतने के ठीक बाद मैं अकसर कहता था कि मुझे अमेरिकी जनता में अत्यधिक आस्था है और यह सचमुच मेरे लिए मायने रखता है। मैं ऐसा केवल भाषण में नहीं कहता था, बल्कि सोते वक्त अपनी पत्नी से भी कहता था। मुझे वर्ष 1972 की चुनावी दौड़ पर गर्व है; वह ईमानदार, स्पष्ट और निर्दोष थी। मुझे लगता है कि मैं अपने ग्रैंडपॉप की सलाह पर चला था। बाइडन फॉर सीनेट कैंपेन का उद्देश्य राजनीति की सत्यनिष्ठा को बचाना था और मुझे लगता है कि अपने इस प्रयास में हमें समर्थन मिला। मैंने इस बारे में अपने बड़े नए घर में अपनी पत्नी नीलिया से बात की, "मुझे आस्था है, नीलिया। मुझे सचमुच है। मुझे अमेरिकी जनता में पूरी आस्था है।" नीलिया हमेशा से ही मुझसे ज्यादा तेज नजर की रही थी। "जोई!" उन्होंने कहा, "हार गए तो पता नहीं तुम्हें कैसा लगेगा?"

पूर्ण रहस्योद्घाटन—मुझे अमेरिकी जनता के निर्णय व बुद्धिमत्ता पर पूर्ण विश्वास नहीं है। हम सब मनुष्य हैं और हम सबको भरमाया जा सकता है, जब नेता नागरिकों के समस्तर न हों तो हम उनसे अच्छे निर्णयों की आशा नहीं रख सकते, लेकिन मुझे अमेरिकी जनता के दिल पर पूरा भरोसा है। इस देश का सबसे बड़ा संसाधन इसका धैर्य, संकल्प, साहस और बुनियादी शिष्टाचार तथा इसके नागरिकों का स्थिर गौरव है। मैं ऐसे हजारों आम अमेरिकियों को जानता हूँ, जो ऐसे बोझ ढो रहे हैं, जो हममें से कइयों को तोड़ देगा, जो रोज सुबह उठते हैं और सतत काम करते रहते हैं। अधिकांश लोग ऐसा बिना किसी खास मदद या दया के नहीं करते, जबकि हममें से सबसे भाग्यशाली लोग उन्हें यह बोझ उठाने में मदद के लिए तत्पर होते हैं। मुझे अपने साथी अमेरिकियों की उदारता, दृढ़ संकल्प और क्षमताओं पर यकीन है। मैंने इसे बार-बार देखा था, लेकिन 11 सितंबर, 2001 को वर्ल्ड ट्रेड

सेंटर और पेंटागन पर हमलों के बाद के समय में मैं वास्तव में इसकी गंभीरता को समझ सका।

जब विमान टकराए, तब मैं विलमिंगटन से वाशिंगटन जानेवाली ट्रेन में था और उस सुबह यूनियन स्टेशन से बाहर निकलने पर मुझे पोटोमैक के पार पेंटागन से धुएँ का गुबार उठता दिखाई दिया। उस दिन की सुबह शांत थी। हवा लगभग बिल्कुल नहीं थी, सब बेहद शांत था, इतना कि कैपिटल डोम की तरफ बढ़ते हुए मैं अपनी खुद की साँसों की आवाज सुन सकता था। मैं अपने चेहरे पर पड़ती सूर्य की गरमी और नील हरित रंग के आकाश के तीखेपन से हतप्रभ था, जो अजीब ढंग से विमान रहित था, लेकिन इस शांति के नीचे वाशिंगटन की भूमि पर घबराहट फैली हुई थी। कैपिटल बिल्डिंग को पहले ही खाली करवा लिया गया था। सभी सीनेटर, हाउस सदस्य और उनके कर्मचारी कैपिटल और यूनियन स्टेशन के बीच वाले पार्क में भीड़ लगाए हुए थे। कुछ लोग अपने सेल फोन पर बात कर रहे थे। कुछ लोग रीगन के स्टार वॉर मिसाइल डिफेंस सिस्टम को धन मुहैया करवाने की पैरवी कर रहे थे। कैपिटल पुलिस किसी को भी वापस बिल्डिंग में नहीं जाने दे रही थी, लेकिन सीनेट ऑफिसों के पीछे चार-मंजिला इमारत के शीर्ष फ्लोर स्थित कमांड पोस्ट पर चुनिंदा निर्वाचित अधिकारियों को ब्रीफिंग दी जा रही थी। ज्यादातर सदस्य नीचे के फ्लोर पर जमा थे। इसलिए मैं बार-बार दोनों फ्लोर पर चक्कर लगाकर, अपनी बात सुनने के लिए किसी व्यक्ति को मनाने का प्रयास कर रहा था कि हमें वापस सत्र आरंभ करना चाहिए और अमेरिकी लोगों को दिखा दें, हमने हालात सँभाल लिये हैं, लेकिन कोई नहीं सुन रहा था; दोनों पार्टियों के नेताओं से कहा जा रहा था कि उन्हें शहर छोड़ने के लिए तैयार रहना चाहिए। कांग्रेसमैन बॉब ब्रैडी ने, जो खुद हमारे साथियों के सत्र में वापस लौटने पर जोर दे रहे थे, अंत में निराश होकर हार मान ली। उन्होंने सोचा कि वे शायद अपने घरेलू जिले फिलाडेल्फिया में वापस लौटकर कुछ बेहतर कर सकेंगे और उन्होंने रास्ते में मुझे विलमिंगटन छोड़ने का प्रस्ताव दिया। वापस लौटने के रास्ते में पत्रकारों की भीड़ के बीच से गुजरते हुए मुझे और ब्रैडी को घबराहट बढ़ती महसूस हुई; निश्चित ही वह जो हो रहा था, उसके बारे में कुछ सुनने को बेताब थे। ए.बी.सी. की रिपोर्टर ने मुझसे पूछा, "सीनेटर बाइडन, मैंने जिन सीनेटरों और कांग्रेस सदस्यों से बात की, उन्होंने यही कहा कि यह हमारे लिए युद्ध जैसी स्थिति है। इंटेलिजेंस कमेटी के वरिष्ठतम सदस्य सीनेटर शेल्बी ने कहा कि निश्चित ही यह युद्ध की स्थिति है और सीनेटर

चक हगेल ने कहा कि हमें अपनी सीमाओं को सुरक्षित करना होगा, अपने एयरपोर्ट लॉक करने होंगे और अपने सार्वजनिक संस्थानों की सुरक्षा के तरीकों की फिर से जाँच करनी होगी?"

"आशा करता हूँ कि यह सच न हो।" मैंने उस पत्रकार व वहाँ मौजूद श्रोताओं से कहा।

मैं यह अलग तरीके से कहता। मैं कहूँगा कि हमारा वास्तविकता से आमना-सामना हुआ है। ऐसी वास्तविकता, जिसके अस्तित्व और संभावना के बारे में हमें पता था। वह वास्तविकता, जो अन्य देशों में विभिन्न स्तरों पर घटती है, लेकिन यदि इस वास्तविकता का जवाब देने के लिए हम अपनी नागरिक स्वतंत्रता में कटौती करें, अपने तौर-तरीके बदलें तो सच यही है कि हम यह युद्ध हार गए हैं। युद्ध लड़ने का यही तरीका है कि हम यह दिखाएँ कि हमारी नागरिक स्वतंत्रता, हमारे नागरिक अधिकार, हमारी आजादी और घूमने फिरने की क्षमता में कोई बुनियादी बदलाव नहीं हुआ है; हालाँकि बतौर राष्ट्र हम बिना अपने चरित्र को बदले ऐसा बहुत कुछ कर सकते हैं, जिससे इसके फिर से होने की संभावनाएँ काफी हद तक कम हो जाएँ, यह बहुत बड़ा, बहुत मजबूत, बेहद समन्वित और अपनी एकजुटता और मूल्यों के मायने में काफी शक्तिशाली है कि कोई इसे तोड़ सके और यह फिर नहीं होगा, यह फिर नहीं होगा।

तब तक सीनेट और हाउस नेतृत्व को हेलिकॉप्टरों में सवार होने को राजी कर लिया गया था कि उन्हें विमान द्वारा वेस्ट वर्जिनिया में किसी सुरक्षित स्थान पर ले जाया जाएगा। उपराष्ट्रपति को फौरन ही दूर किसी अज्ञात गोपनीय स्थान पर भेज दिया गया था। राष्ट्रपति एयर फोर्स वन में एक से दूसरे सुरक्षित स्थलों की उड़ान भर रहे थे; उन्हें यकीन दिलाया गया था कि इस वक्त डी.सी. वापस लौटना खतरे से खाली नहीं।

जब हम विलमिंगटन की तरफ बढ़ रहे थे, उस वक्त तक ट्विन टॉवर ध्वस्त हो चुके थे और न्यूयॉर्क में मरनेवालों की अनुमानित संख्या पाँच, छह, सात हजार या शायद इससे भी ज्यादा थी, लेकिन जब मैंने घर जाकर टेलीविजन सुना तो मैंने देखा कि अमेरिका का दिल अभी भी उत्साह से धड़क रहा था। डॉक्टर और नर्सें न्यूयॉर्क सिटी अस्पताल में घायलों के उपचार के लिए कमर कसे खड़े थे। सड़कों पर रक्तदान के लिए न्यूयॉर्क वासियों की लंबी कतारें लगी थीं, हालाँकि कह दिया गया था कि और रक्त की आवश्यकता नहीं है। मैं उनके चेहरों पर देख सकता

था—उनमें कुछ करने, कुछ भी करने की भूख थी। कोई भी युद्धकालीन स्थिति या बदला लेने की बात नहीं कर रहा था। वे बस अपनी भूमिका निभाना चाहते थे। यही वह दिन था, जिसने मुझे याद दिलाया कि वाशिंगटन में अपने नेताओं के लगभग पूर्ण मौन रहने के इस क्षण में भी अमेरिकी लोग इस अवसर पर खुद आगे बढ़े। रक्तदान के लिए कतार में लगे उन लोगों को देखकर मुझे विश्वास हो गया कि देश एक बार फिर उठ खड़ा होगा और इस नई चुनौतियों का सामने से मुकाबला करेगा और ऐसा करके और मजबूत होकर उभरेगा।

मेरे लिए यह जीवन का पहला सिद्धांत है, बुनियादी सिद्धांत और एक सबक जो आप किसी बुद्धिमान व्यक्ति के चरणों में रहते भी नहीं सीख सकते कि खड़े हो! जीवन की कला बस इतनी सी है कि हर बार जब हार जाएँ तो एक बार फिर उठ खड़े हों। यह ऐसा सबक है, जो उदाहरण द्वारा सिखाया और करके सीखा जा सकता है। मैंने यह सबक विलमिंगटन, डेलावेयर में अनिर्वचनीय स्प्लिट-लेवल के घर में परवरिश के दौरान हर रोज सीखा। मेरे पिता, जोसफ रॉबिनेट बाइडन सीनियर, बहुत कम बोलते थे। मैंने उनसे जो कुछ भी सीखा, उन्हें देखकर ही सीखा था। जवानी में उन्होंने कई बार मात खाई, ऐसी चीजें खोईं, जो हम जानते थे कि उन्हें कभी वापस नहीं मिलेंगी, लेकिन उन्होंने कोशिश करना नहीं छोड़ा। वे हमारे घर में रोज सबसे पहले उठ जाते थे, वे दाढ़ी बनाते, अच्छे कपड़े पहनते, कॉफी पीते और कार डीलरशिप पर जाने के लिए तैयार होते, एक ऐसा काम, जो उन्हें कभी पसंद नहीं आया। मेरे भाई जिम ने बताया कि उसने कई सुबह डैड को किचन में गाना गाते सुना था। मेरे पिता में एक आकर्षण था। उन्होंने कभी भी हार नहीं मानी और न ही कभी शिकायत थी। 'तुम्हारी जिंदगी दुनिया पर अहसान नहीं है जोई,' वे अकसर कहते थे, लेकिन बिना किसी द्वेष के। उनके पास आत्म-वंचना के लिए जरा भी वक्त नहीं था। वे लोगों को इस आधार पर नहीं आँकते थे कि वह कितनी बार हारा है, बल्कि वह कितनी तेजी से उठ खड़ा होता है।

'खड़े रहो!' उनका यही वाक्य होता था और पूरा जीवन मुझमें यह प्रतिध्वनित होता रहा। दुनिया तुम्हें सिर के बल गिरा देगी। मेरे पिता कहेंगे, खड़े हो! तुम अपने से निराश होकर बिस्तर पर लेटे हो? खड़े हो! फुटबॉल खेलते वक्त चोट लगी? खड़े हो! बुरे ग्रेड्स? खड़े हो! लड़की के माता-पिता उसे कैथोलिक लड़के के साथ नहीं जाने देते? खड़े हो!

यह सिर्फ छोटी ही नहीं, बड़ी चीजों में भी था, जब मुझे सिर्फ एक ही आवाज

सुनाई देती थी, जो मेरी खुद की थी। सर्जरी के बाद सीनेटर, आप शायद बोलने की क्षमता खो देंगे? 'खड़े हो!' बाइडन अखबार आपको साहित्यिक चोर कह रहे हैं? 'खड़े हो!' आपकी पत्नी और बेटी—माफ कीजिए, जोई, हम उन्हें बचाने के लिए कुछ नहीं कर सकते? खड़े हो! लॉ स्कूल की क्लास में फँसे हैं? खड़े हो! बच्चे आपके हकलाने का मजाक उड़ाते हैं, ब-ब-ब-ब-ब-बाइडन? खड़े हो!

# अनुक्रम

# 1

# हकलाहट

जोई हकला, मेरे सहपाठियों ने मुझे यह उपनाम तब दिया था, जब हाई स्कूल के पहले सेमेस्टर में हमारे एक दिन में लैटिन के दो पीरियड होते थे। यह वह पहला बड़ा शब्द है, जो हमने सीखा था। 'इंपेडिमेंटा' वह अड़चन, जो व्यक्ति की प्रगति बाधित करे तो उन्होंने मुझे जोई इंपेडिमेंटा (हकला) या डैश नाम दिया। बहुत से लोगों को लगता था कि फुटबॉल के कारण मुझे डैश कहते हैं। मैं तेज था और अपने हिस्से के टचडाउन फौरन कर लेता था, लेकिन केवल लड़कों के कैथोलिक स्कूल में आमतौर पर आपको उपनाम अपने बारे में अच्छा महसूस करने के लिए नहीं दिए जाते। उनके मुझे डैश कहने का कारण वह नहीं था, जो मैं फुटबॉल के मैदान में करता था; वे मुझे डैश उस कारण से कहते थे, जो मैं क्लास में नहीं कर पाता था। मैं मोर्स कोड की तरह बोलता था। डॉट-डॉट-डॉट-डॉट-

डैश-डैश-डैश-डैश। "तुम ल-ल-लोग-च-च-चुप हो जाओ!"

हकलाहट मेरी अड़चन थी। यह हमेशा इतना बुरा नहीं था। घर पर अपने भाइयों और बहनों के साथ, अपने पड़ोस के दोस्तों के साथ या बॉल फील्ड में शूटिंग द बुल खेलते वक्त मैं ठीक रहता, लेकिन जब भी मैं किसी नई स्थिति या नए स्कूल में जाता, क्लास के सामने पढ़कर सुनाना होता या किसी लड़की से घूमने चलने को पूछना होगा तो मैं यह नहीं कर पाता था। हाई स्कूल में मेरे फ्रैशमैन वर्षों के दौरान मेरी इस हकलाहट के कारण मुझे सार्वजनिक वादन से छूट दी गई थी। सुबह प्रार्थना के दौरान हर किसी को 250 लड़कों के सम्मुख प्रस्तुतीकरण देना होता था। मुझे छोड़कर और यह सबको पता था। वे शायद इस बारे में ज्यादा नहीं सोचते थे, उनके पास चिंता करने को और भी बहुत कुछ था, लेकिन मैं सोचता था। ये एक कोने में मूर्ख की टोपी पहनकर खड़े होने जैसा था। बाकी बच्चे मुझे इस तरह देखते थे, जैसे मैं भोंदू हूँ। वे हँसते थे। मैं किसी भी तरह साबित करना चाहता था कि बाकी सब जैसा ही हूँ, बल्कि आज भी मुझे वह डर, वह शर्मिंदगी, वह पूर्ण क्रोध याद है, जितना विविधतापूर्ण यह घटना के दिन था। कई बार लगता कि मेरी अड़चन ही दुनिया का अंत है। मुझे चिंता होती कि यह हकलाहट मेरा स्मृति-लेख न बन जाए और ऐसे भी दिन होते, जब मैं सोचता कि मैं इसे कैसे मात दे सकता हूँ?

यह कहने में मजाक लगता है, लेकिन यदि संभव होता तो मैं हकलाहट के उन अंधकारमय दिनों से दूर रहना चाहूँगा। मेरी यह अड़चन ईश-अनुग्रह से समाप्त हुई। इसे जारी रखने में मुझे ताकत मिली और मुझे आशा है कि इसने मुझे बेहतर इनसान बनाया और इसने मुझे जो सबसे अहम चीज सिखाई, वह मेरी जीवन के साथ ही साथ मेरे चुने कॅरियर का सबसे अनमोल सबक साबित हुआ।

मुझे स्क्रैंटन, पेंसिल्वेनिया के ग्रेड स्कूल से अपनी हकलाहट की चिंता सताने लगी थी, जब मैं किंडरगार्टन में था, तब मेरे माता-पिता ने मुझे मैरीवुड कॉलेज के वाक् चिकित्सक के पास भेजा, लेकिन इससे ज्यादा मदद नहीं मिल रही थी, इसलिए मैं कुछ ही बार गया। सच तो यह है कि मैं नहीं चाहता था कि यह हकलाहट मेरी उन चीजों के रास्ते में आए, जो मेरे लिए सचमुच मायने रखती थीं। मैं अपने ग्रेड के अनुसार युवा व अपनी उम्र के अनुसार छोटा था, लेकिन मैंने वह किया सिर्फ यह दिखाने के लिए मुझमें हिम्मत है। ललकारने पर मैं सुलगते कोलतार के शीर्ष पर चढ़ जाता, कंस्ट्रक्शन साइट पर झूल जाता, चलते कूड़े के ट्रक के पीछे दौड़ लगाता। यदि मैं मानसिक कल्पना में खुद को यह करते देख लेता तो समझ

जाता कि मैं यह कर लूँगा। मेरे मन में कभी नहीं आता कि मैं नहीं कर सकूँगा। मुझे अपनी वाक् संवाद क्षमता को लेकर जितना कम आत्मविश्वास था, अपनी खिलाड़ी क्षमता पर उतना ही यकीन था। खेल मेरे लिए उतने ही स्वाभाविक थे, जितना बोलना अस्वाभाविक था और खेल मेरे लिए स्वीकार्यता टिकट और इससे भी बढ़कर बना। मुझे खेल में डराना आसान नहीं था तो मैं जब भी हकलाता तो हमेशा से ऐसा बच्चा रहा हूँ, जो कह उठता, "मुझे बॉल दो।"

"आखिरी शॉट कौन खेलनेवाला है? मुझे बॉल दो।" हमें टचडाउन की जरूरत है। "मुझे बॉल दो।" मैं आठ वर्ष का हो चुका था और संभवतः मैदान में सबसे छोटे आकार का था, लेकिन मुझे बॉल चाहिए थी और वे मुझे बॉल दे देते।

जब मैं दस वर्ष का हुआ तो हम स्क्रैंटन उपनगर से निकलकर, जिसे मैं अच्छी तरह जानता था, विलमिंगटन, डेलावेयर चले गए। मेरे पिता को स्क्रैंटन में अच्छी नौकरी नहीं मिल रही थी और उनके भाई फ्रैंक लगातार उनसे कह रहे थे कि विलमिंगटन में नौकरियाँ हैं। बाइडन भाइयों ने अपने स्कूली दिनों का अधिकांश हिस्सा विलमिंगटन में ही बिताया था तो मेरे पिता के लिए यह घर वापसी के जैसा था। शेष हम सबके लिए, यह घर छोड़ने जैसा था, लेकिन मेरी माँ, जिनका जन्म और परवरिश स्क्रैंटन में हुई थी, वही करना चाहती थीं, जो मेरे पिता चाहते थे; वे इसे किसी और तरह से नहीं देखना चाहती थीं। यह एक शानदार अवसर था। हम नई शुरुआत कर रहे थे। हम नए दोस्त बना सकते थे। हम एक बिल्कुल नए उपनगर के नए घर में थे। यह पुराना घर नहीं था। हम पहले थे, जिन्होंने वहाँ कदम रखा। सब बहुत अच्छा था। मेरी हकलाहट भी उनके लिए ऐसा ही था। वे बुरी बातें नहीं देखती थीं। जोई, तुम खूबसूरत हो। जोई, तुम कितने अच्छे खिलाड़ी हो। जोई, तुम्हारा आई.क्यू. कितना उच्च है। तुम्हारे पास कहने को बहुत कुछ है कि तुम्हारा दिमाग तुमसे आगे है और अगर दूसरे बच्चे मेरा मजाक उड़ाते थे तो इस उनकी समस्या है, वे बस ईर्ष्यालु थे।

उन्हें पता था कि आहत बच्चे कैसे होते हैं। एक काम, जो उन्होंने विलमिंगटन आने के बाद किया, वह था, मुझे एक वर्ष तक घर पर रोके रखा। युवा और आकार में छोटा होने के साथ ही मैंने पिछले वर्ष स्क्रैंटन में बहुत दिनों तक स्कूल नहीं गया था, जब मुझे टॉन्सिल हुए थे और जब गले की गिल्टी निकाली गई थी और जब हम विलमिंगटन आए तो मेरी माँ ने जोर देकर कहा कि मैं तीसरी कक्षा फिर से करूँ और होली रोजरी के किसी भी बच्चे को पता नहीं चलेगा कि मेरी माँ ने मुझे रोककर

रखा था। एक और तरीका था कि विलमिंगटन एक नई शुरुआत थी।

वास्तव में हम विलमिंगटन के बाहरी इलाके में चले गए थे, एक कर्मचारी वर्ग के उपनगर में जिसे 'क्लेमोंट क्षेत्र' कहा जाता था, जो पेंसिल्वेनिया राज्य के नजदीक था। मुझे डेलावेयर का अभियान अभी भी याद है। यह सब एडवेंचर जैसा लगता था। मेरे पिता कार चला रहे थे और माँ आगे उनके साथ बैठी थीं और हम तीनों बच्चे—मैं, मेरा भाई जिम्मी और मेरी छह साल की बहन, वैलेरी, जो मेरी सबसे अच्छी दोस्त भी थी, पिछली सीट पर थे। हम फिलाडेल्फिया टर्नपाइक की स्टेट लाइन पर ड्राइव कर रहे थे और वर्थ स्टील मिल, द जनरल कैमिकल कंपनी और तेल रिफाइनरी, सभी धुआँ निकलते स्थानों को पीछे छोड़ते गए। हम वर्थलैंड और ओवरलुक कॉलोनी से आगे निकले, जहाँ उन घरों की कतारें थीं, जिनका निर्माण मिलवालों ने अभी कुछ ही वक्त पहले शताब्दी बदलने के साथ ही अपने कर्मचारियों के लिए करवाया था। वर्थलैंड इतालवी और पोलिश लोगों से भरा था; ओवरलुक कॉलोनी में अश्वेत थे। यह ब्रुकव्यू अपार्टमेंट और हमारे ब्रैंड-न्यू गार्डन यूनिट से बस मील भर ही दूर थी। फिलाडेल्फिया पाइक से फौरन ही हम घर पहुँच जाते।

ब्रुकव्यू पर चाँद की रोशनी दिखती थी। विशाल जल मीनार, जो इस विस्तार में धुँधली सी दिखती थी, लेकिन वहाँ एक भी पेड़ नहीं दिखता था, जब हम मुख्य सड़क पर पहुँचे तो यह हमें हलके से मोड़ तक ले गई। मुख्य सड़क के सामने 'कोर्ट्स' थे। यह एक तरफ से बन चुका था, लेकिन दूसरी तरफ अभी भी निर्माण जारी था। हमें मिट्टी के टीलों और लाल क्ले के बीच भारी मशीनरी खड़ी दिखाई दे रही थी। ये ग्रीष्म का गरम दिन था तो हमारी कार की खिड़कियाँ खुली थीं। मुझे लाल क्ले की गंध और धरती के कटोरे से निकलती सल्फर की बदबू आज भी याद है, जब हम घुमाव से नए घर की तरफ जानेवाली मुख्य सड़क पर पहुँचे तो मेरी माँ को यह हवारहित छोटे से एक मंजिला अपार्टमेंट दिखाई दिए। वे भूरे सरसों जैसे रंग के थे। मेरे पिता ने माँ का चेहरा देखा, जो अपने इस नए निवास को जाँच रही थीं। "फिक्र मत करो पुड!" उन्होंने उनसे कहा।

"वे नहीं हैं। हमारा घर बड़ा है।"

वे कार को मोड़ के अंत तक ले गए और कार से बाहर निकले बिना, एक शोरगुल भरे बगीचे के विस्तार के पार बड़े बगीचे की तरफ इशारा किया। हमारा नया घर दो मंजिला था, सफेद, जिसके सामने पतले खंभे थे—तारा का संकेत, मुझे

लगा और उसके दोनों तरफ एक मंजिला डिब्बे थे। "वो है!" उन्होंने कहा।

"यह पूरा··· ?" माँ ने पूछा।

"नहीं, सिर्फ बीच वाला," मेरे पिता ने फिर कहा, "चिंता मत कर पुड, यह अस्थायी है।"

मैं पिछली सीट पर बैठकर भी बता सकता था कि माँ रो रही थीं।

"माँ! क्या हुआ, माँ?"

"मैं बहुत खुश हूँ। यह कितना खूबसूरत है? है न खूबसूरत?"

वास्तव में यह मुझे तो बुरा नहीं लगा। यह सेंटर हॉल कॉलोनियल का लघु संस्करण लग रहा था और हम ऊपर बेडरूमों में गए। मेरा बेडरूम पीछेवाला था, जिसका मतलब है कि मैं अपनी खिड़की से अपनी सबसे पसंदीदा वस्तु को देख सकता था, मेरा ओज : आर्कमेरे। जो ठीक कर्मचारी इस्पात नगर के मध्य में स्थित था, जो मिल से एक मील से भी कम दूर और ब्रुकव्यू अपार्टमेंट के प्रवेश से सीधा रास्ता था, जो मेरा वास्तव में देखा पहला भवन था। मैं इसे घंटों तक देखता रह सकता था। जॉन जैकब रास्कोब ने यह मकान स्टील मिल्स, कैमिकल प्लांट और तेल रिफाइनरियों के क्लेमोंट आने से पहले अपने परिवार के लिए बनाया था। रास्कोब पियरे डू पॉण्ट का पर्सनल सेक्रेटरी थे, लेकिन वह ऐसा प्रतिभाशाली है, जो पैसे से पैसा बनना जानता है। उसने ड्यू पॉण्ट को मना लिया कि वह जनरल मोटर्स में बड़ी हिस्सेदारी खरीदे और फाइनेंस का चेयरमैन बन जाए। रास्कोब कैथोलिक हीरो भी थे। उसने अपने धन के एक अंश से चैरिटेबल फाउंडेशन को फंड मुहैया करवाया और उन्होंने डेमोक्रेट एल स्मिथ के लिए पहले कैथोलिक राष्ट्रपति उम्मीदवार होने का अभियान चलाया। वर्ष 1928 में डेमोक्रेट अपनी आर्कमेरे की लाइब्रेरी में राजनीतिक रणनीति सत्र किया करते थे। रास्कोब ने एंपायर एस्टेट बिल्डिंग का निर्माण करवाया।

उन्होंने क्लेमोंट में अपने लिए भवन बनवाया, आर्कमेरे का पेटियो, एक शानदार इतालवी संगमरमर की इमारत थी, जो डेलावेयर रिवर की तरफ जाते ढलवाँ स्थान पर बनी थी। आर्कमेरे—समुद्री का आर्क (मेहराब) को यह नाम आर्क ऑफ एल्म्स पर था, जो नदी की तरफ जाती ढलान पर स्थित था, लेकिन वहाँ कर्मचारियों के परिवार आने और मिलों के शोर व प्रदूषण की तो बात ही क्या करें, से पेटियो में भीड़ होने लगी, रास्कोब ने अपना नुकसान कम करने के लिए भवन कैथोलिक पादरी समुदाय को बेच दिया। नॉर्बर्टाइंस ने इसे लड़कों के प्राइवेट

स्कूल में बदल दिया। आर्कमेरे अकादमी उस वक्त सिर्फ बीस वर्ष की थी, जब मैं वहीं सड़क पार पहुँचा था।

उस वर्ष जब मैं सी.वाई.ओ. फुटबॉल में खेला, तब हमारे कोच डॉ. एनजेलोटी थे, जो ड्यूपॉण्ट में पी-एच.डी. कैमिस्ट थे, जिनके बेटे उस स्कूल में पढ़ते थे। आर्कमेरे ने डॉ. एनजेलोटी को हमें स्कूल के ग्राउंड में अभ्यास करने की अनुमति दे दी, जब मैं पहली बार उस दस फीट ऊँचाई के लोहे की बाढ़वाले, जो कैंपस के इर्द-गिर्द लगी थी और सड़क तक जाती थी, वे इसे 'येलो-ब्रिक रोड' कहते थे, मैं जानता था कि मुझे हाई स्कूल कहाँ से करना है। मैं आर्कमेरे को शानदार प्रतिष्ठा का मार्ग होने के बारे में सोच भी नहीं सकता था, जब मैं दस वर्ष का था, तब आर्कमेरे तक पहुँच जाना काफी था। मैं बैठा अपनी बेडरूम की खिड़की से बाहर ताकते हुए उस दिन सपना देखता, जब मैं मुख्य दरवाजे से बाहर निकलकर अपनी सीखने की सीट पर बैठ सकूँगा। मैं उस दिन का सपना देखता था, जब मैं टचडाउन स्कोर कर सकूँ या खेल जीतनेवाला होम रन हिट करूँ।

मैं कैथोलिक स्कूल होली रोजरी की तीसरी कक्षा में था, जो फिलाडेल्फिया पाइक से आधा मील नीचे था, जहाँ सेंट जोसफ की सिस्टर्स ने मुझे मेरी नई दुनिया से परिचित करवाया। वे स्क्रैंटन और क्लेमोंट के बीच का संपर्क थी। जहाँ भी नन होंगी, वहाँ होम भी होगा। मैं सांस्कृतिक कैथोलिक भी उतना ही हूँ, जितना कि धार्मिक कैथोलिक हूँ। मेरा अपने, परिवार या समुदाय या समूची दुनिया के बारे में विचार सीधे मेरे धर्म से आते हैं। ये बाइबिल, बीटिट्यूड्स, दस कमांडेंट्स, स्कारमेंट्स या मेरी सीखी प्रार्थनाओं से नहीं आते। ये संस्कृति से आते हैं। नन्स उन कई कारणों में से एक हैं कि मैं अभी भी कैथोलिक हूँ। पिछली गरमियों डब्यूक, आयोवा में एक स्थानीय राजनीतिक मित्र, टेरी गुडमैन मुझे सेंट फ्रांसिस कॉन्वेंट ले गए—एक खूबसूरत पुरानी इमारत, जो देखने में लगती थी, जैसे इवी लीग कैंपस की हो। रास्ते में हम सिस्टर्स के लिए आइसक्रीम खरीदने के लिए हाय-वी पर रुके, क्योंकि जीन फिनेगन बाइडन का बेटा नन्स से खाली हाथ तो नहीं मिल सकता। इसने मुझे ग्रेड स्कूल की याद दिला दी, छुट्टियों से पहले के अंतिम दिन, जब मेरे सभी सहपाठी नन्स को छोटे-छोटे क्रिसमस उपहार दे रहे थे तो एक डेस्क पर थोड़े से स्पेशल साबुनों का ढेर लगा था। (नन्स को और क्या दे सकते हैं?) शेष पूरे वर्ष सिस्टर्स में से लैवेंडर की महक आती रही। मुझे ऐसी एक भी नन याद नहीं, जिससे लैवेंडर की खुशबू न आ रही हो।

तो मैं डब्यूक कॉन्वेंट में कई गैलन आइसक्रीम के साथ पहुँचा और फौरन ही हमें फिक्र होने लगी कि यह शायद पूरी नहीं पड़ेगी। टेरी वहाँ इस कार्यक्रम के लिए दस या बारह सिस्टर्स के होने की उम्मीद कर रहे थे, लेकिन वहाँ कम-से-कम चार दर्जन नन थीं, जिनमें से अनेक उस पीढ़ी की थीं, जिन्होंने मुझे बचपन में पढ़ाया था, वे सब कम्युनिटी रूम में बैठी थीं।

मैं वहाँ इराक के हालातों पर बात करने गया था और सिस्टर्स वाकई में इस सांप्रदायिक टकराव को समझना चाहती थीं। उन्होंने मुझसे सुन्नियों, शियाओं और कुर्दों के बारे में बहुत से सवाल किए। वे कुर्दों के धर्म के इतिहास के बारे में जानना चाहती थीं और वे यह भी जानना चाहती थीं कि मैं इराकी लोगों की चिंताओं के बारे में कैसे जान रहा हूँ। इनमें से बहुत सी नन शिक्षिकाएँ थीं; उनके लिए ज्ञान सबसे ज्यादा मायने रखता है। हमने खुद अपने चर्च के बारे में भी बात की और महिलाओं, शिक्षा और राष्ट्रीय सुरक्षा के मुद्दों पर बात की। भले ही वे मेरी सार्वजनिक राय से सहमत हों या न हों, वे सभी मुसकराईं, जब हमने आइसक्रीम खोली, तब भी वे सवाल पूछती रहीं और जब मैं वहाँ से निकलने की तैयारी कर रहा था, टेरी ने महिलाओं से पूछा कि क्या आनेवाले दिनों में वे जो ब्राइडन की सार्वजनिक यात्रा की सफलता के लिए प्रार्थना कर सकती हूँ, लेकिन उन्होंने इससे भी ज्यादा किया। सिस्टर्स ने मेरे इर्द-गिर्द एक घेरा बनाया, अपने हाथ मेरे सिर पर रखे और वह आशीर्वचन गाने लगीं, जो वे किसी अपने को ईश्वर के काम के लिए भेजते वक्त करती हैं। "ईश्वर आपको आशीष दें व आपके साथ रहें।" सिस्टर्स अत्यधिक प्यारी और बेहद प्रामाणिक थीं कि इससे मुझे ऐसा महसूस हुआ, जैसे बचपन में होता था, जैसे मैं अपने से बड़ों के संपर्क में हूँ। यह आविर्भाव नहीं था, न ही वेदी का बुलावा। यह ऐसा था, जहाँ मैं हमेशा था। डब्यूक, आयोवा के सेंट फ्रांसिस सिस्टर्स मुझे घर ले आई थीं।

नन्स मेरी पहली शिक्षक थीं। होली रोजरी में, स्क्रैंटन के सेंट पॉल की तरह, वे गणित और भूगोल तथा इतिहास पढ़ाते, लिखाते और सिखाते थे, लेकिन इनके पाठ्यक्रम में शालीनता, निष्पक्षता और सत्यनिष्ठा की अवधारणाएँ भी थीं। वे बाइबिल के इस उपदेश से शुरुआत करते हैं कि मनुष्य के लिए इससे बड़ा प्रेम कोई नहीं कि वे किसी दूसरे मनुष्य के लिए अपना जीवन दाँव पर लगा दे; स्कूल में तो हम इनसे दूर-दूर ही रहते। आप अपनी जान नहीं दे सकते, लेकिन सड़क पार करती महिला की मदद जैसी नेकी कर सकते हैं। जिसके पास कमी है, उसके लिए

मदद का हाथ बढ़ाने की नेकी कर सकते हैं, जब कोई किसी को धमका रहा हो तो बीच में आने की नेकी कर सकते हैं। यहाँ दखल देना नेकी होगी।

एक दिन होली रोजरी में हमारी शिक्षिका, सिस्टर माइकल मैरी को कक्षा से जाना पड़ा, जब वे कक्षा से बाहर निकलीं, सॉनी डेरामो ने रबड़ फेंका और जब वे वापस लौटीं, वह तब भी जमीन पर ही थी। "यह किसने किया?" सिस्टर माइकल मैरी जानना चाहती थीं। शांति रही। किसी ने कुछ नहीं कहा।

"ठीक है, तुम सब स्कूल के बाद यहीं रुकोगे, जब तक कि जिसने यह सब किया है, वह मान न ले।" तो मैंने अपना हाथ उठा दिया।

"सिस्टर, मैंने किया है।" और दिन समाप्त होने पर उन्होंने सबको घर भेज दिया, सिवाय मेरे।

"बाइडन महोदय, आप स्कूल के बाद रुकेंगे।" मैं जानता था कि इसका क्या मतलब है—मुझे सौ बार, ब्लैकबोर्ड पर लिखना होगा, द रोड टू हेल इज पेव्ड विद् गुड इंटेन्शंस।

जब सारी क्लास चली गई तो उन्होंने मुझे बैठाया। "तुमने ऐसा कुछ क्यों मान लिया, जो तुमने नहीं किया था?" उन्होंने कहा।

मैंने 'हाँ' में सिर हिलाया कि शायद मुझे जाने दिया जाए। "यह प्रशंसनीय है।"

सिस्टर माइकल मैरी ने कहा, "लेकिन इसकी सजा तो भुगतनी ही होगी, तुम्हें स्कूल के बाद भी रुकना होगा।" उन्होंने अपनी बात समझा दी, जिसमें मैं कभी नहीं भूला, जब आप दखल देते हैं तो आपको खड़े रहकर उसके परिणाम भी भुगतने होते हैं।

जहाँ पादरी केवल रविवार को आते थे, नन्स हर दिन होती थीं। सिस्टर लॉरेंस जोसफ हमारे साथ बास्केटबॉल खेलती थीं, आदतन पुल अप करतीं और बेस टू बेस दौड़तीं। मैं खिलाड़ी था, लेकिन फिर भी उनसे पीछे रह जाता, मैं अभी भी आकार में सबसे छोटा था और सिस्टर लॉरेंस जोसफ जानती थीं कि मैं अपने कद को लेकर चिंतित हूँ तो उन्होंने कहा, "पता है जोई, मेरा भाई भी बहुत छोटा सा था, लेकिन वह बहुत अच्छा खिलाड़ी था।" वे हमेशा मेरी हिम्मत बढ़ातीं। मेरी लगभग हर शिक्षिका ने हकलाहट दूर करने में मेरी मदद का प्रयास किया, जैसे मेरी माँ, वे मुझे याद दिलाती रहतीं कि मैं अच्छा लड़का हूँ, समझदार हूँ और अच्छा एथलीट हूँ। यदि कक्षा में मेरे सहपाठी मेरा मजाक उड़ाते तो वे मेरा पक्ष लेतीं, बल्कि वे मुझे सुझाव देने का प्रयास भी करतीं कि मैं अपनी हकलाहट को कैसे दूर कर सकता हूँ।

मैंने अपनी रणनीति बना रखी थी, जिसमें मैं गुत्थी सुलझाना कहता था। इसके लिए मुझे यह अनुमान लगाना होता था कि दूसरा व्यक्ति क्या सोच रहा है। वर्ष 1955 में, जब मेरे माता-पिता ने 'मेफील्ड' नामक इलाके में नया घर खरीदा तो मैंने आस-पड़ोस में अखबार बाँटना शुरू कर दिया। मुझे शनिवार की सुबह से बहुत डर लगता, जब मुझे लोगों के पास वह जुटाने जाना पड़ता, जो मुझे जानना चाहिए। मैंने अनुमान लगाना सीखा कि बातचीत किस दिशा में बढ़ रही है। मेरा पड़ोसी, जो यैंकीज का बड़ा फैन था और मैं हर बार यैंकी बॉक्स का स्कोर देखकर जाता, क्योंकि मुझे पता था कि वह पूछेगा और मैं जानता था कि मुझे अपने को मूर्ख साबित किए बिना कुछ-न-कुछ कहना होगा। उसके मुख्य दरवाजा खोलने से पहले ही मैं पूरी चर्चा का अभ्यास कर चुका होता था, "आपने देखा, मेंटैल ने कल दो होमर्स हिट किए?"

क्योंकि किसी पृष्ठ को तेज आवाज में पढ़कर सुनाने से मुझे घबराहट होती थी। मैं उन लंबे अनुच्छेदों को याद कर लेता, जो मुझे पता थे कि स्कूल में पढ़ने होंगे और एक नन ने सुझाव दिया कि मैं केडेंस, एक किस्म का गीत गायन, सीखूँ, जिससे मेरे चेहरे की मांसपेशियों को खिंचाव मिले और वे जकड़ न जाएँ। नन हमेशा मदद करने का प्रयास करती थीं। इसी कारण सर वॉल्टर रैले की घटना ने मुझे हैरान किया।

हमारे मेफील्ड जाने के बाद मुझे सेंट हेलेना ग्रेड स्कूल में स्थानांतरित करवा दिया गया। सातवीं कक्षा, बीते सभी वर्षों में हम कतार में अकारादि क्रम से बैठते थे, जिसका मतलब था कि मैं हमेशा पहली कतार में कुछ ही सीट बाद होता था और जब मुझे पता लगता कि मुझे कक्षा में पढ़कर सुनाना है तो मैं अनुमान लगा लेता कि मेरे हिस्से कौन सा अनुच्छेद आएगा। यदि मैं पाँचवाँ व्यक्ति हूँ तो मुझे पाँचवाँ अनुच्छेद मिलेगा। मैं जिस खास दिन की बात कर रहा हूँ, वह यह था, "सर वॉल्टर रैले वाज अ जैंटलमैन। ही टुक ऑफ हिज क्लोक ऐंड लेड इट ओवर द मड सो द लेडी वूड नॉट डर्टी हर शूज।" उस दिन बिल्कुल यही आया। मैंने सही अनुच्छेद चुना था। मैंने इसे याद कर लिया। मैंने धीमे-धीमे बोला।

"सर वॉल-टर रै-ले वाज अ जेंटलमैन," तभी नन ने मुझे रोका।

"बाइडन, वह शब्द क्या है?" मैं बुरी तरह घबरा गया। मैं पृष्ठ पर वह शब्द नहीं पढ़ पा रहा था। मैं सन्न था। वे चाहती थीं कि मैं जैंटल-मन कहूँ और मैं कह नहीं पा रहा था।

"जू-जू-जू-जू···" उन्होंने मुझे फिर से टोका।

"श्री बू-बू-बू-बू-बाइडन···" और मुझे अपनी पैरों से उठकर गरदन के पीछे तक श्वेत-ताप महसूस होने लगा। मैं क्रोध से भरा था। मैं अपने डेस्क से उठा और नन के सामने ही सीधे क्लास रूम से बाहर चला गया। मैं स्कूल से निकला और मेफील्ड में विल्सन रोड पर पैदल दो मील चलता गया। मेरे घर पहुँचने पर माँ मेरा इंतजार कर रही थीं। स्कूल ने पहले ही फोन कर दिया था।

मैं घर के दरवाजे तक भी नहीं पहुँचा था। "जोई, कार में बैठो।" उन्होंने मुझे और मेरे भाई फ्रैंक को, जो अभी चलता भी नहीं था, कार में पीछे बैठाया और सेंट हेलना की तरफ चल दीं। मैं समझ गया था कि वे गुस्से में हैं। मैं जानता था कि मैं परेशानी में हूँ।

"जोई, क्या हुआ था?" उन्होंने पूछा।

"माँ, इन्होंने मेरा मजाक उड़ाया। इन्होंने मुझे मि. बू-बू-बू-बू बाइडन कहा।"

हमारे सेंट हेलना पहुँचने पर माँ ने मेरा हाथ पकड़ा और फ्रैंक को गोद में उठाया। हम ऑफिस पहुँच और प्रिंसिपल, मदर एग्नस कॉन्सटेंस से मिले। प्रिंसिपल का ऑफिस पुरानी फिल्म नॉयर प्राइवेट आई ऑफिस जैसा था, जिसमें चार फीट की ऊँचाई तक लकड़ी का पैनल था और इसके बाद अपारदर्शी शीशे लगे थे। माँ ने मुझे गलियारे में बैठाया और फ्रैंक को मेरी गोद में बिठा दिया तथा खुद अंदर चली गईं। सूर्य की रोशनी पड़ रही थी और मुझे उसमें अंदर के आकार दिख रहे थे। मुझे सुनाई भी दे रहा था। माँ कह रही थीं, "आप सिस्टर को बुलाइए।" और वह आई, और जब नन बताने लगीं कि मैंने क्या किया था, मैंने सुना कि माँ ने उनकी बात काटी और पूछा, "हाँ, मुझे पता है सिस्टर, लेकिन आपने क्या कहा?"

"श्रीमती बाइडन, मैंने कुछ नहीं कहा।"

"क्या आपने बू-बू-बू-बू-बाइडन नहीं कहा था?"

"उसका यहाँ कोई मतलब नहीं है।" मैंने सुना मदर एग्नस कॉन्सटेंस ने कहा।

लेकिन मेरी माँ ने जोर दिया, "क्या आपने बू-बू-बू-बू-बाइडन कहा?"

"हाँ, श्रीमती बाइडन, मैं कुछ समझा रही थी।"

मैंने देखा, माँ खड़ी हो गई हैं, पूरे पाँच फीट एक इंच की। मेरी माँ, जो वैसे तो डरपोक थीं, चर्च के प्रति श्रद्धालु, वे खड़ी हुईं और सीधा नन के सामने जा खड़ी हुईं और बोलीं, "अगर आपने फिर कभी मेरे बेटे से इस तरह बात की तो मैं वापस लौटूँगी और आपका दिमाग ठीक कर दूँगी, समझीं आप?"

तत्पश्चात् दरवाजा खुला और मेरी माँ ने फ्रैंकी को मेरी गोद में उठा लिया। वहाँ से निकलते हुए उन्होंने कहा, "जोई, क्लास में वापस जाओ।"

मेरी माँ को बदतमीजी बर्दाश्त नहीं थी। उनमें शरारतों को सहने की क्षमता नहीं थी और उन्होंने कभी किसी की शरारत को बर्दाश्त नहीं किया। एक बार उन्होंने मेरे भाई जिम को उस लड़के की नाक तोड़ने भेजा, जो छोटे बच्चों को पीटता था और उसके ऐसा करने पर उन्होंने उसे एक डॉलर भी दिया। धार्मिक व्यक्ति और अधिकारपूर्ण व्यक्तियों को भी छूट नहीं थी। वे ताकत का गलत इस्तेमाल करें, उनकी नाक तोड़ दो।

वे अकसर कहती थीं, आदत का सम्मान करो, पहनावे का सम्मान करो, वर्दी का सम्मान करो, लेकिन इनके भीतर के व्यक्ति का सम्मान मत करो। वर्षों बाद, जब मैंने माँ को बताया कि मैं इंग्लैंड की महारानी से मिलने जा रहा हूँ तो पहली बात जो उन्होंने कही कि "उनके सामने झुकना मत।"

जब मैंने उन्हें बताया कि मैं पोप से मिलनेवाला हूँ तो उन्होंने कहा, "उनके रिंग को मत चूमना।"

उन्होंने कहा, "याद रखो जोई, तुम बाइडन हो। कोई भी तुमसे बेहतर नहीं है। तुम भी किसी से बेहतर नहीं हो, लेकिन कोई भी तुमसे बेहतर नहीं है।"

यहाँ तक कि जब हाथ तंग होने पर इलेक्ट्रिक कंपनी बिल वसूलने कलेक्टर को हमारे घर भेज देती या पिताजी की अगली तनख्वाह आने तक मुझे पुराने जूतों में कार्डबोर्ड लगाकर काम चलाना पड़ता, कुछ भी माँ को परेशान नहीं करता था, जब मैं आठवीं कक्षा में था तो प्रेस्बिटरियन चर्च ने मुझे बुलाया, जिससे मैं पब्लिक स्कूल के बच्चों के साथ घुल-मिल सकूँ। मैं कैथोलिक बच्चा था; मेफील्ड में कैथोलिक परिवार अधिक नहीं थे। मुझे अपने पिता की कमीज पहननी थी, जो बहुत लंबी थी तो माँ ने इसकी बाजुओं को दोहरा मोड़ा, इसे फ्रेंच कफ बनाया, लेकिन हमारे पास लगाने के लिए कफ-लिंक्स नहीं थे। वह शुक्रवार की रात थी और मेरे पिता देर तक काम करनेवाले थे तो मेरी माँ बेसमेंट में गईं, मशीन के ऊपर से टूल बॉक्स उठाया और उसमें दो नट व बोल्ट निकाल लिए, जब वे मेरी कमीज की बाँहों को इस हार्डवेयर से कसने का प्रयास कर रही थीं, मैंने हाथ खींच लिया।

"मैं यह नहीं करूँगा, माँ!" मैंने कहा।

"मैं यह पहनकर नहीं जाऊँगा। बच्चे मेरा मजाक उड़ाएँगे।"

"जोई!" उन्होंने कहा।

"मेरी तरफ देखो।"

"मैं यह नहीं करूँगा। मैं यह नहीं करूँगा।"

"देखो जोई, अगर कोई तुमसे इन नट और बोल्ट के बारे में सवाल करे तो तुम उलटकर उनसे पूछ लेना कि क्या तुम्हारे पास ये हैं?"

मैंने कहा, "माँ! माँ! मुझे यह नहीं करना।"

लेकिन मैं डांस में भी जाना चाहता था। सो मैं गया और जब मैं पंच बॉल पर खड़ा अपना गिलास भर रहा था, किसी ने मेरे कामचलाऊ कफ लिंक्स की झलक मिल गई। उसने मेरी बाँह पकड़ी, मेरी बाजू उठाई और चिल्लाया, "बाइडन को देखो! नट और बोल्ट!"

मेरा चेहरा शर्म से लाल हो गया और फिर क्रोध से, लेकिन मुझे याद था कि माँ के क्या कहा था। "क्या ये तुम्हारे पास नहीं है?" मैंने पूछा।

तो वहाँ शांति छा गई, फिर मुझे परेशान करनेवाले ने कहा, इतना जोर से कि आसपास के सब लोगों को सुनाई दे, "हाँ, हाँ, मेरे पास भी हैं। मेरे पास भी हैं।"

करीब दस वर्ष पहले, मेरी बहन वैल ने उस डांस की स्मृति में और मुझे याद दिलाए रखने के लिए, टिफ्नी के शुद्ध चाँदी के कफ-लिंक्स दिए, जो आकार में नट और बोल्ट जैसे हैं।

हममें से किसी को भी समस्या होती, हम माँ के पास जाते और वह इसे सुलझा देतीं। एक वर्ष मुझे स्कूल बस में बहुत परेशान होना पड़ा। मैं बस में सबसे पहले चढ़ता और तब छह या सात स्टॉप बाद एक मामूली से घर की मोटी सी छोटी लड़की चढ़ती, जिसके चेहरे पर झाँइयाँ थीं और जो लगता था सीधे अपनी दादी माँ की अटारी से निकलकर आई है, बस लगभग खाली होती थी, लेकिन उसे मेरी ही सीट पर, मेरे ठीक पास में बैठना होता था। मेरे लिए यह भरपूर शर्मिंदगी की बात थी। हर कोई मेरा मजाक बनाता, क्योंकि सब उसका मजाक बनाते थे। एक दिन जब घर आने पर मैंने माँ को यह बात बताई।

"माँ, समझ नहीं आ रहा, मैं क्या करूँ, मेरा मतलब, बस खाली है और फिर भी वह मेरे पास बैठती है और सबको लगता है कि वह मेरी गर्लफ्रेंड है।"

माँ ने मेरी तरफ देखा और पूछा, "क्या वह तुम्हें पसंद करती है?"

"हाँ, माँ! वह मुझे पसंद करती है। यही तो समस्या है।"

और मेरी माँ ने कहा, "तो तुम भी उसे पसंद करो, अगर कोई भी तुम्हें प्यार करता हो तो बदले में तुम भी उसे प्यार करो।"

यह हमारे घर का नित्य सबक था, लोगों के साथ सम्मान से पेश आओ। अगला नित्य सबक था परिवार का ध्यान रखना। हमारे परिवार में एक कहावत थी—'अगर आपको कहना पड़े तो पहले ही देर हो चुकी है।' हमारे घर में वैल, जिम्मी, फ्रैंकी और मुझे इस दूसरे का ध्यान रखना था।

"इनसे ज्यादा नजदीक कोई नहीं!" मेरी माँ अकसर कहती थीं।

"तुम्हारा खून का रिश्ता है, तुम सब किसी भी दूसरे के मुकाबले मेरे और अपने पिता के सबसे ज्यादा करीब हो। तुम सबका खून का रिश्ता है।"

हमारे बीच घर के भीतर लड़ाई होती, लेकिन हमें बाहर अपने भाई-बहनों के खिलाफ एक भी शब्द बोलने की इजाजत नहीं थी। ये किसी भी हालत में सर्वथा मना था, फिर मेरे भाई या बहन ने चाहे जो किया हो, कुछ करना हो तो बस उनका पक्ष लेना है। उनके खिलाफ जाना ऐसा था, जैसे शीत युद्ध के दौरान रूसियों को रहस्य बताना। यह गद्दारी थी। ग्रेड स्कूल में नन्स ने मुझे सेफ्टी पेट्रोल का लेफ्टिनेंट बनाया और मुझे चमकता हुआ 'ब्लू बैज' दिया। मेरा काम बस में बुरे व्यवहार की रिपोर्ट देना था। एक दिन वैल ने बस के नियमों का उल्लंघन किया, उस रात खाना खाते वक्त मैंने डैड से पूछा कि क्या करना चाहिए।

"सबको पता है।" मैंने बताया।

"मुझे उसकी रिपोर्ट करनी ही होगी।"

"वह तुम्हारी बहन है, जोई।"

"लेकिन डैड, उन्होंने मुझे ब्लू बैज दिया है। मुझे उसकी रिपोर्ट करनी ही होगी।"

"जोई, तुम जानते हो कि तुम्हारे पास सिर्फ यही विकल्प नहीं है।"

"मुझे पता था कि मुझे क्या करना है, अगले दिन मैंने अपना बैज वापस लौटा दिया।"

मेरे माता-पिता के जीवन दर्शन के बीच कोई समानता नहीं थी। माँ इस बारे में ज्यादा मुखर थीं। डैड हमेशा से ही शांत थे; आपको उन्हें देखकर सीखना होता है। पिताजी को बस धन से कमजोरों पर दबाव बनाना बर्दाश्त नहीं था। वे हमसे कहते, धन के बारे में बात मत करो। उन्हें अपनी ताकत का गलत फायदा उठानेवाले भी पसंद नहीं थे। उन्होंने हममें से किसी पर हाथ नहीं उठाया। वे कहते, "छोटे बच्चे को मारनेवाला छोटा आदमी होता है।"

"किसी आदमी को हक नहीं कि वह किसी भी परिस्थिति में महिला पर हाथ

उठाए।" डैड कई घंटों तक काम करते रहते, लेकिन ज्यादातर रात वे कुछ वक्त की छुट्टी लेते और घर आकर हमारे साथ डिनर करते। टेबल पर डैड नियमों के रखवाले होते, हमारी शिष्टाचार निर्दोष होना चाहिए, वे बातचीत को खिसकाकर नैतिकता, न्याय और समानता जैसे बड़े मुद्दों की तरफ ले जाते। वे समय-समय पर होलोकास्ट पर बात करते। मेरे डैड समझ नहीं पाते थे कि लोगों को, जो कि वे हैं, उस कारण उन्हें क्यों सताया जाता है।

"दुनिया गलत है, यहूदियों पर हिटलर के अत्याचारों का विरोध नहीं कर रहे और नहीं तो हमें शर्मिंदा होना चाहिए।"

उन्होंने हमसे कहा, "हम सबकी अपनी जिम्मेदारी होती है कि अगर कुछ गलत होते देखें तो आवाज उठाएँ।"

मेरे माता-पिता ज्यादा बाहर घूमने नहीं जाते थे तो यह बड़ी बात थी और एक वर्ष वे दोनों वैल और मुझे घर पर जिम तथा फ्रैंक की देखभाल करने के लिए छोड़कर गए थे, जब वे डैड की कार डीलरशिप की, उनके द्वारा आयोजित क्रिसमस पार्टी में गए। डीलरशिप का मालिक बड़ा आदमी था, वह भी हर मायने में, छह फीट से ज्यादा लंबे थे, धीरे-धीरे चलते थे, धन भी अधिक था और राज्य भर में राजनीतिक संबंध थे। वे स्वनिर्मित व्यक्ति थे, जिनका बिलबोर्ड विज्ञापन उन्हें, 'कर्मचारियों का दोस्त' बताता था। उसका ट्रेडमार्क सिल्वर डॉलर था; वे अपने सभी अच्छे ग्राहकों को 'सिल्वर डॉलर' देते थे। डैड को इससे परेशानी नहीं थी, लेकिन वे तब शर्मिंदगी महसूस करते, जब वह व्यक्ति अपने कर्मचारियों को भुगतान में सिल्वर डॉलर की थैली देता, जिसे उन्हें घसीटते हुए घर ले जाना पड़ता। वे कर्मचारियों के प्रति बहुत मित्रवत् नहीं प्रतीत होते थे। डैड तब खुश हुए, जब उन्होंने सेल्सकर्मियों, सेक्रेटरियों और मेकैनिक्स के लिए क्रिसमस पार्टी आयोजित करने का फैसला किया। पार्टी के लिए योजना थी कि शोरूम को खाली किया जाएगा और वहाँ बड़ा बैंड होगा। मेरे पिता का बड़े बैंड का स्विंग म्यूजिक पसंद था। वे तीस के दशक में खुद भी शानदार क्लैरिनेट और सैक्सोफोन वादक और योग्य बॉलरूम नर्तक थे तो मेरी माँ ने अपनी सबसे अच्छी पोशाक पहनी और वे चले गए।

मेरे माता-पिता को गए कुछ घंटे ही हुए थे—पार्टी शायद अभी चल ही रही होगी, तभी वे दरवाजे पर खड़े दिखे। डैड हमेशा की तरह चुपचाप बेडरूम में चले गए। अगले दिन हमें पता चला कि डैड की नौकरी नहीं रही। हमें माँ ने बाद में

बताया कि क्या हुआ था। डिनर के दौरान वे मुख्य टेबल पर बैठे थे और डांस फ्लोर ठीक उनके सामने था और इससे पहले कि डांस शुरू होता, मालिक ने सिल्वर डॉलर से भरी बाल्टी उठाई और उसे जमीन पर बिखरा दिया और ऊपर से सेल्स कर्मियों, सेक्रेटरियों और मेकैनिकों को उन सिक्कों को डांस फ्लोर से उठाने की ललक में छीना-झपटी करते देखता रहा। क्षण भर को डैड जैसे जम गए, इसके बाद वे खड़े हुए और पार्टी से बाहर निकल आए। विरोध में उन्होंने नौकरी छोड़ दी।

मैं उस वक्त इसे समझ नहीं सका या इसकी सराहना नहीं की, लेकिन मेरे पिता मेफील्ड में बेमेल से हो गए थे। हम वर्ष 1955 में यहाँ आनेवाला चौथा परिवार था और जैसे-जैसे तीन और चार बेडरूम वाले स्प्लिट-लेवल के मकान आसपास बनने लगे, वे ऐसे युवा पेशेवरों के परिवारों से भर गए, जो ड्यूपॉण्ट कंपनी को शुरू ही कर रहे थे। वे सभी युवा, कॉलेज-शिक्षित पुरुष थे—रसायनविद्, अकाउंटेंट, वकील। मेफील्ड में एक और वृक्षरहित नया इलाका था, जो ब्रुकव्यू से बड़ा कदम था, लेकिन फिर भी इन युवा कर्मचारियों के लिए कॉरपोरेट सीढ़ी से बड़ी नौकरी, बड़ी कार, बड़े घर की तरफ बढ़ रहे थे। ड्यूपॉण्ट का मतलब सिक्योरिटी आज और बेहतर कल के लिए। बाकी सबसे डैड कंपनी के ट्रेडमार्क छपे टाई क्लिप पहनते थे—थोड़ा सा गोल, जिसके बीच में ड्यूपॉण्ट था। इन ड्यूपॉण्ट डैड्स के बीच कहावत थी—'यह गोला आपकी देखभाल करेगा।'

जैसे कि पुरानी कहावत है—'आलस्टेट के साथ आप सही हाथों में हैं।' 'यह गोला आपकी देखभाल करेगा।'

मुझे हमेशा से पता था कि मेरे पिता नौकरी के लिए नहीं बने। वे कमोबेश अपना ही कुछ काम करेंगे, लेकिन वे अपने भविष्य को लेकर उतने ही आश्वस्त हैं, जैसे कि बाकी पिता थे। यह बस अस्थायी है, उन्होंने हमारे विल्सन रोड के घर पर कहा। मैंने व मेरे भाई-बहनों ने खुद को इतना असुरक्षित कभी महसूस नहीं किया, जितना उन दिनों में किया था और अमेरिका युद्ध के बाद की पीढ़ी के लिए खुद का पुनर्निर्माण कर रहा था। नए घर, नए स्कूल, नए कार के मॉडल, नए गैजेट्स, नए टेलीविजन, नए टेलीविजन शो, जिनमें हम जैसे ही दिखनेवाले लोग थे और यह सब पूरी तरह सुरक्षित प्रतीत होता था। मेफील्ड में साम्यवाद का आना ऐसा प्रतीत होता था, जैसे निकिता ख्रुश्चेव क्लेवर्स की किचन टेबल पर रात्रिभोज ले रही हों।

मेफील्ड मुख्य रूप से प्रोटेस्टेंट था तो हमें रविवार को मास के लिए थोड़ा दूर जाना पड़ता था, लेकिन बतौर परिवार हम काफी हद तक बाकी सब जैसे ही

थे। रविवार को डिनर के बाद डैड ने मुझे एक डॉलर दिया और मैं साइकिल पर कटलर्स फार्मेसी जाकर आधे गैलन की ब्रेयर की आइसक्रीम ले आया। मैं वापस लौटा और हम सब छह लोगों ने ड्राइंगरूम में साथ बैठकर लैसी, जैक बेनी और एड सुलिवन देखा।

लेकिन मुझे हमेशा से लगता था कि डैड मेफील्ड में ठीक से फीट नहीं होते। मैंने उनसे उनकी जिंदगी के बारे में ज्यादा नहीं पूछा और न ही उन्होंने बताया, लेकिन यह बहुत अजीब था, जब अलमारी का दरवाजा खोलने पर मुझे अपने डैड की पोलो स्टिक, घुड़सवारी के चमड़े के काले जूते, चमड़े की घुड़सवारी पतलून और शिकारियों वाला गुलाबी कोट दिखाई दिए; डैड के चचेरे भाई की बिग एस्टेट लॉन्ग आइलैंड की होम मूवीज देखीं, जहाँ डैड घुड़सवारी कर रहे थे या उनके पसंदीदा जंपर, ओबिडिया की तसवीरें देखीं। ऐसी बहुत सी चीजें हैं, जिनके बारे में मुझे काफी बाद में पता चला, जब जिम्मी आठ साल का था तो डैड उसे लेकर विलमिंगटन एयरपोर्ट गए, जहाँ उन्होंने पाइपर्स कब किराए पर लिया और इसे अकेले उड़ाया, वे दोनों शहर के ऊपर हवा में विचरते हुए। वे डेलावेयर रिवर पर स्कीट शूटिंग के लिए भी गए थे, जब मैं कॉलेज में था, मेरे पिता पूरे परिवार को उधार ली पैंतालीस फीट की नाव पर लेकर गए और जिम्मी यह देखकर हैरान रह गया कि डैड को नाव चलाना आता था। किंवदंती है कि मेरे पिता एक बार तैरकर डेलावेयर रिवर पार कर गए थे। मैंने उन्हें डाइविंग बोर्ड से शानदार स्वेन डाइव लगाते देखा है। वे विलमिंगटन, डेलावेयर के अब तक के सबसे शानदार पोशाक वाले, सुशोभित और सुप्रशिक्षित कार सेल्स मैनेजर थे। वे शानदार नर्तक थे, उन्हें गाना पसंद था और वे सतत सुघड़ थे; मैंने कभी भी उन्हें समाज व्यवस्था में घबराते नहीं देखा, लेकिन मेरा भाई जिम्मी, जो अकसर मेरे पिता से उनके अतीत के बारे में पूछता रहता था, उसने हमेशा उनमें थोड़े अवसाद को महसूस किया।

मुझे याद है मेरे पिता अकसर कहा करते थे, "तुम्हें कॉलेज पढ़ना चाहिए।" वह ऐसे ही थे, हर बार यही कहते थे।

"तुम्हें कॉलेज में पढ़ना चाहिए।" मैं अकसर यह सोचकर लगभग भर जाता हूँ, उन्हें कॉलेज की डिग्री न होने का मलाल हमेशा रहा और इसके न होने की उन्हें कमी महसूस हुई। उन्होंने यह सीधे कभी नहीं कहा, लेकिन उनका संदेश साफ था—जोई, तुम्हारी डिग्री तुमसे कोई नहीं ले सकेगा। वे ताकतवर लोग हैं, जो तुम्हें इशारों पर नचाते हैं। वे तुम्हारी नौकरी ले सकते हैं और वे तुम्हारा धन भी ले सकते

हैं और वे तुम्हारी पेंशन भी ले सकते हैं, लेकिन वे तुम्हारी शिक्षा नहीं ले सकते। मेरे पिता और उनके भाई फ्रैंक कॉलेज शुरू भी नहीं कर पाए थे। मेरे जानकारी में कोई बाइडन आज तक कॉलेज नहीं गया, लेकिन जिस तरह चीजें उनके लिए आरंभ हुईं, ऐसा कभी नहीं लगा कि जोसफ रोबिनेट बाइडन को कॉलेज डिग्री की जरूरत कभी नहीं पड़ी।

मेरे पिता का जन्म वर्ष 1915 में बाल्टीमोर में हुआ, उस वक्त उनके पिता, जोसफ एच. बाइडन, एक परिवार के लिए काम करते थे, जिसे ब्लाउस्टाइन कहा जाता था, वे उनकी घोड़ागाड़ी पर बँधे स्पेशल टैंक द्वारा एक से दूसरे दरवाजे केरोसिन पहुँचाने में मदद करते थे, जब कंपनी ने ऑटोमोबाइल युग आने का अनुमान लगाया तो वे गैसोलिन पहुँचाने लगे और एक छोटी सी कंपनी बना ली, जिसे 'अमेरिकन ऑयल कंपनी' (बाद में एम्को) का नाम दिया। जोसफ एच. को अमेरिकन ऑयल का परिचालन करने के लिए विलमिंगटन भेज दिया गया। हालाँकि गरमियों में ज्यादातर वक्त मेरे पिता अपने चचेरे भाई बिल शीन जूनियर के साथ रहते थे, जो उनके लिए सगे भाई जैसे थे। ओल्ड मैन शीन, बिग बिल, सख्त, खूब शराब पीनेवाले आयरिश थे, जिनके बारे में कहा जाता है कि उन्होंने सीलेंट बनाया है, जो कब्रिस्तान में शव कक्ष बनाने में काम आता है। शीन परिवार के पास बाल्टीमोर एस्टेट हंट कंट्री में अपनी संपत्ति थी, बिना ज्यादा बात बनाए, वे धनवान थे। हर कुछ एक वर्षों में बिग बिल अपने लिए, अपनी पत्नी के लिए और अपने बेटे के लिए नई कैडिलैक खरीदते थे। अपने चहेते भतीजे, जोसफ बाइडन के लिए उन्होंने सबसे नई ब्यूक रोडस्टर खरीदी। मेरे डैड की सज्जनोचित गतिविधियों द्वारा सुसभ्य परवरिश थी। उन्होंने शिकारी कुत्तों के साथ घुड़सवारी की, तेज ड्राइविंग की, विमान उड़ाया। वे अच्छी पोशाकों, शानदार घोड़ों और नवीनतम नृत्य मुद्राओं से परिचित थे।

तो जब उनके अपने पिता, जोसफ एच. बाइडन का तबादला विलमिंगटन से स्क्रैंटन हो गया तो मेरे पिता अपने हाई स्कूल के अंतिम वर्ष अपनी खूबसूरत नई फोर-होल ब्यूक में स्क्रैंटन गए। ये कुछ ऐसा था, जिसे स्क्रैंटन कैथोलिक स्कूलों ने पहले कभी नहीं देखा था और उनके सहपाठियों ने उनको इतना धनी होने के लिए खूब परेशान किया, लेकिन नॉर्थ वाशिंगटन एवेन्यू की मेरी माँ 'जीन फिनेगन' पूरी तरह उनके प्यार में पड़ गईं। उन्होंने मई 1941 में स्क्रैंटन में विवाह कर लिया।

युद्ध के दौरान शीन्स को बड़ा कॉण्ट्रैक्ट मिला, जिसमें उन्हें अपनी सीलेंट को अमेरिकी बंदरगाहों से जानेवाले व्यापारी समुद्री जहाजों में लादना था और मेरे पिता

इन नए कारोबार में व्यस्त हो गए। बिग बिल अपना परिचालन नॉरफोल्फ, वर्जिनिया, शिपयार्ड से करते थे; बिल जूनियर न्यूयॉर्क; और मेरे पिता बोस्टन परिचालन देखते थे। बिल जूनियर और मेरे पिता आलीशान जीवन जीते थे। वे पूर्वी सीबोर्ड, एडिरोनडैक्स से हंट एल्क पर अपने निजी विमान उड़ाकर आवागमन करते और मैनहट्टन के बार्क्ले होटल के किचन में शेफ को बटेर बनाने के लिए कहते। युद्ध के दौरान शीन परिवार ने अच्छा धन कमाया और मेरे डैड बस मदद करते रहे। अंत में उनके पास बहुत थोड़ा धन शेष था और उनकी इसे भविष्य में अपने बिजनेस में लगाने की योजना थी। युद्ध के समापन तक मैं अभी तीन वर्ष का भी नहीं था। हम बोस्टन के बाहरी इलाके में खूबसूरत घर में आराम से रहते थे और डैड ने अपने पुराने दोस्त के साथ मिलकर डाउनटाउन में इमारत खरीद ली। वे वहाँ एक फर्नीचर स्टोर खोलना चाहते थे, लेकिन इससे पहले की सौदा पूरा होता, वह भागीदार सारा पैसा लेकर भाग गया और मेरे पिता ने केस करने से इनकार कर दिया। पैसा जा ही चुका था; इसके अलावा वह व्यक्ति उनका दोस्त था, "मैं यह नहीं कर सकता।"

उन्होंने माँ से कहा, "मैं उसकी बेटी का धर्मपिता हूँ।"

जो भी रहा-सहा धन था, उसे लेकर डैड ने एक और दोस्त के साथ कारोबार शुरू किया, जो पायलट था। उन्होंने लॉन्ग आइलैंड में एयरफील्ड खरीदी और क्रॉप-डस्टिंग बिजनेस आरंभ किया। वे न्यूयॉर्क के बाहरी इलाके में एप्पल ऑर्केड का और लॉन्ग आइलैंड के आलू फार्म में छिड़काव करते थे। हम अभी गार्डन सिटी में ठीक से बसे ही थे कि उस कारोबार में भी नुकसान होने लगा और डैड के पास कोई रास्ता नहीं था। उनके अपने पिता और माता दोनों मर चुके थे। उनके अंकल बिल शीन भी मर चुके थे और उनका चचेरा भाई बिल शीन जूनियर युद्धकाल में कमाए अपने धन से लॉन्ग आइलैंड एस्टेट में आनंद से रहता था।

वर्ष 1947 में जब मेरा स्कूल जाना शुरू ही होनेवाला था, हम आर्थिक रूप से टूटे हुए वापस स्क्रैंटन लौट आए। माँ, डैड, वैल और मैं ग्रैंडपॉप के नॉर्थ वाशिंगटन वाले फिनेगन हाउस में आ गए, वहीं जहाँ मेरी माँ पली-बढ़ी थीं। उनके भाई एडवर्ड ब्लिविट (जो हमारे लिए बू-बू थे) अभी भी वहाँ रहते थे और ग्रैंडपॉप की साली बूढ़ी अविवाहिता आंटी, आंट गैर्टी ब्लिविट भी वहाँ रहती थीं। डैड के लिए वहाँ रहना आसान नहीं था, जब वे कमा रहे थे तो फिनेगन लड़के उनके प्रति सख्त थे और उनके सब गँवा देने पर भी वे वैसे ही रहे। फिनेगंस को अपने आयरिश द्वेष से प्यार था और वे किसी को भी आसानी से जाने नहीं देते थे।

मुझे आंट गैर्टी के तीसरी मंजिल पर स्थित दुर्गंधित कमरे में एक रात रुकना आज भी याद है। वे मेरे पास ही लेटी थीं, मेरी पीठ सहलाते हुए उन्होंने कहा, "नहीं प्यारे, तुम्हारे पिता बुरे आदमी नहीं हैं।" जो मुझे कभी नहीं लगा था।

"तुम्हारे पिता बुरे आदमी नहीं। वे बस अंग्रेज हैं, लेकिन वे अच्छे आदमी हैं।"

मेरे पिता इस मायने में शानदार व्यक्ति थे, वे जानते थे कि दुनिया पर उनकी आजीविका का दायित्व नहीं है। उनका अतीत चाहे जो रहा हो, वे कोई भी काम करने को तैयार थे, क्योंकि उनके परिवार को धन चाहिए था। वे कायल हीटिंग एंड एयर-कंडीशनिंग के बायलर्स की सफाई करने पूरे एक साल स्क्रैंटन से विलमिंगटन आते रहे। थोड़ा ज्यादा पैसा कमाने के लिए उन्होंने न्यू कैसल, डेलावेयर के सप्ताहांत कृषि बाजार में मूँगफली व अन्य छोटी चीजें बेचनेवाले बूथ पर काम किया। एक शनिवार मेरे माँ ने पिताजी को सरप्राइज देने के लिए उनका दोपहर का भोजन लेकर गईं और जब उन्होंने पिताजी को कसी हुई ट्वीड जैकेट तथा इसकी शानदार ढंग से बँधी सिल्क टाई एवं जेबों को चार मोड़ देकर चार क्रिस्प पॉइंट पहने बूथ पर मूँगफलियाँ बेचते देखा तो बड़ा अपमानित महसूस किया। उनका यह करना बुरा था; और मेरी माँ का उन्हें ऐसा करते देखना और भी बुरा था, लेकिन वे उनके पास गईं और उन्हें बाँहों में भरकर कहा, "मुझे आप पर गर्व है।"

मेरे डैड ने मुझे निरंतरता, प्रयास और कार्य का मूल्य समझाया और मुझे पूरी शिष्टता से बोझ उठाने के बारे में सिखाया। वे अकसर बेंजामिन डिजराइली को उद्धृत करते थे, "न शिकायत करो, न सफाई दो।"

इस तरह से मैं आर्कमेरे तक पहुँचा था। मेरे पिता आर्कमेरे के बारे में ज्यादा कुछ नहीं जानते थे, क्योंकि इसकी ट्यूशन फीस प्रतिवर्ष $300 थी।

उन्होंने कहा, "सैली भी अच्छा है, जोई, जानते हो, सैली भी अच्छा है।" सेल्सियानम भी अच्छा था और इसकी फीस एक तिहाई ही थी। माउंट प्लेसेंट में भी कोई बुराई नहीं थी; यह निःशुल्क पब्लिक स्कूल था और डेलावेयर का लगभग सबसे अच्छा हाई स्कूल था, लेकिन मेरे दिल में आर्कमेरे बसा था और मुझे पता लगा कि वे वर्कस्टडी कार्यक्रम चलाना चाहते हैं उन छात्रों के लिए, जिनके परिवार फीस नहीं भर सकते। स्कूली वर्षों में किसी भी छात्र को काम नहीं करना था, जिससे उन छात्रों को शर्मिंदा न होना पड़े, जिनके पास धन नहीं था, लेकिन जब मैंने प्रवेश परीक्षा पास की और आर्कमेरे ने मुझे स्वीकार किया तो स्कूल ने मुझे गरमियों में

काम करनेवालों में रख दिया। आर्कमेरे ग्राउंड क्रू में हम करीब दस लोग थे, जिसे कर्कश-आवाज वाला डोमिनिक चलाता था तो मुझे अपनी कुछ गरमियाँ डोमिनिक के क्रू में कार्य करने में लगाईं। रोजाना सुबह आठ बजे से दोपहर चार बजे तक। डोमिनिक जमीन पर रहकर हेडमास्टर फादर जस्टिन डाइनी के मातहत काम करता था। डोमिनिक का पूरी गरमियों मूड खराब रहा। 'फादर डाइनी से ईश्वर बचाए!' डोमिनिक ने मुझे जो पहला काम सौंपा, वह बड़े भवन के पास वाले सुव्यवस्थित बगीचे में निराई करना था। इसके बाद मैंने भवन की सभी खिड़कियाँ साफ कीं। यह काम विंडेक्स से नहीं, बल्कि बाल्टी भर सिरका मिश्रित पानी से किया तथा साफ करने के लिए कपड़ा और सुखाने के लिए अखबार। वहाँ अवश्य ही दो सौ खिड़कियाँ तो रही होंगी। इसके बाद मैंने रॉट-आयरन की बाढ़ को अकेले पेंट किया, लेकिन जब सितंबर आया, तब तक मैंने आर्कमेरे में अपनी जगह बना ली थी।

स्कूल का पहला दिन, किसी सपने के जैसा था। सबकुछ नया था। मैंने नए कपड़े पहने थे, हम रोजाना जैकेट और टाई पहनते थे, नई कॉपियाँ, नए पार्कर के फाउंटेन पेन और दर्जनों तीखी नोक बनीं नं. 2 पेंसिलें। बस रॉट-आयरन की बाढ़ के पास से गुजरी (जो नए ताजा काले पेंट से चमक रही थी), जिसके पीछे अगले दरवाजे पर बने पत्थर के विशाल खंभे थे और नीचे रास्कोब के भवन तक जाती पीली-ईंटों का रास्ता था, जहाँ सुबह की रोशनी में खिड़कियाँ जगमगा रही थीं। हाई स्कूल के जूनियर और सीनियर छात्र अपनी कारें नीचे पुराने गैराज और सर्वेंट क्वार्टर्स पर खड़ी कर देते और पैदल चलते हुए व्यवस्थित बगीचे से गुजरते हुए सामने के प्रवेश द्वार की तरफ आ जाते। वे देखने में कॉलेज के विद्यार्थी लगते थे।

हमने सामनेवाले बरामदे से आर्कमेरे में प्रवेश किया और चलते हुए सीधे स्क्वायर सेंट्रल फोयर (कक्ष) में पहुँच गए, जो पूरा मार्बल का था, जिसमें मार्बल के गोल खंभे थे और ऊपर अपारदर्शी धब्बेदार शीशे की छत थी। मुख्य प्रवेश द्वार से मुझे पीछे का आँगन दिख रहा था, इसके बाद एल्म की मेहराब थी, जो डेलावेयर रिवर तक जाती थी। फोयर के बाद कक्षाएँ थीं, एक भोजन कक्ष था, जो खाने व मांस में उपयोग होता था, हेडमास्टर का ऑफिस व लाइब्रेरी थे। लाइब्रेरी में पहला कदम रखते ही मैंने गहरी साँस भरी। अन्य कक्षों की तरह यह भी बहुमूल्य, गहरे रंग की लकड़ी के पैनल से बना था, लेकिन यहाँ जमीन से छत तक पुस्तकों की कतार थी। मुझे लगा, जैसे मैं मरकर येल पहुँच गया हूँ।

सीढ़ियों से नीचे जाकर लॉकर रूम थे—आर्कमेरे बड़ा स्पोर्ट्स स्कूल था और चौदह वर्षीय लड़के के लिए ऐसे हैरानी के द्वार खोलता है, जो मेफील्ड के स्प्लिट-लेवल में रहता था। एक दरवाजा बाउलिंग एले की तरफ ले जाता था, जिसका निर्माण जॉन जैकब रास्कोब ने करवाया था और दूसरा सर्वेंट क्वार्टर और गैराज के रास्ते की तरफ खुलता था। सर्दियों में इस रहस्यमय रास्ते पर चलकर मि. रास्कोब के पुराने गैराज और सर्वेंट क्वार्टर में बनी कक्षाओं तक जाते थे। आर्कमेरे में मेरे शुरुआती दिनों में एक में मैं स्टडी हॉल में से होता हुआ नीचे स्थित बाथरूम की तरफ गया और जब मैं सीढ़ियों के शीर्ष पर वापस लौटा और मोड़ पर मुड़ा तो मुझे फादर डाइनी की दो अपरक्लासमैन को पुकारने की आवाज सुनाई दी। वे फोयर के बाहर फीटपाथ पर खड़े थे और छात्र एक सीढ़ी नीचे थे। मैं एक खंभे के पीछे छिपकर देखने लगा। उन्हें मेरे वहाँ होने का पता नहीं लग सकता था। फादर डाइनी ने सफेद पोशाक और सफेद कैप पहना हुआ था और मैं उन्हें कहते सुन रहा था, "आप दोनों के लिए, जग।"

वे दोनों बिना कुछ कहे धूम्रपान के लिए कक्षा से बाहर निकल गए और उन्हें डीमैरिट भी किया गया। दोनों में से कोई नहीं बोला, लेकिन उनमें से एक ने फादर डाइनी की तरफ देखा, "आप मुझसे नाराज हैं, है न मि. डेविलोस ?" फादर डाइनी ने कहा

"आप मुझसे बदला लेना चाहते हैं, है न, मि. डेविलोस ?" मैं काँप रहा था, लेकिन डेविलोस जरा भी नहीं घबराया। वह फुटबॉल टीम में था, उसका वजन दो सौ पौंड था। फादर डाइनी उस वक्त करीब पचपन वर्ष के थे, लेकिन डेविलोस मूर्ख नहीं था।

"अगर मैंने कुछ किया तो मेरे पिता मुझे मार डालेंगे।" उसने कहा।

"ठीक है।" फादर डाइनी ने कहा।

"मैं तुम्हें इजाजत देता हूँ।"

"फादर, आप यह नहीं करना चाहेंगे।"

"मि. डेविलोस," उन्होंने कहा और फीटपाथ से उतरकर डेविलोस के बराबर आ गए, अपना केप उतारा और इसे किसी दूसरे लड़के को पकड़ाया, "हाँ, मैं चाहता हूँ। आगे बढ़ो, बेटा। वार करो।" इसके बाद फादर डाइनी ने डेविलोस के चेहरे पर प्रहार किया।

डेविलोस ने यह सोचा भी नहीं था। उसे चोट लगी और उसने भी हाथ

चलाया, जिसे फादर डाइनी ने अपनी दाईं बाँह से रोक लिया। इसके बाद हेडमास्टर साहब ने स्ट्रेट लेफ्ट और राइट हुक मारा। डेविलोस ढेर हो गया। फादर डाइनी ने हाथ बढ़ाकर अपना केप वापस लिया।

"मि. डेविलोस को उठाओ और इनकी कक्षा में पहुँचा दो।"

मैंने कक्षा में वापस लौटने में जरा भी समय नहीं गँवाया।

आर्कमेरे में शुरुआत मेरे लिए थोड़ी मुश्किल रही। मैं कक्षा में दूसरा सबसे छोटे आकारवाला था, पाँच फीट एक इंच का और बस सौ पौंड वजन से कुछ ही अधिक था। मेरे साथी छात्रों को यह समझते ज्यादा देर नहीं लगी कि मैं हकलाता हूँ और मैं ही वह लड़का हूँ, जिसने अपने पहले वर्ष में मैं एक बार भी सार्वजनिक रूप से नहीं बोला है, लेकिन मैं कोई रियायत नहीं चाहता था और न ही कोई बहाना बनाना चाहता था। मैं प्रार्थना कर रहा था कि इस हकलाने से छुटकारा मिले, लेकिन इसे केवल संयोग के भरोसे नहीं छोड़ा जा सकता था। मुझे इस हकलाहट को मात देनी होगी और मुझे लगा कि मैं ऐसा करने का सिर्फ एक रास्ता जानता हूँ—खूब मेहनत करो : अभ्यास, अभ्यास और अभ्यास। मैं येट्स और एमर्सन के लंबे अनुच्छेदों को याद करता और विल्सन रोड स्थित अपने कमरे में शीशे के सामने खड़ा होकर बोलता, बोलता और बोलता।

"मीक यंग मैन ग्रो अप इन लाइब्रेरीज...मीक यंग मैन ग्रो अप इन लाइब्रेरीज... मीक यंग मैन ग्रो अप इन लाइब्रेरीज...मीक यंग मैन ग्रो अप इन लाइब्रेरीज।" मैं अपने को देखता रहता, जिससे कि बोलते वक्त अपने चेहरे की मांसपेशियाँ ऐंठने न दूँ। इसी कारण दूसरे बच्चे हँसते हैं और मैं जड़ हो जाता हूँ तो, यदि मुझे अपना जबड़ा चलता हुआ दिखाई देता, मैं रुक जाता, धीमा होकर मुसकराने का प्रयास करता और फिर से बोलने लगता, "मीक यंग मैन ग्रो अप इन लाइब्रेरीज, बिलिविंग इट देयर ड्यूटी टू एसेप्ट द व्यूज विच सिसरो, विच लॉक, विच बेकन, हैव गिवन, फॉरगेटफीट दैट सिसरो, लॉक, एंड बेकन वर ओनली यंगमैन इन लाइब्रेरीज, वैन दे रोट दीज बुक्स। हेन्स, इंसटिड ऑफ मैन थिंकिंग, वी हैव द बुकवॉर्म।"

घर पर माँ हमेशा प्रोत्साहित करती थीं, लेकिन एक और प्रेरक भी थे—अंकल बू-बू। मेरी माँ के भाई, एडवर्ड ब्लिविट 'बू-बू' फिनेगन, वर्ष 1956 में ग्रैंडपॉप फिनेगन की मृत्यु के ठीक बाद विलमिंगटन मिलने आए थे और सत्रह वर्ष वहाँ ठहरे। ब्लिविट मैट्रेस कंपनी सेर्टा के लिए घूम-घूमकर बिक्री करते थे, लेकिन जब वे घूम नहीं रहे होते तो मेफील्ड में मेरे व मेरे भाई के पास रहने आ जाते। बू-बू

बहुत अच्छे दोस्त थे। वे काफी समझदार इनसान थे—घर के इकलौते व्यक्ति, जिसके पास कॉलेज की डिग्री थी। उन्होंने मुझे न्यूयॉर्क टाइम्स का संपादकीय पृष्ठ पढ़ने के लिए प्रेरित किया और फिर मुझसे व मेरे दोस्तों के साथ राजनीतिक पर चर्चा करते। एक दिन वे मुझे और वेल को वाशिंगटन डी.सी. ले गए, ताकि हम कैपिटल देख सकें। हम सीनेटर एवरेट डिर्कसेन के पास गए और उन्होंने हमारा उनसे परिचय करवाया।

मेरे पिता की तरह ही ब्लिविट को भी बेहूदगी बर्दाश्त नहीं थी, जब मैं और जिम्मी स्कूल में सीखे अपशब्द बोलने का प्रयास करें, अंकल बू-बू ने हमें ताना मारा—"जोई, बेहूदगी छोटे दिमाग की निशानी है, जो अपने को अभिव्यक्त करने का प्रयास कर रहा हो। अपनी नाखुशी जाहिर करने के लिए तुम कोई और रचनात्मक तरीका क्यों नहीं तलाशते?"

लेकिन अंकल बू-बू पूरा जीवन खूब हकलाते रहे और वे इसे बैसाखी बना लेते थे, एक बहाना हर उस चीज के लिए, जिसे वे हासिल नहीं कर सके। उन्होंने कभी शादी नहीं की, उनके बच्चे नहीं थे और कभी अपना खुद का घर नहीं बनाया। उनके पास इतनी प्रतिभा थी, लेकिन बेकार गई। पर्ल हार्बर के अलगे दिन मेरी माँ के चार भाइयों ने युद्ध सेवा के लिए नामांकन करवाया। उनमें से तीन को अवसर मिला। मेरे अंकल एंब्रोस जूनियर पायलट थे, जो न्यू गिनी में मारे गए। जैक और गैरी ने भी अपनी भूमिका निभाई, लेकिन सेना ने ब्लिविट को नहीं लिया। क्या इसका कारण उनका हकलाहट थी? कुछ ड्रिंक पीने के बाद उन्होंने मुझे बताया कि वे वास्तव में डॉक्टर बनना चाहते थे। यदि वे हकलाते नहीं तो मेडिकल स्कूल जाते। "यह सरासर झूठ है, एडवर्ड ब्लिविट फिनेगन।" मेरी माँ ने इतने जोर से कहा कि हम सब सुन सकें।

"तुम मेडिकल स्कूल अवश्य जाते, अगर इसके लिए बीस वर्ष मिलते।" मेरी माँ को बहाने बनाना पसंद नहीं था।

कम उम्र होने के बावजूद हमने देखा था कि अंकल बू-बू कितनी ज्यादा शराब पीते थे और समय बीतने के साथ-ही-साथ वे और रूखे होते गए। यदि कोई उनका 'हू-हू-हू-हू-हे बू-बू-बू-बू-ब्लिविट' कहकर मजाक उड़ाता तो वे जवाब में कहते, "मेरा न-न-न-नाम आई-इ-इ-इ-एस फ-फ-फ-फ-फिनेगन है, समझे! लगता है, तुमने क-क-क-क-कभी भी फ-फ-फ-फिनेगंस वेक का नाम भी नहीं सुना होगा! श-श-श-श-शर्त लगा लो, तुम्हें नहीं पता होगा कि इसे क-क-क-क किसने लिखा है।" इसके बाद वे किसी दूसरे कि तरफ मुड़ते हैं और कहते,

"म-म-म-म-मैं श-श-श-श-शर्त लगाने को तैयार हूँ, इसने कभी भी ज-ज-ज-ज-जॉयस को प-प-प-प-पढ़ा भी नहीं होगा।" उन्हें धनवान व्यक्ति पसंद नहीं थे। युद्ध के दौरान जब मेरे पिता काफी धन कमा रहे थे तो वे अकसर उन्हें याद दिलाते रहते थे कि वे कभी कॉलेज नहीं गए, बल्कि जो बाइडन नहीं गया।

"ब-ब-ब-ब-बाइडेनों के पास धन तो है, ल-ल-ल-ल-लॉर्ड जोसेफ, लेकिन फिनेगंस के पास शिक्षा है।" उम्र बढ़ने के साथ ही वे और कड़वे होते गए और कई बार बेहूदेपन पर खुद अपने बनाए नियम के प्रति लापरवाह हो जाते। "जोई, मनी टॉक्स, एंड शिट वॉक्स।"

मुझे अंकल बू-बू पसंद थे, लेकिन मुझे पता था कि मैं उनके जैसा नहीं बनना चाहता था तो मैं रात को शीशे के सामने खड़ा होता और बोलते वक्त अपने चेहरे का अध्ययन करता, "अ फूलिश कॉन्सिस्टेंसी इज द हॉबगॉब्लिन ऑफ लिटिल माइंड्स, एडोर्ड बाय लिटिल स्टेट्समैन एंड फिलॉसफर्स एंड डिवाइंस।"

"जोई, सोने का वक्त हो गया है!"

"विद कॉन्सिस्टेंसी अ ग्रेट सोल हैज सिंपली नथिंग टू डू। ही में एज वेल कन्सर्न हिमसेल्फ विद हिज शेडो ऑन द वॉल। स्पीक व्हाट यू थिंक नाओ इन हार्ड वर्ल्ड्स, एंड टू-मारो स्पीक व्हाट टू-मारो थिंक्स इन हार्ड वर्ल्ड अगेन, दोउ इज कांट्राडिक्टस एवरिथिंग यू सेड टू-डे—'आह, सो यू शैल बी श्योर टू बी मिसअंडरस्टुड।' इज इट सो बैड, देन, टू बी मिसअंडरस्टुड? पाइथागोरस वॉज मिसअंडरस्टुड, एंड सॉकरेट्स एंड जीजस, एंड लूथर एंड कॉपरनिकस ऐंड गैलिलियो ऐंड न्यूटन ऐंड एवरी प्योर ऐंड वाइस स्पिरिट दैट ओरव टुक फ्लैश। टू बी ग्रेट टू बी मिसअंडरस्टुड।"

एक बार मैंने पुरानी डिमास्थेनीज युक्ति को भी आजमाने के बारे में सोचा। डिमास्थेनीज, जो सभी यूनानी वक्ताओं में श्रेष्ठ थे, मैंने पढ़ा कि हकलाते थे, लेकिन उन्होंने इस तरह बोलना सीखा कि वे अपने मुँह में कंकड़ भर लेते और बोलने का अभ्यास करते, जैसा कि मुझे याद है, किंवदंती थी कि वे अपना मुँह कंकड़ों से भर लेते और बीच पर पहुँच जाते और 'समुद्र के शोर' से भी तेज आवाज में बोलने का अभ्यास करते। हमारे आसपास कोई बीच या महासागर नहीं था, लेकिन मैं बेकरार था तो मैंने इसे आजमाया। मेफील्ड में हमारे एक पड़ोसी ने अपने घर के पिछवाड़े छोटा सा बगीचा बना रखा था, जिसमें कंकड़ों का छोटा सा रास्ता बना था। मैं वहाँ से दस कंकड़ उठा लाया और अपने छोटे से घर के एक कोने में चला गया और उन्हें

अपने मुँह में भर लिया और अपनी आवाज को हमारी ईंटों की दीवार के पार पहुँचाने का प्रयास करने लगा। रिकार्ड रहे कि यह कामयाब नहीं रहा। मैं आधे कंकड़ लगभग निगल ही गया था, अतः पुनः अपने कमरे में शीशे के सामने वापसी हो गई।

मैंने सिद्धांततः खुद को आर्कमेरे के लायक करने लगा। जूनियर ईयर समाप्त होने तक मैं प्रवेश के वक्त से एक फीट लंबा हो गया था। मेरे ग्रेड कभी भी ठोस 'बी' से बेहतर नहीं रहे, परंतु मैं लड़कियों और अपने सहपाठियों के बीच प्रसिद्ध था। लगभग हर ग्रुप में मैं अगुआ होता। अपने द्वितीय वर्ष में मैं कक्षा प्रतिनिधि और जूनियर व सीनियर वर्षों में कक्षा अध्यक्ष था। मैं छात्र निकाय अध्यक्ष भी बन जाता, परंतु फादर डाइनी ने बहुत सारी डीमैरिट के कारण मुझे खड़ा नहीं होने दिया और मैं जानता था कि उनकी अवहेलना नहीं करनी है। यदि मैं अध्यक्ष बनता तो सही दिशा में आगे ले जाता। मैं उन बच्चों का ध्यान रखता, जिनका मजाक उड़ाया जाता है। मुझे पता है कि कैसा लगता है। मैं मजाक बनाए जानेवाले नवागंतुकों को साथ लेकर घूमता, शायद चारकोल पिट पर रुकता भी, ताकि लोग उन्हें मेरे साथ देख सकें। मैं प्रॉम पर अपनी डेट (महिला मित्र) के साथ किसी युवा छात्र को भी ले जाता।

मैंने सबसे ज्यादा मेहनत खेल में सर्वोत्तम होने में की। अपने सीनियर ईयर में मैं अपने कभी न हारी और न बिखरी फुटबॉल टीम का मुख्य खिलाड़ी था, मैं मैदान में मेरे आत्मविश्वास में कोई कमी नहीं होती। मैं आज भी बॉल लेना चाहता हूँ। फिलाडेल्फिया के फ्रेंड्स सेंट्रल में हाई स्कूल के हमारे अंतिम गेम में, हम आसान जीत के निकट थे, जब चौथे क्वार्टर के केवल शेष कुछ मिनट पहले हमें बॉल बैक मिला। मुझे याद है, हमारे क्वार्टरबैक बिल पीटरमैन ने कहा, "यही मौका है दोस्तो, हमारे कॅरियर का आखिरी मौका। हम सबको एक बार बॉल मिलती है, स्कोर करने का एक मौका।" क्वार्टरबैक की संख्या देखें तो वहाँ बैकफील्ड में हम चार लोग थे। वे मेरी तरफ मुड़ा, "जोई, तुम सबसे पहले।" हम गोल लाइन से पैंतालीस यार्ड दूर थे। मुझे लगा कि पीटरमैन ने अंदाजा लगा लिया था कि आखिर में बॉल जिसे मिलेगी, उसके गोल करने का अवसर सर्वाधिक होगा और उनसे इसी क्रम में खेलाया था। "ठीक है, मैं सबसे पहले लेता हूँ, लेकिन पीटरमैन तुम्हें बॉल बैक नहीं मिलेगा।" मुझे एक से दूसरे किनारे तक करीब 110 यार्ड जिगजैग दौड़ना पड़ा, लेकिन मैं अंतिम जोन पर पहुँचने तक रुका नहीं।

लेकिन आर्कमेरे में मेरी सबसे गौरवपूर्ण उपलब्धि वहाँ से मिली, जिसमें मुझे सबसे कम भरोसा था। अपने दूसरे वर्ष में, मैंने सुबह असेंबली में अपनी पाँच

मिनट की सार्वजनिक व्याख्यान आवश्यकता निभाई—न कोई बहाना, न कोई छूट, बिल्कुल बाकी सबकी तरह और जून 1961 में हमारे स्नातक वर्ष में जब मैंने स्टेज पर से एक भी बार हलकाए बिना जब अपने दोस्तों और अभिभावकों का स्वागत किया तो वह अंतिम प्रमाण था कि मेरा हकलाना मुझे रोक नहीं सकता है।

मैंने कड़ी मेहनत और अपने शिक्षकों व परिवार की सहायता से हकलाने को मात दी, लेकिन मैंने वस्तुतः अपनी अड़चन को भुलाया नहीं है। यह ज्यादा भारी बोझ नहीं है, लेकिन यह हमेशा मेरे साथ रहेगा पारस पत्थर की तरह, एक स्मृति को हर कोई अपना बोझ उठाए है, जिनमें से अधिकांश का बोझ मुझसे बड़ा है और किसी को भी इसके होने के कारण छोटा महसूस नहीं करवाना चाहिए और न ही किसी को भी उसे उठाने के लिए अकेला छोड़ना चाहिए।

□

# 2

# नीलिया

बहुत सी चीजें हैं, जो बिना शब्दों के या शब्दों के अंतराल में कह दी जाती हैं। एकल अभिभावक होने ने मुझे यह सिखाया है। मुझे कभी यकीन नहीं था कि परवरिश का रामबाण 'गुणवत्तापूर्ण समय' की योजना बनाना और इसे कार्यान्वित करना है। अपने बच्चों की परवरिश की सबसे अच्छी स्मृतियों में वे क्षण हैं, जो अचानक घटे हैं, तब जब हम बस साथ थे। मुझे याद है नॉर्थ स्टार में अपने घर के पास पार्क पर रुकना। मैं अपने 67 मॉडल कॉरवेट चला रहा था—टॉप डाउन और मेरा बेटा हंटर, जो तब चार वर्ष का था और मेरी गोद में बैठा था। मैंने उसे उठाया और झूलों की तरफ बढ़ गया, मैंने से याद दिलाया, जैसा कि मैं सैकड़ों बार करता था और जिसका कोई खास कारण नहीं था, "मुझे तुमसे प्यार है, बेटा।"

हंटर ने मेरी तरफ देखा और अपनी बाँहें उठाईं और खोलीं। "मैं आपसे

आसमान से भी ज्यादा प्यार करता हूँ, डैडी।"

और यह केवल उपस्थिति की सहज क्रिया के कारण व्यक्त स्नेह और आदर नहीं था। बच्चे बड़ों को जैसा करते देखते हैं, उसी का अक्स व नकल होता है। उनकी साँसों में पारिवारिक मूल्य वैसे ही होते हैं, जैसे श्वास है, जैसा कि मेरी माँ कहा करती थीं, "बच्चे वैसे ही बनते हैं, जैसी आपने उनसे उम्मीद की थी।"

मेरे पास हंट की एक और विविध स्मृति है। ये शायद इसके दो वर्ष बाद की बात है। हमारे साथ-घूमने जानेवाले दिनों में से एक के बीच मैंने उससे सवाल किया—"तो हंटर, बड़े होकर क्या बनना चाहते हो?"

"मैं कुछ महत्त्वपूर्ण बनूँगा।" मुझे पता है उसका क्या मतलब था।

वर्ष 1961 के अंत में जब मैंने डेलावेयर विश्वविद्यालय में शुरुआत में मुझे अपना मुख्य विषय चुनना था, मैंने वही विषय चुना, जिसमें मेरी दिलचस्पी थी—राजनीति शास्त्र और इतिहास, लेकिन मेरी योजना लॉ स्कूल जाने की थी। यह विचार मुझे आर्कमेरे की लाइब्रेरी में वर्ष 1960 के वसंत में आया, जब मेसाचुसेट्स से जूनियर सीनेटर जॉन एफ. कैनेडी, डेमोक्रेटिक राष्ट्रपति नामांकन की तरफ बढ़ रहे थे। यदि वे ऐसा कर पाते हैं तो वे अल स्मिथ के बाद नामित होनेवाले पहले कैथोलिक होंगे और जहाँ काफी लोग कहते हैं कि अमेरिकी किसी कैथोलिक को कभी नहीं चुनेंगे, कैनेडी अडिग थे। "मैं इसे मानने से इनकार करता हूँ कि मेरा राष्ट्रपति बनने का अधिकार तभी खारिज हो गया था, जिस दिन मेरा बपतिस्मा हुआ था।" यह बात उन्होंने भीड़ में तब कही, जब उन्होंने वेस्ट वर्जिनिया प्रधान की निर्णायक जीत हासिल की थी। मेरी आयरिश माँ रोमांचित थीं।

ऐसा नहीं है कि कैनेडी और बाइडन में काफी समानता है। कैनेडी के पिता देश के सबसे समृद्ध और जानेवाले व्यक्तियों में से एक थे। मैंने उनकी तसवीरें देखी हैं। मैं जानता हूँ कि हाईनिसपोर्ट देखने में मेफील्ड से काफी अलग है। सीनेटर कैनेडी धनवान होने के बावजूद मुझे पसंद थे। मेरा परिवार इस धारणा से कभी सहमत नहीं था कि अच्छा काम अच्छे जीवन का आश्वासन है। हमें पुरानी कैल्विनवादी कहावत पर हमेशा से संदेह था कि सही कार्य करनेवालों को सांसारिक विजयोपहार मिलेगा।

कैनेडी की शोभा और आत्मविश्वास, उनकी खूबसूरत पत्नी और उनके सुघड़ बच्चे मेरे आकर्षण का कारण नहीं थे। वे सामान्य ही थे। ये उनका यौवन या जोश नहीं था, जो वे दिखाते थे, बल्कि यह उनके विचारों की ताजगी की भी

बात नहीं है, बल्कि मुझे जिस चीज ने हैरान किया, वह उनका जनवरी 1961 का उद्घाटन भाषण व विचारों की नवीनता नहीं, बल्कि यह विचार उस सबक से कितने मिलते-जुलते हैं, जो मैंने सेंट पॉल और होली रोजरी और सेंट हेलना व आर्कमेरे में व विशेष रूप से अपने घर में सीखे थे। हमें धरती पर रहते हुए अच्छे काम करने चाहिए, कैनेडी ने हमें याद दिलाया, क्योंकि यह हमारा दायित्व है, उन्होंने उस दिन समापन करते हुए कहा, "अच्छी चेतना ही हमारा इकलौता सुनिश्चित उपहार है, इतिहास हमारे कामों का अंतिम न्यायाधीश है, चलो उस धरती के लिए आगे बढ़ें, जिससे हमें प्यार है, जिससे हम आशीष और मदद लेते हैं, यह जानते हुए कि यह धरती पर ईश्वर का काम वास्तव में आपका अपना काम है।"

उन्होंने जो कहा, वह उन चीजों की शक्तिशाली सार्वजनिक पुष्टि थी, जिन्हें मैंने परवरिश के दौरान सीखा था, हम किन चीजों को सर्वाधिक मूल्य देते हैं—शुचिता, निष्पक्षता और स्पष्ट न्याय—हमारी सुरक्षा के लिए हैं, न कि ईश्वर की। राष्ट्रपति कैनेडी ने मेरे विचारों को और शक्तिशाली बनाया, जैसा कि निस्संदे, उन्होंने मेरी पीढ़ी के अन्य लोगों के लिए किया कि यह हमारा दायित्व है कि हम अपनी दुनिया को बेहतर स्थान बनाने का प्रयास करें। यह कुछ ऐसा था, जो मैं पहले से ही सोचा करता था।

अन्य किशोरों की तरह मेरे पास भी वॉल्टर मिटी जैसे दो विचित्र दिवास्वप्न थे, जो हाई स्कूल से ही मेरे दिमाग में घर कर गए थे। एक था, पेशेवर फुटबॉल खेलना। दूसरा था—एक सम्मानित गण्यमान्य व्यक्ति बनना। जो महान् काम करे और अच्छे कारणों से अपना स्थान इतिहास की पुस्तकों में बनाए। यह चुनना होगा कि कौन सा सपना ज्यादा हास्यास्पद था। हाई स्कूल में अपने जूनियर वर्षों में मेरा वजन 140 पौंड था और मेरे परिवार के राजनीतिक संबंध स्थानीय स्कूल बोर्ड से विस्तारित नहीं थे।

लेकिन इन जमीनी संयत तथ्यों ने मेरी किशोरवय उत्सुकता को शांत नहीं किया। आर्कमेरे में मेरे जूनियर वर्षों के लगभग अंत में स्टडी हॉल के दौरान मैं लाइब्रेरी गया और कांग्रेस संबंधी डायरेक्टरी निकाल ली, इसमें जीवनियाँ पढ़ने लगा। मैं जानना चाहता था कि वह कौन से स्त्री व पुरुष हैं, जिन्होंने वाशिंगटन को बनाया है। वे यहाँ किस तरह पहुँचे ? उनके व्यक्तिगत इतिहास को खँगालते हुए मैंने पाया कि उनमें से ज्यादातर समृद्ध और सुस्थापित परिवारों से थे। अपने बल पर वहाँ पहुँचने वाले लगभग सभी वकील थे तो इस तरह मेरा मार्ग तय हुआ।

मैंने शायद कॉलेज में अपने पहले वर्ष की शुरुआत फुटबॉल और नई लड़कियों से मिलने से की थी। वहाँ मिलने के लिए बहुत सी नई लड़कियाँ थीं और आर्कमेरे की कठिनाइयों के बाद कॉलेज ज्यादा मुश्किल नहीं था। ये चाहे जो हो, मैं खुद को विद्वान् दिखाना नहीं चाहता था, जब मेरे पहले सेमेस्टर के ग्रेड आए तो माता–पिता ने मुझसे कहा कि इस वसंत मैं फुटबॉल नहीं खेलूँगा। मेरे पिता नहीं चाहते थे कि सब बिगड़ जाए, "याद रखो जोई, तुम्हें कॉलेज पूरा करना ही होगा। वे तुम्हारी डिग्री तुमसे कभी नहीं ले सकेंगे।" एक दोपहर मेरे डैड मेरे छात्रावास के कमरे में आए और उन्होंने मुझे बेसबॉल की टोपी पहने बिस्तर पर पसरा हुआ पाया। कमरा बेतरतीब और चुराए हुए सड़क संकेतों से अटा था। कोई पुस्तक खुली नहीं दिख रही थी। उन्होंने अपने सिर हिलाते हुए कहा, "तो यह है कॉलेज।"

पहले दो वर्ष मैंने कुछ खास नहीं किया; मैंने अग्निशामक द्वारा जोखिम प्रबंधन करने का प्रशिक्षु अभ्यास भी किया था। मैं ज्यादातर समय दोस्तों के साथ बैठक जमाता, जहाँ हम हमेशा बहस करते रहते। कभी यह राजनीतिक पर होता—नागरिक अधिकार आंदोलन, बे ऑफ पिग्स, कैनेडी–ख्रुश्चेव मुलाकात, क्यूबन मिसाइल संकट, मुक्त विश्व का भविष्य, लेकिन इससे बढ़कर हमारा ध्यान अपने भविष्य पर केंद्रित था। एक दिन मैंने एक सवाल पूछा, "अगर तुम लोगों को स्नातक के बाद ड्यूपॉण्ट कंपनी में नौकरी और अच्छा वेतन और जीवन भर के लिए नौकरी मिले, लेकिन वर्षभर में $40,000 (जो वर्ष 1962 में अच्छा वेतन था) से अधिक नहीं कमा सकोगे।" या तुम्हें इससे आधे वेतन वाली नौकरी मिले, जिसमें कोई गारंटी नहीं, लेकिन धन बेहिसाब कमा सकते हो तो तुम किसे चुनोगे? उनमें से ज्यादातर ने सुरक्षित और सुनिश्चित चीज को चुना। इंजीनियरों की तरह बात करते हुए मैंने उनसे कहा। मैं जोखिम लूँगा।

मैं यह बैठक की बहस तब कर रहा था, जब मुझे पढ़ते होना चाहिए था, लेकिन मैंने देखा कि मुझे बस चार वर्षों में स्नातक कर लेना है, लॉ स्कूल प्रवेश परीक्षा में अच्छा करना है और मेरा लॉ स्कूल में दाखिला हो जाएगा। मैं जानता था कि मैं इतना होशियार तो हूँ, लेकिन कैलकुलस या राजनीति शास्त्र पढ़ने से मुझे क्या मिलेगा?

अपने जूनियर ईयर के पहले सेमेस्टर में मैं थोड़ा चिंतित होने लगा था। अपने अकादमिक रिकार्ड के कारण मैं अब सुनिश्चित नहीं था कि मुझे किसी अच्छे लॉ स्कूल में दाखिला मिल सकेगा तो मैं राजनीतिक शास्त्र विभाग में एक युवा प्रोफेसर

डेविड इंगरसोल से मिलने गया। उन्होंने मुझे बताया कि अब मेरे पास स्कूलों को आकर्षित करने का केवल एक तरीका है कि अपने क्षमताओं का प्रदर्शन करूँ। मैंने अपने को ऐसी चीज में फँसा लिया था, जिसमें से निकलने के लिए मेरे पास तीन सत्र थे। मुझे भारी बोझ उठाते हुए अच्छा प्रदर्शन करना होगा।

एक बार जब मैंने संकल्प कर लिया तो कर लिया। मैंने अगले सैंतीस घंटों के दो सेमेस्टर अच्छे ग्रेड से पास किए, जबकि मैं फिर से फुटबॉल टीम का हिस्सा था। मैं दो वर्षों से नहीं खेला था, लेकिन डेप्थ चार्ट पर तेजी से काम करके मैंने अपने कोच को भी हैरान कर दिया। उस अप्रैल वार्षिक वसंत खेलों के बाद, ऐसा लगा कि मुझे डिफेंसिव बैक की शुरुआत को आजमाना चाहिए। मैं अगले सितंबर तक प्रतीक्षा नहीं कर सकता था; मुझे पतझड़ का मौसम लगभग जाया होता दिख रहा था तो जब मुझे अपने अंतिम अभ्यास के बाद वसंत की छुट्टियों में फ्लोरिडा जाने का अवसर मिला तो काफी अच्छा महसूस हुआ। इस यात्रा ने सबकुछ बदल दिया।

मैं कुछ दोस्तों के साथ कार से फोर्ट लॉडर्डेल गया; मेरे पास धन कुछ कम था तो डेलावेयर विश्वविद्यालय से आए लड़कियों के एक बड़े समूह ने मुझे उनके किराए के घर में रुकने पर सहमति दी, लेकिन बीच पर दो दिन बिताने के बाद ही मैं ऊबने लगा। आधा कैंपस वहीं था। ये वही पहलेवाले लोग थे, बस कम कपड़ों में व नशे में धुत्त और मैं शराब नहीं पीता था तो अगले दिन मैं बीच पर अपने एक विलमिंगटन के दोस्त फ्रेड सीयर्स के साथ बात कर रहा था, जो स्नातक होने ही वाला था और एक अन्य लड़का फुटबॉल टीम से था। फ्रेड भी ऊब रहा था। "जोई, क्या तुम कभी नासाउ गए हो?"

"नहीं," मैं विमान में कभी नहीं बैठा था।

"हम पच्चीस डॉलर में कैरिब एयर में जाना-आना कर सकते हैं।"

मेरी जेब में रखा टैक्स रिफंड का शेष $89 कुलबुला रहा था तो हम तीनों ने वहाँ जाने का फैसला किया। हमने फैसला किया कि अगर हमें वहाँ कहीं रहने की जगह नहीं मिलती तो हम दिन भर रहकर, वापस लौट आएँगे, अगले दिन हम विमान द्वारा नासाउ, बहामास के पैराडाइस आइलैंड पहुँचे।

एयरपोर्ट से बाहर निकलते वक्त हमें कॉलेज के ही लड़कों का एक और ग्रुप मिला, जो हमें उनके किराए पर लिये घर में रहने देने के लिए राजी हो गए, लेकिन हम वहाँ बैठे नहीं रहे। नासाउ में पहला दिन, हम सीधा बीच पर जा पहुँचे।

पैराडाइस आइलैंड पर खूबसूरत सफेद रेत के बीच हैं, लेकिन पास नहीं होने के कारण हमें सार्वजनिक बीच पर ही जा सकते थे। बीच पर केवल हम ही कॉलेज के छात्र थे और सार्वजनिक बीच के ठीक साथ में चेन बाँधकर बाड़ बना घेराबंदी की गई थी, जो जलीय किनारे तक जाती थी—एक आकर्षक गुलाबी इमारत थी, जिसका नाम ब्रिटिश कॉलोनियल होटल था। इस बाड़ के दूसरी तरफ हमें दर्जनों कॉलेज की युवतियाँ ब्रिटिश कॉलोनियल बीच पर धूप सेंकती दिख रही थीं। इस बीच पर जाने के लिए आपको होटल का अतिथि होना चाहिए, लेकिन हमारा वहाँ जाने का पक्का इरादा था। हम तीनों ने मुक्त भाव से मेहमानों के बाड़ पर सूखने को डाले तीन तौलिए उठा लिये और उन्हें अपनी कमर पर इस तरह लपेटा कि ब्रिटिश कॉलोनियल का चिह्न साफ दिखाई दे और मुख्य द्वार में दरबान से सामने से निकले। हम ऐसे चल रहे थे, जैसे वहीं के हों और यह चाल काम कर गई।

मैं कभी ब्रिटिश कॉलोनियल जैसी जगह नहीं गया था, यह सुस्ताने का आर्कमेरे था। हम होटल के पीछे से आते हवादार कमरे की तरफ बढ़ चले और स्वीमिंग पूल के डेक पर पहुँच गए, जो बीच के सामने था। वहाँ हर तरफ कॉलेज के छात्र घूम रहे थे, लेकिन हमें दो लड़कियाँ दिखाई दीं, जो पूल के निकट बीच के सबसे पासवाले चेज लॉञ्ज पर बैठी थीं। इनमें से एक के बाल काले थे तो दूसरी के सुनहरे। "मैं ब्लांड (सुनहरे बालोंवाली) से बात करूँगा।" मैंने कहा।

"नहीं!" मेरे दोस्त ने कहा।

"मैं ब्लांड से बात करूँगा।"

"मेरे पास सिक्का है!" सीयर्स ने कहा।

"तुम दोनों सिक्का उछाल लो।"

मैं बिना देखे कि कौन जीता है, ब्लांड की तरफ बढ़ गया। मेरा दूसरा दोस्त काले बालोंवाले के पास गया। वह काफी आकर्षक लग रही थी और उसने शेर की खाल जैसा कसा हुआ बाथिंग सूट पहन रखा था, जिससे वह उदास नहीं लग रही थी। मैं उसके पास पहुँचा और ब्लांड की चैज के किनारे पर बैठ गया। मैं पीछे अपने दोस्त को बात करते सुन सकता था।

"मैं माइक हूँ।"

"तुम मेरी धूप रोक रहे हो, माइक।"

"हेलो, मैं जो बाइडन हूँ।"

"हेलो जो, मैं नीलिया हंटर हूँ।"

जब वह मेरी तरफ मुड़ी, तब मुझे दिखाई दिया कि उसकी आँखें शानदार हरी और मुसकान बेहद खूबसूरत थी। दोपहर के सूर्य की धूप में वे दमक रही थीं, जिसमें मुझे कोई कमी नहीं दिखी। वास्तव में मैं पहली नजर में ही पूरी तरह उसके प्यार में था और उससे बात करना बेहद सहज था। वह सिराक्यूज विश्वविद्यालय के स्कूल में थी, जो उसके गृहनगर, स्केनटेलीज, न्यूयॉर्क से सीधी सड़क पर था। उसे स्नातक हुए अभी दो ही महीने हुए थे और उम्मीद थी कि उसी सितंबर सिराक्यूज के जूनियर हाई स्कूल में पढ़ा रही होगी। हमने अपने माता-पिता के बारे में बात की; उसके पिता का रेस्टोरेंट था। हमने अपने भाई-बहनों के बारे में बात की; वह भी सबसे बड़ी थी। हमारी इसी प्रकार की छोटी सी बातचीत के बीच मैं उस बड़ी बोट को देख रहा था, जो सीधे ब्रिटिश कॉलोनियल के सामने आकर रुकने के लिए धीमी हो रही थी। मैंने आज तक प्रत्यक्ष रूप से इतनी बड़ी बोट नहीं देखी थी; यह निश्चित ही चालीस फीट लंबी रही होगी। मुझे लगा कि वो यॉट है और जब मैं नीलिया को अपने, अपने परिवार के और मैं कहाँ रहता हूँ, इस बारे में बता रहा था, मैं इस यॉट से अभिभूत हो गया था। मेरा ध्यान नीलिया पर था, लेकिन एक आँख यॉट में इस व्यक्ति पर लगी थी, जो समुद्र तट से तकरीबन चालीस यार्ड दूर लंगर डाल रहा था। बोर्ड पर खड़े उस व्यक्ति ने छोटी नाव उतारी, बोट से निकला और इसे तट की तरफ खेने लगा। उसने शानदार सहजता से बोट को ठीक बीच पर रोका, बाहर निकला और ब्रिटिश कॉलोनियल पूल की तरफ आने लगा। ऐसा लग रहा था, जैसे वह मेरी ही तरफ आ रहा हो। उसने पूरे सफेद कपड़े पहन रखे थे और छोटी सी सफेद यॉट नाविक की टोपी और उसकी पैंट के पायँचे ऊपर तह हुए थे, जब वो नंगे पैर बीच पर पैर घसीटकर चलने लगा तो यह साफ होता जा रहा था कि वो सीधे मेरी ही तरफ आ रहा है और अब वह हमारे सिर पर खड़ा सूर्य को आँख मिचकाकर देख रहा था। उसने बोला, "हेलो नीलिया!" और मेरा दिल डूब गया। मैं तो गया, सब खत्म और उसने कहा, "क्या हम रात को मिल रहे हैं?"

नीलिया ने पहले उसे देखा, फिर मेरी तरफ देखा। "ओह, जॉन, माफ करना," उसने कहा, "जो से मिलो।"

"हेलो जो।"

वह लगभग हमारी ही उम्र का था, शायद थोड़ा बड़ा।

"आज रात के लिए माफ करना," नीलिया ने लगभग फुसफुसाते हुए कहा।

इतना कि हम दोनों को सुनने के लिए आगे झुकना पड़ा, "आज रात मैं और जो डिनर पर जा रहे हैं।"

मुझे लगा कि मेरे दिल तेजी से धड़क रहा है, जैसे छाती से बाहर ही निकल आएगा। मेरा मतलब, मुझे लगा कि हम सिर्फ बात कर रहे हैं।

जॉन को स्पष्टीकरणों में दिलचस्पी नहीं थी और उसके जाने के बाद, नीलिया मुझसे भी माफी माँगने लगी। "उम्मीद है कि आपको मेरा ऐसा कहना बुरा नहीं लगा होगा, लेकिन मैं उसके साथ नहीं जाना चाहती थी, वैसे वह अच्छा लड़का है, मैं उसे स्कूल से जानती हूँ, लेकिन मैं आज रात उसके साथ बाहर नहीं जाना चाहती।" मैं उसकी बात सुन रहा था, लेकिन मेरे दिमाग में अभी भी पहले के शब्द ही गूँज रहे थे कि आज रात मैं और जो डिनर पर जा रहे हैं।

"तो," मैंने कहा, "क्या आप डिनर पर चलना चाहेंगी ?"

"मुझे अच्छा लगेगा," उसने कहा और पुनः फुसफुसाते हुए कहा, लेकिन ऐसे जैसे वह वाकई मायने रखता हो।

"होटल के बाहर कोने के पास ही एक छोटा सी साफ-सुथरी जगह है।"

मेरे पास $17 बचे थे और यह वापस घर जाने के लिए थे। "ओह, क्यों न ऐसी जगह चलें, जहाँ हैमबर्गर मिलते हों ?"

"यह भी ठीक रहेगा जो।" उसने कहा और मैं बता सकता हूँ कि वह सहमत थी।

उस रात मैंने उसे होटल से लिया और वह हमें उस रेस्टोरेंट तक ले गई। शुक्र है कि यह ज्यादा भड़कीला नहीं था; आप मेन्यू में से हैमबर्गर भी ऑर्डर कर सकते हैं। हमने स्कूल के बारे में थोड़ी और बात की, जैसे स्कूल पूरा होने के बाद हम क्या करना चाहेंगे। हमने मुख्य रूप से परिवार के बारे में बातें कीं और कुछ घंटे में डिनर के बाद बिल आया। किसी ने भी मुझे आइलैंड की कीमतों पर नहीं चेताया था। बिल $20 था, जिसमें ड्रिंक शामिल नहीं थे। यह वर्ष 1964 था। वेटरेस बिल भुगतान की प्रतीक्षा में मेरे सिर पर घूम रही थी। मैं पसीने में डूबा था, तभी मुझे अपने घुटने पर किसी के स्पर्श का अहसास हुआ। यह नीलिया का हाथ था और जब मैंने उसका हाथ पकड़ने के लिए अपना हाथ नीचे किया, तो उसने मुझे बीस के दो नोट दिए, जब वेटरेस नोट खुलवाने चली गई तो मैंने माफी माँगी।

"मैं बेहद शर्मिंदा हूँ।"

"ओह, कोई बात नहीं।" उसने कहा।

"मत हो, मेरे डैड के साथ ऐसा कई बार हुआ है। तुम्हें शर्मिंदा होने की जरूरत नहीं।"

और मेरी शर्मिंदगी दूर हो गई। यही उसकी खासियत थी, वह हर किसी को सहज कर देती थी। नीलिया के होते कोई अपने को छोटा महसूस नहीं कर सकता था।

हम डिनर के बाद ही अलग होना नहीं चाहते थे और नीलिया को एक क्लब पता था, जहाँ हम युवा ब्रॉडवे स्टार को उसकी नई एल्बम का प्रचार करते देख सकते थे। नीलिया ने विश्वास दिलाया कि यह निःशुल्क होगा, क्योंकि नीलिया की दोस्त, जो शेर की खाल का बाथिंग सूट पहने थी, क्लब के मालिक को डेट कर रही थी तो हम उस छोटे से क्लब में लाइव शो देखने पहुँच गए और इसके बाद मैं नीलिया को वापस उसके होटल छोड़ने आया। मेरे पैर जमीन पर नहीं थे। रात में उस वक्त पार्किंग कर्मचारी ने कारों को सर्विस रोड से दूर रखने के लिए वहाँ चेन लगा दी थी। क्या मैं चेन उठाकर उसके नीचे से निकल गया।

"नहीं।"

मैंने उसके ऊपर से छलाँग लगाई, मेरा पैर उसमें फँसा और मैं कूल्हे के बल नीचे गिरा। मुझे पीछे से नीलिया की हँसी सुनाई दी और उसने खुद को रोकते हुए पूछा, "तुम ठीक हो?"

मैं उठा और अपने कपड़े झाड़े। "मैं ठीक हूँ, बस फिर से शर्मिंदा हूँ।"

"कोई जरूरत नहीं। इतना अँधेरा है, किसी ने तुम्हें नहीं देखा होगा।"

"अब इस लड़की से कोई कैसे प्यार न कर बैठे?"

मैंने उसे होटल के सामने छोड़ा और पैदल वापस अपने रहने के स्थान पर पहुँच गया, मैं बस यही सोचता रहा—'कहीं यह वो तो नहीं।'

मैं छुट्टियों के अंतिम चार दिन नासाउ में ही रुका और नीलिया व मैं हर दिन और हर रात मिलते रहे। चौथे दिन मैंने उससे कहा कि मेरा अगले सप्ताहांत का कोई प्लान नहीं है।

"क्या मैं तुमसे न्यूयॉर्क में मिल सकता हूँ?"

"लगता तो है।"

"पता है, हम दोनों की शादी होनेवाली है।" मैंने कहा।

उसने मेरी आँखों में देखा और कहा, "मुझे भी लगता है," उसने फुसफुसाते हुए कहा, "मुझे भी लगता है।"

डेलावेयर वापस लौटने पर मैं सीधे अपने छात्रावास नहीं गया। इसकी जगह

मैं पहले यह खबर देने के लिए अपने घर मेफील्ड में रुका। वैल बताती है कि दरवाजा खुलने के साथ ही मैं घर में घुसने से पहले ही शोर मचाने लगा, "वैल! वैल! मुझे कुछ बताना है, मुझे वह मिल गई।"

"कौन मिल गई?"

"वह लड़की, जिससे मैं शादी करनेवाला हूँ।"

मैंने उसे नीलिया के बारे सब बता दिया। मैं लगातार उसे बारे में बोले जा रहा था। मैंने वैल और जिम्मी और फ्रैंकी को बताया; मैंने अपने टीम के साथियों, सहपाठियों और अपने माता-पिता को बताया। मेरे पिता इसे समझ गए और उन्होंने मुझे कार उधार दिलवा दी, अगले शुक्रवार में 320 मील कार चलाकर स्केनटेलीज अपनी नई गर्लफ्रेंड से मिलने पहुँचा। पहली बार जब मैंने नीलिया के घर झील के पास कार रोकी तो मुझे अहसास हो गया कि हंटर परिवार हमारे बाइडन परिवार से काफी अलग है। उसके डैड का रेस्टोरेंट का कारोबार अच्छा चल रहा था।

अँधेरे में भी मुझे उनके घर की बाहरी रूपरेखा दिख रही थी और मेरे पैमाने पर यह बहुत बड़ा था, जब मैं दरवाजे की तरफ बढ़ रह था तो मुझे अपने दिल की धड़कन सुनाई दे रही थी। मैंने दरवाजा खटखटाया। दरवाजा खुला और नीलिया वी-गले का पीला स्वेटर पहने मेरे सामने थी। संगीत चल रहा था और वह मुसकरा रही थी। मुझे उसके पीछे धुँधले शीशे के पार सरोवर दिख रहा था। दूसरी तरफ डॉक की नरम रोशनी चमक रही थी। मैं अपने को फिट्जगेराल्ड के गैट्स्बी जैसा महसूस कर रहा था, केवल मेरा विजन, मेरा सपना, वहाँ मेरी पहुँच में खड़ा था।

नीलिया के साथ उनके घर पर होना उतना ही सरल था, जितना उनके साथ नासाउ में होना। हम लोग सारा दिन और सारी रात बात कर सकते थे और यह बात अतीत के बारे में कम-से-कम और भविष्य को लेकर अधिक-से-अधिक होती जा रही थी। हम रविवार की रात अलग होते और अगली शुक्रवार शाम फिर साथ होते। मैं शेष बचे स्कूली वर्ष में हर सप्ताहांत वहाँ गया। मि. हंटर की सरोवर में बोट थी। "जोई, तुम वॉटर-स्की करते हो?"

"मैंने कभी प्रयास नहीं किया," मैंने कहा, "लेकिन लगता है कि मैं कर सकता हूँ।"

नीलिया ने मुझे बताया कि वह 'थोड़ा सा' वॉटर-स्की कर सकती है, जो मुझे जल्द ही पता चल गया कि यहाँ की स्थानीय वास्तविकता थी तो मि. हंटर क बोट के सर्दियों के स्टोरेज से बाहर निकलने से एक हफ्ता पहले वह इकलौता सप्ताहांत

था, जब मैं स्केनटेलीज में नहीं था, क्योंकि वैल का एक दोस्त, जीन फेरी, मुझे पोनोकोस की हार्वेस लेक में वॉटर-स्की सिखाने को तैयार था। मैंने हार्वेस लेक में निश्चित ही बारह गैलन गैसोलीन उपयोग कर लिया होगा और मैं पूरा एक सीध लगातार छह घंटे पानी से बाहर रहा।

"चलो जो।" जीन ने चिल्लाकर कहा।

"अब काफी हो गया?"

"थोड़ी देर और...मुझे स्लैलम करने दो।"

जब आखिरकार मैं लेक से बाहर आया तो मेरे पैर रबर की तरह महसूस हो रहे थे, लेकिन जब अगले सप्ताहांत में स्केनटेलीज वापस गया तो मैं स्लैलम कर सका। गरमियाँ समाप्त होने तक तो मैं कूदने भी लगा था।

अभी तक की सारी यात्राएँ मैंने ही की थीं, लेकिन एक सप्ताहांत नीलिया विलमिंगटन आई और वैल व जिम्मी तथा फ्रैंकी और मेरे माता-पिता से मिली। मेरे माता-पिता ने शानदार बार्बेक्यू का आयोजन किया और मैंने नीलिया से मिलवाने के लिए सबको बुलाया। हमारे घर में जगह थोड़ी कम थी, इसलिए नीलिया वैल के कमरे में रुकी और दोनों की खूब बनी तथा यह बस वैल ही नहीं थी। परिवार में सबमें सम्मति दे दी। एक नए स्थान पर, अजनबियों से घिरे होने पर भी नीलिया घबराई नहीं। वह बिल्कुल सहज थी। "मि. बाइडन, बार्बेक्यू तो बहुत अच्छा है," उसने मेरे पिता से कहा, "ओह, यह शानदार है।"

मेरे माता-पिता बता सकते थे कि हम प्रेम में हैं, ये देखना मुश्किल नहीं था और वे मुझे...हमें लेकर रोमांचित थे। हंटर परिवार भी यह देख सकता था, लेकिन वे इसे लेकर सुनिश्चित नहीं थे। मैं बता सकता था कि उसके पिता को मैं पसंद था, लेकिन मुझे लगता है कि उनकी बहन का उनपर दबाव था, जो ऑबर्न के प्रेस्बिटरन चर्च में अहम हस्ती थी। एक शुक्रवार रात, विलमिंगटन की लंबी यात्रा के बाद नीलिया मुझे दरवाजे पर उसी तरह मिली, जैसे हमेशा मिलती थी, लेकिन उसने मुझे बाहर धकेल दिया। "रुको जोई!" उसने मुझसे कहा।

"डैडी नहीं चाहते कि मैं आगे तुमसे मिलूँ।"

मुझे लगा कि वहीं सामनेवाले बरामदे में मेरी जान निकल जाएगी। "क्या यह खत्म हुआ?"

"तुम्हारे कैथोलिक होने की वजह से, लेकिन मैंने उनसे कह दिया, 'मुझे चुनने के लिए मजबूर न करें डैड। मुझे चुनने को मजबूर न करें।' "

और मि. हंटर ने यह नहीं किया। उन्होंने मुझसे कभी कुछ नहीं कहा और न ही उन्होंने कभी उससे कुछ कहा, अगर पहले कोई संदेह था भी तो अब मैं सुनिश्चित था। मैं जानता था कि हमारी शादी हो जाएगी। मैंने पास ही मरीना में गैस भरने की नौकरी की, जिससे मैं गरमियों की छुट्टियों का अंतिम माह स्केनटेलीज में बिता सकूँ। इसके बाद मुझे फुटबॉल में बारे में फैसला करना था।

पतझड़ शुरू होने से पहले दो हफ्ते में अभ्यास के लिए वापस लौटना था, जिसका मतलब था कि मुझे स्केनटेलीज से दो हफ्ते पहले निकलना होगा और मुझे अहसास हुआ कि अगर मैं फुटबॉल खेलता हूँ तो मेरे सप्ताहांत व्यस्त रहेंगे। मैं सितंबर, अक्तूबर, नवंबर में और दिसंबर में खेल होने तक नीलिया से ज्यादा नहीं मिल पाऊँगा।

मैंने मौसम आरंभ होने से कुछ हफ्ते पहले कोच को फोन किया—"कोच, मैं नहीं आ पा रहा हूँ।"

"कौन बोल रहा है?"

"मैं जो बाइडन हूँ, कोच। मैं इस सीजन में नहीं खेल सकूँगा।"

"बाइडन! क्या तुम्हें अहसास है कि इस वर्ष तुम्हें खेलने का मौका मिल रहा है?"

"मैं जानता हूँ कोच, लेकिन मैं नहीं आ पा रहा। मैं नहीं खेल रहा, देखिए, मेरी इस लड़की से मुलाकात हुई और वह सेराक्युस से है।"

'बजजजजज' मुझे बस यही सुनाई दिया। उन्होंने फोन रख दिया था।

मैंने इस तरह प्रबंध किया कि पतझड़ में मेरी शुक्रवार के बाद कक्षाएँ न हों, जिससे मैं एक के बाद दूसरे सप्ताहांत तक कूद सकूँ, जब मुझे कार नहीं मिलती तो मैं हिचहाइक (अजनबियों से लिफ्ट लेना) करता। मैंने नीलिया से मिलने जाने की अपनी यात्राओं का खर्च जुटाने का रास्ता भी निकाल लिया था। मैंने कुछ लोगों को जुटाया और अपने पिता व विलमिंगटन के कुछ अन्य डीलरों के लिए कार ढुलाई का काम करने लगा—$10 प्रति कार तो मैंने एक स्टेशन वैगन उधार ली और छह या सात लोगों को लैंकेस्टर, पेंसिल्वेनिया के नजदीक मेन्हम ऑटोमोबाइल ऑक्शन ले जाता और उनमें से हर एक को प्रति कार $5 देकर उन्हें इसे वापस विलमिंगटन में डीलरों के पास पहुँचवा देता। वे लिफ्ट लेकर वापस स्कूल लौट आते और मुझे हर सप्ताहांत कम-से-कम $30; और किसी अच्छे सप्ताहांत में तो $100 मिल जाते।

स्केनटेलीज जाते और आते वक्त मैं अकेला ही होता था और अकसर अपना पाँच घंटों में 320 मील का स्पीड रिकार्ड तोड़ देता था; मैं अब जल्दी में था, मेरे पास भविष्य की रूपरेखा बनाने के लिए काफी वक्त था। नीलिया और मैं इसपर बात करते। एक वर्ष में स्नातक। लॉ स्कूल। विवाह। बच्चे। वह पाँच बच्चे चाहती थी और मुझे भी इससे एतराज नहीं था। वह विवाह के बाद बच्चे जल्दी चाहती थी, ताकि उनके बड़े होने तक हम भी जवान बने रहें। हम बड़े ट्यूडर-शैली के असली पेड़ों वाले घर के बारे में बात करते, जिन्हें रियल एस्टेट पेशेवर 'मैच्योर प्लांटिंग' कहते हैं। मैं मुकदमे लड़नेवाला वकील बनूँगा और अपनी फर्म बनाऊँगा और फिर राजनीतिक पद पाने का प्रयास करूँगा, जब नीलिया मेरे साथ थी तो यह दिवास्वप्न न होकर योजना ही बन जाती। मेरे परिवार के अलावा नीलिया के सिवाय किसी में मुझमें इतना यकीन नहीं दिखाया था; उसकी आँखों से खुद को देखने पर लगता, जैसे सबकुछ संभव है, अब मैं तसवीर को पूरा देख रहा था, लॉ फर्म, प्रचार घोषणा, भाषण, यात्राएँ, जीत की रात और पद नियुक्ति, सेवा करना। इसे देखने का मतलब अंत तक देखना था और मैं हर एक गतिविधि देख सकता था। मुझे पता था कि नीलिया और मैं कैसे दिखेंगे, मैं क्या कहूँगा, मैं ऑफिस में क्या करना चाहता हूँ। मैं जब नीलिया को इस बारे में बताता था तो यह सिर्फ पद मिलने तक सीमित नहीं था, मैं पद के इस्तेमाल से लोगों के लिए चीजें बेहतर बनाने के बारे में बात करता था और नीलिया सहमत होती थी। हम लगभग हर चीज पर सहमत थे। हमारा साथ में बिताया जीवन एडवेंचर के जैसा होगा। "हम कर सकते हैं," वह इसे ऐसे कहती थी।

"मेरा वादा है।"

अब अगला कदम लॉ स्कूल में दाखिला था और चूँकि नीलिया पहले से ही सेराक्युस में पढ़ा रही थी, मैंने भी सेराक्युस यूनिवर्सिटी के लॉ कॉलेज में आवेदन कर दिया। नीलिया को अपने भविष्य का हिस्सा बना लेने के बाद मैं ज्यादा केंद्रित हो गया था; मैं अपने स्कूल के काम को पहले से ज्यादा गंभीरता से लेने लगा था। मैंने अपना सीनियर थीसिस न्यूयॉर्क राज्य में हंटर परिवार के जिले के महासभा सदस्य पर लिखी। मुझे लगा कि यह बुद्धिमानी होगी कि न्यूयॉर्क के राजनीतिक परिदृश्य के बारे में जाना जाए, अगर नीलिया वास्तव में अपने घर पर ही रहना चाहती हो।

अगले दो सेमेस्टर में मेरे ग्रेड्स अच्छे हो गए और मैंने अपने लॉ स्कूल

एडमिशन का टेस्ट भी अच्छा गया, जब मैंने जनवरी में आवेदन किया, मेरे अंक अच्छे थे और मेरे कई प्रोफेसरों के अनुशंसा-पत्र भी थे। "मि. बाइडन थोड़ा देर से जागे, लेकिन अंतिम वर्ष में उनमें काफी संभावनाएँ दिखाईं। मि. बाइडन ने अपने शोध-कार्य में शानदार क्षमता का प्रदर्शन किया है⋯मुझे यकीन है कि वे और बेहतर होते जाएँगे⋯मैंने उनकी साधारण क्षमता और तेजी से बढ़ती परिपक्वता को लेकर बढ़ती हुई उच्च राय बनाई है⋯मुझे उम्मीद है कि लॉ स्कूल में उनमें स्थिर सुधार होता रहेगा⋯वे 'स्वाभाविक' वकील प्रतीत होते हैं, योग्य व तार्किक, जो पक्ष लेने और अपने मजबूत और तार्किक उत्तम प्रस्तुतीकरण द्वारा पैरवी करेंगे।" मेरी इच्छाएँ ज्यादातर पूरी हो जाती हैं। सेराक्युस में मेरा साक्षात्कार करनेवाले संकाय-सदस्य ने कुछ सप्ताह बाद में मेरे प्रवेश की संस्तुति की, लेकिन उनके लिखे नोट मेरे अकादमिक रिकार्ड नहीं, बल्कि मेरी भूख को लेकर थे। उन्होंने लिखा, "प्रोत्साहन, संभावनाएँ दिखती हैं।"

मार्च 1965 में, विलमिंगटन में मेरे माता-पिता के घर एक पत्र आया—"प्रिय मि. बाइडन—आपको यह बताना हमारे लिए हर्ष का विषय है कि आपका कॉलेज ऑफ लॉ में सितंबर 1965 में प्रवेश अनुशंसित है। आपका स्वागत है।" पहला कदम पूरा हो गया था, लेकिन जब मैंने बैठकर हिसाब लगाया कि पहले वर्ष में कितना धन लगेगा तो यह $3,600 था। मैंने अपनी गरमियों में की गई नौकरी से $600 बचा रखे थे, लेकिन मेरे पिता भी तंगहाल थे। जिम्मी पब्लिक हाई स्कूल में था, लेकिन वैल विश्वविद्यालय में और फ्रैंक प्राइवेट स्कूल में थे। डैड को चिकित्सा और दंत चिकित्सा के बिल भी भरने होते थे तो इसलिए मैंने वित्तीय सहायता के लिए आवेदन किया और मेरे पिता को हमारी स्थिति स्पष्ट करनी पड़ी। "मेरे लिये इसकी स्नातक स्कूल शिक्षा के लिए पाँच या छह सौ डॉलर से ज्यादा के योगदान की संभावना नहीं। मुझे खेद है कि मेरे लिए यह अनुरोध अनिवार्य है।" पूर्व छात्रों के फंस ने मेरी पहले वर्ष की आधी ट्यूशन फीस का दायित्व लिया और डेलावेयर राज्य ने शेष राशि का दायित्व लिया, लेकिन मेरे इसके अलावा और भी खर्च थे, जिसका मतलब था कि मुझे भी काम करना होगा।

लॉ स्कूल के डीन ने मेरे लिए स्नातक-पूर्व छात्रावास में स्थानीय सलाहकार की नौकरी की व्यवस्था की और इसमें मेरा कमरा व बोर्ड भी आता था। छात्रावास में मैं एक नए छात्र का सलाहकार बना, जो बुरी तरह हकलाता था; उसका नाम भी उतना ही खराब था, हकलाने वाले के लिए बुरा था—ब्लास्टन स्पा से ब्रूस बेलमुथ।

मैंने ब्रूस का आत्मविश्वास बढ़ाने को काफी वक्त काम किया; मैं उसे नीलिया के पास ले गया और उसे अपने दोस्तों में शामिल किया तथा मैंने उसे यह भी दिखाया कि मैंने, शीशे के सामने, हकलाहट को कैसे मात दी थी। पहले सत्र के समाप्त होने तक ब्रूस एमर्सन को उतना उद्धृत कर लेता था, जितना मैं कर पाता था।

मुझे अभी भी पिछले वर्ष फुटबॉल न खेलने का पछतावा था तो मैंने अपने कुछ सहपाठियों के साथ मिलकर लॉ स्कूल की टीम बनाई और घरेलू लीग में हिस्सा लिया। मेरे टीम के साथ कहते हैं कि इसे ऐसे ले रहा था, जैसे ओलंपिक का खेल हो। उन्हें जरूर लगा होगा कि मैं इसे कुछ ज्यादा ही मान रहा हूँ, जब मैं अपने एक दोस्त से विलमिंगटन से रायडेल स्पाइक्स खरीदकर मुझे भेजने को कहा। मुझे ये सेराक्युस में कहीं नहीं मिले थे।

मेरा सामाजिक जीवन शानदार था; मेरे ज्यादातर सहपाठी विवाहित थे या मेरी तरह उनके विवाह होनेवाले थे तो हम अकसर जोड़े से किसी के भी अपार्टमेंट में शुक्रवार रात को मिला करते थे। मेरे सहपाठी काफी अच्छे व समझदार थे। मैं पूरे नॉर्थ-ईस्ट में नए लोगों से मिल रहा था। सेराक्युस में मेरे अच्छे दोस्तों में लॉन्ग आइलैंड का कैथोलिक लड़का जैक ओवन्स भी था। जैक की अपनी शैली थी; मेरा मतलब उसके पास हर मौसम के लिए अलग कपड़े थे। हम उसे हैम्पटन जैक कहते थे। यदि हमें शनिवार को किसी फुटबॉल गेम में जाना होता तो वह ऊँट के बालों से बना कश्मीरी स्पोर्ट्स कोट पहनकर आता और उसकी जैकेट की लाइनिंग उसकी पैंट से मिलती हुई होती!

जैक किसी से गंभीरता से डेट नहीं कर रहा था तो नीलिया और मैंने इस बारे में बात की और हम सहमत थे। वह मेरी बहन, वैल के लिए आदर्श डेट रहेगा, जो होमकमिंग सप्ताहांत में सेराक्युस आ रही थी। क्या जैक और वैल की मुलाकात करवाना अच्छा नहीं रहेगा? तो मैंने जैक अभियान शुरू किया। मेरी बहन बहुत अच्छी है, वह बहुत समझदार है, बहुत मजाकिया है, बहुत सुंदर है, वह डेलावेयर विश्वविद्यालय की होमकमिंग क्वीन रही थी। जैक उसे डेट करने के लिए मान गया। वैल अभी थोड़ा कम आश्वस्त थी। मुझे उस वक्त पता नहीं था, लेकिन मेरी बहन गोपनीय रूप से डेलावेयर के एक लड़के से संपर्क में थी। मुझे उसकी नीलिया से बात करवानी पड़ी। "वैल, तुम्हें वह पसंद आएगा।"

"मुझे सचमुच दिलचस्पी नहीं है, लेकिन वहाँ आने के बाद मैं एक रात उसके साथ बाहर जाऊँगी, दोनों रातें नहीं।"

नीलिया ने कहा, "वैलेरिया, मैं तुम्हें यकीन दिलाती हूँ कि अगर पूरी दुनिया में मुझे तुम्हारे लिए कोई लड़का चुनना हो तो वो जैक ओवन्स ही होगा।"

"एक रात!"

प्लान यह था कि लॉ स्कूल के ही पाँच या छह जोड़ों के साथ बड़े समूह में जाएँगे—होमकमिंग गेम, डिनर और तत्पश्चात् नीलिया के माता-पिता के लेक स्थित घर वापस आ जाएँगे, जैसे ही जैक और वैल की मुलाकात हुई, चिनगारी भड़क उठी। वैल की दृष्टि में जैक घमंडी और कमीना है। जैक ने बाद में मुझे बताया कि उसे लगा कि अभी भी वैल के होमकमिंग ताज का उत्सव बना सकता है। उस शनिवार रात करीब आठ बजे वह जाने लगा, यह बताते हुए कि उसे लाइब्रेरी में पढ़ने जाना है। "तुमसे मिलकर अच्छा लगा।" जैक ने वैल से कहा।

"वह हमेशा ही विनम्र रहता है। उम्मीद है, फिर मिलेंगे।"

"अगर मैंने तुम्हें पहले देख लिया तो नहीं।" वैल ने कहा।

जो बाइडन कई शनिवार रात से लाइब्रेरी नहीं गए थे। मेरे लिए लॉ स्कूल भी कॉलेज जैसा ही था; मुझे सब स्नातक कर लेना था और फिर मैं असली जिंदगी की तरफ बढ़ सकूँगा। काम मुश्किल नहीं, बस उबाऊ लगता था और मैं दंभ तथा ढीलेपन का खतरनाक मिश्रण हो गया था। मैं आश्वस्त नहीं था, जबकि मैंने पहले सेमेस्टर के ले सभी पाठ्य-पुस्तकें खरीद ली थीं। हफ्ते में एक दिन मैं क्लेटन हेल के साथ घर वापस आता और वह कॉपी करने के लिए अपने नोट्स दे देता।

पहले सत्र में करीब छह हफ्ते बाद मैंने इतनी ढिलाई से तकनीकी लेखन का एक पेपर लिखा, जो इतना बुरा था कि मेरे एक सहपाठी ने मुझपर फोरडैम लॉ रिव्यू के लेख से अनुच्छेद उठा लेने का आरोप लगाया; मैंने लेख का हवाला दिया था, लेकिन उचित रूप से नहीं। सच तो यह था कि कक्षा में मेरी हाजिरी इतनी नहीं थी कि मुझे पता होता कि कानूनी संक्षेपण कैसे किया जाता है। विभाग ने मेरे मामले को अपनी नियमित बैठकों में से एक में एजेंडा बनाया, जहाँ जाकर मुझे स्पष्टीकरण देना था। डीन और प्रोफेसर संतुष्ट थे कि मैंने जान-बूझकर धोखा नहीं किया है, लेकिन उन्होंने मुझसे कहा कि मुझे अगले वर्ष यह कोर्स फिर से करना होगा। वे मेरे भीतर ईश्वर का डर बैठाना चाहते थे; इसका बुनियादी संदेश यह था कि मैं या तो बेहतर अनुशासित हो जाऊँ या मैं पहला वर्ष कभी पास नहीं कर पाऊँगा, लेकिन लॉ स्कूल के डीन ने मेरा काम देख रहे स्थानीय सलाहकार डीन को नोट लिखा—"जो हुआ, उसके बावजूद मेरी राय है कि यह युवक निर्दोष है।"

मुझे चिंतित होना चाहिए था, लेकिन मुझे ये काम उकतानेवाला लगता था और जब पहले सेमेस्टर के ग्रेड आए तो मेरी स्थिति अच्छी थी। ये कच्चे ग्रेड्स थे, जो इसका पैमाना था, वर्षभर की कक्षाओं के बाद आधे में हमारी कैसी स्थिति है। वर्षांत का फाइनल टेस्ट ही मायने रखता था, लेकिन मैंने इतना अच्छा किया था कि मैं जानता था, मुझे बहुत अधिक नहीं पढ़ना होगा। वहाँ काम था, वहाँ खेल था, वहाँ नीलिया थी, मुझे लगा कि मेरे पास नीलिया, छात्रावास के स्थानीय सलाहकार के काम, ब्रूस की मदद, टच फुटबॉल के घंटों अभ्यास और परीक्षा से पहले घबराकर कमियाँ पूरी करने के लिए पर्याप्त वक्त है। मैं पढ़ने में तेज था और मुझे रोमांस—वह जल्दबाजी भी पसंद थी, जिसमें सब काम फटाफट करने होते हैं, जब तक मैं घबराने न लगूँ। अंतिम परीक्षा में दस दिन बचे थे, वह एकमात्र चीज, जो पूरे साल में मायने रखती थी, जब मुझे अहसास हुआ कि मैंने अपने आपको काफी सारी चीजों में फँसा लिया है, मेरे पास वर्ष भर रटी जानेवाली चीज के लिए दस दिन थे। जीवन में ऐसा पहली बार था, जब मैंने कॉफी पी।

नीलिया ने रणनीति बनाई। मेरे लिए चार बड़ी कक्षाएँ पास करना जरूरी था—कॉण्ट्रैक्ट, प्रॉपर्टी, टॉर्ट और अपराध कानून। कॉण्ट्रैक्ट और प्रॉपर्टी के नोट्स व स्टडी शीट्स मैंने किए। नीलिया ने मेरे और क्लेटन के नोट्स लेकर टॉर्ट और अपराध कानून की स्टडी शीट्स की। उसकी स्टडी शीट इतनी विवरणात्मक थीं और उसका आविष्कार स्मृति सहायक उपकरण इतना चतुर था कि टॉर्ट और अपराध कानून की परीक्षा में मैं शीर्ष पर होता। मैं कॉण्ट्रैक्ट में अनुत्तीर्ण हुआ और शायद प्रॉपर्टी में भी यही होता, लेकिन प्रोफेसर साहब चल बसे और उन्होंने क्लास में सबको पास कर दिया। जैक, जिसका लॉ स्कूल परिणाम अच्छा रहा, ने बाद में मुझे बताया कि वह भी अनुत्तीर्ण था।

तो इस तरह नीलिया और मैंने साथ मिलकर पहले वर्ष को पार किया और कुछ हफ्तों बाद हमने स्केनटेलीज में विवाह कर लिया; हंटर परिवार ने शानदार आयोजन किया। मेरा पूरा परिवार आया—डैड, माँ, भाई और बहन, अंकल बू-बू, अंकल फ्रैंक, चचेरे-ममेरे भाई-बहन और लॉ स्कूल, कॉलेज और आर्कमेरे के मेरे नजदीकी दोस्त। स्क्रैंटन के मेरे दो धावक दोस्त—लैरी ओर व चार्ली रॉथ—ने विवाह का संचालन किया। समारोह के बाद श्रीमान हंटर ने नजदीकी मित्रों और परिवार के लिए अपने लेक वाले विशाल घर में दावत का आयोजन किया। उस दोपहर कंट्री क्लब में हंटर परिवार के मित्रों के बड़े सर्किल के लिए बड़ा रिसेप्शन

था, लेकिन मि. हंटर ने मेरे लिए उस दिन, जो सबसे उदारतापूर्ण चीज की, वह चर्च आना था। नीलिया को पता था कि मेरे लिए रोमन कैथोलिक पादरी द्वारा विवाह करवाना कितना महत्त्वपूर्ण था और वह इसके लिए राजी हो गई। मि. हंटर भी राजी हो गए, लेकिन मुझे पता है कि यह उनके लिए आसान नहीं रहा होगा, मैंने कभी किसी व्यक्ति को चर्च जाने में इतना परेशान नहीं देखा जितना कि मि. हंटर थे। हमारे विवाह के वीडियो में वे दिखते हैं, कैथोलिक चर्च के द्वार पर औचक अवस्था में खड़े, अपने हाथों को पीछे बाँधे हुए। वे लगातार भयग्रस्त होकर कँपकँपा रहे थे। उनकी बेटी एक कैथोलिक से शादी कर रही थी, ऐसा व्यक्ति जिसके पास नाममात्र को भी धन नहीं...और डेमोक्रेट है, लेकिन मि. हंटर ने सैकड़ों छोटे-छोटे तरीकों से मुझे दिखा दिया था कि अगर नीलिया को मुझपर अटूट विश्वास है तो उन्हें भी मुझपर उतना ही भरोसा है। यदि नीलिया में साथ भाग्य आजमाने को तैयारी थी तो वे भी थे।

मेरा अत्यधिक थकानेवाले कक्षा कार्य पर ध्यान केंद्रित न कर पाना जारी था, लेकिन मैं कहाँ व्यस्त था—संघीय क्षेत्राधिकार, विधि निर्माण, अंतरराष्ट्रीय कानून—में मुझे उच्च अंक मिले। मैं स्नातक होने के जितना करीब पहुँच रहा था, मैं प्रतिवादी वकील बनने को लेकर उतना ही सुनिश्चित होता जा रहा था। मैंने किंग्स्टन, ओंटारियो में तुलनात्मक रूप से छोटा अदालती वाद-विवाद जीता था और मुझे सानुराग याद है कि टॉर्ट्स में जवाब देने के बाद मेरे सहपाठियों ने किस तरह मेरे लिए तालियाँ बजाई थीं। ग्रेड स्कूल और हाई स्कूल में जिस चीज ने मुझे भयभीत किया, अब वो मेरे ताकत बन रही थी। मुझे ज्ञात हुआ कि मुझे जनता के बीच बोलना अच्छा लगता है। एमर्सन के उद्धरणों का अभ्यास करने से मैं लंबे अनुच्छेद याद कर लेता हूँ; मुझे कभी भी नीचे देखकर टेक्स्ट पढ़ने की आवश्यकता नहीं होती तो मैं बात करने के साथ ही श्रोताओं की प्रतिक्रिया पर भी नजर रखता। यदि मुझे अपना प्रभाव कम होता दिखता तो मैं विस्तारित करता, चुटकुले सुनाता, उस एक व्यक्ति पर केंद्रित होता, जो ध्यान नहीं दे रहा है और उससे बात करता। मुझे ज्यूरी को रिझा लेने और ऐसा ठीक अपनी आँखों के सामने होता देखने के विचार से प्यार होने लगा था।

लेकिन मेरा अंतिम वर्ष चक्करदार रहा था। नीलिया और मैं अभी तक यह तय नहीं कर पाए थे कि हम कहाँ रहेंगे, क्योंकि मैंने अभी कोई नौकरी नहीं की थी और जब ईस्टर ब्रेक के दौरान हम मेरे माता-पिता से मिलने विलमिंगटन गए तो

मेरे पिता काफी बेचैन दिखे, मदद करने को बेचैन। कार बिजनेस से जुड़ा उनके एक दोस्त का बेटा सुपीरियर कोर्ट में जज था और मेरे पिता ने गर्व से कहा कि जज क्विलेन, मुझे कुछ सलाह देना चाहते थे तो उसी शनिवार सुबह मैंने सूट पहना, अपने कुछ लॉ स्कूल के बायोडाटा लिए और जज साहब से मिलने डाउनटाउन में उनके ऑफिस पहुँच गया। बिल क्विलेन ने वर्ष 1959 में हार्वर्ड से लॉ किया था। वे डेलावेयर के गवर्नर चार्ल्स लेमैन टैरी के विशेष सहायक रहे थे और उन्होंने ने ही इकतीस वर्ष की उम्र में इन्हें जज के लिए नामांकित किया था।। वर्ष 1968 में, जज क्विलेन अभी भी तीस के दशक की उम्र में ही थे। उस सुबह उनके चैंबर में जज साहब ने मुझसे पूछा कि मैं क्या करना चाहता हूँ तो मैंने बताया कि मैं मुकदमों में हाथ आजमाना चाहता हूँ। मैं वादी बनना चाहता हूँ। "डेलावेयर की सबसे बेहतरीन ट्रायल फर्म प्रिकेट, वार्ड, बर्ट एंड सैंडर्स हैं।" उन्होंने कहा।

फिर फोन उठाया। "विलियम्स में रॉड वार्ड मेरा कॉलेज रूममेट था। वह मेरा पार्टनर था।" इसके कुछ ही घंटों बाद मैं विंक्लर्स रेस्टोरेंट में बैठा था और मेरे सामने सफेद टेबलक्लाथ के दूसरी तरफ रॉड वार्ड थे। मैंने अपना बायोडाटा उन्हें दिया, उन्होंने मुसकराते हुए ले लिया और क्यों न लेते, वे भी युवा थे और उनके बारे में प्रसिद्ध था कि वे कभी कोई मुकदमा नहीं हारे और न ही हारेंगे। वे ओल्ड डेलावेयर थे, जिनका हंट कंट्री में बड़ा घर था।

वार्ड ने काफी देर तक मेरा बायोडाटा देखा, जिसमें शैक्षणिक उपलब्धियाँ अधिक नहीं थीं और दाएँ कोने पर मेरा फोटोग्राफ था। "जाहिर है, तुम अपने अच्छा दिखने के आधार पर अच्छी नौकरी पाना चाहते हो।" उन्होंने कहा।

वे चतुर व्यक्ति थे, लेकिन वे मुसकरा भी रहे थे। "तो जोई, हम तुम्हें नौकरी क्यों दें?"

मैं भी मुसकराया, लेकिन खुद को बोलने से रोक नहीं सका। "जिस तरह आप प्रतिष्ठा पर आसक्त हैं," मैंने कहा, "आप शायद मुझे नौकरी दे देंगे।" क्या बकवास है? मैं जान गया कि वे जो बाइडन को नौकरी नहीं देनेवाले।

कुछ सप्ताह बाद मुझे मेल में विलियम प्रिकेट, ई.एस.क्यू, सीनियर पार्टनर प्रिकेट, वार्ड, बर्ट एंड सैंडर्स का पत्र आया। मि. प्रिकेट हर अनुच्छेद को क्रम देने के लिए विख्यात थे। पत्र कुछ इस तरह था—

(1) मि. बाइडन, आपका बायोडाटा बहुत प्रभावशाली नहीं है, लेकिन हम आपको आजमाना चाहेंगे।

(2) हम आपको प्रतिवर्ष $5,200 की नौकरी का प्रस्ताव देते हैं। यदि आप इस में उत्तीर्ण हो जाते हैं तो हम आपको प्रतिवर्ष $8,000 देंगे।

(3) कृपया उत्तर दें।

बीते वर्षों में मैं हैरान रहा कि आखिर विलियम प्रिकेट ने मुझे क्यों आजमाया। वो जॉर्जटाउन, हार्वर्ड, येल कहीं से लोगों को ले सकते थे, उन्होंने ऐसे व्यक्ति पर क्यों विचार किया, जिसने सेराक्युस में अंतिम परिणाम पचासी में से छिहत्तर का था? क्या रॉड वार्ड को उस दिन विंकलर्स में मेरी बनाई छवि पर प्रसन्न थे? क्या मेरी बुद्धि और तर्कशीलता इतनी शानदार है? शायद नहीं, लेकिन मैं पूरा जीवन ऐसे लोगों से घिरा रहा हूँ, जो मुझसे बड़ी चीजें करने की उम्मीद करते थे और मुझे यकीन है कि मैंने उनमें से सबसे बेहतरीन बनने पर खरा उतरा हूँ।

नौकरी के इस अप्रत्याशित प्रस्ताव के वर्षों बाद, एक बार मैं अपने लॉ स्कूल की फाइलों को देख रहा था और मुझे प्रोफेसरों में से एक का अनुशंसा-पत्र दिखाई दिया। "मि. बाइडन ने अपने भीतर ऐसा विश्वास और क्षमता दिखाई है, जिससे वे शानदार वादी वकील बन सकते हैं।" यह डीन रॉबर्ट मिलर ने लिखा था।

"ये धरातल पर रहते तेज व तार्किक तरीके से सोचने की क्षमता से युक्त हैं और तब अपने विचारों को अभिव्यक्त करते हैं। वे खोज, विश्लेषणात्मक अनुसंधान करने और इसे कागज पर उतारने में सक्षम हैं।"

"बोलते समय (मि. बाइडन) तीव्र व मर्मज्ञ बुद्धिमत्ता तथा तहकीकात के विषय विशेष में जानकारी का प्रदर्शन करते हैं।" यह प्रो. जेम्स वीक्स ने लिखा था, जिन्होंने मुझे तकनीकी लेखन कोर्स सिखाया था, जिसने पहले सेमेस्टर में मुझे लगभग असफल कर दिया था। "वे जानते हैं कि वे क्या कर रहे हैं और इनमें उच्च विकसित दायित्व-बोध की उपस्थिति प्रतीत होती है। वे ऐसे व्यक्ति हैं, जो आजमाने से बचता नहीं, क्योंकि इनका आपकी उम्मीदों से कम होने की संभावना बहुत कम हैं।"

□

3

# कुछ ऐसा, जो सदा रहे

जब मैंने अपने दोस्तों को विलमिंगटन में नौकरी स्वीकार करने के बारे में बताया तो उनमें से एक ने पुराना मजाक दोहराया, "अगर आपको काम करने के लिए मि. बाइडन का साथ मिले तो आप निश्चित ही सौभाग्यशाली हैं।" मुझे मजाक समझ आ रहा था, लेकिन अब वक्त खराब करने का नहीं है, अब ये असली जीवन था और मैं काम करने को तैयार था। मैंने डेलावेयर बार के लिए जमकर पढ़ाई की, लॉ स्कूल की तीन वर्षों के रटने को तीन महीनों में कर लिया, तभी मुझे और नीलिया का पता चला कि वह गर्भवती है और फरवरी 1969 में प्रसव होगा। हमारा परिवार बननेवाला था और अब मुझे यह सोचना शुरू करना था कि हमें रहने के लिए किस तरह का घर चाहिए। वास्तव में मैं घर के बारे में पहले से ही सोच रहा था। मेरा शनिवार रात के मनोरंजन का विचार नीलिया के साथ

जंगी-जहाज में सवार होकर विलमिंगटन क्षेत्र की यात्रा करते हुए ओपन हाउस, बिक्री के लिए घर, जमीन जहाँ में निर्माण कर सकूँ, को तलाशना था।

बाल्यकाल में हाई स्कूल में पढ़ते हुए भी मुझे रियल एस्टेट लुभाता था, जब आर्कमेरे की स्कूल बस मुख्य सड़क मार्श रोड से मुड़कर संपन्न पड़ोस में बच्चों को लेने जाती तो उन घरों की खूबसूरती मुझे हमेशा प्रभावित करती थी। मेरे लिये वेस्टवुड मैनोर से ज्यादा मनोहर कुछ नहीं था। मेफील्ड में मेरे पड़ोस का घर, जो अभी कुछ ही वर्ष पहले उस जमीन पर बना था, जो सपाट और वृक्षविहीन कृषि क्षेत्र था। पड़ोस में उस जगह नाममात्र को भी छाया नहीं थी। सड़कें, चिकनी, तेज और संकरी थीं, जिन्हें तेज गति के लिए बनाया गया था। वे बाइक रेस और स्फेल बॉल के लिए शानदार थीं, लेकिन वहाँ सबकुछ तिरस्कृत सा था, जैसा कि नए उपनगरीय समकोण ईश्वर का आदर्श अभिवादन था। सर्वत्र शासन। हर छत में यही स्वरमान था, लेकिन वेस्टवुड मैनोर में चौड़ी एक-दूसरे से जुड़ी सड़कें पर सुबह से शाम तक अँधेरा-उजाला बना ही रहता। साठ और सत्तर फीट के एल्म व ओक अपनी अत्यधिक शानदार भव्यता से खड़े रहते। बगीचे हरे और छँटे व ढलवाँ थे। मकान केवल ईंटों और लकड़ी के चौकोर डिब्बे जैसे नहीं थे। उनकी छतें परतदार पत्थर की, कोणाकार खिड़कियाँ, गोलाकार खंभे, कट स्टोन के प्रचुर आर्क और करीब हजारों स्क्वायर फीट का सीमेंट का निर्माण होगा। मेरे डैड हमेशा मेफील्ड की विल्सन रोड पर हमारा अस्थायी घर होने की बात करते थे, ठहरने भर की जगह। वेस्टवुड मैनोर के घर जैसे सदाबहार थे। मैं आज भी जब यहाँ ड्राइव के लिए जाता हूँ तो यह कुछ खास नहीं बस, सभ्य मध्यवर्गीय पड़ोस जैसा दिखता है, लेकिन वर्ष 1955 में वेस्टवुड मैनोर ऐसे महल जैसा लगता था, जिसका इतिहास और परंपराओं से खास रिश्ता रहा हो, ऐसा स्थान जिसका अतीत है, रहने के लिए आदर्श जगह। ठंड और शीलन भरी सर्दियों में मैं अपने खुद के परिवार को ट्यूडर के अपने सबसे पसंदीदा घर में पत्थर के विशाल फायरप्लेस के सामने, जगमगाती गरमी का आराम लेने की कल्पना करता हूँ।

जब वर्ष 1968 की गरमियों में मैं और नीलिया विलमिंगटन वापस लौटे तो मैं जानता था कि हम वेस्टवुड मैनोर का खर्च नहीं उठा सकते और मैं लॉ बार को उत्तीर्ण करने से पहले घर खरीदने का दाँव नहीं खेलना चाहता था तो हमने मार्श रोड पर छोटा सा पीला फार्महाउस किराए पर ले लिया और इसके साथ ही मैं व नीलिया विलमिंगटन में घर तलाशने लगे। मैं हाई स्कूल के वक्त से जिस तरह का

घर चाहता था, वह हमारी पहुँच से बाहर लगता था।

जिस दिन मैंने प्रिकेट, वार्ड, बर्ट एंड सैंडर्स के ऑफिस में प्रवेश किया, मैं बता सकता था कि यही वह फर्म है, जो सेराक्युस में बेकार अंकों वाले युवक पर दाँव खेल सकती है। प्रिकेट, वार्ड बड़ी बीमा कंपनियों, रेलरोड, निर्माण कंपनियों और तेल कंपनियों का काम देखते थे। उनके ग्राहकों के पास बड़े संसाधन थे। वे किसी बड़े मामले में जाँचकर्ताओं की बड़ी टीम का भुगतान कर सकते थे और मैंने पूरे जोश से काम शुरू किया। मुझे उनके दाँव का भुगतान करना था और मुझे लगता कि श्री प्रिकेट ने मुझमें कुछ तो देखा होगा। उन्होंने मुझे डेलावेयर यंग रिपब्लिकंस के लिए क्रिसमस पार्टी के आयोजन का प्रभार दिया, जिसकी वे हर वर्ष मेजबानी करते थे। फर्म में कुछ लोग सलाह देने लगे कि मैं यंग रिपब्लिकंस में शामिल हो जाऊँ। मैंने उनसे नहीं कहा कि मैं ऐसी पार्टी में कभी शामिल नहीं होऊँगा, जिसका नेतृत्व रिचर्ड निक्सन करते हों या मैं फर्म को रोजी-रोटी देनेवाले क्लाइंट्स, जो बड़े कॉरपोरेशन थे, का प्रतिनिधित्व करने में सहज नहीं हूँ। मैं फर्म में लंबे समय से नहीं था।

ब्रेक विलमिंगटन के डाउनटाउन में रॉडनी स्क्वायर संघीय अदालत में आया जब श्री प्रिकेट ने मुझे आमंत्रित किया कि मैं उन्हें एक सुबह नागरिक मुकदमे में बहस करते देख सकूँ। हमारी फर्म एक कंपनी का प्रतिनिधित्व कर रही थी, जिसपर उसके ही एक कर्मचारी ने मुकदमा किया था। वादी एक वेल्डर था, जो काम करते वक्त बुरी तरह जल गया था, लेकिन एक दोपहर पहले के बयान में वेल्डर ने स्पष्ट रूप से माना था कि सँकरे कार्यस्थल में रगड़ से बचने के लिए उसने अपनी सुरक्षा पोशाक न पहनने का फैसला किया था।

उस सुबह जब मैं उनके साथ था, श्री प्रिकेट का सीधा तर्क था कि यह वेल्डर की लापरवाही थी और कानून के तहत, उसकी लापरवाही का अर्थ था कि जज हमारे ज्यूरी के समक्ष बचाव पेश किए बिना सहज ही हमारे क्लाइंट को लाभ मिले, जब श्री प्रिकेट ने उस सुबह निर्देशित निर्णय के लिए अपना जो तर्क रखा, तब वे प्रासंगिक कानून का उपयोग कर रहे थे और हमारे क्लाइंट का भलीभाँति प्रतिनिधित्व कर रहे थे, लेकिन जब वे बेंच से संवाद कर रहे थे, तब मैं वादी के परिवार से नजरें नहीं हटा पा रहा था। वेल्डर व उसकी पत्नी लगभग मेरी और नीलिया की उम्र के ही थे और मुझे याद है कि जब श्री प्रिकेट अपना तर्क दे रहे थे, तब वह बस बेंच की तरफ देखना बंद कर अपने पैर देखने लगी थी। जज ने श्री

प्रिकेट के प्रस्ताव को सीधे खारिज कर दिया, लेकिन श्री प्रिकेट को वाद का संक्षिप्त विवरण लिखने को कहा और इसके बाद सुनवाई का अवकाश हुआ।

मैं अकेले पैदल चलता हुआ संघीय अदालत की सीढ़ियाँ उतरकर रॉडनी स्क्वायर पहुँच गया, मेरे पेट में गुड़मुड़ हो रही थी। मुझे नहीं लगता था कि श्री प्रिकेट ने कुछ भी बुरा या अनैतिक किया था, बल्कि वे तो अपना काम कर रहे थे, लेकिन उस युवा परिवार की तसवीर मेरे दिमाग से निकल ही नहीं रही थी। वादी विकलांग और हमेशा के लिए कुरूप हो गया था और संभव था कि से कुछ भी न मिले। मैं दूसरी तरह से देखने के लिए नहीं बना था, क्योंकि यही कानून की माँग भी थी। कानून गलत हो सकता है। मुझे लगा कि मुझे वादी का प्रतिनिधित्व करना चाहिए कि मेरा स्थान उन लोगों के साथ है, जो व्यवस्था कि पहुँच से बाहर हैं, जब तक मैं रॉडनी स्क्वायर वापस लौटा, मैंने प्रिकेट, वार्ड को छोड़ने का फैसला कर लिया था और ये मुक्त करनेवाला था। मुझे भरोसा था कि नीलिया मेरा साथ देगी। मुझे ऐसा बिल्कुल नहीं लगा कि मुझसे कुछ छूट रहा है; मुझे लगा कि जैसे मैं एक उद्‌देश्य की तरफ बढ़ रहा हूँ।

वर्ष 1968 में डाउनटाउन विलमिंगटन बहुत अजीब जगह थी। इस शहर में लगभग छह महीने मार्शल लॉ लगा रहा। डेमोक्रेटिक गवर्नर चार्ल्स टैरी ने तब नेशनल गार्ड को बुलाया, जब पिछले अप्रैल में मार्टिन लूथर किंग की हत्या के बाद के दिनों में पत्थर व बोतलें फेंकना बढ़ते हुए गोलाबारी, लूटपाट और आगजनी होने लगी। हर दिन मैं प्रिकेट, वार्ड में काम करने जाता और राइफल लिए छह-फीट ऊँचे वर्दीधारी श्वेत सैनिकों के साथ चलता। जो मेरी सुरक्षा के लिए थे।

उपद्रव समाप्त होने के सात महीने बाद गवर्नर टैरी ने गार्ड को वापस भेजने से इनकार कर दिया। विलमिंगटन के मेयर ने उनसे कहा, लेकिन टैरी ने इनकार कर दिया। उस पतझड़ राष्ट्रीय खबरों के कैमरा यदा-कदा कहानियाँ दिखाते रहते कि एक अकेला अमेरिकी शहर जहाँ नेशनल गार्ड आज भी विशेष रूप से अश्वेत पड़ोसियों की निगरानी रखते थे। टी.वी. रिपोर्टर जिन श्वेत नागरिकों का साक्षात्कार करता, वे लगभग सभी गार्ड के वहाँ रहने से खुश थे। उन्हें डर था कि बस्तियों में दंगे भड़क सकते हैं और यहाँ भी फैल सकते हैं। उन्हें डर था कि विलमिंगटन का पुलिस बल इतना पर्याप्त नहीं है कि वो उन्हें रोक सके। आमतौर पर वे डरे हुए थे। इसलिए वे गवर्नर टैरी से सहमत थे, जब उन्होंने कहाँ कि नेशनल गार्ड कानून और व्यवस्था बनाए रखने के लिए है और नागरिकों को शांति सुरक्षित करने के लिए

थोड़ी स्वतंत्रता का त्याग करना पड़ सकता है।

लेकिन ईस्ट विलमिंगटन के अश्वेत इलाकों में भी नागरिक डरे हुए थे। हर शान नेशनल गाड्र्समैन उनकी सड़कों पर हथियार से लैस होकर संदिग्ध ढंग से घूमते रहते। शाम से सुबह तक कर्फ्यू प्रभावी रहता। माँएँ भयभीत रहतीं कि अगर उनके बच्चे से एक भी गलती हुई तो वह जान से हाथ धो बैठेगा। स्थानीय लोग रात के नेशनल गार्ड के टोही दौरों को 'रैट पेट्रोल' कहते। अश्वेत नागरिक कहते थे, "वे सड़कों पर ऐसे गश्त लगाते हैं, जैसे हम जानवर हों। उन्होंने हमारा गौरव छीन लिया।"

रात की खबरें ऐसी कहानियाँ विलमिंगटन में लोगों के बीच संवाद के जैसी थीं, लेकिन मुझे पता था कि अश्वेत और श्वेत एक-दूसरे से बात नहीं कर रहे हैं। वर्ष 1968 में मेफील्ड या वेस्टवुड मैनोर या आर्डेनक्रोफ्ट के ज्यादातर श्वेत लोगों ने शायद किसी अश्वेत व्यक्ति से बात भी नहीं की थी और मुझे यकीन है कि विलमिंगटन में चालीस हजार की छोटी सी संख्या वाले अश्वेत नागरिकों का श्वेत लोगों से शायद ही कोई सार्थक संवाद हुआ हो। मैं अपने अंतर-शहरी पड़ोसी स्वीमिंग पूल, जहाँ मैं एक गरमियों लाइफगार्ड का काम किया था, से मिले अनुभव के कारण यह जानता था।

साठ के शुरुआती दशक में मैं वहाँ काम करता था, जब फ्रीडम राइड्स, सिट-इन और बुल कोरोनर्स डॉग्स और फायर होज लोगों का ध्यान आकर्षित करने लगे थे। उन वर्षों में अमेरिका में सभी की तरह, मुझे भी अखबारों और टेलीविजन के माध्यम से अलगाव और नागरिक अधिकारों से संबंधित नाटकीय सबक सीखने को मिले, लेकिन मैं स्वीकार करूँगा कि मेरे सबसे अहम सबक कि लोगों को क्या बँटता है और क्या जोड़ता है, मैंने वर्ष 1962 की गरमियों में प्राइसेस रन स्वीमिंग पूल में उन्नीस वर्ष के कॉलेज के लड़के से सीखे।

गरमियों में प्राइसेस रन में हमेशा भीड़-भाड़ रहती थी। उन दिनों, नजदीकी हाउसिंग प्रोजेक्ट्स में एयर-कंडीशनिंग बहुत नहीं रहती थी, अतः विलमिंगटन की गरमी में ठंडा होने के लिए पूल ही एकमात्र स्थान था। गरमियों में पूल में दर्जनों लाइफगार्ड काम करते थे, जिनमें से केवल मैं ही श्वेत था। प्राइसेस रन में तैराकी करनेवाले सैकड़ों लोगों में कुछ ही श्वेत होते थे, जिनमें एक खासतौर पर सबसे अलग था। लगभग रोजाना कभी भी पुराना नौसैनिक बिल राइट पूल के कार्य करनेवाली बड़ी मशीनरी के रखरखाव के लिए आ जाता तो मुझे प्राइसेस रन के

सभी लोगों से मोह था। मैंने वहाँ जिन भी लोगों को जानता था, उनमें से ज्यादातर ने वस्तुतः सचमुच कभी किस श्वेत व्यक्ति से बात नहीं की थी।

कम उम्र बच्चों को मेरे पैरों पर पानी फेंकना अच्छा लगा, फिर वे बैठकर मेरे घुँघराले बालों को देखने लगते, जो धूम में सूख गए होते हैं। (इनमें से कुछ बच्चे अगले वर्ष मुझे मिलने तब आए, जब मैं आयरिश इलाके में पार्क डायरेक्टर था। उनके लिए वॉटर फाउंटेन से पानी पीना बहुत बड़ी बात थी)। अन्य लाइफगार्ड ने मुझे उनकी बास्केटबॉल टीम में खेलने के लिए आमंत्रित किया। हम थर्ड स्ट्रीट ब्रिज पार करके रिवरसाइड पूल के गाड्र्स के साथ खेलने पहुँच, कोर्ट में केवल मैं ही इकलौता श्वेत था। कई बार मेरे दोस्तों ने मुझे डाउनटाउन मूवी थियेटर में बालकनी में अलग से बैठने को मजबूर किए जाने के बारे में बताया।

हर दोपहर खाने के वक्त हम की–रूम में बैठकर बातें करते। वे लोग मुझसे पूछते कि श्वेत लड़कियों का क्या अच्छा लगता है या उन्हें उस रात उनकी डेट के लिए मेरा बास वीजुन्स उधार मिल सकता है, लेकिन मुझे उनकी वे ज्यादातर कहानियाँ याद हैं, जो उन्होंने श्वेतों के उनके साथ रोजमर्रा के व्यवहार के बारे में बताई थीं। मुझे ऐसा लगता कि हर दिन अश्वेत लोगों को प्रत्यक्ष और अप्रत्यक्ष रूप से याद दिलाया जाता कि वे अमेरिका के नहीं हैं। यह रोजाना मिलनेवाले हजारों छोटे जख्म थे। पूल में मेरे दोस्तों की सुनाई कहानियाँ हमेशा प्रत्यक्ष क्रोध से ज्यादा भ्रम और कष्ट का रंग लिये होतीं। अगले वर्ष मैंने इसपर तब विचार किया, जब डॉ. किंग का बर्मिंघम जेल से लिखा जवाबी पत्र प्रकाशित हुआ, जो उन्होंने दया से भरे श्वेत व अश्वेत पादरियों के उन्हें कम आक्रामक व थोड़ा धैर्य दिखाने पर लिखा था।

आपके पास अचानक इस बात का जवाब नहीं होता और जबान लड़खड़ाने लगती है, जब आपकी छह साल की बेटी आपसे स्पष्टीकरण माँगती है कि वह उस सार्वजनिक मनोरंजक पार्क में क्यों नहीं जा सकती, जिसका विज्ञापन टी.वी. पर आता है और तब उसकी आँख से आँसू झरझरा कर के बहने लगते हैं, जब उसे बताया जाता है कि फनटाउन में अश्वेत बच्चे नहीं जा सकते और उसके छोटे से मानसिक आकाश में हीनभावना के अमंगलकारी बादल घुमड़ने लगते हैं और उसमें ऐसे व्यक्तित्व विकृति विकसित होने लगती है, जो अवचेतन में श्वेतों के प्रति कड़वाहट लिये हो; जब आपको अपने पाँच वर्षीय बेटे के लिए जवाब बनाना पड़ता है, जो पूछ रहा है कि डैडी, श्वेत लोग अश्वेतों के साथ बुरा व्यवहार क्यों करते हैं? जब आप देशभर कार से यात्रा कर रहे हों और आपको मजबूर होकर

एक के बाद एक रात अपने कार के असुविधाजनक कोने में इसलिए बितानी पड़े, क्योंकि किसी मोटल ने आपको जगह नहीं दी; जब आप दिनोदिन परेशान करनेवाले चिह्न 'श्वेत' और 'अश्वेत' द्वारा नीचा दिखाया जाए; जब आपका पहला नाम 'निग्गर' और मध्य नाम 'बॉय' रख दिया जाए (भले ही आपकी उम्र कितनी भी हो) और अंतिम नाम 'जॉन' रख दिया जाए और आपको पत्नी या माँ के नाम के आगे 'श्रीमती' का सम्मानित लकब न लगाया जाए; जब आपको यह तथ्य दिन में परेशान और रात को भयभीत करता रहे कि आप नीग्रो हैं, आपको हमेशा चौकस रहना पड़े, कभी भी कुछ भी हो सकता है और उन आंतरिक भय व बाहरी द्वेष से त्रस्त रहें; जब आप लगातार 'कुछ नहीं' होने की दूषित भावना से लड़ना पड़ता हो, तब आप समझ सकेंगे कि हमारे लिए प्रतीक्षा करना क्यों कठिन है।

डॉ. किंग ने जो कहा उसे मैं प्राइसेस रन स्वीमिंग पूल के की-रूम में अपने दोस्तों के साथ बात करके ज्यादा बेहतर ढंग से समझ सका।

उन गरमियों की शुरुआत में मुझे एक वास्तविक समस्या का सामना करना पड़ा। पूल में कुछ 'गैंग' आने लगे, जिसमें से एक अपने आपको रोमंस कहता था। रोमंस को सिर पर पॉमे लगानेवाले बाकी सबकी तरह पूल में होने पर बाथिंग कैप पहननी होती थी। वे उसी तरह के आम किशोर लड़के थे, जो ज्यादातर समय डीप एंड के डाइविंग टॉवर पर लगाते थे और एक दिन 'कॉर्न पॉप' कहलाने वाला रोमन हाईबोर्ड पर बार-बार कूदने लगा। डाइविंग बोर्ड को लेकर साफ नियम था और मैं सबको यकीन दिलाना चाहता था कि मैं कोई नरम व्यक्ति नहीं हूँ तो मैंने सीटी बजाई और उसे वहाँ बार-बार कूदने से मना किया। वह नहीं रुका तो मैंने फिर से सीटी बजाई। 'हे, एस्थर! एस्थर विलियम्स!' मैंने चिल्लाकर कहा, इतना तेज कि हर कोई मेरा मजाक सुन सके। एस्थर पचास के दशक की जल संबंधी शानदार फिल्मों की क्वीन थी। 'बोर्ड से हटो लड़के। यहाँ से बाहर निकलो,' और मैंने उसे पूल से बाहर निकाल दिया।

अन्य गार्ड्स ने मुझे बताया कि कॉर्न पॉप चेन से जुड़ीं फेंस लिये मेरा बाहर इंतजार कर रहा है और जब मैं अपनी कार की तरफ जाऊँगा तो हो सकता है कि वह अपना सीधा उस्तरा मुझ पर इस्तेमाल करे। कहानी यह थी कि कुछ वर्ष पूर्व पहले वाले श्वेत लाइफगार्ड कैप्टन को इतनी बुरी तरह काटा गया था कि उसकी पीठ को बंद करने में चालीस टाँके लगे तो मैंने फैसला किया कि मैं कार तक जाने के लिए पार्क पुलिस को बुलाऊँगा, लेकिन बिल राइट पूरा दिन वहीं रहा और मुझे

बताया कि अगर मैंने पुलिस को बुलाया तो मैं पूल वापस लौटने के काबिल नहीं रहूँगा। उसने पूल रूप से एक चेन का टुकड़ा खींचकर निकाला और इसे छह फीट की लंबाई में काट लिया, इसे मेरी बाँह पर बाँधा और इस चेन पर तौलिया लपेट दी। उसने मुझे बताया कि कॉर्न पॉप के आने पर मुझे उससे क्या कहना है—"तुम मुझे काट सकते हो कॉर्न पॉप, लेकिन तुम्हारे ऐसा करने से पहले ही मैं इस चेन को तुम्हारे सिर पर लपेट दूँगा।"

और जब मेरी कार पर वह मेरे सामने आया तो मैंने उससे ठीक यही कहा, लेकिन मैंने उससे बात करना बंद नहीं किया। मैं घायल होना नहीं चाहता था और मुझे लगा कि मैंने की-रूम में भीतर कुछ सीखा है, मुझे लगा कि मैं जान गया हूँ कि कॉर्न पाप से कैसे बात करनी चाहिए। "वैसे मुझे तुमसे माफी माँगनी है," मैंने कहा, इतना जोर से कि आसपास सब सुन सकें। "मुझे तुम्हें एस्थर विलियम्स कभी नहीं कहना चाहिए था। यह गलत था और तुम्हारे सभी दोस्तों के सामने मैं पूरी गंभीरता से माफी माँगता हूँ, लेकिन अगर तुम फिर से बोर्ड पर उस तरह कूदे तो मैं तुम्हें फिर बाहर फेंक दूँगा।"

हम दोनों ने अपने हथियार रखे और अंत में दोस्त बन गए। कॉर्न पॉप और रोमंस बाकी गरमियों में मुझसे सावधान रहे।

तो वर्ष 1968 में जब मैंने आंतरिक शहर के लोगों को गवर्नर टैरी और नेशनल गार्ड के उनके साथ व्यवहार की शिकायत करते सुना तो मैं जानता था कि वे क्या कह रहे हैं। क्या उन्हें वह संवैधानिक सुरक्षा प्राप्त है, जो वेस्टोवर हिल्स या मेफील्ड के लोगों को है ? क्या उन्हें भी कार्य करने की वैसी ही स्वतंत्रता है, जैसा निकट के श्वेत इलाकों के लोगों को है ? क्या उन्हें अपने इलाके में वैसी ही सुरक्षा की भावना का अधिकार है, जैसा श्वेत अमेरिका को है ? मुझे लगता था कि उस इलाके के लोग कम-से-कम इसके लायक तो हैं ही। मुझे नहीं लगता कि मैं वर्ष 1968 में दुनिया या जो हो रहा था, उसे बदल सकता था, लेकिन मुझे लगता है कि मैं बदलाव कर सकता था तो मैं रॉडनी स्क्वायर से चलता हुआ तीन-मंजिला इमारत के बेसमेंट में गया और सार्वजनिक प्रतिवाद ऑफिस में काम के लिए आवेदन कर दिया। पाँच वर्ष पहले का गिदोन बनाम वेनराइट में सुप्रीम कोर्ट का फैसले ने बताया कि किसी भी प्रतिवादी को बिना वकील मुकदमा लड़ने के लिए मजबूर नहीं किया जाना चाहे। यदि प्रतिवादी इसका खर्च वहन न कर सकता हो तो राज्य उसका बिल भरे। मेरे लिए यह ईश्वरीय कार्य के जैसा था। सार्वजनिक प्रतिवादी होना कभी

आसान नहीं था, लेकिन यह पहली बार था कि मैं भी संविधान का कायम रखने में भूमिका निभा रहा था। मेरे ज्यादातर क्लाइंट्स ईस्ट विलमिंगटन के गरीब अफ्रीकी अमेरिकी होते थे और भले ही वे दोषी हों या निर्दोष, मैंने पूरी कोशिश की कि उनके मुकदमे का ठीक से प्रतिनिधित्व हो सके।

लेकिन पहले ही दिन आपराधिक न्याय व्यवस्था से मैंने एक वास्तविक सबक सीखा, जब मैं अभी आपराधिक मुकदमों में अपने अभिविन्यास के मध्य में था, तब एक जज ने मुझे अगले दिन के लिए एक मुकदमा सौंपा। मैंने विरोध किया कि मैं अभी आधिकारिक रूप से बोर्ड में भी नहीं हूँ, मैं इस मुकदमे के बारे में कुछ नहीं जानता और न ही मेरे पास तैयारी के लिए वक्त है। जज ने चोरी के एक आरोपी की तरफ देखा, जिसके हाथों और पैरों में हथकड़ियाँ थीं; उससे पूछा कि "क्या मैं ठीक रहूँगा।"

"कोई भी चलेगा।" उसने कहा।

लेकिन यह साफ हो गया कि वर्ष 1969 में ईश्वरीय कार्य ही पूर्णकालिक काम नहीं था। नए सार्वजनिक प्रतिवाद ऑफिस के पास अभी पर्याप्त धन नहीं था तो वे मुझे केवल आधे वक्त के उपयोग कर सकते थे, लेकिन उन्होंने सुझाव दिया कि मैं अरेनसेन ऐंड बालिक लॉ फर्म से संपर्क करूँ। सिड बैलिक शहर के अच्छे सम्मानित अपराधी रक्षा वकीलों में से एक थे, लेकिन वे नरम स्वभाव के लिए जाने जाते थे। वे प्रो-बोना कार्य खूब करते थे और उनके पास अनेक ठोस मुकदमे थे, जब तक मैं सार्वजनिक प्रतिवादी का कार्य करता रहा, मैं अरेनसेन ऐंड बालिक का कोई आपराधिक मुकदमा नहीं लड़ सकता था, लेकिन उनके पास नागरिक मुकदमों का भी अंबार था और इनमें से अधिकांश हालात के आधार पर थे, जिसका मतलब था, यदि हम जीतते हैं तो हमें भुगतान मिलेगा, लेकिन यदि हारे तो नहीं मिलेगा।

मैंने सिड बालिक को देखकर सीखा कि अच्छा वकील कैसा होता है, जब तक क्लाइंड सिड के पास नहीं जाता, वो सचमुच, सचमुच परेशान और समस्याग्रस्त होते हैं। हम ऐसे लोगों का प्रतिनिधित्व करते थे, जिनके पास अधिक जमापूँजी नहीं होती थी। कुछ गलत हुआ और उनके पास कोई रास्ता नहीं बचेगा, अगर उन्होंने किसी दुर्घटना में अपनी कार गँवा दी और बीमा कंपनी मुआवजा नहीं दे रही तो वे काम पर नहीं जा सकेंगे। कोई भी चोट या बीमारी, जिससे उनकी काम करने की क्षमता प्रभावित होती है, पूरे परिवार को समाप्त कर देती है। उनमें से ज्यादातर लोग बेरोजगारी बीमा या कर्मचारी क्षतिपूर्ति में नहीं आते थे। उनके पास

बिल भुगतान का कोई तरीका नहीं था। सिड ने मुझे सिखाया कि अपने जीवन के सबसे कठिन दौर से गुजर रहे लोगों की कैसे मदद करें। अच्छी कानूनी मदद से बढ़कर उन्हें यह समझाना था कि वे अपनी घबराहट से बाहर निकल सकें। सिड ने मुझे क्लाइंट को बाँहों में भरने की अहमियत दिखाई और उन्हें यह दिखाना सिखाया कि कोई उनकी तरफ भी है। यदि वह व्यक्ति पारंपरिक काले सूट और टाई में हो तो यह और भी बेहतर है।

मैंने सिड से जो एक और चीज सीखी कि ज्यूरी या श्रोताओं को केंद्रित कैसे करें। आपराधिक मुकदमों में वह ज्यादातर आरोपी होते थे, जो अवश्य ही हमारे ज्यूरी में कुछ लोगों को भयभीत कर देते होंगे, लेकिन सिड ज्यूरी को मुकदमे के तथ्यों पर टिकाए रखना जानते थे। वे आपराधिक मुकदमे की शुरुआत में ज्यूरी के लोगों से कहते थे, 'अब दोस्तो, आपको अपनी नजर निशाने पर रखनी होगी। प्रॉसिक्यूटर आपको मेरे क्लाइंट के बारे में बहुत सारी बुरी चीजें बताने का प्रयास करेंगे, जो मौजूदा मुकदमे को लेकर विशेष रूप से प्रासंगिक नहीं है, अब जब आप मेरे क्लाइंट को देखेंगे तो आप सोचेंगे कि वह कोई खास आकर्षक व्यक्ति नहीं है, शायद वह ऐसा न हो, जिसे आप अपने घर डिनर के बुलाना चाहेंगे, शायद वह ऐसा व्यक्ति न हो, जिसके साथ आप अपनी बेटी को डेट पर जाने दें, लेकिन मामला यह नहीं है। मामला यह है कि क्या यह चोरी इसने की है ? मैं चाहता हूँ कि आप निगाह निशाने पर ही रखें। प्रॉसिक्यूटर आपका ध्यान उसी पर रखना चाहेंगे कि आपको वह व्यक्ति अच्छा न लगे, लेकिन यही आपका इकलौता दायित्व नहीं है। आपका इकलौता दायित्व यह निर्धारित करना है कि वाजिब तर्क से परे सबूत क्या प्रमाणित करते हैं कि क्या मेरे क्लाइंट ने यह विशिष्ट अपराध किया है ?'

सिड बालिक ने मुझे एक और संस्थान के साथ जोड़ा, जिसका नाम 'डेमोक्रेटिक फोरम' था, जो डेलावेयर में डेमोक्रेटिक पार्टी में सुधार का प्रयास कर रहे थे। विलमिंगटन में गवर्नर चार्ली टैरी का मार्शल लॉ एक बड़ी समस्या का सूचक था। राज्य की पार्टी मुख्यधारा के राष्ट्रीय डेमोक्रेट के समान गति से नहीं चल पा रही थी, जो जातियों को लेकर अधिक-से-अधिक प्रगतिशील हो रहे थे। डेलावेयर के बहुत से डेमोक्रेट्स अश्वेतों के लिए एकीकृत स्कूलों व निवास सुविधाओं के लिए संघर्ष कर रहे थे, अतः हर बुधवार रात को मैं मार्केट स्ट्रीट के अपने ऑफिस से निकलता और आधा ब्लॉक पैदल पार करके पियानी ग्रिल पहुँच जाता, उन लोगों के समूह से मिलने के लिए, जिनका मानना था कि वो डेलावेयर

डेमोक्रेटिक पार्टी का फिर से निर्माण करेंगे। मैं उस कानून के लिए काम कर रहा था, जिसमें मेरा यकीन था और मैं राजनीति से भी जुड़ रहा था। मैं बिल्कुल वहीं था, जहाँ मैं होना चाहता था।

जोसफ रॉबिनेट बाइडन III—हम उसे 'ब्यू' पुकारते थे—का जन्म फरवरी 1969 को हुआ और तीन महीने बाद नीलिया फिर गर्भवती थी तो ऐसा लगा कि यह घर तलाशने पर केंद्रित होने का बिल्कुल सही समय है, लेकिन मैंने देखा कि मैं रियल एस्टेट में जितना ज्यादा संलिप्त होता जाता, मेरा जीवन और ज्यादा जटिल होने लगता। पहले मैंने कुछ धन नीलिया के पिता से उधार लिया और नेवार्क, डेलावेयर में छोटा सा घर लिया, लेकिन यह किराए पर था, जिससे थोड़ा पैसा कमाकर बदला जा सके, लेकिन हमारे ऐसा करने से पहले ही, नीलिया और मुझे विलमिंगटन में वुड्स रोड पर एक घर मिल गया, यह ट्यूडर नहीं था, जो हमें चाहिए था और यह थोड़ा सा महँगा भी था, लेकिन हमें लगा कि इसे गँवाना शर्म की बात होगी तो मैंने अपने पिता से बात की और हमने वुड्स रोड के इस मकान को खरीदने का फैसला किया और मेरे पिता तथा माँ वहाँ चले गए। मैंने मेफील्ड में विल्सन रोड वाला उनका घर खरीद लिया और मैं व नीलिया ज्यादा धन बचाने के लिए वहाँ शिफ्ट हो गए। मेरे माता-पिता वुड्स रोड चले गए थे, लेकिन हमारे मेफील्ड में शिफ्ट होने से पहले ही मैंने सत्रह एकड़ के छोटे से कॉटेज के सौदे के बारे में सुना। हम वहाँ निःशुल्क रह सकते थे! हमें बस वहाँ स्थिति निजी स्वीमिंग क्लब का प्रबंधन करना होगा तो मैंने अपना मेफील्ड वाला मकान एक डॉक्टर और उनकी पत्नी को किराए पर दे दिया और कंट्री क्लब स्वीमिंग पूल का प्रबंधन सँभाल लिया।

कॉटेज थोड़ा छोटा था, खासकर जब वर्ष 1970 में रॉबर्ट हंटर बाइडन का जन्म होने के बाद, लेकिन मैंने स्विम क्लब के बोर्ड को मना लिया कि मैं अपने खर्चे पर इसे बड़ा करवा लूँ और नेवार्क व मेफील्ड के किराए की आय से मिली मदद से, मैंने कॉटेज को थोड़ा बड़ा करवा लिया! लेकिन ब्यू अभी भी कोठरी में ही सो रहा था तो हमने अपने आदर्श घर की तलाश जारी रही और हम जितना ज्यादा तलाशते, मुझे और नीलिया को उतना ही ज्यादा साफ होता जा रहा था कि हमें जमीन ही लेनी होगी तो जब हमें पच्चीस मिनट की दूर पर एल्कटन, मैरीलैंड में फार्म मिला तो हम उछल पड़े। यही हमारा घर होगा—पचासी एकड़ का निर्माण और इसमें आधे एकड़ का तालाब और लंबी कच्ची सड़क हमें उस छोटे से खूबसूरत, पुराने पत्थर के बने मकान तक ले गई, लेकिन मकान को मरम्मत की,

बहुत ज्यादा मरम्मत की जरूरत थी, लेकिन उस प्रॉपर्टी में एक कमरा था, जहाँ बाइडन परिवार रह सकता था। मैंने रास्ते के दोनों तरफ पेड़ों की कतार लगानेवाला था, जिससे उसपर पत्तियों की छत बन जाए, आर्कमेरे की तरह। वैल भी वहाँ घर बना सकते थी। जिम्मी और फ्रैंकी भी। ये माँ और पिताजी के सेवानिवृत्त जीवन के लिए शानदार जगह थी। हमने फार्म के लिए $55.000 दिए, लेकिन मैंने इसमें से लगभग तीस एकड़ अपने एक पुराने हाई स्कूल के दोस्त को बेच दिया, जो वहाँ क्रिसमस ट्री फार्म बनाना चाहता था। इसके बाद मैंने जिम्मी को साधारण साफ-सफाई और पेंटिंग का काम करने भेज दिया और इसके बाद मैं बड़े नवीकरण के लिए धन जुटाने में लग गया। इसी बीच जिम्मी ने मुझे एक कॉलेज छात्रों के समूह से मिलवाया, जो रहने के लिए किराए की जगह तलाश रहे थे। डेलावेयर विश्वविद्यालय बस थोड़ी ही दूर था।

अब नीलिया और मेरी तीन किराए से आय हो रही थी, जो हमारे एल्कटन फार्म में भविष्य के नवीकरण में काम आएगा। नीलिया लड़कियों के स्थानीय कैथोलिक ग्रेड स्कूल में पढ़ाने लगीं और हम अभी भी अपने निःशुल्क कॉटेज में रहते हुए पूल का प्रबंधन कर रहे थे। मैं शायद डेलावेयर का इकलौता वकील होऊँगा, जो शनिवार को लाइफगार्ड का काम करता था।

ज्यादातर समय मैं शाम को फौरन ही नीलिया और लड़कों के पास घर पहुँच जाता, लेकिन मैं पूरा प्रयास करता कि डेमोक्रेटिक फोरम की पियानी ग्रीन में होनेवाली बुधवार की मीटिंग से न चुकूँ और मुझे लगता है कि मेरी उपस्थिति इतनी अवश्य ही जितनी मुझे उपयोगी लगी। एक दिन वरिष्ठ सदस्यों में से एक मेरे ऑफिस आए और मुझसे पूछा कि क्या मैं न्यू कैसल काउंटी काउंसिल का चुनाव लड़ना चाहूँगा। उन्होंने मुझे बताया कि जिस जिले में मैं रहता हूँ, उनमें तकरीबन 60 फीसदी लोग रिपब्लिकन थे, जिनमें वेस्टओवर हिल भी शामिल था, लेकिन मजदूर वर्ग क्षेत्र में डेमोक्रेट्स की पकड़ मजबूत है। फोरम के लोगों को लगता था कि मैं एक आकर्षक प्रत्याशी रहूँगा।

मुझे काउंटी काउंसिलमैन बनने में कोई दिलचस्पी नहीं थी। मुझे तो यह भी नहीं पता था कि इसमें काम क्या होता है और मैं नीलिया से अपनी खुद की लॉ फर्म शुरू करने पर बात कर रहा था। "मैं नहीं कर पाऊँगा," मैंने फोरम के प्रतिनिधि को बता दिया। "मेरे पास डोवर जाने का समय नहीं है।" मुझे लगा कि काउंसिल कैपिटल सिटी में मिलते होंगे।

उन्होंने मुझे ऐसे देखा, जैसे मैं मजाक कर रहा हूँ। इसके बाद वे खिड़की की तरफ गए, उसपर से परदा हटाया और एक इमारत में ऑफिस की तरफ इशारा किया। "उस बिल्डिंग के दूसरी तरफ हर मंगलवार और गुरुवार रात न्यू कैसल काउंटी काउंसिल की मीटिंग होती है।"

"ओह!"

तो उस शाम घर जाकर मैंने नीलिया को इस बारे में बताया कि मैं काउंटी काउंसिल का चुनाव लड़ने के बारे में सोच रहा हूँ। मैंने उसे बताया कि यह रिपब्लिकन जिला है तो संभव है कि मैं न जीत सकूँ, लेकिन इस तरह मैं पार्टी की सहायता करूँगा और मुझे सीखने को भी बहुत कुछ मिलेगा, जो ऐसे व्यक्ति के लिए अच्छा है, जो बाद में ज्यादा गंभीर चुनाव लड़ना चाहता है। उसने मुझसे हमेशा की तरह सिर्फ एक सवाल पूछा, "जोई, क्या तुम्हें लगता है, तुम कर सकोगे?"

"हाँ!"

"तो मुझे लगता है हम कर सकेंगे। चलो कोशिश करते हैं।"

मैंने अपनी बहन वैल से पूछा कि क्या वो प्रचार का काम सँभाल सकती है और उसने कहा, "यह काउंटी काउंसिल के लिए है?"

वैलेरी बाइडन हारनेवाला दाँव नहीं खेलती, फिर ये रिपब्लिकन जिला हो या न हो। वह एक अनुशासित आयोजक थी। उसने बीते कुछ चुनावों के मतदाता रिकॉर्ड प्राप्त किए तथा उस इलाके के हर ब्लॉक का इंडेक्स कार्ड बनाया और ब्लॉक कैप्टनों की तैनाती शुरू कर दी। मैंने अपना ज्यादातर समय भारी डेमोक्रेटिक क्षेत्रों में बिताया है, जैसे एल्समेयर, न्यूपोर्ट और स्टैंटन, लेकिन मैंने अपना काफी समय मैं जहाँ पला-बढ़ा वैसे मध्यवर्गीय इलाकों में घर-घर जाने में भी बिताया है। वर्ष 1970 में वहाँ रिपब्लिकंस की भरमार थी, लेकिन मैं जानता था कि उनसे कैसे बात करनी है। मैं जानता था कि वे अच्छी सरकार और वित्तीय कठोरता और सबसे बढ़कर परिवेश का मूल्य समझते थे। मैंने उनसे डेवलपर्स से बात करने और खुले स्थान के लिए संघर्ष करने के प्रयास का वादा किया और वे मध्यवर्ग मतदाता मेरे लिए खास थे। नवंबर 1970 के चुनाव डेलावेयर में डेमोक्रेटिक पार्टी साफ हो गई, लेकिन मैं काउंटी काउंसिल का चुनाव दो हजार वोटों से जीत गया।

नीलिया और मुझे दोनों को महसूस हो रहा था कि हमारी जिंदगी रफ्तार पकड़ने लगी है। हर चीज मेरी उम्मीद से भी तेजी से हो रही थी, लेकिन मैं इस रेल-पेल पर लगाम नहीं लगाना चाहता था। काउंटी काउंसिल को हफ्ते में दो पूरी

रात देनी होती थीं और इसकी तैयारी के लिए ज्यादा-से-ज्यादा समय देना होता था, क्योंकि मैं ऐसे मामलों से जुड़ता था, जो मेरे लिए मायने रखते हों और जहाँ मेरे विचार से मैं फर्क ला सकता था। न्यू कैसल काउंटी की तरक्की में दशकों बाद गति आई थी। टेलीविजन शो कैंडिड कैमरा ने अभी हाल ही में राज्य के साथ मजाक किया—"डेलावेयर के लोग जनसंख्या विस्फोट के लिए कुछ कर रहे हैं?" होस्ट ने यह बताते हुए कैमरे से डेलावेयर के उत्तरी बॉर्डर के चौराहे पर दो अधिकारी दिखनेवाले व्यक्तियों को दिखाया। उन्होंने बड़ा सा 'डेलावेयर आज बंद है' का साइनबोर्ड उठाए हुए थे और वे रोड-ब्लॉक पर मोटरसाइकिल वालों को रोककर उन्हें वापस भेज रहे थे। न्यू जर्सी जाएँ। वो खुला है। बहुत से ड्राइवर वापस मुड़े भी गए। एक जरूरतमंद व्यक्ति ने किसी के जाने की प्रतीक्षा करने और तब प्रवेश करने देने की गुहार भी लगाई, जैसा ट्रेड फेयर में होता है, लेकिन वर्ष 1971 तक चीजें उतनी विनोदपूर्ण नहीं थीं। न्यू कैसल काउंटी में विकास पर लगभग को लगाम नहीं थी। सबसे दुर्भाग्यशाली इलाकों में, नाले बजबजा और उफन रहे थे, जिससे रहवासियों के बाथरूम और बेसमेंट भर जाते, मैनहोल के ढक्कन उड़कर सड़कों पर जा गिरते। क्रिस्टीना मार्श कच्चे नालों से भयभीत रहतीं। शेल ऑयल ने चुपचाप डेलावेयर शहर के नजदीक पानी में चौवन सौ एकड़ खरीद लिया और वे तेजी से तट पर दूसरी तेल रिफाइनरी का निर्माण कर रहे हैं। फेडरल हाईवे डिपार्टमेंट को बड़े प्रोजेक्ट्स के लिए अत्यधिक धन दिया जा रहा था, जिससे फेडरल सुपर-हाईवे को मुख्य मार्ग सड़कों में बदलना था। जहाँ जन-यातायात के लिए बहुत थोड़ा संघीय धन रखा गया, जिससे वायु प्रदूषण में कमी आती, वहीं राज्य पोर्च, ट्री-हाउस, सड़क किनारे की पटरियों, फूलों के बागीचे और ग्रॉसरी स्टोर्स को सपाट करके दस लेन का सुपर-हाईवे बनाने का इच्छुक था, जिससे काउंटी से पेंसिल्वेनिया और न्यूजर्सी तथा इसके बाद मैरीलैंड व इसके पार जानेवाले बड़े ट्रकों की गति बढ़ सके।

काउंटी काउंसिल के मेरे पहले वर्ष मुझे ऐसे व्यक्ति के तौर पर जाना जाने लगा, जिसने बिल्डरों और बड़े कॉरपोरेशनों की मुश्कें कसीं। मैं नौकरी और संपत्ति निर्माण करनेवाले कारोबारों का पक्षधर था, लेकिन मुझे लगता था कि कंपनियाँ, जो मुनाफा कमा रही हैं, उन्हें अपनी वास्तविक लागत पर खरा भी उतरना चाहिए। "शेल को प्रमाण देना होगा कि वो हमारे वातावरण को दूषित नहीं करेगी।" मैंने कहा, "यदि वे इसे प्रमाणित नहीं कर सके तो हम उन्हें यहाँ से हटा देंगे।" वर्षों

बाद मेरे इस कदम के कारण मुझे 'समझदार-तरक्कीपसंद व्यक्ति' कहा गया। वर्ष 1971 में बहुत से लोगों ने मुझे प्रगति को रोकनेवाला घटिया इनसान भी कहा था।

काउंटी काउंसिल में रात का समय जाता था, लेकिन मैं दिन का वक्त अपनी लॉ फर्म को बनाने में बिताने का प्रयास करता। मैंने उसी बैंक से धन उधार लिया, जो मेरे पिता जहाँ काम करते थे, वहाँ की सभी कारों को फाइनेंस करता था, दो और वकीलों को साथ जोड़ा, डाउनटाउन विलमिंगटन की मार्केट स्ट्रीट पर ऑफिस किराए पर लिया और छोटा सा बिजनेस बन गया।

मैं, नीलिया, ब्यू और हंटर अभी भी कॉटेज में ही रहते थे और मैं अभी भी पूल का प्रबंधन कर रहा था। सर्दियों में कभी वहाँ कुछ काम करने ही होते थे। नीलिया और मुझे नए ड्रिंकिंग फाउंटेन का इंतजाम करना होता, फोन कंपनी से गार्ड के कमरे में फोन लगवाते, गटर और निकास नालियों को बदलने के लिए कांट्रेक्टर तलाशना तथा एक और कांट्रेक्टर, जो बाथ-हाउस में पुरुषों की तरफ की रेलिंग की मरम्मत कर दे।

हमारी हर संपत्ति की अपनी सिरदर्दियाँ थीं। एल्कटन के फार्म वाले किराएदार कुआँ सूखने की शिकायत कर रहे थे तो मुझे उसे ठीक करवाना पड़ा, जबकि मेरे पास $600 थे भी नहीं। शुरुआती धन नीलिया के पिता से उधार मिलने के बावजूद हमारे ऊपर तीन लोगों के उधार थे। मुझे हर समय कमी रहने का खतरा रहता, खासकर तब जब नेवार्क में घर किराए पर लेनेवाले कॉलेज के छात्रों ने अपना किराया नहीं दिया। मैं हर माह अपने उपयोगी घंटे किराएदारों को पत्र लिखने में बिता देता। "अगर आप लोगों ने किराया नहीं दिया तो मेरी वित्तीय स्थिति डाँवाँडोल हो जाएगी।" लगभग हर बार मेरी यही गुहार होती थी।

"ऐसा करने के लिए मुझे फौरन धन की आवश्यकता है। कृपया इस सप्ताहांत मुझसे संपर्क करें, जिससे हम मिलकर कोई पक्का इंतजाम कर सकें और मैं इस परेशानी से निकल सकूँ।"

जो बाइडन का परिवार हर तरह से कमजोर हो रहा था, लेकिन मैं और नीलिया इसे केवल अस्थायी मानते थे। यह अपने आप में एक तरह का एडवेंचर था। हम कुछ बड़ा, कुछ स्थायी बना रहे थे और मैं चीजों को ठीक करने का भरसक प्रयास कर रहा था। एक खाली शनिवार को नीलिया और मैंने ब्लू और हंटर को मोसेस बास्केट के कौर्वेट के पैक किया, आदर्श घर की तलाश में निकल पड़े और ऐसे ही प्रयासों में से एक में पेंसिल्वेनिया स्टेट लाइन के निकट हवादार

कंट्री रोड पर हमें वह दिख गया, हमारा भविष्य का घर। हमने जिस क्षण इसे देखा, हम दोनों समझ गए कि हमें इसे लेना ही होगा—228 नॉर्थ स्टार रोड ढलवाँ और पेड़ों से घिरा चार एकड़ का नॉर्थ स्टार, डेलावेयर का भू-भाग था, जो विलमिंगटन से बीस मिनट उत्तर में था। वहाँ एक घर था और एक पुराना कोठार तथा पीछे की तरफ पूल और बाथ-हाउस भी था। घर अपने आप में औपनिवेशिक सेंटर-हॉल जैसा था, हू-ब-हू औपनिवेशिक—यह वर्ष 1723 में बनाया गया था, पत्थर पर स्टूको से बना, जिसकी छत ऊँची थी और तुरंत रहने लायक स्थिति में था। हमें कुछ नहीं करवाना था। नीलिया और मैं झिझके नहीं। हमने फरवरी 1971 के अंतिम सप्ताह में अपना प्रस्ताव दिया और मार्च के पहले हफ्ते में कागजात हमारे हाथ में थे।

नॉर्थ स्टार में खरीद की दो मुख्य कठिनाइयाँ थीं। पहली, मुझे एल्कटन, मेफील्ड और नेवार्क वाले घरों में से कुछ बेचने होंगे, जिससे नॉर्थ स्टार की डाउन पेमेंट के लिए धन जुटा सकूँ और दूसरा, नॉर्थ स्टार रोड मेरे काउंटी काउंसिल जिले से बाहर थी, तो हम यहाँ तब तक नहीं आ सकते थे, जब तक मेरा कार्यकाल खत्म नहीं हो जाता।

हमें पलभर को भी खरीदार का पछतावा नहीं हुआ। उस वसंत जब हमारा प्रस्ताव अभी भी लंबित था, हम बस केवल घर को देखने चले गए और ड्राइव-वे के पूरे पिछले हिस्से में सूर्य की रोशनी में दमकते पीले रंग के फोर्सिथिया के फूल थे। नीलिया फिर से गर्भवती हुई थी और तीन बच्चों के साथ पूल कॉटेज में रहना असंभव था, अब समय आ गया था। हमें वह घर हासिल करने से कोई नहीं रोक सकता।

सच कहूँ तो मेरा तात्कालिक राजनीतिक भविष्य बहुत उज्ज्वल नहीं दिखाई देता था। वर्ष 1971 में डेलावेयर डेमोक्रेटिक पार्टी की स्थिति अच्छी नहीं थी, इस पैमाने पर कि जो बाइडन, न्यू कैसल काउंटी काउंसिलमैन, अट्ठाईस वर्षीय नौसिखिया राजनीतिज्ञ, उच्चतम रैंकवाला डेमोक्रेट था, जो हाल ही के चुनावों में वास्तविक चुनौती वाले जिले में जीता था। हम लगभग सब हार चुके थे। लगभग अवसाद की स्थिति में थे, पार्टी प्रमुखों ने पच्चीस व्यक्तियों के डेमोक्रेटिक 'रिन्यूअल कमीशन' का गठन किया था। उसमें एक पूर्व गवर्नर, पूर्व सांसद, पूर्व सुप्रीम कोर्ट जस्टिस राज्य के सबसे प्रतिष्ठित डेमोक्रेट्स और मुझे आमंत्रण था। मैं यूथ प्रतिनिधि जैसा था, बीते करीब पंद्रह वर्षों में सबसे कम उम्र का सदस्य। मैं

वह व्यक्ति था, जो नोट्स लेता और बत्तियाँ बुझाकर जाता, लेकिन मैंने इसे गंभीरता से लिया, क्योंकि अन्य कमिश्नर भी इसे गंभीरता से ले रहे थे। हम जानते थे कि हमें अपने संस्थानों, हमारी प्रचार तकनीक और हमारे सारतत्त्व का आधुनिकीकरण करना होगा। वर्ष 1971 के शिशिर व वसंत में हमने राज्य में सब जगह सुनवाई रखीं और डेलावेयर में हर एक डेमोक्रेटिक समिति सदस्य व समिति सदस्याओं से मुलाकात की। नीलिया ने मेरे उस कमीशन में होने के फायदे को मुझसे भी पहले देख लिया था। वे मुझसे भी ज्यादा गंभीर राजनीतिज्ञ थीं तो वुड्स रोड पर मेरे माता-पिता के घर में रात्रिभोज 'ब्लू रिबन' का आयोजन नीलिया का ही विचार था। मेरी माँ और मेरी बहन वैल, ने नीलिया की खाना बनाने में मदद की तथा बैठक की साफ-सफाई की और कमीशन के सदस्यों के लिए जगह बनाई।

मेरे दोस्त बॉब कनिंघम और कुछ अन्य लोगों ने मुझसे वर्ष 1972 में यू.एस. सीनेट के लिए मजबूत उम्मीदवार की तैनाती में मदद माँगी—कोई ऐसा, जो नए प्रभार का नेतृत्व कर सके। हमने बर्ट कार्वेल से पूछा, जो गवर्नर रहे थे। हमने जज जो टुनेल से पूछा, रोड्स के विद्वान् और डेलावेयर सुप्रीम कोर्ट के चीफ जस्टिस। हम कुछ कॉरपोरेट प्रमुखों के पास भी गए, जो डेमोक्रेट्स थे। यह डेलावेयर के लिए आदर्श उम्मीदवार थे, एक कॉरपोरेट प्रमुख, जो डेमोक्रेट भी था। हमने जिस किसी से भी पूछा, सबने इनकार कर दिया। एक कारण से कि यह चुनाव अविजित लगते थे। रिपब्लिकन पदधारी, जे. कालेब बॉग्स, वर्ष 1946 से आज तक कभी राज्यवार चुनाव नहीं हारे थे।

वर्ष 1971 के वसंत में मेरी अपनी चिंताएँ थीं। मुझे मेफील्ड वाले घर के लिए खरीददार मिल गया था और मैं इसे हमारे नॉर्थ स्टार को खरीदने से पहले दिन बेच देना चाहता था। मुझे नेवार्क वाले घर और एल्कटन फार्म के लिए भी खरीददार मिल गए थे, लेकिन ये सौदे महीनों तक पूरे नहीं होनेवाले थे। हमारे तीसरे बच्चे का जन्म नवंबर में होना था। एक बड़ी समस्या अभी भी शेष थी—मुझे अपने काउंसिल जिले से बाहर जाना जम नहीं रहा था। हमने नॉर्थ स्टार खरीद भी लिया होता तो भी मुझे नहीं लगता था कि हम अभी वहाँ जा पाते, तो मैंने और नीलिया ने इसपर बात की और हमने फैसला किया कि ऐसे में केवल एक चीज हो सकती है। अगले सप्ताहांत में हमें मेरे माता-पिता के यहाँ डिनर पर जाना था—मेरे माता-पिता के वुड्स रोडवाले घर, जो मेरे काउंसिल जिले के ठीक बीच में था। हम टेबल पर अपने-अपने निश्चित स्थानों पर बैठे, सभी लड़के ऊँची कुरसियों पर बैठे थे और मैं

अपनी इस समस्या को सुलझा लेना चाहता था। मैंने नीलिया को देखा, इससे पहले कि मैं कुछ बोलता, मेरी माँ ने कहा, "क्या हुआ, जोई?"

मेरी माँ से कुछ नहीं छिपता।

"ओह, यह जो घर हमने खरीदा था।" मैंने अपने पिता से कहा।

"आपको यह अच्छा लगता होगा, डैड। इसमें जमीन है, पूल है, आपको यह सचमुच अच्छा लगता होगा, डैड।"

"हाँ, अच्छा लगता है, चैंप।"

मैंने माँ को अपनी तरफ तिरछी नजरों से ताकते हुए देखा।

"पता है डैड, दरअसल यह मेरे जिले से बाहर पड़ता है।"

"ठीक है।" उन्हें समझ नहीं आया कि यह उनसे कैसे संबंधित है।

"डैड, मैं आपकी एक मदद चाहता हूँ।"

डैड ने कहा, "हाँ, बिल्कुल!"

"अब जो," माँ ने डैड से कहा, "होशियार रहना।"

"डैड, क्या आप नॉर्थ स्टारवाले घर में रहने चले जाएँगे और हम यहाँ रहने आ जाएँ?"

"हे ईश्वर! जोई!" मेरे डैड अकसर अपनी आवाज तेज नहीं करते थे। "तुम्हीं ने हमें यहाँ आने को कहा था।"

"आपको यह जगह अच्छी लगी, डैड। आपको यह वाकई अच्छी लगी। अभी बस तकरीबन एक साल ही तो हुआ है। मेरे जिले में रिपब्लिकंस बढ़ते जा रहे हैं और मुझे अगले वर्ष फिर चुनाव लड़ना है। जिले में अब लगभग दो-तिहाई रिपब्लिकंस हैं। मैं फिर से जीत नहीं सकूँगा।"

"ठीक है," उन्होंने कहा, "लेकिन जोई, यह ठीक नहीं, हाँ...ठीक है।"

"तुम्हें इसके लिए हमें थोड़ा वक्त देना होगा, जोई।" माँ ने कहा। वे मुझे अच्छी तरह जानती थीं।

मैं डैड को वह जगह दिखाने ले गया और मुझे लगा कि वह उन्हें पसंद आई तो तीन दिन बाद, जब मेरे डैड काम पर थे, जिम्मी मूविंग ट्रक लेकर वुड्स रोड आ गया। (बाइडन परिवार के हर बार घर बदलने पर, हमने एक भी बार मूविंग कंपनी का सहारा नहीं लिया। हम यह अपने आप करते थे।) तो जिम्मी ने सबसे पहले बेड उठाया। "बेड मत ले जाओ जिम्मी," माँ ने गुहार लगाई, "तुम्हारे पिता काम से आकर इसपर लेटेंगे।"

"चिंता मत करो माँ, हम नॉर्थ स्टार में सबसे पहले बेड ही लगाएँगे। रात को आप लोग इसी पर सोएँगे।"

तो माँ ने डैड को उनके कार डीलरशिप पर फोन किया। "हे ईश्वर, जो!" उन्होंने बताया, "आज रात वुड्स रोड के घर मत आना।"

"क्या ?"

"वुड्स रोड मत आना। वे हमें आज ले जा रहे हैं।"

"ये बच्चे भी। क्या हो गया है इन्हें ?" और काम के बाद वे नॉर्थ स्टार आए, जहाँ उनका बेड लगा दिया गया था।

नीलिया और मुझे उन गरमियों में पुल का प्रबंधन करना था, लेकिन हमने पतझड़ में इसे बंद कर दिया और हम मेरे माता-पिता के घर वुड्स रोड चले गए। मैं और नीलिया उस वक्त अट्ठाईस वर्ष के थे और चीजें अपनी सही जगह पर आने लगी थीं, अब हम अंततः अच्छे, आरामदेह घर में थे, जैसा हमें हमेशा से चाहिए था और मेरे तीस वर्ष का होने से पहले, मुझे यकीन था, हम नॉर्थ स्टारवाले घर में होंगे। नीलिया मजबूत सहारा थी। वह दुनिया की सबसे सहज महिला है, जिसमें न असुरक्षा थी, न आत्म-संदेह। मैं धैर्यहीन, गैर-कूटनीतिक और असार हो जाता, लेकिन नीलिया मेरे खराब व्यवहार को सुधारना जानती थीं। वे हमारे तीन बच्चों और घर और राजनीतिक की देखभाल करतीं। नीलिया ने ही हमारे जीवन और परिवार, काम और राजनीति को इतना गुलजार बनाया कि यह पूरी तरह निर्बाध हो गया था। नीलिया को बँटवारा करने की जरूरत नहीं रही कि वह हमारे जीवन के एक हिस्से को दूसरे से अलग कर सकें। वे बिना अधिक प्रयास किए सब ठीक रखतीं।

नीलिया के कारण ही मेरी नई लॉ फर्म भी सफल रही, जब हमने अपना पहला बड़ा मुकदमा जीता तो मुझे $5,000 का चेक मिला जो जोसफ रॉबिनेट बाइडन जूनियर के नाम था। ये मुझे किसी भी काम के लिए मिला अब तक का सबसे बड़ा चेक था। यह चेक हमारी वित्तीय चिंताएँ दूर नहीं कर सकता था, लेकिन मुझे और नीलिया को ऐसा लगा, जैसे हम इससे दुनिया खरीद लेंगे तो हम राज्य से सबसे शानदार फर्नीचर स्टोर गए और किनारों में चार-खंभोंवाला बेड, डाइनिंग रूम सेट और मेरे डाउनटाउन वाले ऑफिस के लिए बड़ा डेस्क खरीदा। बिल काफी अधिक था, शायद चेक से भी ज्यादा, लेकिन फर्नीचर भी ऐसा ही था। यह बेड और डाइनिंग रूम का फर्नीचर नॉर्थ स्टार जैसी जगह के ही अनुकूल था और नीलिया ने कहा कि मेरे पास ऐसा डेस्क होना चाहिए, जो एक सफल लॉ फर्म के

सीनियर पार्टनर के योग्य हो। एक अधिक तार्किक युवा परिवार पूरी सुरक्षा सहित खेल रहा था, लेकिन यह हमारा एडवेंचर था और नीलिया हमारे भविष्य को लेकर सुनिश्चित नहीं थी। "हमें अच्छी गुणवत्ता वाली चीज लेनी चाहिए।" उसने उस दिन स्टोर में मुझसे कहा था।

"हमें ऐसी चीज खरीदनी चाहिए, जो हमारे जीवन पर्यंत चल सके।"

□

# 4

# खुले दरवाजे

जब अवसर द्वार खटखटाता है तो आप इसके हब मोटल जैसा स्थान होने की उम्मीद नहीं कर सकते। हब में कुछ भी शाही या रोमांटिक नहीं था, यह डोवर, डेलावेयर में सड़क किनारे का आम मोटल था। मेरे कमरे में कुछ बिस्तर थे, जिनपर पॉलिएस्टर की चादरें बिछी थीं, दीवार में एक बेहद-चिकना-लकड़ी का लेमिनेटिड डेस्क और छोटा सा बाथरूम था। यह वर्ष 1971 की गरमियों में कुछ वक्त हमारा घर रहा। हब ज्यादातर राज्यों के डेमोक्रेटिक पार्टी के हमारे वर्षांत सम्मेलन की मेजबानी कर रहा था। मैं अपने कमरे में स्थानीय जूनियर हाई स्कूल में होनेवाली मीटिंग के लिए तैयार हो रहा था, मैं स्कीवी पहने, बाथरूम के सिंक पर दाढ़ी बना रहा था, तभी मुझे खटखटाना सुनाई दिया। दरवाजा खोलने पर यह डेलावेयर डेमोक्रेटिक पार्टी के वरिष्ठ सदस्य हेनरी टोपेल और बर्ट कार्वेल थे, वे

मुझे छूते हुए निकले और बात करने के लिए बिस्तर पर बैठ गए। मुझे लगा कि मैंने शायद कुछ बहुत गलत कर दिया है तो मैंने उनसे धैर्य रखने को कहा और इसी बीच एक सेकेंड में पेंट पहन ली।

जब मैं हब में आधे कपड़े पहने और मुट्ठी भर शेविंग क्रीम लगाए खड़ा था, टोपेल और कार्वेल ने मुझसे सवाल किया—जो, तुमने हम सबसे सीनेट का चुनाव लड़ने को पूछा था। हमें लगता है कि तुम्हें लड़ना चाहिए। मेरे परिवार में कोई भी यूनाइटेड स्टेट की किसी सीनेटर को जानता तक नहीं था; मुझे यकीन था कि मेरे परिवार में शायद ही कोई होगा, जो यूनाइटेड स्टेट सीनेटर के जाननेवाले को भी जानता हो। मेरी पहली प्रतिक्रिया थी, मुझे नहीं लगता कि मेरी उम्र पर्याप्त है। मुझे हिसाब लगाना होगा। चुनाव नवंबर 1972 में थे। मैं उसी माह के अंत तक तीस वर्ष का हो जाऊँगा, जिस कारण जनवरी 1973 में नया सत्र आरंभ होने पर मैं शपथ लेने योग्य हो जाऊँगा, बल्कि मैं पाँच हफ्ते बड़ा होऊँगा।

टोपेल और कार्वेल जानते थे कि मैं काउंटी काउंसिल का चुनाव फिर से नहीं लड़नेवाला; रिपब्लिकन पार्टी के युवा तुर्क इसे देख चुके थे। मुझे लगता है कि वे मुझे उभरते सितारे की तरह देखते थे, अतः वर्ष 1970 की जनसंख्या गणना के बाद युवा तुर्कों ने मेरे जिले को नई आकृति दे दी थी। वर्ष 1972 में मेरे लिए नई जिला सीट थी, और जिले में रिपब्लिकंस की आबादी लगभग 55 फीसदी से बढ़कर 60 फीसदी से अधिक हो गई थी। मैंने उस वक्त इन्हें इसपर मजाक करते भी देखा था, उन्हें यह मजाक लगता था। मैं कहीं नहीं जा सकता था। यह लड़ना या बाहर जाना था।

इसके बावजूद सीनेट का चुनाव न लड़ने के और भी कई कारण थे। मेरे और नीलिया के तीन बच्चे थे। मुझे नॉर्थ स्टार की मरम्मत के लिए खाली वक्त चाहिए था। मुझे कोठार को पेंट करना था, पूल के आसपास पौधे लगाने थे और कुछ छोटे-मोटे मरम्मत कार्य करवाने थे, मैंने नीलिया से कहा था कि मैं अपने भाइयों और कुछ दोस्तों की मदद से सारा काम खुद कर लूँगा और चुनाव अपने आप में श्रमसाध्य कार्य ही नहीं, एक युद्ध जैसा होता है। यदि रिपब्लिकन पदधारी जे. कालेब बॉग्स चुनाव लड़ता है तो उसे हराना असंभव होगा। पिछले चुनाव में बॉग्स ने बर्ट कार्वेल को बुरी तरह हराया था, जो दो बार डेलावेयर के डेमोक्रेटिक गवर्नर रहे थे। बॉग्स के दो संभावित वारिस, यूनाइटेड स्टेट कांग्रेसमैन पियरे एस. 'पेटे' ड्यू पॉण्ट IV और विलमिंगटन के मेयर हाल हॉस्केल, भी जाने-माने डेमोक्रेट्स

से ज्यादा वोट लाएँगे। मैंने ससेक्स और केंट देशों में पार्ट के महत्त्वपूर्ण खिलाड़ियों से मिलने शुरू किया, लेकिन मुझे केवल विलमिंगटन के बाहरी इलाके के छोटे से जिले की न्यू कैसल कंट्री काउंसिल से चुनाव लड़ने का मौका मिला तो मैंने हब में जुड़वाँ बेड पर बैठे प्रतिनिधिमंडल से कहा कि मुझे इसके बारे में सोचना होगा।

और उस क्षण के बाद से एक पल को भी मैं इस बारे में सोचने को रोक नहीं सका, आखिर अट्ठाईस वर्ष के कितने लोगों को ऐसा मौका मिल पाता है? मुझे पता था कि बतौर सीनेटर मैं उन मुद्दों को प्रभावित कर सकता हूँ, जो मेरे लिए महत्त्वपूर्ण थे—युद्ध और शांति, पर्यावरण, अपराध, नागरिक अधिकार, महिला अधिकार। मुझे यकीन था कि बतौर सीनेटर मैं डेलावेयर और शेष देश को भी बेहतर स्थान बनाने में मदद कर सकता हूँ। मैं सचमुच लोगों की उस तरह मदद कर सकूँगा, जिस तरह करना चाहता था तो मैंने लोगों से अपने चुनाव लड़ने के बारे में बात करना आरंभ किया। एक रात समिति की बैठक के बाद मैं अपने दोस्त और साथी दल सुधारक बॉब कनिंघम, जो मुझसे शायद दर्जनों वर्ष बड़े थे और डेलावेयर की राजनीति में अपनी भूमिका से परिचित थे, के साथ घर लौट रहा था। मैंने बॉब से पूछा कि वे क्या सोचते हैं, क्योंकि मैं उनकी राय का सम्मान करता था, हम होटल ड्यू पॉण्ट के सामने उनकी कार में बैठे थे। "बॉब, कुछ लोग मुझसे यूनाइटेड स्टेट सीनेट का चुनाव लड़ने के लिए कह रहे हैं।" मैंने उन्हें बताया।

"आपके विचार से क्या मुझे उन्हें गंभीरता से लेना चाहिए?" उन्होंने मेरी आँखों में देखा और कहा, "मुझे लगता है कि तुम्हें उन्हें खूब गंभीरता से लेना चाहिए।"

नीलिया को लगता था कि हम यह भी कर लेंगे। हम हब के दिन से ही इसपर बात कर रहे थे, लेकिन वह बात करते हुए जल्दी थक जाती थी। दिल ही दिल में नीलिया चाहती थी कि मैं लॉ से जुड़ा रहूँ और अपनी प्रैक्टिस करूँ। मेरे लिए उसका सपना सुप्रीम कोर्ट का जज बनने का था, लेकिन उसे पता था कि मेरी जज बनने में कोई दिलचस्पी नहीं थी और वह यह भी जानती थी कि हम यह हमारा खुद को केंद्रित करने का वक्त था। सारे विकल्प खुले रखने का वक्त बीत गया था। "जो, तुम्हें या तो इसमें पूरी तरह जाना चाहिए या पूरी तरह निकल आना चाहिए। आप अपनी लॉ फर्म बनाने के लिए हफ्ते में चालीस घंटे से ज्यादा काम करते हो। आप काउंटी काउंसिल के काम के लिए हफ्ते में चालीस घंटे से ज्यादा काम करते हैं। आप दोनों काम करने के प्रयास में खुद को मार डालोगे। यदि आप राजनीति ही

करना चाहते हैं तो यही करें—'पूर्णकालिक'।"

मेरे सीनेट चुनाव में जाने की सबसे बड़ी बात वह थी, जो मेरे पूरा जीवन मेरे लिए सबसे बड़ी चीज रही—'बाइडन परिवार', खासकर मेरे भाई और बहन।

वैल ने हाई स्कूल से लेकर कॉलेज और काउंटी काउंसिल तक मेरे सभी प्रचार अभियान चलाए थे और वही सीनेट के प्रचार अभियान का भी प्रबंध करेगी। मुझे कहना नहीं पड़ेगा। फ्रैंकी अभी हाई स्कूल में ही था तो वह युवा स्वयंसेवक ला सकता था। जिम्मी, जो डेलावेयर विश्वविद्यालय के अंतिम वर्ष में था, ने सबसे कठिन काम का बीड़ा उठाया—'धन जुटाना'।

वर्ष 1971 की गरमियों में हमारी पारिवारिक चर्चा के दौरान सिर्फ मेरी माँ ही थीं, जिन्होंने विरोधी स्वर बुलंद किया। उन्होंने कहा, "जो, जज क्वीलन कह रहे थे कि तुम बहुत अच्छे युवा वकील हो। तुम सीनेट का चुनाव लड़कर अपनी साख तो नहीं गँवाना चाहोगे न?" लेकिन मैं इसे जैसे देखता था—मैंने उन्हें यह इसी तरह समझाया—सीनेट के चुनाव में कोई जोखिम नहीं है। परिवार के मुट्ठी भर लोगों के अतिरिक्त बाहर के बहुत कम लोग थे, जिन्हें यकीन था कि मैं जीत सकूँगा तो मैंने अनुमान लगाया था कि यदि मैं हार भी जाता हूँ तो लोग यही कहेंगे, "वह अच्छा युवक है। वह एक गंभीर युवक है।" मुझे इस चुनावी दौड़ में ऐसा कुछ नहीं दिखता, जिससे मेरा नुकसान हो। मुझे पूरा यकीन है कि मैं मजबूत दावेदार साबित होऊँगा और वस्तुतः मुझे लगता था कि मैं जीत जाऊँगा और एक बार जब माँ आश्वस्त हो गईं कि हार हो या जीत, मेरा भविष्य सुरक्षित है तो वे कुछ भी करने तो तैयार थीं।

पहले महीने उन्होंने 'कॉफी' का काम सँभाल लिया, पुराने कैनेडी परिवार की अभियान तकनीक पर आधारित था। हमने एक पुराने कैनेडी सहायक मैट रीस को बुला लिया, जिन्होंने उनकी कॉफी व्यवस्था में मदद की थी। हम राज्य भर में सैकड़ों कॉफी आयोजन किए; जिसमें दस कॉफी प्रतिदिन, हफ्ते में दो बार और आधे वर्ष जारी रहा, जिसके बाद मैंने अपनी उम्मीदवारी की घोषणा की। समझदार लोग अकसर कहते हैं, "प्रेस को बताओ कि आप क्या कर रहे हैं? प्रेस रिलीज निकालें।" लेकिन मैं जितना हो सके, उतने ज्यादा वोटरों से मिलना चाहता था, जिससे वे मुझे देख और सुन सकें, इससे पहले कि मैं इसकी घोषणा करूँ। पूरे वर्ष 1971 और वर्ष 1972 की शुरुआत तक पूरा ध्यान कॉफी पर ही रहा। हम सुबह आठ बजे शुरू करते—मैं, माँ, नीलिया और वैल। वैल सुनिश्चित करती कि

हर कॉफी पर तीस महिलाएँ तो अवश्य हों, जो तब आसान था, क्योंकि बहुत कम महिलाएँ नौकरी करती थीं। उसने पड़ोसियों की मेजबानी आरंभ की और सुनिश्चित किया कि वे हमें कम-से-कम चालीस अन्य पड़ोसियों के नाम तथा फोन नंबर दें। तत्पश्चात् वैल यह देखतीं कि वे कॉफी के लिए आने को तैयार हैं या नहीं, यह बात ब्लॉक भर में फैलाई जाती; महिलाएँ खुद को आमंत्रित करने लगी थीं। हम कॉफी और डोनेट्स मँगवाते और उन्हें मेजबान की बैठक में सजा देते। मैं वहाँ आठ बजे सबसे पहले अपनी माँ के साथ पहुँच जाता। इसके बाद मेरी बहन आती, जो नौ बजे से सँभालती और इसके बाद दस बजे नीलिया आ जाती। मैं सवा पौने नौ बजे अपनी माँ को वहीं छोड़कर वैल को ले आता। मेरी माँ आधा घंटा और रुकतीं और ग्यारह बजे चली जातीं। माँ-माँ, वैल, नीलिया और मैं दिन भर ऐसे ही मेढक की तरह कूदता रहता। हम कई बार दिन में दस कॉफी भी आयोजित करते। अकसर बच्चे भी हमारे साथ रहते; हम बस उन्हें एक से दूसरे घर साथ लिए घूमते, जैसे विकर बास्केट में फुटबॉल हों। यदि हम डाउनस्टेट गए होते तो हमारी स्टेशन वैगन को ड्राइव-ने गें पहुँचने में आधी रात हो जाती। नीलिया, ब्यू, हंटर और मेरी नई बेटी नाओमी, सभी मेरे साथ होते, कार में आराम से सोते हुए। इन लंबे दिनों के बाद मैं अब तीन सौ से ज्यादा लोगों से मिल और पहचान बना चुका था। मैं हर घर में तकरीबन पैंतालीस मिनट तक उनसे बात करता और उनकी बातें, समस्याएँ सुनता।

मैं अपने शेड्यूल में सुनिश्चित करता कि कुछ पोलिश लाइब्रेरी जैसे कुछ डेमोक्रेटिक मीटिंग स्थलों पर भी जाऊँ, जिससे बॉस लोगों को दिखा सकूँ कि मैं इस इलाके से परिचित हूँ; हेजविल और ब्राउनटाउन बिल्कुल स्क्रैंटन की ग्रीन रिज जैसी ही थे। यह दिखाना आसान था कि मुझे सेंट हेजविग और सेंट एलिजाबेथ के मास में घर जैसा महसूस होता है और मेरा परिवार जानता था कि जीविका के लिए कमाना कैसा होता है, जब उन पोलिश इलाकों के सबसे सम्मानित बॉस मुझे आसपास के लोगों से परिवार के सदस्य की तरह मिलवाते और वे 'आय लाइक्डाबाय' कहते तो मुझे पता था कि यह अच्छा है।

जब डेलावेयर के आसपास के पोलिश रिपोर्टरों को पता चला कि मैं वोटरों का मन जीतने के लिए कितनी मेहनत कर रहा हूँ तो उनमें से किसी ने भी मेरे सीनेट पद के लिए लड़ने का मजाक नहीं उड़ाया। मैं डेमोक्रेटिक पार्टी के सबसे प्रतिभाशाली युवा पुरुषों में से एक था, डेमोक्रेटिक पार्टी के कुछ उभरते सितारों में से एक, जो उदास आकाश नहीं, उत्साहित प्रचारक था, जिसके प्रयास में पूरा

परिवार शामिल था। मुझे लगता है कि किसी युवा व्यक्ति के बारे में लिखना उन्हें अच्छा लग रहा था। इस बीच, डेलावेयर की राजनीतिक को कवर करनेवाले चतुर सुजान ने अगस्त में मुझे जरा भी वजन नहीं देते हुए वे मेरे वास्तविक युद्ध के हौसले में कमी, सीनेटर बॉग्स की दीर्घकालिक लोकप्रियता, उनकी डेलावेयर की एक-चौथाई सदी की सेवा, बीते वर्षों में उनकी किनारे कर दी गई बहुत सी डेमोक्रेटिक चुनौतियों पर केंद्रित रहे। मुझसे जहाँ लगता, उनकी विद्धत्ता से सहमत होने का प्रयास करता। "यदि मैं बुकी होता तो मैं बॉग्स के फिर से चुने जाने पर पाँच पर एक का भाव देता।" मैंने उनके कहा, लेकिन मैं उन्हें यह भी बताना चाहता था कि मैं जीतने के लिए लड़ रहा हूँ। "अगर मैं लोगों तक पहुँच सकता हूँ तो बॉग्स को हरा भी सकता हूँ।" मैंने यह भी खुलासा किया कि मुझे उससे लगभग पाँचवाँ हिस्सा धन जुटाना है, जितना कांग्रेसमैन पेटे ड्यू पॉण्ट ने अपने पिछले राज्यवार चुनाव में जीत के लिए खर्च किए थे। मुझे अपना नाम और संदेश बाहर तक पहुँचाने के लिए $1,50,000 और स्वयंसेवकों के जत्थे की जरूरत थी।

$1,50,000 जैसी छोटी रकम जुटाने के लिए भी मेरे भाई जिम्मी को संघर्ष करना पड़ा। हमारा फाइनेंस चेयरमैन रॉय वेंट्ज, ड्यूपॉण्ट कंपनी के वकील, जिन्होंने डेमोक्रेट की सहायता का पाखंड किया। रॉय शानदार वकील थे, लेकिन बतौर फंड जुटानेवाला उनमें खोट था, वे सैद्धांतिक रूप से लोगों से धन नहीं माँग सकते थे तो जिम्मी ने माँगने का काम किया। धनवान लोग इसे सूँघने में माहिर थे कि राजनीतिक संस्था सीनेट में बाइडन को लेकर क्या सोचती हैं। इस दिन तक जिम्मी ने बताया कि वे हमारी प्रार्थना पर विचार भी नहीं करते थे और वह उन्हें सप्ताह में सैकड़ों बार इसकी याद दिलाता था—बॉग्स को हरा नहीं सकते। वह रिपब्लिकन है, जिसका एक बार लेबर ने भी समर्थन किया था! वह कांग्रेसमैन, गवर्नर और सीनेटर रहे हैं। वे छब्बीस वर्षों से डेलावेयर राज्य में चुनाव लड़ रहे हैं और कभी नहीं हारे। लोगों ने जिम्मी को यह भी बताया कि जब जो बाइडन की उम्र चार वर्ष थी, तब बॉग्स पहली बार चुने गए थे।

जब हमने पहले-पहल शुरुआत की, राज्य के डेमोक्रेट्स खुश हुए कि मुझे टिकट दे दिया गया और उन्होंने गवर्नर के चुनाव में धन लगा दिया, जहाँ हमारे पास रिपब्लिकन पदाधिकारी को हटाने का असली मौका हो। उनके लिए मेरा सीनेट का चुनाव जीतना दोनों हाथों में लड्डू जैसा था। एक हार जिसके लिए पार्टी जिम्मेदार नहीं और मैं बिना किसी को शर्मिंदा किए चुनाव लड़ सकता था। इसमें कूदने से

पहले ही मुझे पता था कि स्टेट पार्टी मेरे चुनाव पर धन नहीं लगानेवाली। जिम का काम राज्य से बाहर धन जुटाना था, जिससे राष्ट्रीय पार्टी और राष्ट्रीय डेमोक्रेट्स मेरे अभियान पर दाँव लगा सकें। यह उसपर निर्भर था कि वह अभियान योगदान के लिए उसका टोपी में कितना धन आता है—तेईस वर्ष का लड़का, जिसके लंबे बाल और टाई पहने था, जो पोटोमैक जितनी चौड़ी थी। शुरुआत से अंत तक हमारे पास धन की कमी रही। अकसर मेरा और जिम्मी का संपर्क टूट जाता, लेकिन फिर 'बाइडन फॉर सीनेट कैंपेन फंड' के लिए टेक्सास या कैलिफोर्निया या अलास्का के वेस्टर्न यूनियन ऑफिस से $1,000 का वायर आ जाता।

हमारी पहली वास्तविक धन प्राप्ति डेमोक्रेटिक सीनेटोरियल कैंपेन कमेटी, वाशिंगटन में हुई। वर्ष 1972 में कमेटी में नॉर्डी हॉफमैन शामिल हुए, जो नोट्रे डेम के न्यूट रॉकने ऑल-अमेरिकन डाउन-लाइनमैन में से एक था। नॉर्डी लंबा, सख्त और जिद्दी किस्म का इनसान था। वह किसी से नहीं डरता था और न ही मेरे जीतने की संभावना पर विचार करता था। वर्षों बाद नॉर्डी ने कमेटी में बताया कि कमेटी ने डेलावेयर में मुझे विशेषतौर पर पसंद किया था; उन्होंने राज्य में सर्वेक्षण किया था और मेरा ही नाम उभरकर आया, लेकिन सच तो यह था कि जब मैं और जिम पहली बार उनसे मिले थे तो वे एक दमड़ी भी नहीं देना चाहते थे। वे मेरे ऊपर कुछ भी खर्च करना बुरा निवेश मानते थे। वे ऐसी दौड़ में समय खराब नहीं करना चाहते थे, जिसमें वह जीत न सकें। उन्होंने मेरे साथ इस तरह शुरुआत की। "देखो जो, मुझे यकीन है, तुम अच्छे लड़के हो, लेकिन मुझे विलमिंगटन में डेंटिस्ट के पास जाना है और मैंने उनसे बात की तो उन्हें भी नहीं लगता था कि तुम जीत सकोगे। तुम उनतीस साल के हो और तुम्हारा जीतने की उम्मीद नहीं। डेलावेयर में कोई नहीं सोचता कि तुम जीत सकते हो। मुझे नहीं लगता कि तुम सीख सकते हो। मेरे डेंटिस्ट को पूरा यकीन है कि तुम नहीं जीत सकते।" वे लगातार अपने डेंटिस्ट की बात कर रहे थे। मुझे लगता है कि जिम्मी ने मुझे दाँत पीसते देख लिया होगा और मेरी ठोड़ी बाहर निकलने लगी थी। मैं खड़ा हुआ और दरवाजे की तरफ चल दिया। "देखिए, मुझे यह बकवास नहीं सुननी।" मैंने उनसे कहा।

"मुझे आपकी या इस कमेटी की कोई जरूरत नहीं। एक बात और, मैं जीतनेवाला हूँ।"

जिम्मी मेरे पीछे-पीछे बाहर आ गया और मुझे शांत करने का प्रयास करने लगा कि वापस जाकर फिर कोशिश करें। नॉर्डी भी हमारे पीछे-पीछे आए। उन्होंने

हमें हॉल में रोक लिया और कहा कि उन्हें लगता कि कमेटी कुछ कर सकती है। नॉर्डी ने कहा कि उन्हें अभी भी यही लगता है, मैं नहीं जीत सकता, लेकिन मुझे लगता है कि मैं जिस तरह उनके सामने खड़ा हुआ, वह उन्हें अच्छा लगा।

उन्हें हमें यह सुझाव भी दिया कि किसी बड़े प्रचार सलाहकार को काम सौंपे। हम जिस इकलौते राजनीतिक परिचालन करनेवाले को जानते थे, जिसने कहीं पर राज्यवार चुनाव सँभाला हो वह मेरा लॉ स्कूल का पुराना दोस्त, जैक ओवन्स था। जैक लॉ स्कूल के बाद पीट्सबर्ग में काम करने लगा और उसने मेयर का चुनाव लड़ रहे कमजोर उम्मीदवार पेट फ्लेहर्टी के लिए काम किया था, जिसमें फ्लेहर्टी जीत गए। उन चुनावों के बाद, जैक ने मिल्टन शैप के लिए अधिकांश पश्चिमी पेंसिल्वेनिया का अभियान सँभाला और जिससे उन्हें राज्य का पहला यहूदी गवर्नर बनने में मदद मिली। मैंने जैक को अभियान में मदद के लिए आमंत्रित किया, जैसे ही जैक हमारे वुड्स रोड वाले घर की किचन कैबिनेट मीटिंग्स का हिस्सा बना, उसके और वैल ने वहीं से शुरुआत की, जहाँ उन्होंने अपनी दुर्भाग्यपूर्ण ब्लाइंड डेट पर समाप्त किया था, जहाँ जैक कहता काला तो वैल कहती सफेद। जैक कहता ऐसा तो वैल कहती वैसा।

"वह दरवाजे से दाखिल हुआ और हमने एक-दूसरे की तरफ ऐसे देखा, जैसे ओह-हो!" वैल याद करती है।

"मुझे याद है एक बार वो अंदर आया और मैंने कहा कि 'जैक, ये मेमो लो।' उसने मेरी तरफ ऐसे देखा कि 'यदि तुमने कभी…' मैं खुश नहीं थी और हमारी बहस चलती रही।"

जैक को अभियान से जुड़े दो महीने ही हुए थे, जब वैल एक दिन मेरे पास आई और कहा, "जो, देखो, तुम्हें चुनना होगा। मैं उसके साथ काम नहीं करनेवाली। हमारा ज्यादा देर साथ-साथ काम नहीं कर पाएँगे।"

"चिंता मत करो वैल। यह आसान है।" मैंने उससे कहा।

"जैक ने पिछली रात मुझे कहा है कि वह जा रहा है। उसने कहा कि वह समझ गया है कि खून पानी से गाढ़ा होता है।"

मैंने नॉर्डी की सलाह मानी और एक युवा कैंपेन सलाहकार, जॉन मार्टिला को काम सौंप दिया, वह अभी बोस्टन से निकला था और फिलहाल उस वर्ष जॉन कैरी का कांग्रेस संबंधी अभियान चला रहा था।

एक दिन जब मैं अपने लॉ ऑफिस से बाहर निकल रहा था और मेरी

आधिकारिक घोषणा के ठीक पहले की बात है, जब मेरी पहचान के एक पुराने अटॉर्नी ने मुझे मार्केट स्ट्रीट पर पकड़ लिया। उन्होंने कहा, "जो, सुनो, मैं डेमोक्रेट हूँ, लेकिन फिर भी कह रहा हूँ, तुम काले बॉग्स को कभी नहीं रहा सकते।" तभी उसी क्षण, जैसे कोई इशारा हो, सीनेटर बॉग्स की विशेष नंबर प्लेट वाली कार वहाँ आ गई और वो व्यक्ति बोलता रहा, "जो, मैं तुम्हें काले बॉग्स के बारे में बताता हूँ।" इसके बाद उसने उस नियमित पोकर के खेल की कहानी बताई, जो उसने हाल ही में होस्ट किया था। उसके दोस्तों के बीच बहस होने लगी कि इस बार कौन जीता था। सहमति बन नहीं रही थी। "पता है, जो हमने क्या किया? हमने इस सुलझाने के लिए काले बॉग्स को फोन किया।"

दूसरों के कहने के बावजूद बाइडन जानते थे कि वही जीतेंगे और शुरुआत में बस यही काफी था, जब तक मैं मार्च 1972 में अपनी उम्मीदवारी की घोषणा के लिए तैयार हुआ, मैं उन सबसे यही कहता रहा, जो सुन रहे थे, "मेरी हार्दिक मंशा है कि आगामी चुनाव जीत सकूँ।"

घोषणा की योजना का आरंभ डाउनटाउन विलमिंगटन के होटल ड्यू पॉण्ट से होना था, इसके बाद डाउनस्टेट ससेक्स काउंटी में दूसरा कार्यक्रम होना था और इसके बाद केंट काउंटी में। इससे पहले किसी ने ऐसा नहीं किया था। हमारे पास अभी भी ज्यादा धन नहीं था, लेकिन हमारा संस्थान था और हमारे पास संदेश था। इनका निर्माण करना मेरे जीवन का सबसे महान् समय था। मैंने, नीलिया, वैल और जिम्मी ने पूरे अभियान की योजना अपने घर की बैठक में बनाई। रविवार की रातों को हम समस्या सुलझाने वाले गुरुओं के साथ बैठक करते और घंटों उनके साथ बात करते रहते। खासकर उन मुद्दों पर, जो मेरे लिए सबसे महत्त्वपूर्ण थे—नागरिक अधिकार, महिला अधिकार, पर्यावरण, अपराध और वियतनाम युद्ध—मुझे महसूस हो रहा था कि दुनिया अपने अक्ष पर घूम रही है और मैं चाहता था कि इसे थोड़ा धक्का दे सकूँ। मैं जानता था कि मैं जिन मुद्दों पर बात कर रहा हूँ, उनपर मुझे अचूक होना होगा, जब आप उनतीस वर्ष के होते हैं तो कौन आप पर यकीन करेगा? केवल विचार होना ही काफी नहीं है, मुझे तथ्यों को जानना था। मुझे दौड़ शुरू होने के मिनट से ही नियंत्रण रखना होगा। मैं समझ गया था कि मुझे इस टेस्ट में पास होना होगा, अतः नीलिया स्पगैटी (इतालवी पास्ता) बनाती और रविवार को हम पेंसिल्वेनिया विश्वविद्यालय और डेलावेयर विश्वविद्यालय के प्रोफेसरों को रात्रिभोज के लिए आमंत्रित करते। हम उन्हें सवाल पहले ही भेज देते और इसके

बाद टैक्स कोड, वियतनाम युद्ध, ड्रग्स, पर्यावरण, अपराध और पुनर्वास पर बात करते। हमारे घर में दो रातें प्रतिभावान, समर्पित लोग मिलकर बैठते। बॉब कनिंघम फुब्राइट स्कॉलर थे। एर्लीन मेक्लर वकील थीं, जिनके पास केमिकल इंजीनियरिंग में पी-एच.डी. की डिग्री थी; जैक जैकब्स अब डेलावेयर सुप्रीम कोर्ट में जज हैं और उनकी पत्नी, मेरिएन, अब भी उतनी ही तीव्रबुद्धि की हैं। वे सब मुद्दों में मेरी नीतियों को धार देने में मदद करने के इच्छुक रहे।

अपना घोषणा भाषण देने तक मैं काफी अच्छा महसूस कर रहा था। मैं जानता था कि मैं क्या करना चाहता हूँ और मैंने वह कहा भी। मुझे पूरा भरोसा था। मैंने भाषण को फिर से भलीभाँति पढ़ा और मैं आज भी वैसा ही महसूस करता हूँ, जैसा वर्ष 1972 में करता था। मैंने उस दिन जो भी कुछ कहा, मुझे उसपर यकीन था और यह मेरे जीवन से आया था, तब मैं केवल उनतीस वर्ष का था, लेकिन बहुत कुछ देख चुका था। मैं जजों के चैंबर में रहा था, इनर-सिटी विलमिंगटन में केवल अश्वेतों के पूल में था, गरीब श्वेत कामगारों के इलाके के पार्क में रहा था। मेरी परवरिश मध्यवर्गीय घरों में हुई थी। मैं डेलावेयर में लोगों के बीच की खाई के आकार को जानता था, लेकिन मैं यह भी जानता था कि उन सबकी आशाएँ एक समान हैं। 'द ब्रैडीवाइन हंड्रेड की गृहिणी और विलमिंगटन के ईस्ट साइट की माँ, दोनों ही अपने घर सुरक्षित चाहती थीं, अपनी सड़कें सुरक्षित चाहती थीं और अपने बच्चों को शिक्षित बनाना चाहती हैं।' मैंने होटल ड्यू पॉण्ट में अपनी घोषणा के दौरान कहा।

"ड्रग्स को लेकर ससेक्स काउंटी के अभिभावक भी उतने ही चिंतित हैं, जित्तना नेवार्क प्रोडक्शन-लाइन के कर्मचारी, जो उन दोनों के बच्चों के लिए खतरा है। हमारे जटिल समाज का ताना-बाना इतनी मजबूती से बुना है कि इसे कोई तब तक नष्ट नहीं कर सकता, जब तक पूरी तरह नष्ट न कर दे।"

विलमिंगटन के कार्यक्रम के बाद मैं पाइपर्स अपाचे एयरलाइन के सह-पायलट की सीट पर फौरन बैठा और ससेक्स काउंटी की तरफ बढ़ गया, मेरे पीछे दो अन्य विमान थे। मैं भले ही डेलावेयर से 2,500 फीट ऊपर दौड़ रहा था, उस दिन मेरा पूरा परिवार मेरे पीछे था। माँ, पिताजी, वैल, जिम और फ्रैंक वहाँ थे और नीलिया के माता-पिता अपना समर्थन दिखाने के लिए स्केनटेलीज से आए थे, हालाँकि वे अभी भी रजिस्टर्ड रिपब्लिकंस थे।

जॉर्जटाउन में चार सौ लोग उपस्थित थे, मैंने वही बातें कहीं, जो विलमिंगटन

में कही थीं। मेरे मुद्दों में मतदान का अधिकार, नागरिक अधिकार, अपराध, साफ पानी और साफ हवा, पेंशन सुरक्षा, हेल्थ केयर और वियतनाम युद्ध इत्यादि थे। वर्ष 1972 के उस दिन मैंने व्यापक नेशनल हेल्थ केयर प्रोग्राम की माँग की, जिससे परिवारों को प्रलयकारी रोगों से निपटने में वित्तीय विनाश से सुरक्षित किया जा सके—"हम दुनिया का सबसे समृद्ध राष्ट्र कहलाने के काबिल नहीं, यदि हम जरूरतमंदों को स्वास्थ्य सेवा प्रदान करने में दोयम-दर्जे के नागरिक हों।" सबसे बढ़कर मैंने उस दिन कहा कि मुझे अभी भी व्यवस्था में यकीन है, मैं इसे चलाना चाहता हूँ और इस प्रयास के लिए मुझपर भरोसा किया जाना चाहिए।

मेरे प्रचार अभियान में पहले ही दिन से सबसे बड़ी समस्या 'विश्वास जीतना' थी। मैं ग्रैंडपॉप फिनेगन के पहले सिद्धांत को तेजी से धारण कर रहा था। जोई, तुम जो सोचते हो, उन्हें बताओ। ईंट वहीं लगे, जहाँ कि वह हो।" आप मुझसे सहमत नहीं भी हो सकते, लेकिन कम-से-कम आप यह जानते हैं कि मैं क्या सोचता हूँ, मैंने घोषणावाले दिन और इसके बाद सभी कार्यक्रमों में यह कहा। मुझे यकीन था कि डेलावेयर के मतदाताओं की सोच भी मुझ जैसी ही होगी और उन्हें वस्तुतः कोई ऐसा चाहिए, जो समझता हो कि क्या चल रहा है। हमने अपना अलिखित चुनाव प्रचार विज्ञापन बनाया, जिसने पेशेवर राजनीतिज्ञों को पागल कर दिया। जॉन मार्टिला बोस्टन से एक तेज माइक और रिकॉर्डर के साथ आ गए और मेरे पीछे प्राइसेस कॉर्नर शॉपिंग सेंटर पहुँच गए।

"इसे रिकार्ड करो जॉन।" मैंने उनसे कहा।

मैं लोगों के सामने पहुँचा और कहा, "मेरा नाम जो बाइडन है। मैं यूनाइटेड स्टेट सीनेट के लिए डेमोक्रेटिक प्रत्याशी हूँ। क्या आपको मुझपर भरोसा है?" वे अपनी शॉपिंग कार्ट हाथ में लिये मुझे ऐसे देखने लगे, जैसे मैं कोई परग्रही प्राणी हूँ। "कतई नहीं! हुँह? हम तुमपर भरोसा क्यों करें?" हमने ऐसा दस या पंद्रह लोगों के साथ किया और उनकी इस प्रतिक्रिया के आधार पर विज्ञापन लिखा, जो कहता था, "अमेरिका में यही गलत हो रहा है। मेरा वादा है कि अगर आप मुझे चुनते हैं तो आपको पता है कि मैं किस मत का हूँ, आप मुझपर भरोसा कर सकते हैं।"

मार्टिला मुझसे यही कहे जा रहे थे कि "तुम ऐसा विज्ञापन नहीं कर सकते, जिसमें लोगों को जाँचा गया हो कि उन्हें तुमपर भरोसा नहीं!" लेकिन मुझे पता था कि यह काम कर जाएगा। इसे पहचानना मुश्किल नहीं था। लोगों को लग रहा था, जैसे वे नियंत्रण खोते जा रहे हैं। निक्सन ने कानून व व्यवस्था के मुद्दे हवा

में नहीं निकाले थे। डेलावेयर इलाके में सभी लोग सचमुच अपराध से डरे हुए थे। हमें बताया जा रहा था कि वियतनाम युद्ध समाप्त होनेवाला है, लेकिन घायल सैनिक डेलावेयर के दरवाजे तक पहुँच रहे थे। हर हफ्ते युवा अमेरिकी सैनिक को बॉडी बैग में डोवर एयरफोर्स बेस के शवगृह भेजा जा रहा था। कितना ही माँएँ रातें जागकर काटती थीं, इस चिंता में कि उसका बेटा वापस आएगा या नहीं और सोचती थीं कि आखिर क्यों वे लोग अपनी जान खतरे में डाल रहे हैं?

मैं लगातार लोगों को याद दिलाता रहता था कि कालेब बॉग्स अच्छा व्यक्ति है, लेकिन वे किसी भी चीज पर ठोस फैसला लेने के इच्छुक नहीं थे और अब शायद हमें किसी ऐसे व्यक्ति की जरूरत थी, जो उस वक्त निक्सन का विरोध करे, जब वे उत्तरी वियतनाम के बंदरगाहों में खनन का आदेश दें और अमेरिकी सैन्य गतिविधियों को तेज करें, जबकि उन्होंने सैन्य टुकड़ियों को वापस बुलाने का वादा किया था। मैं इसपर तर्क नहीं करता कि वियतनाम का युद्ध अनैतिक था; यह एक मूर्खता और समय, धन व दोषपूर्ण वादों का भीषण अपव्यय था। हम प्रति दो सप्ताह में कई बिलियन डॉलर खर्च कर रहे थे, अपनी संपूर्ण अंतरराष्ट्रीय छवि को खतरे में डाला था और दक्षिण-पूर्व एशिया में इतनी अधिक ऊर्जा खर्च कर रहे थे कि हमने इसे वास्तविक महत्त्वपूर्ण हितों को छोड़ दिया था। राष्ट्रपति हमेशा अमेरिकी गौरव के दाँव पर लगे होने की बात करते थे, जिसका मैं विरोध करता। मैंने कहा कि अगर हम वियतनाम में केवल इसी कारण लड़ रहे हैं तो मुझे कोई कारण नहीं दिखता कि इसके लिए कोई अपना जीवन दाँव पर क्यों लगाए?

फिर भी इस संदेश में बुनियादी चीजों का होना जरूरी था। राजनीतिक केवल चतुर लोगों को बड़े विचारों का सपना देखना और उन्हें बेचने का तरीका भर नहीं है। असल अभियान व्यवस्था करना है और व्यवस्था के लिए प्रयास करने होते हैं, रोजाना। इसके लिए बिल्कुल वैसी ही निरंतरता चाहिए, जैसी मेरे पिता ने सिखाई थी। इसके ऊपर रोज काम करना होता है, अच्छे दिनों में और खासतौर पर बुरे दिनों में। हम इन बुनियादी चीजों के बारे में पहले ही थोड़ा-बहुत जानते थे। वैल ने वर्ष 1970 में मेरे काउंसिल चुनाव के लिए बेहद आधुनिक प्रचार अभियान चलाया था। हमने मोटर व्हीकल और मतदाताओं के रिकॉर्ड का रजिस्ट्रेशन करवाया और ब्लॉक-वार व्यवस्था बनाई। हमारे पास हर एक इलाके, वहाँ की हर सड़क और वहाँ का हर एक घर फाइल काड्र्स में था। हमने ब्लॉक कैप्टनों की नियुक्ति की और उन्हें काम पर लगाया तथा सीनेट का चुनाव हमने उसी पर आधारित किया;

डेलावेयर उतना बड़ा नहीं था—केवल एक कांग्रेस जिला। हमने बस स्वयंसेवकों का उपयोग किया और राज्यवार फाइल काड्र्स बनाए। हम सहायक डेमोक्रेटिक पार्टी सदस्यों के पास गए, जिनसे मेरी रिन्यूअल कमीशन के दौरान मुलाकात हुई थी और शेष क्षेत्र में बच्चों का अतिरिक्त सहयोग लिया। यह पहला चुनाव था, जब से अठारह वर्ष वाले भी वोट दे सकते थे, वैल ने ऐसे हजारों की छोटी सी सेना बना ली थी।

मैंने भी गाहे-बगाहे हाई स्कूलों में जाकर छात्रों से बात करने लगा था। बहुत से देखनेवालों ने सोचा होगा कि मैं ऐसा इसलिए कर रहा हूँ कि क्योंकि वर्ष 1972 वह पहला वर्ष था, जब पहली बार अठारह वर्ष की उम्रवाले भी वोट दे सकते थे और उन्हें लगता था कि मैं समय खराब कर रहा हूँ, लेकिन मैं भी उस तरह हिसाब लगा सकता था, जैसे उन्होंने लगाया; मैं जानता था कि केवल मुट्ठी भर हाई स्कूल छात्र ही अठारह वर्ष के हुए होंगे, लेकिन मेरा एक सिद्धांत था और किसी ने यह नहीं सोचा था कि पंद्रह, सोलह और सत्रह वर्ष की उम्रवालों का अपने अभिभावकों पर उससे ज्यादा प्रभाव होता है, जितना कि अभिभावकों का उनपर है। मुझे यकीन था कि यदि हाई स्कूल का एक छात्र घर जाकर डिनर टेबल पर बैठकर अपने माता-पिता से गंभीर चर्चा करे कि "पता है डैड, मैं आज बहुत अच्छे व्यक्ति से मिला। उनका नाम 'जो बाइडन' है और मुझे वह काफी अच्छे लगे।" माता-पिता भले ही अडिग रिपब्लिकन हों, लेकिन होना यह कि वे अपने बच्चे की राय के प्रति सम्मान दरशाना चाहेंगे। वे शायद एक नजर जो बाइडन को भी देखें तो मैं पहले रिपब्लिकन क्षेत्रों के हाई स्कूलों में गया।

जब तक लोगों ने वास्तव में चुनावों पर ध्यान देना आरंभ किया, बाइडन फॉर सीनेट का संदेश था; हमारी हर मामले पर साफ राय है और हम व्यवस्थित हैं। हमें अप्रत्याशित योगदानकर्ताओं से धन प्राप्ति हो रही थी, जिनमें मुख्य रूप से वे लोग थे, जिन्हें मैंने काउंटी काउंसिलमैन रहते अतार्किक विकास से लड़ते हुए नाराज किया था। वे जानते थे कि मैंने काउंसिल में अध्यादेश पेश किया, जो शेल ऑयल को डेलावेयर सिटी में शीघ्र ही अपनी नई रिफाइनरी खोलने में अवरोध बना और इससे राज्य विधानमंडल को इतना समय मिल गया कि वे कुछ वर्ष बाद कोस्टल जोनिंग ऐक्ट के तहत रोक लगाने का समय मिल सका। वे यह भी जानते थे कि मैंने ही वह अध्यादेश पेश किया था, जिससे रूट 141 को मोड़ने और कॉनकोर्ड पाइक के चौड़ीकरण के लिए फेडरल हाई-वे फंडिंग में प्रभावी कटौती हुई थी। कंस्ट्रक्शन

यूनियनें मुझसे खुश नहीं थीं; उन्होंने तर्क दिया कि इससे नौकरियाँ कम हो जाएँगी। एसोसिएशन ऑफ जनरल कॉण्ट्रेक्टर्स आग उगल रहे थे तो जब कुछ बिल्डरों ने बाइडन फॉर सीनेट प्रचार अभियान के लिए चैक दिया तो वैल इसका कारण नहीं समझ सकी कि क्यों ? उन्होंने कहा, "हम कुछ भी करेंगे, ताकि तुम्हारे भाई को न्यू कैसल काउंटी से बाहर निकाल सकें।"

चुनावों से दो माह पहले तक मुझे सीनेटर बॉग्स से 47-19 पीछे माना जा रहा था तो 'मजदूर दिवस' के दिन मैं हदासाह डिबेट में जब हम दोनों एक ही कक्ष में पहली बार साथ खड़े हुए थे, से लगभग तीस अंक दूर था। मुझे पूरा यकीन था कि मैं उनके खिलाफ टिक जाऊँगा। काले बॉग्स बुजुर्ग मैत्रीपूर्ण व्यक्ति था। वह सभ्य, भद्र और सम्माननीय व्यक्ति था, जिनसे देश की अच्छी सेवा की, लेकिन मुझे नहीं लगता कि वे उसमें कुछ फर्क ला सके, जिस तरफ यह देश बढ़ रहा था। पहले बहस के दौरान उनके पास खड़े होकर मैं भयभीत नहीं था। मुझे लगता था कि मैं बेहतर सीनेटर बस सकता हूँ, बल्कि मुझे यकीन नहीं होता था कि वह वास्तव में चुनाव चाहते भी हैं। यह चर्चा का विषय बना, जब मैंने पहली बार खुलासा किया कि बॉग्स रिटायर होना चाहते हैं और जी.ओ.पी. के बॉस चिंतित हैं कि प्रमुख प्रत्याशियों में से पीट ड्यू पॉण्ट और हाल हैस्केल कठोर, खर्चीले और आहत करनेवाले हो सकते थे।

मुझे बाद में पता चला कि बॉग्स सचमुच पद छोड़ना चाहते थे और उनकी पत्नी सार्वजनिक जीवन से मुक्त होने को लालायित थीं, लेकिन राष्ट्रपति रिचर्ड निक्सन डेलावेयर आए थे और उन्होंने बॉग्स से कहा था कि रिपब्लिकन पार्टी के हित के लिए उनके चुनाव लड़ने की जरूरत है। मुझे यकीन है कि बॉग्स चुनाव लड़ने को अंशतः सिर्फ इसलिए मान गए थे, क्योंकि यह दौड़ बेहद आसान थी। इसके बावजूद अफवाह थी कि बॉग्स सीट को जीतने के बाद इसे ड्यू पॉण्ट को सौंप देंगे। उस वक्त मुझे जरा भी इल्म नहीं था कि इस बात में लेशमात्र भी सच्चाई है या नहीं, लेकिन मुझे इसपर यकीन था कि यदि लोग मुझे और बॉग्स को एक ही कमरे में देखेंगे तो मैं तीन अंक नीचे नहीं रहूँगा। मुझे डिबेट से अपनी पहली शुरुआत मिल गई थी। वास्तव में सीनेटर देर से आए तो डिबेट में ज्यादातर समय मेरी उनके सहयोगी से बहस हुई, लेकिन अंत तक बॉग्स आ गए थे।

सवाल-जवाब सत्र के दौरान हदासाह बहस के समापन के वक्त श्रोताओं में से एक ने बॉग्स 'से जिनोसाइड ट्रीटी' (नरसंहार संधि) पर उनके विचार पूछे।

यह संधि होलोकास्ट की प्रतिक्रिया में लिखी गई थी, लेकिन वर्षों से उग्र दक्षिणपंथी जॉन बिर्च ने इसकी बहाली में अवरोध बने हुए थे। श्री बिर्च का कहना था कि यह हमारी राष्ट्रीय संप्रभुता के लिए खतरा होगा। यह संधि यहूदी समुदाय के लिए भी बड़ा मुद्दा था तथा श्रोताओं में बैठे व्यक्ति ने बॉग्स की तरफ सॉफ्टबॉल फेंकी, लेकिन बॉग्स बेचैन हो गए।

"माफ कीजिए।" उन्होंने कहा।

"मैं इस विशेष नरसंहार संधि के बारे में कुछ नहीं जानता। मैं विवरण देखकर आपसे बात करूँगा।" तो उस व्यक्ति ने कहा कि मुझे इसका उत्तर देना होगा, जो बहस के नियमों के विरुद्ध था, लेकिन मध्यस्थ राजी थे। मैं इस संधि के बारे में जानता था और मेरे पास इसका ठोस जवाब था। यह बॉग्स को मात देने का अच्छा मौका था। सच तो यह है कि मैं हैरान था कि दो-बार का यूनाइटेड स्टेट्स सीनेटर नरसंहार संधि से अपरिचित था, लेकिन मुझे जवाब सोचना नहीं पड़ा; मेरा राजनीतिक सहज-ज्ञान उससे अच्छा था, जितना आज है। राजनीति में तीन दशक रहनेवाले किसी भी दूसरे व्यक्ति की तरह मैंने भी परजीवी निर्मित कर लिए थे। आज मैं शायद यह बहस जीत जाता, लेकिन मैच हार जाता, क्योंकि मैं किसी के दिमाग को तथ्यों से छलनी करने में बहुत व्यस्त होता, लेकिन वर्ष 1972 में मैं इतना अवश्य जानता था, श्रोताओं में से कोई भी बॉग्स को शर्मिंदा होते नहीं देखना चाहता था, ये परिवार के पसंदीदा अंकल को डंडा मारने जैसा होता तो मैंने कहा, "मुझे पक्का नहीं पता। मैं वादा करता हूँ कि मैं भी आपसे संपर्क करूँगा।"

इससे कोई फर्क नहीं पड़ता कि मैंने कितनी मेहनत और कितनी गति से दौड़ा, उम्र का सवाल अभी भी खड़ा था। लोग प्रचार कार्यक्रमों में मेरे पास आते और कहते, "मैं तुम्हारे डैड को वोट दूँगा!"

तो मैं मजाक में कहता, "मैं भी दूँगा!" डेलावेयर के एक पत्रकार को यह संकेत करने में रुचि दिखाई कि शायद सीनेटर बॉग्स के जूते भी मुझे उम्र में बड़े होंगे, लेकिन समस्या वास्तविक थी। चुनाव के दिन मैं सैद्धांतिक रूप से तत्त्वतः सीनेटर की शपथ लेने के योग्य नहीं था और यह काफी बड़ी बाधा थ। हम जानते थे कि यदि हमें वाशिंगटन के डेमोक्रेटिक सीनेटरों का सहारा मिला होता तो इससे हमारे अभियान को अत्यावश्यक गुरुत्व मिल जाता। वैल उन्हें हमारे बैनर शीर्षक के नीचे हमारे प्रचार ब्रॉशर में लाना चाहती थी, "वे अभी सीनेट में भी नहीं हैं और जो बाइडन पहले ही हलचल मचा रहे हैं। सीनेट के मैजोरिटी लीडर माइक

मैंसफील्ड व्याकुल थे। सीनेट की परंपरा थी कि कोई भी सदस्य अपने सहकर्मी के खिलाफ प्रचार नहीं करेगा, भले ही वह दूसरी पार्टी का क्यों न हो, अंतत: वह नेता मेरे बारे में कुछ सकारात्मक कहने को राजी हो गए, लेकिन उन्होंने बॉग्स के खिलाफ एक शब्द भी नहीं बोला तो मैंसफील्ड, के साथ ही फ्रैंक चर्च, अड्लाई स्टीवन्सन, फ्रिट्ज हॉलिंग्स, टेड कैनेडी और हेनरी 'स्कूप' जैकसन, मेरे साथ तसवीरें खिंचवाने के लिए राजी हुआ और अच्छा बोले।

एक दिन मैं वैल और एक फोटोग्राफर के साथ वाशिंगटन गए और वहाँ हमारी सीनेट के विशाल स्वागत कक्ष में मैंसफील्ड से मुलाकात हुई। वे मित्रवत् थे, लेकिन उन्हें कहीं जाना था तो उन्होंने बस काम की बात की, जब फोटोग्राफर फोटो ले रहा था, वैल अचानक तपाक से कहा, "हे मेरे ईश्वर! वही हैं!" मैंसफील्ड चौंक पड़े।

"कौन है वैल?" मैंने पूछा।

उसने हमारे पीछे स्वागत-कक्ष में टँगी एक पेंटिंग की तरफ इशारा किया, जो पूर्व सीनेट विधायकों के चित्र लगे थे। "हेनरी क्ले!" उसने चिल्लाकर कहा।

"हेनरी क्ले! हेनरी क्ले तीन से कम उम्र के थे, अब से जब भी कोई तुमसे कहे कि क्या तुम्हारी उम्र सीनेटर बनने योग्य है? तो तुम बस उन्हें देखना और कहना हाँ है। 'क्या आप जानते हैं कि हेनरी क्ले से पहले मेरी उम्र का कोई व्यक्ति सीनेट में शामिल नहीं हुआ था।' " हमें बाद में पता चला कि ऐसे और भी कई हैं, लेकिन ग्रेट कॉम्प्रोमाइजर को प्रेरक काम कर गया।

बाइडन फॉर सीनेट के पास अभी भी पर्याप्त धन नहीं था और हम फंड जुटाने में पूरी तरह मात खा रहे थे। निक्सन का डेलावेयर में सबसे बड़ा वित्त सहायक, बिग जॉन रोलिंस, बॉग्स और राज्य जी.ओ.पी. को बड़े पैमाने पर धन दे रहा था तो हमें अपनी ही ताकत लगानी पड़ रही थी। हमारे पास युवा थे, हमारे पास ऊर्जा थी और हम जानते थे कि धन की कमी में कैसे काम चलाया जाए। एक राज्य में पत्र भेजने की लागत $36,000 थी, जो हम नहीं खर्च कर सकते थे। मेरे पहले प्रचार ब्रॉशर छपे-छपाए शेल्फ पर रखे बासी हो गए तो वैल ने बाइडन पोस्ट ऑफिस का आविष्कार किया। हफ्ते में एक बार, शनिवार या इतवार को, उसकी स्वयंसेवकों की सेना हमारे निजी प्रचार अखबार को राज्य के तकरीबन 85 फीसदी घरों में हाथ से डिलीवर करते। अक्तूबर का मध्य आने तक लोग शनिवार सुबह लड़के के अपने दरवाजे पर आने का इंतजार करते। यदि बारिश हो रही हो और हमें देरी हो

जाए तो कुछ लोग प्रचार हेडक्वार्टर में फोन करके इसकी शिकायत भी करते। हमारे आगे बढ़ने के छोटे-छोटे संकेत मिलते थे। एक दिन स्टाफ के कर्मचारी को किसी महिला का फोन आया, जो पूछ रही थी कि क्या वह केवल एक डेमोक्रेट को वोट दे सकती है या वह पार्टी से जुड़े होने के कारण केवल रिपब्लिकन टिकटवालों को वोट करने के लिए बाध्य है।

डोनेशन मिलने लगी थीं, जो हमारे रेडियो विज्ञापन चलाने भर को पर्याप्त थीं, लेकिन धन अभी भी समस्या था और यदि यह समाप्त हो गया तो प्रचार को नुकसान होगा तो इसलिए जिम्मी का काम सबसे अहम था। प्रचार की शुरुआत में मैं हमेशा उससे जवाब-तलब करता रहता। वो दिन रात काम कर रहा था, लेकिन यह पर्याप्त अच्छा नहीं था। "श्रीमान जिम," मैंने उससे कहा, "अगर तुमसे नहीं हो रहा तो मैं किसी पेशेवर को काम सौंप दूँगा।" आखिर एक दिन नीलिया फट ही पड़ी, "जोई," उसने जिम के सामने मुझसे कहा, "उसके सिर पर सवार मत रहो, अगर तुम चाहते हो कि वह ये करे तो उसे करने दो, अगर नहीं तो किसी दूसरे को काम सौंप दो, लेकिन उसे अकेला छोड़ दो। तुम अपना काम करो। जिम को उसका काम करने दो।"

मजदूर दिवस के कुछ हफ्तों बाद जिम्मी ने कहा कि उसके पास इंटरनेशनल मशीनिस्ट यूनियन से एक अच्छी खबर है। वह नौ महीने लगातार उनके वाशिंगटन स्थिति राष्ट्रीय मुख्यालय जाता रहा। यूनियन का अध्यक्ष उसे घंटों इंतजार करवाता, कई बार उसे तीन या चार घंटे बाद फिर से आने को कहता इससे पहले कि उसने आखिरकार हमारी आंतरिक मत संख्या पर दबी हँसी में बात की, लेकिन जब चुनावों से कुछ हफ्ते पहले हमारी संख्या धीरे-धीरे बढ़ती शुरू हुई तो उसने कहा, "जिम, मैं तुम्हें $5,000 दूँगा, लेकिन मैं तुम्हारे भाई से मिलना चाहता हूँ।"

"तो बिल," जिम्मी ने कहा, "मुझे नहीं पता कि तुम उससे मिलोगे या नहीं, लेकिन वह अच्छा है, मैं तुम्हें उसके पोजिशन पेपर्स दिखा सकता हूँ।"

"हाँ, मुझे पता है जिम्मी, लेकिन $5,000 के लिए मुझे उससे मिलना होगा। मैं चाहता था कि वह उसे ही चेक दे दे।"

जिम्मी को पता था, क्या होनेवाला है। वह जानता था कि मैं मामला खराब कर दूँगा। उसका हमेशा से यही कहना था कि मेरे लिए धन जुटाने का सबसे समझदारी भरा तरीका यही है कि मुझे धन देनेवालों से दूर रखा जाए, लेकिन वह व्यक्ति मिलकर मेरे ही हाथ में चैक देने पर जोर दे रहा था तो जिम मुझे वाशिंगटन

ले गया, जिससे मुझे मशीनिस्ट यूनियन के अध्यक्ष से मिलवा सके। जिम को आज भी वह दिन याद है, "हम उसके ऑफिस में गए और उसके डेस्क के सामने बैठ गए और वह फैलकर बैठा सिगार पीता रहा और उसके डेस्क पर $5000 का चेक रखा था। उसने कहा, 'सुनो जो, यह मुश्किल लड़ाई है। बॉग्स को हरा नहीं सकते।' मुझे सचमुच नहीं पता कि हम यह क्यों कर रहे हैं, लेकिन तुम मुझे अच्छे लगे तो मैं तुमसे एक सवाल पूछता हूँ। एक काल्पनिक सवाल है। मान लो, अगले सत्र में लॉकहीड बेलआउट आता है और तुम यूनाइटेड स्टेट्स की सीनेट में हो। जो, मेरे लोगों की नौकरियाँ जा रही हैं तो तुम किसे वोट दोगे?"

"जो ने मेरी तरफ देखा, जैसे मुझे मार ही देगा और इसके बाद यूनियन के व्यक्ति की तरफ मुड़ा और कहा, 'अगर आप मुझसे जानना चाहते हैं कि किसी खास मुद्दे पर मैं किसे वोट करूँगा और अपना चेक अपने पास ही रखो।' जो खड़ा हुआ और दरवाजे से बाहर निकल गया। प्रचार के लिए धन जरूरी था। वो डेस्क पर रखा $5000 का चैक ऐसे ही कैसे छोड़कर जा सकता था? अब मेरी स्थिति द गॉडफादर में होटल के कमरे के दृश्य वाले फ्रीडो जैसी थी। मैंने जो को लिफ्ट से नीचे जाने से रोका और दौड़ता हुआ यूनियन के व्यक्ति के पास आया और कहा, 'जो बुरा आदमी नहीं है। उसका ये मतलब नहीं था। मुझे पता था कि आपका भी वह मतलब नहीं, जो आपने कहा है। उसका भी वह मतलब नहीं था, जो उसने कहा है।' इसके बाद मैं लिफ्ट के पास वापस आया और जो से वापस लौटने की गुजारिश की। इसके बाद में फिर से अध्यक्ष के कमरे में आया। 'कृपया माफी माँग लें। मेरे भाई को सचमुच बुरा लगा है।' आखिरकार बात बन गई और उसने जो को चेक दिया और जो ने उस व्यक्ति के हाथ से चेक लेने से इनकार कर दिया। वह मुझे लेना पड़ा।"

प्रचार अभियान में रेडियो स्पॉट पर धन खर्च हो रहा था और जब तक वे प्रसारित होते रहते, मुझे लगता कि हमारे और बॉग्स के बीच का अंतर कम हो रहा है। मैंने सोचा कि यही सबको लगा होगा। मैं एक बार अपने भाषण और कार्यक्रमों को पूरा करने के बाद देर रात विलमिंगटन के मार्केट स्ट्रीट वाले प्रचार ऑफिस गया और लड़के पत्रों के प्रबंधन व फोन के जवाब देने के लिए वहाँ पहले से थे। अगली सुबह बाहर जाने से पहले जब मैं वहाँ रुका, ऑफिस तब भी भरा हुआ था। मुझे गुरुवार सुबह का इंतजार रहता; गुरुवार को वहाँ पहुँचने पर मुझे सबसे पहले नए पोल आँकड़े चाहिए होते थे, जो सीधे बोस्टन की कैंब्रिज रिसर्च से आते थे, जिसके

संख्या संगणक और रणनीतिकार अति प्रतिभाशाली बाइस वर्ष के पैट्रिक कैडेल थे। उनकी पोल निगरानी कहती थी कि वसंत बस कुछ ही हफ्तों दूर था। मुझे लोगों की भीड़ और मार्केट स्ट्रीट पर कुछ करने के लिए पूछने आनेवाले नए स्वयंसेवकों की बढ़ती संख्या से यह अंदाजा हो रहा था। अक्तूबर के पहले हफ्ते में बॉब कनिंघम ने मेरे हेडक्वार्टर में घुसते ही एक पोल मेरे हाथ में रख दिया। मैंने उसमें दिए आँकड़े देखे और मुझे अपनी गरदन में गरमाहट का अहसास हुआ। मैं खुश नहीं था।

"बेकार है!"

"जो," बॉब ने कहा, "क्या कह रहे हो? हम दो अंक ऊपर हैं।"

"यह सही नहीं हो सकता। हमें पूरा मतदान फिर से कराना होगा। यह सही नहीं हो सकता।"

लेकिन अगले दिन क्लेमांट से लेकर डेलमार तक का हर बड़ा रिपब्लिकन प्रत्याशी, जो बाइडन के मुकाबले में था, उनके भी समान आँकड़े थे। सरगर्मी बढ़ती जा रही थी। डेलावेयर रिपब्लिकन पार्टी गवर्नर के पद को लेकर इतनी ग्रस्त थी कि वह मुझे आते नहीं देख पा रहे थे और बॉग्स के सलाहकार, जो उनसे लगातार यही कह रहे थे कि यह चुनाव ऐसा इकतरफा है कि उन्हें तो वाशिंगटन से निकलने की भी जरूरत नहीं, लेकिन अब वे व्यग्रतापूर्वक उन्हें अंतिम धक्के के लिए डेलावेयर बुलाए जा रहे थे। कुछ युवा रिपब्लिकन तुर्क, जिन्होंने जिले में बदलाव कर मुझे काउंटी काउंसिल से बाहर किया था, अब पत्रकारों से कह रहे थे कि मैं सीनेट को केवल व्हाइट हाउस के लिए सीढ़ी की तरह इस्तेमाल कर रहा था। मुझे पता है कि वे तब चिंतित हुए, जब बॉग्स के लोगों ने उनके नए प्रचार साहित्य को बड़े पैमाने पर बाँटा। ये हमारे ही जैसा टेबलॉयड था, जिसके कवर पर किचन का सिंक था। यह कहता था, "बस यही एक चीज है, जिसका जो बाइडन ने आपसे वादा नहीं किया।"

हम दस दिन बाहर रहे और मतदान के बीच ही जिम्मी ने ऑफिस आकर यह बुरी खबर सुनाई। "जो, रेडियो स्टेशनवालों ने कहा है कि वे हमारे विज्ञापन रोक देंगे। हमें अगले हफ्ते के विज्ञापन के लिए धन जुटाना होगा।" इन स्पॉट की प्रति सप्ताह $20,000 की लागत थी। हमारे पास धन नहीं था, अगर हम वह विज्ञापन जारी नहीं रख सके तो अवसर चूक जाएँगे।

वैल को विचार सूझा। उसका दोस्त टेड केलनर डेलावेयर की एक फर्म में काम करता था, जहाँ वे समृद्ध क्लाइंट्स के धन का प्रबंधन करते थे और टेड का विचार था कि कुछ निवेश सलाहकार और उनके क्लाइंट्स मुझसे मिल सकते हैं,

शायद वे बाइडन फॉर सीनेट प्रचार अभियान के लिए कुछ योगदान देने के बारे में सोचें तो टेड ने मीटिंग तय की और जिम्मी मुझे सेंटरविल, डेलावेयर ले गया और हम इस खूबसूरत छोटे से शहर में बैंक के भीतर बनी इस खूबसूरत निवेश फर्म में दाखिल हुए। मैं और जिम्मी अभी बैठे ही थे कि कर्मचारी हमारे लिए पेय पदार्थ ले आया। ये मेरे आम नियमित योगदानकर्ताओं में से नहीं थे; ये कई मिलियन के मालिक थे। वे सब ग्रीनविल रिपब्लिकंस थे, जिन्होंने सीनेटर बॉग्स को सहायता की थी, लेकिन वे सभी उदार थे और हमें ऐसा लग रहा था, जैसे वे हमारी मदद को तैयार हों और मैं और जिम्मी जानते थे कि वे हमारा रेडियो स्पॉट बचा सकते थे। जिम्मी ने पता लगाया था कि वे रात भर में मेरे लिए बीस ग्रांड जुटाने की क्षमता रखते हैं। अल्फ्रेड आई. ड्यू पॉण्ट डेंट ने कहा कि यदि जरूरी हुआ तो वे खुद यह धन जुटा लेंगे, लेकिन चर्चा के दौरान एक बिंदु पर उन्होंने मुझसे पूँजीगत लाभ के बारे में मेरे विचार पूछे। ये शायद उनके लिए मामूली बातचीत थी, लेकिन मेरे लिये यह छोटा सवाल नहीं था। मुझे वैसा ही अहसास हुआ, जैसा मशीनिस्टों के अध्यक्ष के साथ हुआ था।

निक्सन पूँजीगत लाभ टैक्स को घटाने की बात करते थे। वर्ष 1972 में यह बहुत बड़ा मुद्दा था और मैं इसके खिलाफ था। मैं हैरान था कि क्या वे लोग मुझसे अकेले में कुछ ऐसा कहने की उम्मीद कर रहे थे, जो मैं सबके सामने नहीं कह सकता। मुझे वह जवाब पता था, जो वह सुनना चाहते थे और मुझे पता था कि सही जवाब की कीमत मेरे प्रचार फंड से कहीं अधिक होगी। मुझे बस इतना कहना था कि मैं इसपर विचार करूँगा और मैं यह नहीं कह सका। मैं मैक्रोइकोनॉमिक के बारे में नहीं सोच रहा था और न ही मैं नैतिक उच्च आधार को दाँव पर लगाना चाहता था। मैं उनके मुँह पर झूठ नहीं बोल सकता था। "मैं पूँजीगत लाभ को नहीं बदलूँगा," मैंने उनसे कहा, "मैं इसे नहीं बदलूँगा।"

मैंने और जिम ने अपने लेमोनेड खत्म किए और चुपचाप जाकर कार में बैठ गए। वह खुश नहीं था। जिम के लिए वो धन पाना बड़ी बात थी और उसे लगा कि मैंने इसे बिगाड़ दिया। जिम कार चला रहा था, बिल्कुल चुप, हम वापस विलमिंगटन लौट आए। हम घर पहुँचने ही वाले थे कि उसने मुझसे कहा, "जो, मुझे यकीन है कि पूँजीगत लाभ के बारे में तुम्हारा अहसास इतना मजबूत होना चाहिए, क्योंकि तुम चुनाव हारनेवाले हो।"

ज्ञात यह हुआ कि उस कमरे में मौजूद ज्यादातर लोग समर्थक हो गए। मेरी कठोरता के बावजूद उन्होंने मुझे धन दिया, लेकिन बस इतना कि मेरे रेडियो

विज्ञापन बंद न हो, मेरे पास मेरे परिवार के अलावा केवल एक कीमती चीज थी— नॉर्थ स्टार वाला घर तो मैंने उसे भी दाँव पर लगा दिया। हमारे फाइनेंस चेयरमैन रॉय वेंट्ज, एक नोट पर सह-हस्ताक्षर के लिए मान गया और मैंने $20,000 का कर्ज लिया, जिसे हमने अंतिम सात दिनों के लिए रेडियो पर अपना स्पॉट बनाए रखने में इस्तेमाल किया। कुछ तो हमारा नसीब भी अच्छा था। चुनाव के दिन से एक सप्ताह पहले अखबारों की हड़ताल रही तो बॉग्स का नया मेल, जिस पैंफलेट में चाँद की तसवीर के साथ शीर्षक था—"वह एकमात्र चीज, जिसका जो बाइडन ने आपसे वादा नहीं किया," जनता के बीच बँट ही नहीं सका, जब चुनाव के दिन से दो दिन पहले बाउर्स बीच पर प्रचार कार्यक्रम के दौरान सीगल (गंगा-चिल्ली) पक्षी की बीट मेरे सिर पर गिरी तो मैंने इसे आनेवाली सफलता का संकेत के तौर पर लिया।

प्रचार के अंतिम दिनों में नीलिया के माता-पिता मेरी मदद के लिए शहर में आ गए थे। वास्तव में श्री हंटर ने हर तरह से मदद की। मैं पूरी ईमानदारी से कहता हूँ कि प्रचार में सबसे कठिन चीज 'खाना और जाना' थी। मुझे अपनी नई लॉ फर्म से थोड़ा धन मिलता था, लेकिन हाथ तंग था। नीलिया के पिता एक अच्छे रिपब्लिकन ने, जो बाइडन जूनियर परिवार का भरण-पोषण किया, जब मेरे हाथ बिल्कुल खाली होते तो नीलिया अपनी जेब में हाथ डालती, जहाँ उसे सौ डॉलर मिल जाते। "तुम्हें ये सौ डॉलर कहाँ से मिले नीलिया?" लेकिन मुझे हमेशा से पता था। मुझमें नीलिया के पिता के भरोसे ने मुझे खुश कर दिया। छह वर्ष पूर्व स्केनटेलीज में कैथोलिक चर्च के दरवाजे पर काँपता खड़े मि. हंटर आज भी मुझपर दाँव खेलने को तैयार थे।

चुनाव का दिन किसी सपने के जैसा था; मौसम साफ था और हमारे पक्ष में वैसा अधिक मतदान हुआ, जैसा चाहिए था, तब तक हमने होटल ड्यू पॉण्ट में चुनाववाली रात की पार्टी के लिए सुइट बुक कर दिया था। मुझे पूरा यकीन था कि हम बॉग्स और रिपब्लिकंस से सीनेट सीट जीत लेंगे, जब परिणाम आने शुरू हुए तो यह काफी संभावनाशील थे। मैंने डाउनस्टेट ससेक्स काउंटी के रूढ़िवादियों की उम्मीद से बेहतर प्रदर्शन किया था, जहाँ के मतदाता अपना फैसला पक्ष के आधार पर नहीं, इसपर करते हैं कि उन्हें कौन सहज लगा। भरे-पूरे रिपब्लिकंस ब्रैंडीवाइन हंडरेड में भी मैंने उम्मीद से बेहतर प्रदर्शन किया था, लेकिन यह नजदीकी मुकाबला था और हमें कामगार-वर्ग के पोलिश इलाके और मेरे काउंटी काउंसिल डिस्ट्रिक्ट के एक हिस्से के अंतिम परिणामों तक रुकना था। मैं तीन वर्षों तक इन इलाकों

के हर दरवाजे गया था। वहाँ हर कोई मुझे जानता था और वे सभी नीलिया को भी जानते थे। वे उसे अपनी प्यारी बेटी मानते थे, जैसा कि मुझे याद था कि वे शीर्ष प्राथमिकता देते थे। ब्राउनटाउन और हेजविल में मैं बड़े मार्जिन से जीता। मैं राज्य भर में पड़े 2,30,000 मतों में 3,000 मत से विजयी रहा। मैं अभी भी अपने परिवार और नीलिया के माता-पिता के साथ सुइट में मौजूद था, जब सीनेटर बॉग्स का हार मानने का फोन आया, "अच्छा मुकाबला रहा जो!" उन्होंने कहा था।

और उनके ऐसा कहने पर मैं समझ गया कि मैं जीत चुका हूँ, लेकिन यह ऐसा अहसास उतना अच्छा नहीं था, जैसी मैंने उम्मीद की थी। यह बहुत अच्छा महसूस होना चाहिए था। मुझे उल्लसित होना चाहिए, लेकिन जब सीनेटर बॉग्स ने बात करना आरंभ किया तो मेरा मन भर आया, लगा जैसे रो ही पड़ूँगा। मुझे अपना गला रुँधता महसूस हो रहा था। लग रहा था कि मेरी हकलाहट फिर से लौट आई है। मैं बात नहीं कर पा रहा था तो बॉग्स ने फिर कहा, "तुमने अच्छा मुकाबला किया, जो।"

"माफ कीजिए सीनेटर," मैं बस यही कह सका, "मुझे माफ कर दीजिए।"

मैं अपने दिमाग में हम दोनों की दो दिन बाद के 'रिटर्न्स डे' की तसवीर बना रहा था। रिटर्न्स डे एक पुरानी प्रथा है, जिसे हम डेलावेयर में आज भी मनाते हैं। चुनावों के बाद गुरुवार को दोनों पार्टियाँ जॉर्जटाउन के टाउन सर्किल में इकट्ठा होती हैं और टाउन उद्घोषक कोर्टहाउस की बालकनी से चुनाव के परिणाम पढ़कर सुनाता है, जिससे सारा झगड़ा खत्म हो जाता है और चुनाव का विजेता व हारनेवाला दोनों ही घोड़ा-बग्घी में बैठकर टाउन स्क्वायर में परेड करते हैं। इसलिए मैंने माफी माँगी। मैंने बॉग्स को बताया कि मुझे ब्रोंकाइटिस है, इसलिए मैं रिटर्न्स डे में नहीं आ सकूँगा, लेकिन यदि वे लोगों को पढ़ न पाते तो लगातार छब्बीस साल तक विजयी नहीं रह सकते थे। "जो, मैं बतौर विजेता अनेक बार सवार हुआ हूँ," उन्होंने मुझसे कहा, "तुम्हारे साथ बघी में सवार होकर मुझे गर्व होगा।"

मेरे फोन रखने के बाद कमरे में किसी ने एक भी शब्द नहीं कहा। मुझे लगता है कि सभी अवाक् थे, सब अवास्तविक लग रहा था, अंत में नीलिया के पिता ने कहा, "तो जो, अगर मेरी बेटी को डेमोक्रेट से ही शादी करनी है तो वह कम-से-कम यूनाइटेड स्टेट सीनेटर तो होना ही चाहिए।"

लोग उदार और ईमानदार थे। बिग जॉन रोलिंस ने भी मुबारक और सराहना देने के लिए फोन किया, "शानदार रहा लड़के, तुम जीत गए," उन्होंने धीमी आवाज में कहा।

"अगर मुझे तुम्हारे जीतने का अंदाजा होता तो तुम्हें हराने के लिए मैं और ज्यादा धन खर्च करता।"

जिम्मी अति आनंदित था। उस रात उसने देश भर से आए फोन सुने। अचानक ही मेरे समर्थकों की संख्या बढ़ गई थी। "जिम्मी! क्या आपको मेरा चेक मिला?"

"नहीं? पता नहीं क्या हुआ?"

"मैंने तो हफ्ते भर पहले भेजा था, शायद कुछ ही दिनों में पहुँच जाएगा।" मुझे अपना हौसला चरम पर पहुँचा महसूस हो रहा था। मैंने जिम्मी से कहा कि मैं लोगों से धन नहीं लूँगा, जो हमारे जीतने के बाद लाभ लेने की फिराक में हैं। "जो," जिम्मी ने निवेदन किया, "खर्च कम पड़ रहा है, तुमने अपना घर दूसरी बार बंधक रखा है, हमें यह धन चाहिए।"

"भाड़ में जाए। उनसे कहो कि हम इसे वापस भेज रहे हैं।"

उस रात जिम्मी ने मेरी बात केवल सुनी, लेकिन उसने एक भी चेक वापस नहीं भेजा, ऊपरवाले का शुक्र है।

मुझे याद नहीं कि मैं उस रात पार्टी में ज्यादा देर तक रुका था। नीलिया और मैंने अगली सुबह जल्दी ही डेलावेयर सिटी के प्लांट गेट पर धन्यवाद देना आरंभ करने की योजना बनाई थी तो हम दोनों ऊपर चले गए, जबकि पार्टी अभी जारी थी। नींद कोसों दूर थी तो उस रात बिस्तर में, अँधेरे के बीच, हमने अपने भविष्य की तसवीर बनानी शुरू की। हमारे लिए वाशिंगटन डी.सी. में एक बिल्कुल नया जीवन तैयार हो रहा था। वहाँ नया घर होगा। हमें लोगों से मिलना-जुलना होगा, ठीक है? लड़कों के लिए नया स्कूल। हम विलमिंगटन में अपने परिवार से दूर होंगे। क्या हमें बेटी के लिए 'बेबी सिटर' की जरूरत होगी? सबसे सुखद, हमने यूनाइटेड स्टेट सीनेटर होने के बारे में बात की। मैं अब वास्तव में वह सब कर सकता था, जिसके बारे में हम पिछले कई महीनों से बात कर रहे थे। हम यही कहते थे, हम सिर्फ वोटर नहीं, बल्कि आवाज बनेंगे। मेरे भीतर एक हैरानी थी, हालाँकि उस रात मैंने यह बोला नहीं कि मैंने ऐसा क्या किया जो इसका पात्र बना?

पीछे मुड़कर देखने पर लगता है कि शायद मैं यूनाइटेड स्टेट्स सीनेट में प्रवेश के विचार या विलियम फुलब्राइट या किसी दूसरे प्रतिभाशाली व्यक्ति के साथ बहस में उतरने से भयभीत होता, लेकिन मैं नहीं था। इसमें उत्साह और प्रत्याशा थी, बिल्कुल वैसी ही जैसे क्रॉसवर्ड का बड़ा फोर्थ-डाउन प्ले हो, जहाँ मुझे खाली पड़े पंक्ति के शब्द को भरना हो और मुझे पता है कि मैं यह कर लूँगा।

सीनेटर चर्च ने मुझे चीफ ऑफ स्टाफ, वेस बार्थेल्मेस के साथ संयुक्त किया। वेस इससे पहले बॉबी कैनेडी के प्रेस सेक्रेटरी और वाशिंगटन पोस्ट के मेट्रो एडिटर रहे थे, जब कैथरीन ग्राहम को पोस्ट में कर्मियों और प्रबंधन के बीच मध्यस्थता के लिए कोई चाहिए था तो उन्होंने वेस को बुलाया गया। वे वर्ष 1944 में 82 ऐंड एयरबॉर्न से नॉरमैंडी में पैराशूट से कूदे थे तो उन्हें अनुपात का काफी बोध था। काम में पहला क्रम कर्मचारियों की नियुक्ति थी। हमें तकरीबन पैंतीस नौकरियाँ देनी थीं और लगभग 25,00 आवेदक थे, जिनमें से ज्यादातर हार्वर्ड लॉ अथवा शिकागो या स्टैनफोर्ड विश्वविद्यालय से थे। मुझे कागज काटने तक का काम नहीं करना था। क्या मैं बतौर रिसेप्शनिस्ट किसी रोड्स विद्वान् को काम पर रखूँ?

मुझे आवंटित ऑफिस डिर्कसन सीनेट ऑफिस बिल्डिंग के छठवें फ्लोर पर कोने में था। (कुछ ऐसे भी लोग हैं, जिन्हें यह भी नहीं पता कि डिर्कसन में छठा फ्लोर भी है, शायद उन्होंने उसके वहाँ होने की अफवाह सुनी हो, लेकिन उसे सचमुच नहीं देखा होगा), लेकिन मैं इससे ज्यादा की उम्मीद भी नहीं कर सकता था। वस्तुतः वरिष्ठता के मामले में मैं सबसे नीचे था, जो नए निर्वाचित सीनेटर को मिले उच्चतम ऑफिस से तय होता था और अगर इससे तय न हो तो यह आपके राज्य के आकार से तय होता है। काउंटी काउंसिलमैन होने के कारण में पूर्व कांग्रेसमैन, गवर्नर, राज्य विधायकों और मेयरों से पीछे था। मैं शहर के कुत्ता पकड़ने वालों से ऊपर हो सकता था, बस इतना ही था। सबसे बुरा यह था कि मैं डिर्कसन ऑफिस में तब तक नहीं जा सकता था, जब तक अगले कुछ महीनों कांग्रेस का नया सत्र जारी रहता है, लेकिन वेस्ट वर्जीनिया के सीनेटर रॉबर्ट बायर्ड ने कैपिटल में उनके विशाल शासकीय ऑफिस में जगह दी, जिससे मुझे नौकरी आवेदकों के साक्षात्कार की जगह मिल जाए।

जब मैं लोगों के इंटरव्यू नहीं ले रहा होता था तो मैं वहाँ एक चक्कर लगाकर सत्र के बीच शहर में आए सीनेटरों का अभिवादन कर आता। यह परंपरा थी और मैं उन्हें बताना चाहता था कि मुझे उनके साथ होने पर कितना सम्मान महसूस हो रहा है। इसका एक अंश परवरिश थी तो एक अंक मेरी उम्र थी, लेकिन मैंने अपने नए सहकर्मियों के पहले से परिचित होने की पूर्वकल्पना नहीं कर ली थी। मैं कल्पना भी नहीं कर सकता था कि सीनेटर चर्च को 'फ्रैंक' या सीनेटर मैगनूसन 'वॉरेन' (या 'मैगी') या सीनेटर जैक्सन 'स्कूप' कहूँ। मेरे लिए वे 'मिस्टर चेयरमैन' या 'सीनेटर' थे। एक दिन मैं मिसीसिपी के सीनेटर जॉन स्टेनिस के अभिवादन के लिए

उनके ऑफिस गया। स्टेनिस औपचारिक व कमाल के व्यक्ति थे, जिन्होंने अपने जीवन के पच्चीस से भी ज्यादा वर्ष सीनेट में बिताए थे और 'सीनेट आर्म्ड सर्विसेज कमेटी' के चेयरमैन रहे थे, जब मैं ग्रेड स्कूल में थे, स्टेनिस सीनेट में खड़े होकर सीनेटर जो मैकार्थी के नागरिकों को संवैधानिक स्वतंत्रता देने से इनकार का पूरे साहस के साथ आलोचना कर रहे थे; स्टेनिस एक प्रतिबद्ध सिद्धांतवादी भी थे। वे बड़ी सी महोगनी कॉन्फ्रेंस टेबल के दूसरी ओर बैठे थे, जिसे वे डेस्क की तरह उपयोग करते थे और मैं अंदर गया और उन्होंने अपने पास रखी लेदर की कुरसी को थपथपाया तथा मुझे उनके पास बैठने को कहा, "बैठ जाओ, बैठो, यहाँ बैठो, मुझे बताओ, तुमने किस कारण सीनेट का चुनाव लड़ा?"

"नागरिक अधिकार, सर!" मैंने कहा और बाद में मुझे सीनेटर का सिद्धांतवादी अतीत याद आया।

तब मुझे लगा कि मैं कहीं अति तो नहीं कर बैठा, लेकिन वे बस गुराकराए। "नागरिक अधिकार? अच्छा है!" उन्होंने कहा।

"अच्छा, अच्छा, तुम्हारे आने से खुशी हुई।" बस इतना ही।

तब तक मैं कभी भी तीस वर्ष का होने का इतनी बेसब्री से इंतजार नहीं किया था, सीनेट में प्रवेश करने के लिए संवैधानिक रूप से आवश्यक उम्र। हमने चुनावों से ढाई हफ्ते बाद 20 नवंबर को मेरे जन्मदिन पर डाउनटाउन विलमिंगटन के पियानी ग्रिल में बड़ी पार्टी आयोजित की।

मेरे लिए यह बहुत बड़ी घटना थी, तीस वर्ष का होना, जब मेरा चुनाव अंतत: आधिकारिक हो सका। वहाँ केक था, जिसे मैंने और नीलिया ने मिलकर काटा और इसके पीछे वैसे ही खड़े थे, जैसे अपने विवाह के केक के पीछे खड़े थे, सिवाय ब्यू और हंट के, जो हमारे साथ थे और एक टेलीविजन न्यूज क्रू और अखबारों के फोटोग्राफर। अगले दिन स्थानीय अखबार में खबर चली कि मैं निश्चित ही व्हाइट हाउस की तरफ बढ़ रहा हूँ, जबकि मैंने अभी यू.एस. सीनेट की भी शपथ नहीं ली थी! मुझे याद है, मैं यही सोच रहा था कि यह अच्छा नहीं था। यह अच्छा नहीं होगा, शायद नसें फिर से कुलबुलाने लगी थीं, लेकिन ऐसा लगता था, जैसे मेरे भविष्य पूरी तेजी से मुझ तक आता जा रहा है और मुझे भरोसा नहीं था कि मैं तैयार था। मुझे वह हास्यास्पद अनुभूति हमेशा याद रहेगी, जब मैं नीलिया के साथ खड़ा केक काट रहा था।

मेरे सीनेट में चुनाव का मतलब था कि मैं अब काउंटी काउंसिल में नहीं

था, जिसका मतलब था कि हम अपने नॉर्थ स्टार के घर शिफ्ट हो सकते थे। मैंने और जिम्मी ने ट्रक किराए पर लिये और सारा सामान लादकर खुद ही ले गए। माँ और पिताजी का सामान वापस वुड्स रॉक लाने में थोड़ा समय जरूर लगा, लेकिन नीलिया और मुझे नॉर्थ स्टार शिफ्ट करना आसान रहा। हमारे पास बड़े फर्नीचर के नाम पर हमारा चार पोस्टर वाला बिस्तरा, एक डाइनिंग रूम सेट और बड़ी सेविंग चेयर थी, जिसमें हमने बैठक के कमरे में फायरप्लेस के सामने रखा था। यह देखने में थोड़ी अजीब थी। बैठक का कमरा काफी बड़ा था, अठारह बाई तेरह फीट का, ऊँची छत, चमकता लकड़ी का फ्लोर (हमने अभी कालीन नहीं लिये थे), पत्थर का फायरप्लेस और एक विंग चेयर, लेकिन हमारे पास अभी इस बारे में कुछ करने का पर्याप्त समय नहीं था, बल्कि हमारे पास तो क्रिसमस की खरीदारी या पेड़ रखने के लिए भी समय नहीं था। मैं वाशिंगटन आवागमन करता रहता और मेरे जन्मदिन के तीन हफ्ते बाद नीलिया का जब मन करता, वह मेरे पास आ जाती, मुझे जब कभी स्टाफ कर्मचारियों के इंटरव्यू से छुट्टी मिलती, मैं मकान खोजने निकल पड़ता। हमने वाशिंगटन में रहने की योजना बनाई थी। हम नॉर्थ स्टार छोड़ना नहीं चाहते थे, परंतु एक सीनेटर के $42,500 के वेतन पर हमारे लिए दो अलग घर चलाना कठिन था, इसलिए हमें वाशिंगटन में एक घर और लड़कों के लिए स्कूल चाहिए था। नीलिया के पिता ने हमें दूसरा घर लेने के लिए शुरुआती रकम देने की इच्छा जताई और जब हमें चेवी चेस सर्किल के पास छोटे सी कॉलोनी मिली, जिसके पास ही वह सड़क थी, जो प्रेस्बिटेरियन चर्च की तरफ जाती थी, जहाँ लड़के किंडरगार्टन की पढ़ाई कर सकते थे तो उन्होंने खुश होकर मदद की।

हमारा प्रस्ताव 15 दिसंबर, शुक्रवार को स्वीकार हुआ और हम इसे अगले हफ्ते के मध्य तक पूरा कर देना चाहते थे। उस सप्ताहांत मैं और नीलिया नॉर्थ स्टार वापस लौटे और ऐसा महसूस होने लगा था कि हम अंततः उस भविष्य की तरफ बढ़ रहे हैं, जिसकी हमने काफी समय पहले कल्पना की थी। वाशिंगटन वाला घर भी अच्छा था, लेकिन नॉर्थ स्टार में हमें पहले ही घर जैसा महसूस होने लगा था। कितने ही थैंक्सगिविंग और क्रिस्मस, ईस्टर और जन्मदिन और विवाह वर्षगाँठ, हमने यहीं नॉर्थ स्टार में मनाए थे। हमने ज्यादातर सप्ताहांत नॉर्थ स्टार में ही बिताने की योजना बनाई। ब्यू और हंट और नाओमी, जब भी घर के बारे में सोचते तो उन्हें नॉर्थ स्टार ही याद आता और उस रविवार रात, जब बच्चे सो रहे थे तो मैं और नीलिया अपनी लंबी विंग चेयर पर पत्थर के फायरप्लेस की आग की

तपिश के सामने, लगभग आदर्श विश्रांति के पल में बैठे थे। यह पल मेरे जवानी की सभी रोमांटिक कल्पनाओं से बढ़कर था। मैं तीस वर्ष में उम्र में चुना गया यूनाइटेड स्टेट्स का सीनेटर था। हमारा परिवार एक ही शानदार छत के नीचे साथ था। हमारे शेष जीवन के लिए हर दरवाजा अभी खुलना शुरू हो गया था। मैंने और नीलिया ने यह अनोखा काम साथ मिलकर अंजाम दिया और हमें अभी बहुत कुछ करना था। हम दोनों में से किसी को नहीं पता था कि शेष जीवन में हमारे साथ क्या होना है, लेकिन हम इसे देखने के लिए बेकरार थे।

□

# 5

# मुझे छह महीने दें

अगली सुबह मैं स्टाफ इंटरव्यू के लिए वाशिंगटन चल दिया, लेकिन नीलिया ने विलमिंगटन में ही रुकने का फैसला किया। क्रिसमस में बस एक ही हफ्ता बचा था और हमारे पास कुछ करने का समय नहीं था तो नीलिया ने जिम्मी के साथ सुबह का नाश्ता किया और बड़ी खरीदारी के बाद एक क्रिसमस-ट्री भी लिया। वह बिना क्रिसमस-ट्री लिये घर नहीं लौटनेवाली थी।

मैं और वैल उस ऑफिस में बैठे थे, जो सीनेटर बायर्ड ने मुझे उधार दिया था, तभी जिम्मी का विलमिंगटन से फोन आया। उसे वैल से बात करनी थी। फोन सुनते ही उसका चेहरा सफेद पड़ गया। "एक छोटा सा एक्सिडेंट हो गया है," उसने कहा, "कोई चिंता की बात नहीं है, लेकिन हमें घर जाना होगा।"

क्या वैल की आवाज की लरज में कुछ था ? कुछ जिस तरह उसने बात की

थी? मुझे कुछ चिंतामग्न महसूस हुआ, कुछ ऐसा जो आशंका से बढ़कर था। ये एक शारीरिक अनुभूति थी, कुछ ऐसा, जो मेरी छाती के बीचोबीच छोटी सी सुई की चुभन जैसा था। मुझे नीलिया के न होने का अहसास हो रहा था।

"नीलिया नहीं रही," मैंने कहा, "है न?"

वैल ने कुछ नहीं कहा। मुझे याद है, सीनेटर बायर्ड के ऑफिस ने बाहर निकलकर मैं कैपिटल गोलघर के खोखले विस्तार के नीचे खड़ा था। उस ऊँचे गुंबज के नीचे मैं खुद को बहुत छोटा महसूस कर रहा था।

वे हमें विलमिंगटन ले गए, लेकिन मुझे तब तक पक्के तौर पर कुछ नहीं पता था, जब तक मैं अस्पताल नहीं पहुँच गया। वहाँ पहुँचने तक मैं खुद से यही कह रहा था कि सब ठीक होगा और मैं अपनी कल्पनाओं को दूर रख रहा था, लेकिन जिस मिनट मैं अस्पताल गें पहुँचा और जिम्मी का चेहरा देखा, मैं समझ गया कि कुछ बहुत बुरा हुआ है। ब्यू, हंट और नाओमी दुर्घटना के वक्त नीलिया के साथ कार में ही थे। नीलिया और मेरी छोटी सी बेटी वहीं मारे गए। दोनों लड़के जीवित थे, लेकिन ब्यू की बहुत सारी हड्डियाँ टूट गई थीं और हंट के सिर पर चोट लगी थी। डॉक्टरों ने स्थायी क्षति से इनकार नहीं किया था। मैं कुछ बोल नहीं पा रहा था, बस अपनी छाती में एक बढ़ते हुए खाली अंतराल को महसूस कर रहा था, जैसे मेरे भीतर का यह ब्लैक होल मुझे निगल जाएगा।

शुरुआत में कुछ दिन तो मैं लगातार सिर घूमने की अज्ञात अवस्था में फँसा रहा, जैसे वह सपना जिसमें आप अचानक गिरने लगते हैं। मैं बस लगातार गिरता ही चला जा रहा था। छिटपुट नींद के पलों में मुझे हलकी की संभावना लगती कि जब मेरी नींद खुलेगी, सचमुच खुलेगी और यह सब नहीं हुआ होगा, लेकिन आँख खुलती तो सामने मेरे दोनों बेटे अस्पताल के बिस्तर पर दिखाई देते, ब्यू पूरे बॉडी कास्ट में था और फिर वही सब होने लगता और जैसे ही होश फिर से सँभलता, मुझे हमेशा कमरे में किसी और की शारीरिक मौजूदगी का भी अहसास होता और वह वैल होती या मेरी माँ या जिम्मी। उन्होंने मुझे कभी अकेला नहीं छोड़ा। मुझे याद नहीं कि मैं कभी भी भौतिक रूप से अकेला रहा हूँ।

ज्यादातर वक्त में जड़ रहता, लेकिन ऐसे भी पल होते थे, जब दर्द किसी टूटे शीशे की तरह चुभने लगता। मुझे समझ आने लगा था कि निराशा लोगों से क्या कुछ करवा बैठती है; कैसे खुदकुशी सिर्फ विकल्प नहीं, बल्कि तार्किक विकल्प बन जाती है, लेकिन ब्यू और हंटर को सोते देख मैं सोचना कि उन्हें किस तरह के

भयावह सपने आते होंगे, सोचता कि मेरा जाना मेरे बेटों को कौन समझा सकेगा और मुझे पता था कि मेरे पास जिंदा रहने के लिए संघर्ष करने के अलावा और कोई विकल्प नहीं था।

मेमोरियल सेवा के अलावा बाकी समय मैं अपने बेटों के साथ अस्पताल के कमरे में ही रहता। मेरी जिंदगी उनकी जरूरतों तक सीमित हो गई थी। मुझे लगा कि यदि मैं उनकी मिनट-दर-मिनट जरूरतों का ध्यान रखूँ तो शायद मैं इस ब्लैकहोल से बाहर निकल सकूँ। भविष्य में मुझे हर कदम फूँक-फूँककर रखना होगा। संभावनाएँ मेरी दृष्टि से ओझल थीं। वाशिंगटन, राजनीति, सीनेट मुझपर बेअसर थे। मुझे दो हफ्ते में सीनेट में शपथ लेनी थी, लेकिन नीलिया के बिना मैं उस पल की कल्पना भी नहीं कर सकता था। मैंने इन सबसे बाहर निकलने का प्रयास किया। मैंने लोगों से कहा, डेलावेयर को नया सीनेटर मिल जाएगा, लेकिन मेरे बेटों को दूसरा पिता नहीं मिलेगा। मैंने सीनेट में मैजोरिटी लीडर, माइक मैंसफील्ड से कहा कि मैं सीनेटर नहीं बनना चाहता, लेकिन यूनाइटेड स्टेट्स के पूर्व उपाध्यक्ष सीनेटर ह्यूबर्ट हंफ्रे मुझे लगभग रोजाना फोन करते। वे बस यही जानना चाहते कि मैं कैसा हूँ, लेकिन अकसर वे जिम्मी से ही बात कर पाते, जो मेरे लिए आने वाले हर कॉल को परखता था और उसे पता था कि मेरा अभी अपने परिवार के अलावा किसी से बात करने का मन नहीं है। जिम्मी डेलावेयर के गवर्नर निर्वाचक से भी बात कर रहा था, जिन्हें नए सीनेटर को नियुक्त करना ही था।

लेकिन सीनेटर मैंसफील्ड ने मुझसे आस नहीं छोड़ी। वे लगातार मेरा हाल पूछने के लिए फोन करते रहे। उन्होंने मुझे याद दिलाया कि उन्होंने मुझे 'डेमोक्रेटिक स्टीरिंग कमेटी' में रखा है, वह ग्रुप जो कमेटी के सिलेक्शन को चुनता है, जिसके बारे में उस वक्त नए सीनेटर को पता नहीं होता। वित्त के नए स्लॉट के लिए लड़ाई जारी थी और उन्हें मेरी मदद चाहिए थी। मुझे इसकी परवाह नहीं थी।

तब एक अच्छी खबर आई, डॉक्टरों ने आश्वस्त किया कि ब्यू और हंटर पूरी तरह से ठीक हो जाएँगे। ब्यू की हड्डियाँ जुड़ जाएँगी। हंटर के दिमाग को नुकसान नहीं हुआ है, लेकिन बच्चों के अस्पताल में रहते ही क्रिसमस बीत गया और मुझे अपने रोष अनुभव होने लगा था, जब लड़के सो रहे होते या जब वैल या माँ उनकी देख-रेख में बारी बदल रही होतीं, मैं अस्पताल में ही फट पड़ता और पास की सड़कों पर चहलकदमी करने चला जाता। जिम्मी मेरे साथ होता और मैं चुपचाप आगे चलते हुए उसे अँधेरे और गंदे इलाके में घुमाता रहता। मैं रात को जाना पसंद

करता, जब मुझे लगता कि लड़ाई करने के बेहतर अवसर हो सकते हैं। मैं हमेशा लड़ाई की तलाश में रहता। मुझे नहीं पता था कि मुझमें इतना क्रोध था। मुझे पता था कि मैं अपने भविष्य को धोखा दे रहा हूँ, लेकिन मुझे यह भी लगता था कि मेरे अतीत ने भी मुझे धोखा दिया है।

मेरे जीवन का आधार मेरे नीचे से खिसका दिया गया था और यह बस नीलिया और नाओमी को खोना नहीं था। मुझे पूरा जीवन हमारे दयालु ईश्वर के बारे में सिखाया गया। ईश्वर जो माफ करते हैं, न्यायी ईश्वर, ईश्वर जो जानता है कि लोग गलती करते हैं। वह ऐसा ईश्वर है, जो प्रेम करता है, राहत देता है। मैं ऐसे रहमदिल ईश्वर के बारे में कुछ सुनना नहीं चाहता था। मुझे लग रहा था, जैसे ईश्वर ने मेरे साथ भद्दा मजाक किया है और मैं क्रोधित था। मुझे चर्च में राहत नहीं मिलती थी तो मैं अँधेरी सड़कों पर क्रोध शांत हो जाने के प्रयास में घूमता रहता।

सीनेटर मैंसफील्ड अटल थे। वे रोजाना अस्पताल फोन करते, मुझे यह बताने के लिए कि उन्हें सीनेट में मेरी जरूरत है और मुझे स्टीरिंग कमेटी के काम के तत्कालीन कार्यों से अवगत करवाते रहते। मुझे याद है कि कुछ हफ्ते पहले मेरे कमेटी के ये कार्य कितने अधिक महत्त्वपूर्ण होते थे। क्या मैं चेयरमैन फुलब्राइट से बात करूँ कि विदेशी मामलों के संबंध में मुझपर भी विचार करें? क्या किसी नए व्यक्ति पर न्यायतंत्र में विचार किया जाता है? अब मुझे किसकी चिंता है? मैंसफील्ड बस बोलते रहते। उन्होंने मुझे बताया कि फाइनेंस कमेटी में नए स्लॉट के लिए लॉएड बेंटसेन और अडलाई स्टीवन्सन के बीच की लड़ाई चरम पर पहुँच गई है और मेरा मत स्टीरिंग कमेटी में निर्णायक होगा। चेयरमैन, लुसियाना के रसेल लॉन्ग अपनी कमेटी में तेल और गैस उत्पादक राज्यों के सदस्यों को लेने का दबाव बना रहे थे। उत्तर-पूर्व के उदारवादियों को लगता था कि फाइनेंस कमेटी में स्टीवंस इलिनॉयस, जैसे उपभोक्ता राज्यों से ज्यादा प्रतिनिधि होने चाहिए। यह कोई छोटा मुद्दा नहीं था। ऊर्जा संकट आसन्न था और सही वोट मिलने पर, सीनेटर लॉन्ग आसानी से ऐसे किसी भी विधान को दबाए रख सकते थे, जिसे वे अपनी लुसियाना ऑयल मिल कांस्टीट्यूएंट्स के लिए नुकसानदेह समझते हों। मैंसफील्ड बस बोलते रहते। वो मुझे अस्पताल के कमरे से बाहर की किसी चीज में व्यस्त करने का पूरा प्रयास कर रहे थे, लेकिन और कुछ मायने नहीं रखता था। मैं सीनेट फाइनेंस कमेटी की परवाह क्यों करूँ?

मैंसफील्ड ने फिर भी हार नहीं मानी। एक रात में अस्पताल के कमरे की

खिड़की पर बैठा था और फोन मेरे कान से लगा था। रात बहुत हो चुकी थी और लड़के सो रहे थे तो मैं मुख्य रूप से सिर्फ सुन रहा था और नेताजी मुझे बता रहे थे कि मेरा नीलिया के प्रति जवाबदेही है कि 'मैं यूनाइटेड स्टेट्स सीनेट के लिए शपथ लेनेवाले 1,680 पुरुषों और स्त्रियों में से एक होऊँ। मेरी पत्नी ने मुझे यहाँ तक पहुँचाने में बहुत मेहनत की थी। मैं उसके प्रति जवाबदेह हूँ। मैं अपने बेटों को जवाबदेह हूँ। जो, मुझे छह महीने दो।' सीनेटर मैंसफील्ड बोले जा रहे थे। मुझे छह महीने दो तो मैं मान गया। छह महीने।

□

6

# एक शुरुआत

पहले दिन जब मैं सीनेट में गया तो मैं अपने आपको केवल दर्शक ही मान रहा था। मुझे कोई जुड़ाव महसूस नहीं हो रहा था, जबकि बाकी नए प्रशिक्षुओं ने यूनाइटेड स्टेट्स सीनेट के फ्लोर पर उपराष्ट्रपति के पीठासीन होते शपथ ली थी, मैं ब्यू और हंटर को छोड़कर जाने को तैयार नहीं था। साफ कहूँ तो मैं डी.सी. नहीं जाना चाहता था तो सीनेटर माइक मैंसफील्ड ने सीनेट सेक्रेटरी को विलमिंगटन जनरल हॉस्पिटल भेजा, जिससे सुनिश्चित हो सके कि मैं अलग से शपथ ले सकूँ। 93वीं कांग्रेस को अभी एक ही हफ्ता हुआ था, जब मैं आखिरकार बतौर यूनाइटेड स्टेट्स सीनेटर अपने पहले दिन के काम के लिए वाशिंगटन पहुँच गया।

दुर्घटना से इतर एक समस्या मेरी उम्र भी थी। मैं देखने में सीनेटर नहीं लगता था। मैं कैपिटल की स्पेशल लिफ्ट की तरफ बढ़ा, जो वोट के दौरान केवल सदस्यों

के लिए थी और लिफ्ट चालक ने मुझे इस तरह देखा, जैसा पहले नहीं हुआ था। "केवल सीनेटरों के लिए है लड़के।" ऐसी चीजें कई वर्षों तक होती रहीं। मैं हेनरी किसिंगर से पहली मुलाकात को कभी नहीं भूल सकता। सत्तर के दशक में सीनेट काफी औपचारिक संस्थान था, मुझे एक फॉरेन रिलेशंस कमेटी से—कर्मचारियों को अनुमति नहीं—लिखा ब्रीफिंग का निमंत्रण मिला, जिसमें स्टेट सेक्रेटरी अपना 'दुनिया के प्रति दृष्टिकोण' बतानेवाले थे। मुझे इस ब्रीफिंग के लिए पूरी तैयारी के साथ जाना था और मेरे पास कुछ सवाल भी थे, जो मैं सेक्रेटरी से पूछना चाहता था। मैं डिर्कसन बिल्डिंग में फॉरेन रिलेशंस कमेटी के नियमित मीटिंग रूम में पाँच मिनट पहले पहुँच गया। दस मिनट बाद भी कमरे में मैं अकेला ही था तो मैंने अपने ऑफिस फोन किया तो पता चला कि मीटिंग कैपिटल बिल्डिंग के कमरा नंबर एस-116 में होनी थी। मुझे नहीं पता था कि एस-116 कहाँ है। मैं लगभग दौड़ता हुआ कैपिटल पहुँचा और धीमी गति से दौड़ते हुए हॉल का चक्कर लगाने लगा और दरवाजों पर लगी नंबर प्लेट देखने लगा। यह कैपिटल बिल्डिंग में हमारे अपने कमरे होने से पहले की बात है, कई बार अधिकारी कमेटी सत्र के दौरान हॉल के बाहर संगीत बजता रहता है, ताकि मीटिंग कक्ष की वार्त्ता बाहर न सुनाई दे, लेकिन मुझे किसी हॉल में संगीत बजता नहीं सुनाई दे रहा था, अंत में मुझे एस-116 मिल ही गया, मुझे बहुत देर हो गई थी तो मैं जल्दी कर रहा था और पसीने में डूबा था और जैसे ही मैंने बाहरी दरवाजे से प्रवेश किया, एक हथियारबंद कैपिटल पुलिसकर्मी ने मुझे कंधे से पकड़ा, घुमाया और दीवार से लगा दिया। "क्यों भई, कहाँ जा रहे हो?"

मैंने किसी तरह अपना सीनेट आई.डी. निकाली और उसने जितना नरमी से संभव हुआ, माफी माँगी, लेकिन मैं समय की कमी से उत्तेजित था और मैं आंतरिक कक्ष का दरवाजा धड़ाम से खोल दिया, जिससे दरवाजा तेजी से खुलकर फाइल कैबिनेट पर जोर से टकराया। मेरे कुछ पुराने सहकर्मी अपनी कुरसियों से लगभग उछल पड़े और मुझे डॉ. किसिंगर की कुरसी की तरफ दौड़ते देखकर हैरान रह गए।

"ओह, माफ कीजिए, मुझे देर हो गई," मैंने कहने का प्रयास किया। बड़ा शानदार प्रवेश था। मैंने अपने लिए खाली सीट तलाश ली, जिससे मैं तीसरे दर्जे का डेमोक्रेट दिखाई देता था, लेकिन मेरे बैठने तक किसिंगर समाप्त भाषण कर चुके थे। उस दिन माइक मैंसफील्ड कार्यकारी चेयरमैन थे और जब उन्होंने सवाल लेना शुरू किया, मैंने कहा, "हाँ, श्रीमान, मैं पूछूँगा, सेक्रेटरी साहब," जितना हो सका,

मैंने उतने सीनेट-समान स्वर में बोलना शुरू किया।

किसिंगर मैंसफील्ड की तरफ मुड़े और मेरी बात काटते हुए बोले, "चेयरमैन साहब, मेरे खयाल से कर्मचारियों को अनुमति नहीं है।"

मैंने देखा कि किसिंगर का एक मातहत तेजी से कागज पर लिख रहा था, "बाइडन, ड-डेला!"

किसिंगर ने उस नोट की तरफ देखा और कहा, "ओह, माफ कीजिए, सीनेटर बिडन।" उनका उच्चारण सर्वथा अशुद्ध था।

"कोई बात नहीं सेक्रेटरी डुलेस!"

एवेरेल हैरिमैन, जो उन दिनों वाशिंगटन में डेमोक्रेट्स के बीच अंतरराष्ट्रीय कूटनीति के अध्यक्ष हुआ करते थे, उन दिनों मेरे अच्छे दोस्त भी थे, लेकिन मीटिंग्स के दौरान वे लगभग हमेशा एक बात कहते थे, "जो, हमें बताओ कि युवा इस बारे में क्या सोचते हैं।" मैं लोगों को लगातार यही बताने का प्रयास करता था कि क्योंकि मैं युवा हूँ, केवल इसलिए मैं सभी युवाओं की तरफ से नहीं बोल सकता।

लेकिन दूसरी समस्या यह थी कि मेरे सभी सहकर्मी मेरी कहानी जानते थे, जिसे अखबार 'व्यक्तिगत त्रासदी' कहना पसंद करते थे। मैंने देखा कि मेरे कुछ सहकर्मी समझ नहीं पा रहे कि वे मुझसे क्या कहें, लेकिन कुछ अन्य अलग तरीका अपनाते हुए मुझे यूनाइटेड स्टेट्स सीनेट के काम में व्यस्त करना चाहते हैं, जिससे मैं खुद को उन्हीं के समुदाय का महसूस कर सकूँ। सीनेटर मैंसफील्ड हफ्ते में कम-से-कम एक बार मुझे उनके ऑफिस आने को कहते थे, जिससे देख सकें कि मैं सीनेट की जिम्मेदारियाँ कैसे निभा रहा हूँ। वे ऐसा दिखाने का प्रयास करते थे कि वे सभी नए सीनेटरों के साथ ऐसा ही करते हैं, लेकिन मुझे भलीभाँति पता था। वे मेरा मन टटोल रहे थे।

सीनेट ह्यूबर्ट हंफ्रे ने सीनेट के फ्लोर पर मुझे अपनी तेज गति से बोलने के उत्साह से आकर्षित किया और मुझसे कहा कि मेरा कॅरियर बहुत शानदार रहनेवाला है। वे अचानक ही मेरे ऑफिस आ जाया करते थे, जो कि सीनेट में बहुत कम होता था और मेरे यहाँ सोफे पर बैठकर मुझसे मेरे काम-काज के बारे में में पूछते, बच्चों के बारे में पूछता और मेरे परिवार के बारे में पूछते। एक समय ऐसा भी था, जब मेरे लिए बुरा महसूस करते हुए अंत में उनके आँसू फूट पड़ते थे और तब गैं उन्हें दिलासा देता। एक बार उन्होंने मुझे ऑक्सफोर्ड, इंग्लैंड के डिच्ले हाउस जानेवाले सीनेट प्रतिनिधिमंडल में शामिल करवा दिया और तत्पश्चात् व्यक्तिगत

स्तर पर सरप्राइज के तौर पर मेरे भाई जिम्मी को भी वहाँ भेज दिया। हंफ्रे ने जिम से कहा था कि मुझे पाँच दिन की छुट्टी कराए।

टेडी कैनेडी भी मेरे डिर्कसन के दूसरे कोने में स्थिति मेरे ऑफिस में अकसर आया करते थे। वे छोटे से गलियारे में सिकुड़कर आते और मेरे ऑफिस के दरवाजे में सिर घुसा देते। वे मुझे अपने साथ सीनेट जिम ले जाना चाहते थे। मैंने उनसे कहा कि मेरा कसरत करने का मन नहीं है, लेकिन टेडी ने विनम्रता से समझाया कि यह कसरत करनेवाला जिम नहीं है। ये बूढ़ों का जिम था, जहाँ मसाज और स्टीम बाथ ली जा सकती थी, लेकिन इससे भी यह लुभावना नहीं हुआ; मैंने कभी मसाज नहीं करवाया था और मुझे नहीं पता था कि मुझे यह चाहिए या नहीं।

टेडी ने कहा कि यह अपने कुछ कर्मचारियों से जान-पहचान की अच्छी जगह है, जिनमें से ज्यादातर से मैं अभी तक नहीं मिला था। "चलो, मैं आपको जिम ले जाऊँगा।" तो मैं उनके साथ चला गया और जिस मिनट हमने जिम के दरवाजे के भीतर गए, हमें सामने ही तीन दिग्गज सीनेटर दिख गए। मैं उन्हें जानता था। मैंने उनकी तसवीरें देखी थी। मैंने उनके बारे में वर्षों पूर्व पढ़ा था और इससे पहले कि मैं कुछ कहता, टेडी ने कहा, "जो, मैं आपको कुछ लोगों से मिलवाना चाहता हूँ।" इनमें से एक जैकब जेविट्ज थे, न्यूयॉर्क के रिपब्लिकन और विदेश नीति के जाने-माने विशेषज्ञ; दूसरे स्टुअर्ट सायमिंगटन थे, मिसौरी के डेमोक्रेट, जिनका वर्षों से संभावित राष्ट्रपति प्रत्याशी के तौर पर उल्लेख होता था; और तीसरे थे—वास्तव में मेरा ध्यान भटक रहा था। वे सामने ही खड़े थे, मुझसे बस दो फीट दूर और मुझसे मिलाने के लिए हाथ बढ़ा रखे थे और वे सभी नग्न थे, बिल्कुल जैसे जनमे थे। मैंने उनसे नजरें न मिलाने का प्रयास किया, लेकिन मुझे समझ नहीं आ रहा था कि मैं उनसे क्या कहूँ। वे बिल्कुल सहजावस्था में थे, लेकिन मेरे लिए वह ऐसा था, जैसे किसी को सपना आए कि वे कक्षा में है और तभी अहसास हो कि उसने पैंट नहीं पहन रखी।

मेरे सहकर्मियों की उदार मदद के बावजूद मैं अभी भी पक्का नहीं कर पाया था कि मैं वहाँ रहना चाहता हूँ या नहीं। कभी-कभी सब छोड़ देने का दिल होता था। मैं वरमोंट में खरीदने के लिए घर तलाश रहा था, जिससे मैं दुर्घटना से झटके से मुक्त हो सकूँ और एक नई शुरुआत करूँ, जहाँ मुझे और मेरे लड़कों को कोई नहीं पहचानता हो। मुझे वाशिंगटन में प्रेस, स्टाफ या अपने सहकर्मियों के साथ व्यक्तिगत रिश्ता स्थापित करने में कोई दिलचस्पी नहीं थी। मेरे दिन बस इसी पर केंद्रित थे कि कब मैं कैपिटल को छोड़कर घर वापस लौट सकूँ, जहाँ मेरे सहकर्मी लगभग रोजाना

सीनेटरों के भोजन-कक्ष में खाना खाते थे। मैं अपने डेस्क पर ही भोजन करता, जिससे मैं घर पर फोन करके लड़कों या वैल या माँ से बात कर सकूँ।

मेरा चीफ ऑफ स्टाफ, वेस बार्थेल्म्स, को लगता था कि प्रेस और सीनेट स्टाफ में मेरी असामाजिक होने की छवि बनती जा रही थी और वेस ने बताया, वाशिंगटन में छवि शुरू में ही बन जाती है, जिसे बदलना मुश्किल होता है। उसने मुझसे कहा कि मुझे भोजन करने बाहर आना चाहिए, जिससे भोजन कक्ष में मेरी कम-से-कम उपस्थिति दर्ज हो सके। यहाँ तीन विकल्प थे—केवल सीनेटरों के लिए कैपिटल का इकलौता भोजन कक्ष, जहाँ सदस्य एक-दूसरे से खुलकर बात कर सकते थे, वेस ने मुझे बताया और मैं अंदर की महीन वास्तविकताएँ जान सकूँगा; इससे कम औपचारिक कक्ष ठीक हाल के दूसरी तरफ था, यहाँ स्टाफ को अनुमति थी; तीसरा कक्ष सीनेटर और स्टाफ के लिए डिर्कसन बिल्डिंग के पहले फ्लोर पर था। चर्चा थी कि एप्रोप्रिएशन कमेटी के चेयरमैन, जॉन मैकलेलन, आर्किटेक्ट्स के साथ डिर्कसन में भोजन कक्ष को तैयार कर रहे थे, जिससे इन्हें कैपिटल बिल्डिंग से ढोकर न लाना पड़े।

मुझे पता था कि वेस का मुझे बाहर लंच के लिए जाने को कहना सही था, लेकिन उसे मुझे मेरे ऑफिस से निकालने में कई हफ्ते लग गए, आखिरकार जब मैं माना तो मैंने उससे कहा कि मैं केवल सीनेटरों वाले कक्ष में जाने को तैयार नहीं। मैं डिर्कसन के भोजन-कक्ष में जाऊँगा।

हम थोड़ा देर से नीचे आए, ताकि टेबलें पहले ही खाली हो चुकी हों, लेकिन इससे पहले कि मैं बैठ पाता, मुझे लगा कि वेस मेरी बाँह खींचते हुए मुझे ग्रे सूट पहने एक व्यक्ति की तरफ ठेल रहा है, "आप सीनेटर मैकलेलन हैं। आपको इन्हें 'हेलो' कहना चाहिए।" मैं अभी तक मैकलेलन से मिला नहीं था, लेकिन दुर्घटना से पूर्व वे उन सीनेटरों की सूची में शामिल थे, जिन्हें मुझे जानना था, जब मैं फॉरेन रिलेशंस के मामले में विलियम फुलब्राइट से मिलने गया तो उन्होंने मुझे एक सलाह दी। उन्होंने मुझसे कहा, "यदि मैं वास्तव में फॉरेन पॉलिसी को प्रभावित करना चाहता हूँ तो मुझे सीनेटर मैकलेलन से मिलना चाहिए, उनके साथी आर्केंसन से मिलूँ, जो एप्रोप्रिएशन कमेटी चलाते हैं।" फुलब्राइट मुझे बताने का प्रयास कर रहे थे, अमेरिकी हित और दुनिया में उनका प्रभाव इसपर निर्भर होता है कि हम दुनिया में अपने धन को किस तरह फैलाना चाहते हैं।

"हेलो, चेयरमैन साहब!" मैंने कहा।

"जो बाइडन।"

वे अपनी सीट से नहीं उठे। मुझे नहीं पता कि उन्होंने मेरी तरफ देखा भी कि नहीं। उन्होंने बस यही कहा, "ओह तो डेलावेयर वाले व्यक्ति आप हैं। जिसने अपनी पत्नी और बच्ची को खो दिया?" उन्होंने लेशमात्र भी संवेदना दिखाए बिना कहा, एक विरल और ताजा नजरिया, लेकिन मुझे यह टिप्पणी काफी तीखी लगी।

मेरा मन किया कि अभी इनके गोल गुलाबी गाल पर चाँटा लगा दूँ, लेकिन वे बस बोलते रहे, "बस एक काम करो। खुद को काम में झोंक दो।"

मैं कुछ बोल नहीं सका, लेकिन वे समझ गए होंगे कि मुझे उनकी सलाह जँची नहीं। "तुमको मुझसे गुस्सा होगा, है न बेटे? लेकिन मैं जानता हूँ कि तुम किससे गुजर रहे हो।" तब उन्होंने मुझे उनकी अपनी कहानी सुनाई। उन्हें हाउस ऑफ रिप्रेजेंटेटिव्स में अपने पहले कार्यकाल के दौरान स्पाइनल मेनिनजाइटिस के कारण अपनी पत्नी को खो दिया; आठ वर्ष बाद इसी बीमारी से एक पुत्र का निधन हुआ। इसके बाद उन्होंने दो और बेटे खोए। "काम," उन्होंने मुझसे कहा, "काम···काम···काम।"

सच तो यह है कि मैं उसी वक्त कमर कसकर काम करने को तैयार नहीं हो गया। उन दिनों नए लोगों को मुद्दों पर आगे से काम करने के अधिक अवसर नहीं मिलते थे और उन्हें उनका मनपसंद कमेटी असाइनमेंट भी शायद ही मिलता था। फॉरेन रिलेशंस कमेटी सदस्यता के प्रतीक्षा करनेवालों की कतार भी बहुत लंबी थी। उपाध्यक्ष से सीनेट वापस लौटे ह्यूबर्ट हंफ्रे को वहाँ जगह मिल गई। किसी नए व्यक्ति के लिए अवसर नहीं है तो मुझे उन कमेटियों में रखा गया, जिनसे डेलावेयर की बड़ी कंपनियाँ प्रभावित होती थीं—बैंकिंग और पब्लिक वर्क्स। शुरुआत में तो मेरे लिए परिक्रामी ऋण व्यवस्था के रहस्यमय कार्यशैली से संबंधित दीर्घकालिक सुनवाई में बैठना लगभग असंभव लगता था। अपने पिता की तरह ही मैं वहाँ रोजाना जाने के लिए प्रतिबद्ध रहा। मैं फ्लोर पर रहने के लिए प्रतिबद्ध था, उस वोट के लिए, जो सचमुच मायने रखता था और मैं यह इतना जानने को प्रतिबद्ध था कि सही तरह से मतदान कर सकूँ। मैं अपना काम करने और इसे पेशेवराना ढंग से करने को संकल्पित था। मैंने अधिक नहीं, लेकिन जो जरूरी था, वह सब किया। मैं संयोजन पंक्ति के व्यक्ति जैसा था। मैंने अपना काम किया और इसे सही ढंग से किया, लेकिन यदि मैं चार कतार पीछे संयोजन पंक्ति को टूटे देखूँगा तो वहाँ जाकर उसे ठीक नहीं करूँगा।

कोई बेहतर आदमी शायद इन हालातों में मुझसे ज्यादा सुघड़ता से सँभाल लेगा। बेहतर व्यक्ति अपने निजी जीवन को अपने कॅरियर से अलग रखता है, लेकिन नीलिया की अनुपस्थिति ऐसी सहचर थी, जो कभी मुझसे अलग नहीं हुई। मैं कई मिनट, कई घंटे, शायद कई दिनों तक इसे भूला रह सकता था। कुछ दिन मुझे लगभग¨सामान्य महसूस होता और फिर मुझे सामान्य महसूस करने के लिए ग्लानि महसूस होती। शेष समय यह निराशा का अहसास, मेरी छाती को निगलता ब्लैकहोल उतना ही ताकतवर हो जाता, जितना दुर्घटना के दिन था। मैं इसे आरंभ करनेवाले बिंदुओं को पहचानता था, कोई छुट्टी का दिन या वर्षगाँठ, नीलिया का जन्मदिन; लेकिन बाकी दिन यह निराशा बिना किसी कारण के अकारण ही मुझपर हावी रहती।

मेरा नजदीकी स्टाफ संकेत पहचानने लगा, जो मैं अनजाने में ही प्रेषित करता था। कांग्रेस के चार, पाँच या छह माह के सत्र में मैं जिस दिन नीलिया की हाई स्कूल की अँगूठी अपनी छोटी उँगली में पहने हुए ऑफिस जाता, वे समझ जाते कि मैं उस दिन बात नहीं करूँगा। मैं वह सारा दिन अपने ऑफिस में फोन पर लड़कों या वैल से बात करते में बिताता, अगर उस दिन वोटिंग होती तो मैं अपने को घसीटता सा फ्लोर पर ले जाता, अपना वोट डालता और फौरन ही वापस अपने ऑफिस लौट आता और जिम्मी या माँ को फोन मिला लेता। मैंने इसे छिपाने का अधिक प्रयास नहीं किया। मुझे बाद में पता चला कि अन्य दफ्तरों के कर्मचारी शर्तें लगाने लगे थे कि बाइडन कितने वक्त काम में टिक पाएगा?

नीलिया और नाओमी को खोने से यूनाइटेड स्टेट्स का सीनेटर होने का सारा आनंद जाता रहा; इससे जीवन का सारा आनंद भी चला गया। यहाँ तक की सबसे अच्छे दिनों में भी मैं सीनेट में होने या न होने के भविष्य की कल्पना करने का दिल नहीं होता था। इसकी कोई गुंजाइश नहीं थी। मैं सिर झुकाए बेहद ध्यान से कदम उठाता। मैं अपने को लगभग उसी अवस्था में ले आया था, जैसा मैं आर्कमेरे में था, फुटबॉल के अभ्यास के दौरान विंड स्प्रिंट करता हुआ। मैंने शायद बीस कीं, लेकिन बीस करने के बारे में सोचा नहीं था। मैंने सोचा था कि एक काम कर लूँगा, तब एक और करना होगा। तब एक और करना होगा। सीनेट में हर दिन एक और होता और बस यही खुश होने के लिए काफी था। मैं अपना काम करता, कार में बैठता और अपने घर नॉर्थ स्टार चला जाता। ब्यू और हंटर की देखभाल करना मेरी विवशता थी; हालाँकि मैं जानता था कि उनके प्रति यह विवशता मेरे लिए भी उतनी

ही उपचारक थी, जितना उनके साथ उपचारित होना।

जब आखिरकार लड़कों को अस्पताल से छुट्टी मिली, वैल और उसके पति, ब्रूस मेरे साथ नॉर्थ स्टार रहने आ गए। हमने इस बारे में बात नहीं की थी, लेकिन बाइडन परिवार का नियम लागू होता था, यदि मदद माँगनी पड़े तो पहले ही काफी देर हो चुकी है। मेरे बिना कहे, वैल ने जितनी अच्छा संभव हुआ ब्यू और हंटर की माँ जैसी बन गई। हंटर केवल तीन वर्ष का था; और ब्यू चार का। ब्यू का पूरा शरीर अभी भी पट्टियों में था और उसके घुटनों के बीच छड़ लगाई गई थीं, जिससे वे उसका भार सह सकें। मेरे बेटों के साथ बहुत बुरा हुआ था; उनसे उनकी बहुत बड़ी चीज छीन ली गई थी, जब मैं नॉर्थ स्टार से वाशिंगटन के लिए निकलता, तो कई सुबह मुझे उनका डर महसूस होता था, "आप जा रहे हैं डैडी? क्या आप जा रहे हैं?" वे इस भरोसे के इच्छुक होते कि मैं वापस लौटूँगा और मैं उन्हें दिखाना चाहता था कि मैं हमेशा उनके साथ रहूँगा, इसलिए मैंने हर रात वापस लौटने का विचार बनाया।

वैल आमतौर पर उन्हें देर रात तब तक जगने देती, जब तक मैं घर वापस नहीं लौट आता। वे अपना रात का मीठा मेरे रात के खाने के साथ खाते। इसके बाद मैं उन्हें ऊपर उनके कमरे में ले जाता और बिस्तर पर उनके साथ लेट जाता तथा उनके ऊपर हाथ रख लेता। उनसे बातें करता। हम साथ मिलकर प्रार्थना करते, जिसमें उसी तरह से हेल मैरी कहते, जैसे ग्रैंडपॉप फिनेगन हमेशा किया करते थे और जब वे सुबह सोकर उठते, मैं तब भी घर में होता।

मैं उन्हें कभी भी व तुरंत संपर्क का अधिकार दिया। वे जब चाहें मुझे फोन कर सकते थे, उन्हें इसके लिए हरी झंडी थी और नियम यह था कि मैं उनका जवाब दूँगा। इससे फर्क नहीं पड़ता कि लड़कों के फोन करते वक्त मैं हेनरी किसिंगर के साथ ब्रीफिंग के मध्य हूँ, मेरे स्टाफ फोन मुझ तक पहुँचा देता। मैंने सबसे शुरुआती मोबाइल फोन में से एक अपनी कार में लगवाया था, ताकि लड़के मुझ तक तब भी पहुँच सकें, जब मैं वाशिंगटन जा या आ रहा हूँ। मैंने तय की दूसरी स्थिति भी उतनी ही महत्त्वपूर्ण थी। "तुम दोनों को वाइल्ड कार्ड है।" मैंने उनसे कहा।

"तुम जब भी डैडी के ऑफिस आना चाहो, आ सकते हो, इसके लिए कोई कारण होना जरूरी नहीं है। तुम मेरे साथ मेरे ऑफिस चलना चाहते हो, ठीक है, तुम्हें बस इतना करना है कि सुबह मेरे कमरे में आकर बस इतना कहो, 'वाइल्ड कार्ड'।"

ब्यू और हंटर हमारी नई दिनचर्या में स्थापित हो गए, जिससे मेरे लिए उनसे दूर होना और सीनेट में होना आसान हो गया। मेरे सहकर्मियों ने लीक से बाहर जाकर मेरे प्रति छोटी-छोटी नेकी करना जारी रखा। सीनेटरों और उनकी पत्नियों का एक ग्रुप था, जो महीने में एक बार या कभी भी किसी एक के घर साथ में खाना खाते थे। (वस्तुत: उन दिनों डेमोक्रेट्स और रिपब्लिकंस को एक-दूसरे का साथ पसंद था।) जब वे मुझे भी आमंत्रित करने लगे तो मुझे लगा कि वे केवल भलमनसाहत दिखा रहे हैं और वे सचमुच अपने साथ एक बड़ी संख्या नहीं जोड़ना चाहेंगे, लेकिन साउथ केरोलिना के फ्रिट्ज हॉलिंग्स और मिसौरी के टॉम ईगल्टन बार-बार कहते थे। एक दिन फ्रिट्ज ने मुझे क्लॉक रूम या सीनेट फ्लोर पर पकड़ लिया और कहा, "बुधवार रात, जो···कोई बहाना नहीं···पीट्सी आपका इंतजार करेंगी।" इसके बाद पीट्सी हॉलिंग्स ने मेरे ऑफिस फोन किया, यह सुनिश्चित करने के लिए कि मुझे समय और स्थान पता है। मैंने पहले वर्ष में वाशिंगटन में डिनर और पार्टियों में जाने के प्रति सप्ताह के दर्जनों निमंत्रण ठुकराए थे; अपने सहकर्मियों के साथ डिनर ऐसी डेट थी, जिसे मैं काम के बाद तरजीह देता था। मैं टॉम व बारबरा ईगलटन, फ्रिट्ज व पीट्सी हॉलिग्स, टेड व एन स्टीवंस, बिल व डॉली सैक्बी, फ्रैंक व बीथून चर्च और मेरी ही तरह पत्नी को खो देनेवाले स्टुअर्ट सिमिंगटन की दोस्ती कभी नहीं भूल सकता, जब मैं पीछे मुड़कर देखता हूँ तो अहसास होता है कि मैं कितना भाग्यशाली था, जो मुझे ऐसा कार्यस्थल मिला, जहाँ इतने सारे लोग मेरी देख-रेख के लिए अपनी सीमा से बाहर जाते थे।

मुझे कुछ पुराने दक्षिणी डेमोक्रेट्स को भी जानने लगा था; मिसीसिपी के दंपती मुझमें विशेष रुचि रखते थे। वर्ष 1973 में भी, जॉन स्टेनिस व जॉन ओ. ईस्टलैंड तथा सीनेट के बीच पचास वर्षों से भी अधिक का संबंध था। स्टेनिस पचास और साठ के दशक में ठोस पृथक्कतावादी लीक पर फँसे थे, लेकिन उनका दिल इसे स्वीकार नहीं करता था। जेम्स ओ. ईस्टलैंड बेरहम पृथकतावादी ही रहे। ईस्टलैंड की नागरिक अधिकारों पर पैरवी ने उन्हें उनके निर्वाचन क्षेत्र मिसीसिपी में राजनीतिक स्थिति मजबूत कर दी, लेकिन परदे के पीछे वे हमेशा स्टेनिस का बचाव करते थे। उन्होंने मुझसे एक बार कहा था, "जो, यह कुछ ऐसा है। जॉन मिसीसिपी में सर्वकल्याणकारी चेतना को सँभालते हैं और मैं उनकी राजनीति सँभालता हूँ।"

स्टेनिस के साथ मेरे रिश्तों की वास्तविक शुरुआत तब हुई, जब मैंने यदा-कदा अवसरों पर कैपिटल के निजी सीनेट डाइनिंग रूम में जाने लगा। सीनेट में

आज लगभग सभी दोपहर के भोजन कार्यक्रम पार्टी कारोबार से जुड़े होते हैं। डेमोक्रेट्स के लंच के आयोजन अन्य डेमोक्रेट्स के लिए होते थे, जिसमें उस दिन रिपब्लिकंस के खिलाफ मुद्दा तैयार करने के लिए होते थे या किस तरह निशाना बने किसी साथी को बचाना है या आगे बढ़ने के आदेश और हमारे अगले चुनाव चक्र के लिए जुटाई जानेवाली धनराशि की उम्मीद पर बात करते और रिपब्लिकंस भी यही करते, जैसे-जैसे दोनों पार्टियाँ अपने ध्वज दूर-से-दूर लेती गईं, पार्टी से इतर सामाजिकता का भाव क्षीण होता गया, लेकिन वर्ष 1973 में ज्यादातर सीनेटर खाली समय में अपना भोजन निजी डाइनिंग रूप में ही करते थे।

तब भोजन की एक पद्धति थी। दो बड़ी टेबलें—एक डेमोक्रेट्स के लिए और दूसरी रिपब्लिकंस के लिए—12.30 बजे से भरना शुरू हो जातीं, क्योंकि हर सीनेटर मंथर गति से चलते हुए सीट ले लेता। किसी के भी लिए तय कुरसी नहीं थी, लेकिन सबको बिना एक भी शब्द कहे अपनी जगह पता थी। दक्षिणी डेमोक्रेट्स—वर्ष 1973 में दक्षिण ठोस रूप से डेमोक्रेटिक था—डाइनिंग रूम में घर जैसा महसूस करते, जैसा आमतौर पर सीनेट में करते थे। देश पर अपनी पकड़ खोने के बाद दक्षिणी डेमोक्रेट्स सीनेट में अपनी पकड़ मजबूत रखी। द डेमोक्रेटिक पार्टी वर्ष 1973 में सीनेट में सहज ही 56-42 का बहुमत हासिल कर लेती (एक स्वतंत्र और एक कंजर्वेटिव होते थे) और उन्होंने संस्थागत शक्तियों के हर एक लीवर को नियंत्रित किया था। सीनेट को शासित करनेवाले वरिष्ठ तथा दक्षिण में एक बार सीनेट सीट जीतनेवाले व्यक्ति का हारना मुश्किल था। सबसे पुराना और सभी पुराने दिग्गजों में सबसे बड़े ईस्टलैंड, ज्युडिशियरी कमेटी के चेयरमैन और हाल ही में सीनेट के प्रो-टेंपोर के अध्यक्ष चयनित हुए थे। पारंपरिक रूप से बहुत में सबसे लंबी अवधि तक सीनेटर रहनेवाले व्यक्ति को ही यह उपाधि मिलती थी और ईस्टलैंड को सीनेट में मेरे जन्म से कुछ हफ्ते पहले चुना गया था। वर्ष 1973 में, दक्षिणी डेमोक्रेट्स ने अधिकांश स्थायी और अन्य महत्त्वपूर्ण समितियों के अध्यक्ष रहे। इसके अलावा रूल्स कमेटी के द्वारा वे सीनेट के डाइनिंग रूम के मेन्यू को भी नियंत्रित करते थे। एक मशहूर बीन सूप हुआ करता था, लेकिन मुझे याद है, कभी कोलार्ड ग्रीन और काफी सारी मीठी चाय भी हुआ करते थे, जब मैं कक्ष में दाखिल हुआ तो दक्षिण की तरफ का माहौल सुस्पष्ट था।

पहली बार जब मैं डाइनिंग रूम में गया तो मैं डेमोक्रेट्स टेबल की खाली कुरसी पर बैठ गया, यह अध्यक्ष की कुरसी थी। मैंने अभी खाना शुरू ही किया था

कि मैंने सीनेटर स्टेनिस को टेबल के दूसरी तरफ खड़े हुए कुरसी तलाशते देखा। "चेयरमैन साहब, मैं खा चुका हूँ," और मैं उठकर जाने लगा।

"कृपया मेरी कुरसी पर बैठ जाइए।" और मैं खाना खत्म करने से पहले ही चला गया। स्टेनिस शायद भाँप गए थे। उस दोपहर सीनेट के कारिंदे ने मुझे स्टेनिस के ऑफिस से भेजा मोहरबंद लिफाफा दिया। इस लिफाफे में लिखा हुआ नोट कार्ड था, "आपकी भद्रता अदृष्ट नहीं रही," यह उन्होंने अपने हाथ से लिखा था, "और हमेशा याद रहेगी।"

जब मैंने सीनेट के फ्लोर पर अपना पूर्णत: अबूझ पहला भाषण दिया, स्टेनिस मेरे उन सहकर्मियों में थे, जिन्होंने इसपर ध्यान दिया। मुझे यह भाषण जरा भी याद नहीं, लेकिन मुझे वह अहसास याद है, जब मैं इसके लिए अपने डेस्क से उठा था, मैं सुन्न हो गया था। यही वह क्षण था, जब मुझे अहसास हुआ कि मैं सीनेटर था और मैंने खुद को बहुत छोटा महसूस किया। मैं जो बाइडन, स्क्रैंटन, क्लेमोंट और मेफील्ड का, जो बाइडन वह स्थानं कैसे ले सकता हूँ, जहाँ कैल्हॉन, क्ले, वेबस्टर, हैरी ट्रूमैन, जॉन एफ. कैनेडी, लिंडन बेन्स जॉनसन बैठते थे? मेरे रोंगटे खड़े हो रहे थे; मुझे वाक् उत्तेजना हो आई, लेकिन मुझे यकीन था कि मुझे नहीं पता कि मैं क्या बोल रहा हूँ; मुझे महसूस कर रहा था कि खुद को अपने शरीर के बाहर देख रहा हूँ। मुझे भाषण समाप्त होना याद नहीं, मुझे फ्लोर से जाना याद नहीं, लेकिन मुझे यह याद है कि बाद में उस दिन मुझे जॉन स्टेनिस का एक नोट मिला, जो टाइपराइटर से लिखा था—"मैंने आज आपको बोलते सुना। आप वहाँ मजबूती से खड़े रहे, जैसे पत्थर की दीवार हो, जैसे स्टोनवॉल जैक्सन।"

जिम ईस्टलैंड और मेरी शुरुआत ज्यादा अच्छी नहीं थी। मैं कैंपेन फाइनेंस रिफॉर्म पर सीधे उनसे भिड़ गया। अपने पहले वर्ष में मैंने जिन कुछ मुद्दों में दिलचस्पी ली थी, उनमें इलेक्शन फाइनेंसिंग भी था। जनता की हमेशा से यही शिकायत रही है कि पब्लिक ऑफिस को बड़े धन और बड़े कॉरपोरेशन खरीद लेते हैं और यह चिंता न्यायोचित भी है। पहले वर्ष 1973 में सीनेट में उदारवादी व्यक्तिगत और कॉरपोरेट अभियानों में दान पर सख्त तय सीमाओं के अनुसार सुधार की माँग करते थे, लेकिन एक ओर फ्रेशमैन, आयोवा के डिक क्लार्क के साथ मैं चुनावों में पूर्णत: जन वित्त पोषण की पैरवी कर रहा था और मैंसफील्ड ने मुझे कहा कि मैं अपने प्रस्ताव पर डेमोक्रेटिक काकस में प्रेजेंटेशन बनाऊँ। नए लोग वस्तुत: काकस में ही बोलते थे, लेकिन मैंने आवाज उठाई। एक के बाद नियमित हो जाने

के बाद मैं ऐसा ही करूँगा। प्रत्येक चुनाव चक्र के साथ ही प्रक्रिया में जनता का विश्वास घटता था, मैंने अपने डेमोक्रेटिक सहकर्मियों को याद दिलाया और वह स्कैंडल, जो निक्सन के पुनः चुनाव के अभियान में वित्त पर लगे थे, वह बिल्कुल नया निम्न बिंदु था। जन वित्त पोषण इस विश्वास को वापस जीतने का रास्ता था। इसके बाद हमें फिर कभी चिंता नहीं करनी होगी कि हमारे योगदानकर्ता कौन हैं और उनके साथ कौन से बड़े अपराध व दुराचरण जुड़े हैं। इससे हम सब मुक्त हो सकेंगे। हम किसी व्यक्ति या हित समूह के बाध्य नहीं होंगे। हम केवल अपने वास्तविक निर्वाचकों—अमेरिकी आबादी के प्रति जवाबदेह होंगे और हमारा प्रस्ताव सरल था—सरकार प्रत्येक संसदीय चुनाव का वित्त पोषण करे। उस कक्ष में मौजूद हम जैसे हर एक पदाधिकारी को चुनाव के लिए निश्चित धनराशि मिलेगी और शासन में होने के स्पष्ट लाभ के कारण चुनौती देनेवालों को उतनी ही धनराशि के अलावा 10 फीसदी अतिरिक्त राशि मिले। मैंने सुझाया, हर टैक्स रिटर्न पर न्यूनतम राशि केवल कुछ डॉलर से सहज ही संघीय चुनावों के लिए धन प्राप्त हो सकेगा। मैंने अपना होमवर्क किया था; मैंने हिसाब लगा लिया था, जब मैं बात समाप्त करके बैठा तो वहाँ मौन पसरा था।

"कोई कुछ कहना चाहेगा?" मैंसफील्ड ने कक्ष में पूछा। अभी भी चुप्पी छाई रही। किसी ने एक शब्द भी नहीं कहा। वरिष्ठ नेता—बॉब बायर्ड, डैनियल ईनूये और ईस्टलैंड—आगे की कुरसियों पर स्तब्ध बैठे थे। ईस्टलैंड अपने सिगार को जोर से चबा रहे थे। उस दिन बाद क्लॉक रूम में वॉरेन मैगनसन ने लगभग मुझपर चिल्लाते हुए कहा, "बाइडन, धत्त, यहाँ आओ! मैं चाहता हूँ कि तुम बस करो। खत्म करो इसे। मैंने यू.एस. सीनेट में तीस वर्ष इसलिए नहीं बिताए कि अपनी सीट किसी सिसिकते छोटे बुद्धू को दे दूँ, जिसके पास मुझसे 10 फीसदी ज्यादा धन हो।" लेकिन काकस में उस दिन भारी चुप्पी के बाद अंततः ईस्टलैंड और केवल ईस्टलैंड ही बोले, "मुझे बताया गया था कि आप अमेरिकी इतिहास में यू.एस. सीनेट के लिए चुने गए सबसे युवा व्यक्ति हैं।" ईस्टलैंड ने कहा, वे अभी भी अपना सिगार चबा रहे थे। वास्तव में मैं चुना गया दूसरा सबसे युवा व्यक्ति था, लेकिन यह उन्हें सुधारने का सही वक्त नहीं था। "हम सब इसी तरह के भाषण देते आए हैं, जैसा आज तुमने दिया।"

ईस्टलैंड ने आगे कहा, "और तुम अमेरिकी इतिहास में एक सत्र के सबसे युवा सीनेटर होनेवाले हो।"

इसके साथ ही मैंसफील्ड ने हथौड़ा पटका और कहा, "बरखास्त!"

मुझे याद है, मुझे ऐसा लग रहा था, जैसे मैं फिर से हाई स्कूल फुटबॉल खेल रहा हूँ और अभी मैंने इस सीजन का सबसे मुश्किल हिट किया है, अब मुझे साबित करना था कि मैं ठहरनेवाला नहीं हूँ। खेल शुरू था। चलो खेलें। मैं अपने सहकर्मियों के प्रति सम्मानपूर्ण था, लेकिन भयभीत नहीं था। मैं समझता था कि प्रचार कार्य में जन वित्त पोषण से करना असंभव था, जब ईस्टलैंड जैसा कट्टर अनुदार दक्षिणपंथी और मैगनसन जैसा उदारवादी पश्चिमपंथी जब इस ताकत के साथ किसी चीज पर सहमत हों तो मैं जान गया कि मुझे ज्यादा समर्थन नहीं मिलनेवाला, लेकिन मैंने पाँव पीछे नहीं हटाया; मैं इसे आगे बढ़ाना चाहता था। कुछ हफ्तों बाद मेरी सीनेट रूल्स एंड एडमिनिस्ट्रेशन सबकमेटी ऑन प्रिवलेजिस ऐंड इलेक्शंस के सामने पेशी हुई और मैं पूर्णतः स्पष्टवादी रहा। मैंने मशीनिस्ट यूनियन और डेलावेयर के धनवान निवेशकों से मिले अनुभव तथा सीनेट अभियान के दौरान मिले दान तथा उनसे जुड़े तार का हवाला दिया। मैंने सबकमेटी के सदस्यों से कहा कि मेरा यकीन है कि यह व्यवस्था उन लोगों को हतोत्साहित करती है, जो वास्तव में शामिल होना चाहते हैं, "मेरी राय में छोटे योगदानकर्ताओं को लगता है कि मेरे छोटे से योगदान से क्या फर्क पड़ेगा, जब डेमोक्रेट्स बड़ी लेबर और रिपब्लिकंस बड़े कारोबारों का उत्पाद हैं।" और मैंने उनसे कहा कि हम जन अधिकारी भी व्यवस्था का शिकार बनते हैं। "हमपर अत्यधिक दबाव होता है, कम-से-कम एक खास क्षेत्र में कि हम अपनी ईमानदारी से नहीं तो अपने विचारों से ही वेश्यावृत्ति करें।"

"मुझे यकीन है कि असली कैंपेन फाइनेंस रिफॉर्म व्यवस्था में लोगों का विश्वास कुछ हद तक जीतने का सबसे सहज तरीका है। ऐसा और कुछ नहीं, जो राजनेताओं को आम नागरिक से जोड़ सके, जिससे साफ-सुथरे चुनावों की गारंटी मिले।"

सीनेट में अपने पहले छह माह बीतने पर मुझे वह दिन ज्ञात ही नहीं रहा। मैं अभी तक तय नहीं कर पाया था कि अपना पहला सत्र पूरा करूँ या नहीं, लेकिन मुझे यह अच्छा लगा कि मेरा ध्यान—प्रसंगवश—मेरे काम में ही कहीं तो लगा। कई बार मैं हैरान होता हूँ कि मेरा ध्यान किसने आकर्षित किया। मुझे याद है कि जुलाई 1973 में मैं सीनेट के फ्लोर से मैंसफील्ड के ऑफिस जा रहा था, जब मैंने सुना कि कोई भाषण दे रहा है और मैं अचानक रुक गया। मुझे नहीं पता कि किसपर चर्चा हो रही थी, लेकिन मैंने सुना कि नॉर्थ केरोलिना के अनुदार रिपब्लिकन जेसी

हेलम्स, सीनेट की वेतन बढ़ोतरी को पटरी से उतारने का प्रयास कर रहे थे। हेलम्स मेरी तरह फ्रैशमैन ही थे, लेकिन उनकी साख पहले ही सीनेट के कामों के विरोध करनेवाले की बन गई थी। मैंसफील्ड भी हेलम्स से व्याकुल थे, अंशतः इसलिए क्योंकि जेसी को काम बरबाद करने में मजा आता था।

मैं हेलम्स से असहमत नहीं था, शायद इसलिए क्योंकि हमने वर्ष 1973 की वेतन बढ़ोतरी के लिए अपने को वोट नहीं किया था, जबकि अधिकांश अमेरिकी कर्मचारी अपने जरूरतें भी पूरी नहीं कर पा रहे थे, लेकिन हेलम्स इस शैली में बात कर रहे थे, जो सीनेट को नीचा दिखाने के साथ ही इसकी वैधता को भी क्षीण करती है। वे कह रहे थे कि मेरे सहकर्मी अपने सार्वजनिक कार्यों के लिए अच्छी क्षतिपूर्ति के पात्र नहीं हैं और मैंने इसका विरोध किया। मुझे याद है, मैंने सोचा कि शायद जेसी हेल्मस अच्छे वेतन के योग्य न हों, लेकिन हम बाकी सब तो थे तो मैंने अपनी मैंसफील्ड के ऑफिस की यात्रा रोकी और मंच का उपयोग करने की अनुमति माँगी।

"राष्ट्रपति महोदय! ऐसा लगता है कि हमें अमेरिकी जनता को साफतौर पर जता देना चाहिए कि हम सर्वथा योग्य हैं, अमेरिकी लोग इसे समझ जाएँगे, क्योंकि वे उससे ज्यादा समझदार हैं, जितना हम उन्हें समझते हैं। मुझे नहीं लगता कि यहाँ पब्लिक गैलरी में बैठे या कैपिटल से बाहर के लोग यह चाहते होंगे कि यू.एस. सीनेट में ऐसे लोग आएँ, जो उच्च वेतन के योग्य न हों।"

वर्ष 1973 में वस्तुतः इसकी कोई सीमा नहीं थी कि एक सीनेटर कितनी बाहरी आय अर्जित कर सकता है। कुछ लोगों को बतौर लॉ-फर्म पार्टनर; दूसरे के स्वामित्व वाले कारोबार से काफी धन मिलता था। मेरे अलावा बाकी सबने शेयर खरीद रखे थे। (वर्ष 1972 में प्रचार के दौरान मैंने कहा था कि मैं कभी स्टॉक या बॉण्ड नहीं खरीदूँगा, जिससे वोट के दौरान कभी मेरे हित संघर्ष न हों।) मेरा काम ठीक चल रहा था, लेकिन मुझे पता था कि मेरे कुछ सहकर्मी ऐसे भी थे, जिनके लिए वाशिंगटन और अपने गृह राज्यों में घर चलाना कितना मुश्किल हो रहा था। मुझे लगा कि हमें अपने आपको इतना वेतन देना चाहिए कि बाहरी आय अनावश्यक हो जाए। "बल्कि यदि हम सीनेटरों के वेतन की बात कर ही रहे हैं तो क्यों न वास्तव में हर तरह की बाहरी आय में कटौती के बारे में बात करें? मुझे यह अच्छा लगेगा?" मैंने फ्लोर पर से कहा। हैरानी की बात नहीं कि अगले दिन प्रेस में मेरा चर्चा था। दक्षिणपंथी सामंत विलियम लोएब ने मैनचेस्टर यूनियन लीडर

के अपने प्रथम पृष्ठ संपादकीय में चलाया, "डेलावेयर के जिन मतदाताओं ने इस मूर्ख को चुना है और इस दंभी अहमक को सीनेट तक पहुँचाया है, उसे ऐसा सबक सिखाएँ कि उसके होश ठिकाने हों और फिर खुद को सबक सिखाएँ, जिन्होंने इस मूर्ख को वोट किया।" मैंने इस संपादकीय को फ्रेम करवाकर अपने सीनेट ऑफिस में टाँग लिया। मुझे लगा, नीलिया को यह खूब पसंद आता।

तीस वर्षीय यूनाइटेड स्टेट्स सीनेटर होकर मैं पहले ही भिन्न था और इसी कारण मेरी माँग भी अधिक थी। मैंने सुप्रीम कोर्ट के न्यायाधीश विलियम ओ. डगलस और पोलियो की दवा खोजनेवाले वैज्ञानिक—नायक जोनास साल्क जैसे दिग्गजों के साथ मंच साझा किया। मेरे शुरुआती भाषण सहभागिता चार अन्य सीनेटरों के साथ कुक काउंटी, इलिनॉयस का डेमोक्रेटिक कार्यक्रम भी था। ह्यूबर्ट हंफ्रे उस शो के स्टार थे, बस मुझे किसी ने यह बताया नहीं था। मुझे गवर्नर डान वाकर के स्टाफ ने यकीन दिलाया था कि मुख्य भाषण मेरा होगा, लेकिन वाकर का मेयर रिचर्ड जे. डेले के साथ झगड़ा था और डेले ने मुख्य संवाद के लिए हंफ्रे को बुलाया था। डेले न केवल अमेरिकी का सबसे शक्तिशाली मेयर थे, बल्कि वे डेमोक्रेटिक पार्टी के पावरहाउस भी थे, जब मेयर ने मुख्य वक्ता का परिचय दिया तो उन्होंने सीनेटर ह्यूबर्ट हंफ्रे का नाम लिया और शेष सभी सीनेटर उनके साथ वाशिंगटन से आए हैं, तब मुझे अहसास हुआ कि मुख्य वक्ता भाषण डेलावेयर के तीस वर्षीय जूनियर सीनेटर का होना डेले को जँचा नहीं था।

जब मैं बोलने के लिए उठा तो मैंने दुराव दूर करने का प्रयास किया, सबसे पहले मैं श्री डेले की तरफ मुड़ा। मैंने कहा, "मेयर साहब, वास्तव में यहाँ ह्यूबर्ट हंफ्रे मेरे साथ आए हैं। मैं यहाँ ह्यूबर्ट हंफ्रे के साथ नहीं आया।" डेले मुसकराए तक नहीं। इसके बाद मैं पुनः भीड़ की तरफ मुड़ा, वह भी अप्रभावित सी थी। मैंने कहा कि कोई नहीं जानता कि मैं कौन हूँ तो मैंने उन्हें बताया कि वे कितने भाग्यशाली हैं कि उन्हें वक्ता के तौर पर मुझ जैसा महत्त्वपूर्ण व्यक्ति मिला है, फिर भी मौन पसरा रहा तो मैंने एक दाँव लगाने का फैसला किया। मैंने पीछे मुड़कर डेले को देखा और मेयर साहब से दृढ़ता से कहा कि अगर वे भी मुझ जैसा राजनीतिक भविष्य चाहते हैं तो बेहतर है कि खुद पर लगाम लगाकर रखें।

मेयर डेले ने मेरी तरफ देखा और फिर जनता की तरफ मुड़े और कहा, "हा!" जनता ने भी कहा, "हा!" और फिर वे 'हा-हा-हा!' करके हँसने लगे तो श्रोता भी 'हा-हा-हा!' कर हँसने लगे। इसके बाद खुलकर हँसने लगे और

भेड़चाल से भीड़ ने उनके सुर में सुर मिला दिया। यह मुझे पुराने बड़े शहर के मेयर की ताकत से एक अहम सबक सीखने को मिला।

यह जानने के बाद मैं राजनीतिक डिनर सर्किट में काफी अच्छा करने लगा। मुझे अनियंत्रित भीड़ का भय नहीं रहा। मैं बढ़िया भाषण देने लगा और मैं उम्मीदवारों को धन जुटाने में मदद करने में सक्षम हो गया तो निमंत्रण लगातार आते रहे। लड़कों को विश्वास पक्का होता गया कि मैं नॉर्थ स्टार आता रहूँगा; मैं एक या दो रात यात्रा पर जाता था और उन्हें इससे दिक्कत नहीं थी, क्योंकि वैल उनकी देख-रेख करती थी, जब डेमोक्रेटिक कांग्रेशनल कैंपेन कमेटी के डायरेक्टरों ने मुझसे पूछा कि क्या मैं वर्ष 1974 में उम्मीदवारी के मार्ग पर चलूँगा तो मैंने स्वीकार कर लिया।

चुनावों के आने तक के आठ महीने मैं घूमता रहा—अलबामा; बोस्टन; जोंसटाउन, पेंसिल्वेनिया; कॉलेज पार्क, मैरीलैंड; फिलाडेल्फिया (जॉन मुर्था नामक कांग्रेसी दावेदार के प्रचार अभियान के लिए); होनोलूलू; सैन एंटोनियो; बर्मिंघम; मार्टिंसबर्ग, वेस्ट वर्जिनिया, सेराक्युस, न्यूयॉर्क; न्यू हैवन, कनेक्टिकट (जो लिबरमैन नामक राज्य सीनेट उम्मीदवार के लिए); शिकागो; स्पोकेन; सॉल्ट लेक सिटी; स्क्रैंटन; अल्बुक्वेर्क; बेकर्सफील्ड; अटलांटा; सेंट लुइस; ईवान्सविल, इंडियाना; कार्बोंडेल, इलिनॉयस (पॉल सिमोन के लिए); हैरिसबर्ग, पेंसिल्वेनिया; कोलंबस; डेट्रायट, मियामी; बर्लिंगटन, वर्मांट (पैट्रिक लीहे के लिए)। इतने आरंभ में ही लोगों में फुसफुसाहट चालू थी कि मैं अपनी भविष्य के राष्ट्रपति प्रचार अभियान के लिए राष्ट्रीय आधार तैयार कर रहा हूँ। यह कोई नहीं जानता था कि मैं नाम नहीं बना रहा था, नींद पूरी कर रहा था।

घर में मेरे लिए सबसे मुश्किल काम सोना होता है। लड़कों को बिस्तर पर लिटाने के बाद जब भी मैं नीचे आता तो मेरा भाई जिम्मी या कोई पुराना दोस्त किचन में मेरा इंतजार कर रहा होता था। मेरा परिवार और दोस्त मिलकर काम करते थे कि मैं कभी अकेला न रहूँ। वे मुझे देर रात फिल्म दिखाने ले जाते या तब तक जागे रहते, जब तक मैं बातें करता रहता और उस बेडरूम में जाने का नहीं सोचता, जिसे नीलिया और मैंने नॉर्थ स्टार में कुछ सप्ताह रहने के दौरान साझा किया था। मेरे नजदीक उसकी आखिरी भौतिक निशानी, उसकी खुशबू, अब हमारे कमरे में नहीं थी। नींद ऐसा वेताल थी, जिसका मैं लगातार पीछा करता रहता।

केवल एक ही वक्त था, जब मुझे राहत का अहसास होता, सुनने में अजीब

है, जब मैं सड़क पर होता था, जब विमान उड़ता तो मुझे अपने कंधे से बोझ हटता महसूस होता और विमान के हवा में पहुँचने के बाद मैं आखिरकार नींद के आगोश में चला जाता और जैसे ही विमान जमीन छूता, वह बोझ फिर से आ जाता। यह ऐसी सनसनी थी, जिसे जॉन मिल्टन ने अपने सोनेट में भलीभाँति व्यक्त किया है, "मैं जागा, वह चली गई और दिन फिर से मेरे लिए रात ले आया।"

इन सब दौड़-धूप के बीच कहीं मैं ईश्वर और अपने साथ कुछ सुकून पाने लगता था। साफ कहूँ तो मैं शोक के कीचड़ में धँसते हुए थक गया था। मैं ईश्वर के प्रति अपने रोष में अहं के अशोभनीय रूप को देख रहा था। इससे ज्यादा विषयासक्त होना क्या हो सकता है कि यह सोचें कि ईश्वर मेरे हालातों को लेकर खासतौर पर व्यस्त है? मैंने अपने डेस्क पर एक छोटा सा कार्टून रखा था। पहले चित्र में एक व्यक्ति पर बिजली गिरती है, वह झुलसता है और ईश्वर की तरफ मुट्ठियाँ हिलाते हुए कहता है, "मैं ही क्यों?" अगले चित्र में ईश्वर कंधे उचकाते हुए जवाब देते हैं, "तुम क्यों नहीं?"

"मैं क्यों नहीं? बिल्कुल ठीक। मैं क्यों नहीं?"

बुरी चीजें होती हैं। लाखों लोगों के साथ मुझसे भी ज्यादा बुरा हुआ था, लेकिन वे उठे और चल दिए। मैं अपने से यही कहता और जीवित रहा।

तो मैं भी चलता रहा···काम करता रहा···घर वापस लौटता और अपने रात को बिस्तर पर बेटों को गले लगाता···किसी महिला से मिलता और सड़कों पर प्रचार करता उन लोगों के साथ, जो जनता के समक्ष प्रचारित होना चाहते हैं। आम चुनावों के अंतिम दिनों में मैं कैलिफोर्निया, न्यू जर्सी और इनके बीच के आधा दर्जन स्थानों पर रहा, लेकिन वर्ष 1974 में चुनाव के दिन मैं वैल के जन्मदिन के लिए वापस नॉर्थ स्टार में था।

वैलेरी बाइडन, वह आधारशिला थी, जिससे मैंने अपने को बचाए रखा और अपने परिवार का पुनर्निर्माण किया, जब नीलिया का निधन हुआ तो मेरी बहन ही वह व्यक्ति थी, जिसपर मैं अपने बेटों को लेकर पूरा भरोसा कर सकता था, जब हंटर को अस्पताल से छुट्टी मिली तो वह वैल और उसके पति ब्रूस के साथ रहा, जिससे मैं ब्यू के साथ रह सकूँ। कुछ हफ्ते बाद जब ब्यू को छुट्टी मिली तो वैल और ब्रूस हमारे साथ नॉर्थ स्टार आ गए। वैल ने फ्रेंड्स स्कूल की अपनी शिक्षिका की नौकरी छोड़ दी और ब्यू और हंटर की दैनिक केयरटेकर का काम सँभाल लिया, जिसे वे खो बैठे थे, जब ब्यू ने स्कूल जाना आरंभ किया तो सुबह

मैं उसे छोड़ने जाता, लेकिन रोजाना उन्हें वापस वैल लाती थी। वह खाना बनाती, खरीददारी करती, कपड़े धोती और कार में ले जाती तथा जब मैं वाशिंगटन में या सड़क पर होता, वैल रोजाना वहाँ मौजूद रहती। वह लड़कों को जानती थी और इस तरह प्यार करती थी, जैसे वे उसके अपने बच्चे हों। हंटर आत्मनिर्भर था और इतना गौरवपूर्ण था कि मदद नहीं माँगा था, जब ब्यू पहले वर्ष स्कूल में रहा तो हंटर घंटों अकेला बैठा अपने खिलौने के सैनिक से खेलता रहता। ब्यू इसके उलट था; उसे मानव संपर्क की ललक थी, "क्या हम पढ़ें आंटी वैल? क्या आप मुझे पढ़कर सुनाओगी? क्या हम पजल सुलझाएँ?"

बात यह थी कि वैल ने इसे ही अपना काम बना लिया था कि उन्हें दोनों व किसी एक को क्या चाहिए और वह अपने दिन-रात उनकी देखभाल में व्यतीत करती। मैं घर पर और वैल के साथ काफी रहता था, लेकिन हमारी बातचीत ब्यू और हंट···और मेरे बारे में ही होती। हम उनके स्कूल के बारे में, उनके दोस्त और उनके खाने व सोने व उनसे उनकी माँ के बारे में कैसे बात करनी है, इसपर बात करते। वैल मेरे बारे में पूछती कि मेरा काम कैसा चल रहा है और वह मेरे लिए क्या कर सकती है। उसने कभी भी अपनी परेशानियाँ नहीं बताईं, हालाँकि उसकी परेशानियाँ भी छोटी नहीं थीं। वैल और ब्रूस के मेरे यहाँ रहने आने से पहले, उनकी शादी लगभग समाप्ति पर थी। उनकी काफी कम उम्र में शादी हो गई थी। वैल को डेलावेयर विश्वविद्यालय से निकले अभी केवल कुछ ही वर्ष हुए थे और ब्रूस अभी वियतनाम से वापस लौटा ही था। वे दोनों ही जानते थे कि कुछ वर्ष पहले उनसे गलती हुई थी। उनमें स्नेह नहीं था और न ही उनकी दिलचस्पियाँ एक जैसी थीं, बल्कि जिस थोड़े से समय ब्रूस हमारे यहाँ नॉर्थ स्टार में रहा भी तो वो और वैल अलग जिंदगी जीते थे।

लेकिन वैल के लिए तलाक का सामना करना बेहद कष्टकारी था। उन दिनों चर्च की नजरों में तलाक लेना कोई छोटी बात नहीं थी। एक वर्ष से भी ज्यादा तक वह यह कष्ट सहती रही, लेकिन उसने मुझसे कभी एक शब्द भी नहीं कहा। "मैं जानती थी कि बतौर वैलेरी बाइडन मेरी जिंदगी खत्म हो चुकी है," वैल ने मुझे बाद में बताया, जब मैंने उससे पूछा कि उसने मुझे इस बारे में क्यों नहीं बताया, "मैंने सब खराब कर दिया। मैंने खुद को, परिवार को, चर्च को और अपने सपनों का अपमान किया, लेकिन तुम्हारी जिंदगी बिखर गई थी। तुम हर तरह से कष्ट में थे और मैं तुम्हें इससे निकालना चाहती थी, तुम्हारे और लड़कों के लिए खुशहाल बनाना चाहती थी।"

मैं नॉर्थ स्टार को उसका घर भी उतना ही मानने लगा, जितना अपना मानता था तो एक बार यात्रा से वापस लौटने पर मैंने वैल को एयरपोर्ट से फोन किया और पूछा कि क्या मैं डिनर के लिए किसी मेहमान को ला सकता हूँ। मुझे पता था कि उसे वक्त चाहिए होगा, ताकि इन सबकी आदी हो सके।

"वैल, सुनो! मुझे पता है कि तुम उसे पसंद नहीं करतीं और यह तुम्हारा भी घर है, लेकिन मुझे सचमुच अजीब लग रहा है। वह मेरे साथ काफी अच्छा रहा। क्या हम जैक ओवन्स को आमंत्रित कर सकते हैं डिनर के लिए?"

दूसरी तरफ मौन पसरा था। मेरे सीनेट में चुने जाने के कुछ माह बाद जैक ने मुझे मेरी लॉ फर्म से निकाला और विलमिंगटन ले गया। मुझे देर रात फिल्म दिखाने ले जाने के लिए इंतजार करनेवालों में जिम्मी के साथ अकसर जैक भी होता था, लेकिन वैल और जैक की एक-दूसरे में राय स्पष्ट थी। दोनों में से कोई भी सेराक्युस के अपने विनाशकारी डेट या सीनेट प्रचार के दौरान लड़ाई की लंबी कहानी को याद नहीं करना चाहता था, लेकिन अंत में वैल ने कहा, "निश्चित ही जो। तुम जिसे चाहो, ला सकते हो। यह तुम्हारा ही घर है।"

जब तक मैं, जैक और जिम्मी घर पहुँचे, वैल ने खाने के लिए चिकन ब्रेस्ट बना लिये थे। यह ग्रीष्म की गरम रात थी और मैं एक आरामदेह शाम चाहता था, लेकिन हम जैसे ही बैठे, तभी मुझे सीनेट से फोन आ गया तो मैं इसे सुनने लाइब्रेरी में चला गया। जिम्मी को डेट पर जाना था तो उसने चिकन को बस सूँघा और दरवाजे से बाहर दौड़ गया। हंट और ब्यू टेबल से हटकर जुगनू पकड़ने चले गए और अचानक ही डिनर टेबल पर बस जैक और वैल आमने-सामने रह गए, पूर्णतः अकेले। "चिकन अच्छा है!" जैक ने वैल से कहा।

"मत कहो, जैक। चिकन बिल्कुल रबड़ जैसा है। मैं अच्छी कुछ नहीं हूँ।"

"वैल, तुम्हारी यही समस्या है। मैं बस अच्छा बनने का प्रयास कर रहा हूँ और यह ऐसा ही है, पता नहीं, शायद मुझे भूख लगी होगी, लेकिन चिकन बहुत अच्छा था, ठीक है?"

"ठीक है!" वैल ने आखिरकार नरम पड़ते हुए कहा।

"मुझे खुशी है कि तुम्हें चिकन अच्छा लगा।"

इसी के साथ वैल हँसने लगी; फिर जैक भी हँसने लगा। बीस मिनट बाद जब मैं डाइनिंग रूम में वापस लौटा, वे तब भी हँस रहे थे। जैक और वैल दोस्त बन गए। अगले एक या दो वर्षों में उनका रिश्ता दोस्ती से आगे बढ़ गया; जैक और

वैल को प्यार हो गया। वैल के जैक के प्रति आकर्षित होने का एक कारण नीलिया के बाद उसे मेरा अच्छा दोस्त रहते देखना था। माँ हमेशा यही कहती हैं कि अगर देखो तो बुरे के बाद कुछ अच्छा होता है। बेहद अजीब तरीके से नीलिया की मौत जैक और वैल को नजदीक ले आई थी। वैल को हमेशा से याद था, जो नीलिया ने वैल को सेराक्युस में ब्लाइंड डेट पर जाने के लिए मनाते वक्त कहा था, "मेरा यकीन करो वैलेरी, अगर मुझे पूरी दुनिया में तुम्हारे लिए कोई लड़का चुनना होता तो वह जैक ओवन्स ही होता।"

नीलिया के निधन के बाद मेरे लिए नॉर्थ स्टार में रहना आसान नहीं था। यह ऐसा नहीं था कि यहाँ बहुत सारी यादें थीं, बल्कि बहुत थोड़ी थीं—यह हमारे सारे अधूरे सपनों का प्रतिनिधि था। यह घर, जिसमें अभी भी फर्नीचर नहीं था, उन चीजों की याद दिलाता था, जो हो नहीं सकीं तो मैंने अपने हाई स्कूल के दोस्त बर्ट डिक्लेमेंट को फोन किया, जो रियल एस्टेट का काम करता था और उसे एक नया मकान तलाशने को कहा, जिसे मैं खरीद सकूँ। मैं इतना बड़ा मकान चाहता था, जहाँ दो परिवार रह सकें, जहाँ सबको कुछ प्राइवेसी मिल सके, क्योंकि ऐसा लग रहा था कि जैक और वैल अब विवाह करने की तरफ बढ़ रहे हैं। बर्ट ने मुझे बहुत सारे मकान दिखाए, लेकिन चूँकि मेरे पास वक्त नहीं था तो वह मुझे कुछ मकानों के पते भेज देता, जिससे मैं विलमिंगटन से जाते या आते वक्त उन्हें देख सकूँ।

जनवरी 1975 शनिवार की रात मैं ग्रीनविल में मॉण्टचैनिन रोड पर रुका। मैं फिलाडेल्फिया में ब्लैक टाई कार्यक्रम में जा रहा था और मुझे थोड़ी देर हो गई थी, लेकिन बर्ट ने कहा कि यह अच्छा है। मुझे सड़क से घर दिखाई नहीं दिया, क्योंकि वहाँ पंद्रह फीट ऊँची मिट्टी के ढेर की कतार लगी थी, जहाँ डेवलपर नया इलाका बनाने के लिए सड़क खोद रहा था तो मैं उसी मिट्टी वाली सड़क पर से ड्राइव करता हुआ गया। बाहर से घर शानदार दिख रहा था, यह कम-से-कम तिमंजिला था, लेकिन अँधेरा होने के कारण साफ नहीं दिख रहा था। मैंने हेडलाइट्स बंद कीं, कार से निकला और मकान की पहली मंजिल की खिड़की पर चढ़ गया। मैं पहली मंजिल पर धीमे-धीमे दौड़ता हुआ चक्करदार सीढ़ियों तक पहुँच गया। नीचे उतरने पर मुझे घर के पीछे दो बिल्कुल अलग विंग बने दिखाई दिए। मैं धीमे दौड़ता हुआ वहाँ गया। ये शानदार थे—एक विंग वैल के लिए और एक विंग मेरे लिए, जब तक मैंने दौड़ना बंद किया, मेरा एड्रिनल प्रवाहित होने लगा था। यह स्थान शानदार था।

मैं जानता था कि मुझे फिलाडेल्फिया पहुँचने में देर हो जाएगी, लेकिन मुझे

एक जगह और रुकना था। मुझे पता था कि शनिवार की रात बर्ट अपने माता-पिता के यहाँ रात्रिभोज के लिए जाता है, जो मैं उसके घर पहुँच गया। वर्षों तक उसके माता-पिता उस रात के बारे में बात करते रहे, जब मैं पसीने में नहाया, टक्सेडो सूट पहने उनके पारिवारिक भोज के बीचोबीच उनके दरवाजा खटखटा रहा था।

"हेलो श्रीमती व श्री डिक्लेमेंट," मैंने कहा, "बीच में आने के लिए माफ कीजिए, लेकिन बर्ट, मुझे वह मकान खरीदना है।"

"मजाक कर रहे हो।" उसने कहा, लेकिन मैं देख रहा था कि वह सोच रहा है।

"तुम उसे देख आए, हैं न?"

"मैं दाम लगाना चाहता हूँ।"

यह मकान पहले ड्यू पॉण्ट एस्टेट था और आमतौर पर यह मेरी प्राइस रेंज से बहुत ऊपर होता, लेकिन यह मंदी और ऊर्जा संकट के बीच का दौर था। उसे कोई नहीं खरीद रहा था। डेवलपर ने खाली पड़ा पचास एकड़ एस्टेट खरीद लिया था और वह उस मकान को गिराकर नया सबडिवीजन बनाना चाहता था, लेकिन अब तक हुआ यह था कि उसने सारी संपत्ति बेच दी थी, सिवाय उस मकान के, जो एक एकड़ से कुछ ही अधिक पर खड़ा था। मैं इसे खरीदने के लिए नॉर्थ स्टारवाला घर बेच सकता था और मेरे पास साथ का पाँच एकड़ क्षेत्र खरीदने का विकल्प भी था। मैं आगे बढ़ने को तैयार था।

मैंने जिल जैकब्स को पहली बार मार्च 1975 शुक्रवार की रात देखा था। वास्तव में मैंने जिल जैकब्स का फोटोग्राफ मार्च 1975 में, विलमिंगटन एयरपोर्ट पर देखा था। मैं अभी भी वाशिंगटन आवाजाही कर रहा था, आमतौर पर कार से, कई बार एम्ट्रेक से और अकसर वाशिंगटन नेशनल से विलमिंगटन एयरपोर्ट की चालीस मिनट की फ्लाइट द्वारा। इस खास 7 मार्च, शुक्रवार को मैंने एयरपोर्ट पर नया लगा न्यू कैसल काउंटी पार्क व्यवस्था का प्रचार विज्ञापन देखा; यह काउंटी पार्क के खूबसूरत दृश्य थे, उसी लड़की की कुछ और तसवीरें भी थीं। जो ब्लांड (सुनहरे बालोंवाली) और शानदार थी। मुझे कल्पना नहीं थी कि फोटोग्राफ में उसके साथ पेड़ों को कौन देख रहा था। मुझे याद है, मैंने अपने आप में सोचा, यह वैसी महिला है, जिससे मैं मिलना चाहूँगा।

उस रात जब मैं नॉर्थ स्टार वाले घर पहुँचा तो पूरा परिवार लाइब्रेरी में मेरा इंतजार कर रहा था। वे सब अपने डेट्स के साथ जा रहे थे और मुझे भी ले जाना

चाहते थे। फ्रैंक के पास उस महिला का फोन नंबर था, जिसे मैं आमंत्रित कर सकता था। "आपको वह अच्छी लगेंगी, जो?" उसने कहा।

"उन्हें राजनीति पसंद नहीं।" लेकिन मैंने डेटिंग से एक तरह से तौबा कर ली थी, इसलिए मैंने इनकार कर दिया।

उस दोपहर मैंने पता नहीं क्यों, वह नंबर मिलाने का फैसला किया, जो फ्रैंकी ने मुझे दिया था।

"मैं जो बाइडन बोल रहा हूँ?" उस महिला ने सबसे पहले यह जानना चाहा कि मुझे उनका नंबर कहाँ से मिला। मैंने फ्रैंक के बारे में बताया, लेकिन मैं छोटी-मोटी बातचीत में समय खराब करना नहीं चाहता था।

"क्या हम आज रात साथ में बाहर जा सकते हैं?"

"नहीं, आज मेरी डेट है।"

मैं समझ गया कि यह इतना आसान नहीं होगा।

"मैं शहर में केवल एक दिन के लिए हूँ।" जो एक मायने में सच था।

"क्या आप मिल सकती हैं?"

"ठीक है, मुझे एक घंटे बाद फोन कीजिए, देखती हूँ।" लेकिन उन्होंने कोई वादा नहीं किया।

जब मैंने एक घंटे बाद फोन किया, तब तक वे समय निकाल चुकी थीं और जब मैं उनके दरवाजे पर पहुँचा तो मैं अपने सामने उसी महिला को देख रहा था, जिसकी तसवीर एयरपोर्ट पर देखी थी···सशरीर। हमने फिलाडेल्फिया में डिनर किया और फिल्म देखी। जिल ने मेरा निमंत्रण एक झटके में स्वीकार कर लिया; यूनाइटेड स्टेट्स सीनेटर का फोन करना रोज की बात नहीं थी, लेकिन उन्हें मेरे जैसी बड़े उम्र के व्यक्ति से समानता की उम्मीद नहीं थी। मैं बत्तीस वर्ष का था; वे चौबीस वर्ष की थीं। यह तरोताजा करनेवाला था; ऐसे बहुत जगह नहीं थीं, जहाँ लोगों को मेरी उम्र को लेकर हैरानी होती। उस रात डिनर के वक्त जिल ने राजनीति में कोई दिलचस्पी नहीं दिखाई। उन्होंने मेरे कॅरियर, वाशिंगटन, मैं जिन प्रसिद्ध लोगों से मिला हूँ, उनमें से किसे के बारे में कुछ नहीं पूछा। मैं भी उन चीजों के बारे में बात नहीं करना चाहता था तो हमने परिवार और डेलावेयर में दोनों के मित्रों पर बात की। हमने पुस्तकों और वास्तविक जीवन पर बात की।

उस रात नीलिया के बाद पहली बार मैं किसी के प्रति आकर्षण और आनंद जैसा कुछ महसूस किया और हम बस बातें करते रहे।

मैंने जिल को सुबह एक बजे उनके घर के दरवाजे पर छोड़ा, मुझे आकर्षण और आनंद जैसा कुछ अनुभव हो रहा था। मैंने शुभरात्रि कहकर हाथ मिलाया और उन्हें कहा कि मैं उनसे फिर से मिलना चाहूँगा…जैसे कल। उन्होंने कहा, "ठीक है," और मैंने कहा कि मैं फोन करूँगा। इसके बाद वे अंदर चली गईं और जैसा कि उन्होंने बताया कि अपनी माँ को फोन किया और कहा, "माँ, लगता है, आखिरकार मुझे जेंटलमैन मिल ही गया।"

हम रविवार रात फिर बाहर गए और दरवाजे से फिर से वही दृश्य हुआ। "मैं आपसे फिर मिलना चाहूँगा।" मैंने कहा।

"ठीक है," उन्होंने कहा, तब तक मैं प्यार में डूब चुका था, लेकिन मुझे पता था कि मुझे इसे सही तरीके से करना होगा; मैं दबाव बनाता प्रतीत नहीं होना चाहता था। मैंने जेब से अपनी अपाइंटमेंट बुक निकाली और तेजी से बोलने लगा।

"ठीक है, अगले शनिवार, देखते हैं—नहीं, उस रात में बहुत व्यस्त हूँ। अगले शनिवार नहीं आ सकूँगा। नहीं मैं पूरा साप्ताहंत शहर से बाहर हूँ।" मैंने उसकी तरफ देखा कि क्या उसके चेहरे पर निराशा की लकीर दिखी, लेकिन बताना आसान नहीं था।

"ठीक है," मैंने कहा, "कल रात के बारे में क्या खयाल है ?"

जिल ने मुझे बाद में बताया कि उस वक्त वे सोच रही थीं, दोस्त, तुम्हारा भेद खुल गया है, लेकिन वह मान गई और हम अगली रात भी साथ गए। वह लगातार बोलती रही और बोलना जारी रखा कि वह कुछ दीर्घावधिक नहीं तलाश रही थीं। उनकी कम उम्र में शादी हुई, वे अलग हुई और तलाश की प्रक्रिया जारी है। जिल को एकल महिला का अपना जीवन पसंद आया था; वह पतझड़ के मौसम में अपनी पहली शिक्षण नौकरी आरंभ करनेवाली थीं; और सबसे बढ़कर वे किसी राजनीतिक से संबंधित व्यक्ति से नहीं जुड़ना चाहती थीं, यूनाइटेड स्टेट्स के सीनेटर की तो बात ही छोड़िए। हमें इसे बस मजे के तौर पर लेना चाहिए। अगले दिन सोकर उठने पर मैं उससे बहुत ज्यादा खुश था, जितना दो साल में कभी हुआ था। यह मजेदार हो गया था। मंगलवार सुबह जब मैं वाशिंगटन की तरफ निकला तो भी उनके बारे में ही सोच रहा था।

मैं डिर्कसन बिल्डिंग के जिम में था, जब मैंने उन्हें फोन करने की हिम्मत जुटा सका। जिम में फोन थे। "जिल! जो बाइडन बोल रहा हूँ। देखो, यहाँ फैसला करने के लिए बहुत कुछ है कि मैं किसके साथ बाहर जाऊँ और क्या करूँ तथा मुझे

आपसे मदद चाहिए। जानती हैं, मैं सचमुच आपको पसंद करता हूँ और मैं चाहता हूँ कि आप किसी और के साथ बाहर न जाएँ।"

पल भर को फोन पर चुप्पी छाई रही। "ठीक है!" उन्होंने कहा, "मैं कोशिश करूँगी, लेकिन अगले सप्ताहांत मुझे फिलाडेल्फिया फ्लॉवर शो में जाना है और मैं उसे छोड़ नहीं सकती।"

उन्होंने वादा निभाया। जिनका दावा है कि मैं उस एक और डेट को कभी नहीं भूल पाऊँगा, क्योंकि मुझे उन्हें फ्लॉवर शो ले जाने के लिए उन्हें वर्षों तक मनाना पड़ा, शायद वे सही हैं, शायद मैं थोड़ा ईर्ष्यालु था। मुझे भरोसा था कि उन्हें मनाना कठिन होगा, लेकिन उन्होंने 'हाँ' कहा और यह एक शुरुआत थी।

□

# 7

# जिल

मुझे कभी भरोसा नहीं था कि सीनेट मेरा प्रारब्ध होगी, लेकिन यह मेरे सपनों का एक बड़ा हिस्सा था। मुझे थोड़ा सा याद है कि जब पहली बार मैं सचमुच सीनेट चैंबर में दाखिल हुआ। यह काफी सुबह का वक्त था और कमरे लगभग खाली थे। मैंने अपनी कार कैपिटल की सीढ़ियों के पास खड़ी की और बेरोक पैदल चलकर बिल्डिंग में चला गया। वहाँ न कोई 'प्रवेश निषेध' का बोर्ड, न बैरियर, न बंद दरवाजे थे। मैं कैपिटल के मेहराब के नीचे से निकला, रिसेप्शन रूम में पहुँचा और स्विंग करते शीशे के दरवाजे से होता हुआ बाहरी दालान में पहुँच गया। मैंने सीनेट चैंबर के पीछे लंबे-चौड़े गलियारे में खुद को अकेला पाया। मैं टेली-टाइप मशीनें दिख रही थीं और ए.पी. और यू.पी.आई. वायर्स से जारी होनेवाली नई खबरों की लगातार आवाजें सुनाई दे रही थीं। मुझे बाद में पता चला कि मेरे दाईं तरफ उपराष्ट्रपति का ऑफिस है, जो सीनेट के पीठासीन अधिकारी भी थे। मैं उस दरवाजे

के आगे से निकला और अपना सिर मार्बल रूम में घुसा दिया, जिसमें से चमड़े और धुएँ की गंध आ रही थी। सीनेटर बड़ी लाउंज कुरसियों पर बैठे अखबार पढ़ सकते थे, हर सदस्य को अपने राज्य का कम-से-कम एक दैनिक अखबार उस कक्ष तक पहुँचाना होता था। मार्बल रूम में आकस्मिक खर्राटों के अलावा लगभग हमेशा मौन पसरा रहता।

मैं गलियारे में आगे बढ़ता रहा और मेरी बाईं तरफ कुछ दरवाजे और आए। मुझे किसी ने नहीं रोका और मैं आगे बढ़ता रहा, एक और दरवाजा आया और मैं बाहर सीनेट फ्लोर पर था। सत्र शायद अभी समाप्त ही हुआ था, क्योंकि बत्तियाँ जल रही थीं और तभी मुझे अहसास हुआ कि उस कमरे में मैं अकेला हूँ। मैं भयभीत था, लेकिन आगे बढ़ते हुए सीधे पोडियम पर पहुँच गया, जहाँ मैं पीठासीन अधिकारी की कुरसी पर बैठ गया और चैंबर को समग्रता से देखने लगा। मैं चमत्कृत था, लेकिन तभी मेरी इस मन की लहर को मेरी पीठ पर रखे हाथ ने तोड़ दिया, शायद कोई कैपिटल पुलिस अधिकारी मेरा पीछा कर रहा था और अब मैं परेशानी में हूँ। यह सन् 1963 की बात है, तब मैं इक्कीस वर्षीय कॉलेज का छात्र था।

मैंने समझाने का प्रयास किया—मैं डेलावेयर विश्वविद्यालय में पढ़ता हूँ। मैं जॉर्जटाउन में कॉलेज के एक दोस्त से मिलने आया था। वे सभी सो रहे थे तो मैंने सोचा कि कैपिटल देख लूँ। मुझे किसी ने नहीं रोका। किसी ने नहीं बताया कि मैं यहाँ नहीं आ सकता।

पुलिस अधिकारी मुझे थोड़ा डराने के लिए कैपिटल के बेसमेंट में ले गया, लेकिन थोड़ी ही देर बाद मुझे छोड़ दिया गया, शायद उन्हें समझ आ गया था कि मैं कौन हूँ : स्टार-अभिभूत युवक। कैपिटल पुलिस अधिकारी ने मेरा नाम और पता पूछा, लेकिन मुझे लगता नहीं कि उसने कभी इसे फाइल किया होगा।

दस वर्ष के भीतर ही मैंने चैंबर में यूनाइटेड स्टेट्स सीनेट के आधिकारिक सदस्य के तौर पर पहली बार प्रवेश किया और जब मैं फ्लोर पर प्रवेश कर रहा था, एक कैपिटल पुलिसकर्मी ने मुझे रोका।

"सीनेटर बाइडन," उसने कहा, "आपको मैं याद हूँ?"

"नहीं सर!" मैंने उसे देखते हुए कहा।

"माफ कीजिए, मुझे याद नहीं।"

"मैं ही वह व्यक्ति हूँ, जिसने दस वर्ष पहले आपको रोका था।" उसके चेहरे पर बड़ी मुसकान थी।

"मैं आज रिटायर हो रहा हूँ, लेकिन सीनेटर आपका स्वागत है। मुझे खुशी है कि आप वापस लौटे।"

समय बीतता गया और उस दिन की वह दुर्घटना धुँधली पड़ती गई, मुझे पता लगा कि मैं वहाँ आकर खुश था और पूरी तरह व्यस्त भी था। मेरे पहले सत्र के मुद्दे छोटे नहीं थे; उपराष्ट्रपति का इस्तीफा, निक्सन पर महाभियोग, वियतनाम युद्ध, अपराध, नस्लीय एकीकरण। लोगों को सांस्कृतिक मुद्दों पर अलग करनेवाली दोष रेखा दिखना शुरू ही हुए थे, जब मैं सीनेट में दाखिल ही हुआ था, तब सुप्रीम कोर्ट ने गर्भपात को अपराध ठहराने वाले राज्य कानून को रोकने का फैसला किया और महिला तथा उनके चिकित्सकों को यह सीमित अधिकार दिया कि वे गर्भ को समाप्त करने का फैसला लें। मुझे थोड़ा-बहुत याद है, जब मैं पहली बार गर्भपात के लिए वोट करने फ्लोर पर गया था। मैं उस भूमिगत सबवे से बाहर निकला, जो सीनेट के ऑफिस बिल्डिंग को खुद कैपिटल से जोड़ता था और जब मैं लिफ्ट की तरफ बढ़ रहा था, ऐब रिबिकॉफ मुझे मिल गए। वे लंबे समय से कनेक्टिकट के उदारवादी थे, पहले दक्षिणपंथी रिपब्लिकंस को परिहासपूर्वक 'उदारवादी' के तौर पर परिभाषित करते हैं।

"जो, आप किस पक्ष में वोट देंगे?"

"बड़ा कठिन वोट है।"

"पता है," उन्होंने कहा, "लेकिन आप इसपर किसे वोट देंगे? आप किस पक्ष में हैं?"

"वैसे मेरा पक्ष यही है कि व्यक्तिगत रूप से मैं गर्भपात के खिलाफ हूँ, लेकिन मुझे नहीं लगता कि मैं यहाँ अपना नजरिया या आस्था के आधार पर मैं जिसे मानता हूँ, उसे पूरे समाज पर लागू कर सकता हूँ। मैंने इस बारे में बहुत सोचा है और मेरा पक्ष शायद किसी को अच्छा न लगे। मुझे लगता है कि सरकार को इससे पूरी तरह दूर रहना चाहिए।"

"इससे क्या समझा जाए?" उन्होंने पूछा, जब हम कैपिटल के गलियारे की तरफ बढ़ रहे थे।

"मैं कोर्ट का आदेश बदलने के लिए वोट नहीं करूँगा। मैं किसी भी महिला के गर्भपात के अधिकार को संक्षिप्त करने के लिए वोट नहीं करूँगा, लेकिन मैं फेडरल फंड को गर्भपात में उपयोग के लिए भी वोट नहीं करूँगा।"

"ये मुश्किल फैसले हैं बच्चे!" उन्होंने एस्केलेटर पर कहा।

"हाँ, सब मुझसे नाराज हो जाएँगे," मैंने कहा, "सिवाय मेरे, लेकिन मैं बौद्धिक और नैतिक रूप से अपने पक्ष से संतुष्ट हूँ।"

मेरे बात खत्म करने से पहले ही उनके चेहरे पर मुसकान फैल गई।

"क्या मैं आपको एक सलाह दूँ?" उन्होंने कहा।

"एक पक्ष चुन लो। राजनीतिज्ञ दृष्टि से यह बेहतर रहेगा, बस एक पक्ष चुन लो।"

निश्चित ही रिबिकॉफ अपनी जगह ठीक थे। वर्ष 1973 के लिए यह अच्छी सलाह थी और आज भी यह अच्छी सलाह है। पुराना चुटकुला है—राजनीतिज्ञ सड़क के बीच क्यों नहीं आते? क्योंकि सड़क पर सबसे ज्यादा जानें जाती हैं और अभी यही हो रहा था। मैं बीते तीस वर्षों से अधिक से गर्भपात की पैरवी करने में सड़क के बीचोबीच था। मैंने अभी भी आंशिक गर्भपात के खिलाफ वोट दूँगा और मैं ऐसे तरीके तलाशना चाहता था, जिससे भयभीत युवा महिला के लिए गर्भपात को चुनना आसान हो जाए, लेकिन मैं उस संवैधानिक संशोधन के खिलाफ हूँ, जो महिला को उसके विकल्प चुनने के अधिकार से वंचित करता हो। इस पक्ष के कारण कुछ महिला समूहों को मुझसे भरोसा टूटा तथा 'राइट टू लाइफ समूह' से सीधी दुश्मनी हो गई।

मैंने बौद्धिक स्थिरता और व्यक्तिगत सिद्धांत को फायदे से अधिक तरजीह देकर खुद अपना जीवन कठिन बना लिया। मैं मुद्दों पर राजनीतिक फायदेवाला रास्ता ले सकता था, जो मौलिक न हो, खासकर जब मेरे विश्वसनीय सहकर्मियों को मदद की जरूरत हो, लेकिन सामान्यत: मैं अपने विचारों पर चलता हूँ तथा समूहों के लिए मुश्किल बनने पर अफसोस नहीं जताता। वाशिंगटन प्रेस समूह ने मुझे शहर में मुझे कैनेडी के बुरे चचेरे भाई के तौर पर पेश किया—मैं आयरिश, कैथोलिक, युवा, दिलकश था···पत्रकारों को यकीन था कि मैं उदारवादी हूँ। ह्यूबर्ट हंफ्रे और एड म्यूस्की जैसे सीनेटरों को लगता था कि मैं हर उदारवादी उद्देश्य में उनके साथ हूँ, लेकिन वर्ष 1972 में डेलावेयर में जिन मतदाताओं ने मुझपर ध्यान दिया था, वे जानते थे कि मैं सिद्धांतानुयायी व्यक्ति नहीं बनूँगा। मैं डेमोक्रेटिक अध्यक्ष उम्मीदवार जॉर्ज मैक्गवर्न से टैक्स औचित्य और पर्यावरण सुरक्षा और वियतनाम में रक्तपात समाप्त करने के मुद्दों पर भिड़ गया था। मैं युद्ध को नैतिक मुद्दे की तरह नहीं देखता, बल्कि जीवन और धन का ऐसा मूर्खतापूर्ण अपव्यय मानता हूँ, जो गलत आधारों पर आधारित है और मैंने यह साफ कर दिया कि रूजवेल्ट के नए डील और ट्रूमैन के फेयर डील और जॉनसन के ग्रेट सोसाइटी के लक्ष्यों का सम्मान

करता हूँ, लेकिन मैंने यह भी साफ कर दिया कि मेरी ऐसे कार्यक्रमों की रबर स्टांप बनने की कोई मंशा नहीं, जो अब काम नहीं कर रहे।

मैं मैक्गवर्न विंग से भी काफी हद तक दूर भागता था। मुझे बसिंग (सभी नस्लों के लिए एक ही बस) द्वारा स्कूलों में वास्तविक पृथक्करण के मुमकिन समाधान पर संदेह था और मैं अकसर युवा डेमोक्रेट्स से ऐसी बातें सुनता था, जिन्हें मेरा मरिजुआना को वैध बनाने और ड्राफ्ट डोडर्स की आम माफी का विरोध पसंद नहीं था। इससे वास्तव में कितने लोग प्रभावित होंगे?

मैं ऐसे मुद्दों पर काम करना चाहता था, जो सबके लिए मायने रखते हों, जैसे राष्ट्रीय सुरक्षा और व्यक्तिगत सुरक्षा, विशेष रूप से जहाँ वे संबंधित हों; उदाहरण के लिए, यदि हम तुर्की को धन देनेवाले हैं तो मेरा विचार था कि हमें माँग करनी चाहिए कि तुर्की सरकार देश का बड़े पैमाने पर अमेरिका को अफीम का वार्षिक निर्यात बंद करना होगा। मेरा तर्क था कि सरकार की पहली जिम्मेदारी यह सुनिश्चित करना है कि हर इलाका हर नागरिक के लिए सुरक्षित हो। अपराध के आधारभूत कारणों पर हमले की बात करके कुछ अधिक बुनियादी बात अनसुनी रह जाती थी, जो थी सार्वजनिक सुरक्षा। मैं गरीबी और बेरोजगारी और शिक्षा में अंतराल जैसे मुद्दों पर काम करना चाहता था और मुझे अब भी यकीन था कि न्याय व्यवस्था पर संदिग्ध अपराधियों के अधिकारों की सुरक्षा और अपराधियों के पुनर्वास के कार्य का दायित्व है, लेकिन यह भी समान रूप से महत्त्वपूर्ण है कि उन लोगों को जेल में बंद किया जाए, जिन्होंने हिंसक अपराध किए हैं।

वर्ष 1972 के चुनावों से पहले मुझे पास ही के इलाके में डेमोक्रेटिक कमेटी की मीटिंग के लिए बुलाया गया था, जहाँ लिमोसिन लिबरल पूरी संख्या में उपस्थित थे। वहाँ तकरीबन पचहत्तर लोग थे तथा स्थानीय कमेटी की महिलाएँ, जो मेरी बड़ी समर्थक थीं और उन्होंने बड़ी संख्या में प्रेस को भी बुला रखा था, जब वे श्रोताओं, पत्रकारों और कैमरा के सामने खड़ी हुईं, उन्होंने मुझसे मेरे कट्टर मैक्गवर्न विरुद्ध विचारों को बदल लेने को कहा, शायद उन्हें लगा होगा कि यह मेरा मतगणना से पहले उलझा सकती हैं, लेकिन मुझे यह मुख्यत: घात लगाने का अवसर जान पड़ा। मैंने उन्हें यकीन दिलाया कि मैं जो कुछ भी करता हूँ, मुझे उसपर भरोसा है। "उदारवादियों के साथ समस्या यह है कि वे लेमिंग्स के जैसे हैं," मैंने उपस्थित भीड़ से कहा, "हर दो वर्ष में वे दौड़ते हैं और कूदकर खड़ी चट्टान को पार कर जाते हैं, फिर यह करना जरूरी हो या न हो। मैं समाधानों को तलाशता हूँ उन

समस्याओं के, जिन्हें आम लोग रोजाना झेलते हैं—समस्याएँ, जिन्हें निक्सन ने उकसाया और उदारवादियों ने अनदेखा किया।"

मुझे सीनेट में पुराने उदारवादियों से सबसे करीबी संलग्नता महसूस होती थी और मैं हंफ्रे और फिल हार्ट और मैंसफील्ड और मस्की जैसे सीनेटरों का प्रशंसक था, जो सामाजिक न्याय, नस्लीय समानता और आर्थिक निष्पक्षता के लिए लंबे समय से संघर्ष कर रहे थे, लेकिन मैं उनका अंधानुकरण नहीं करता था। हंफ्रे उन मुट्ठी भर सीनेटरों में से थे, जिन्होंने सचमुच मुझे विश्वास में लिया और मैं उस यूरोप की यात्रा को कभी नहीं भूल सकता, जो उन्होंने मेरे व मेरे भाई के लिए व्यवस्थित की थी, बल्कि मुझे लगता है कि ऐसा वक्त भी था, जब मैं कोई भी संदेह होने पर ह्यूबर्ट के पास जाता था।

मेरे पहले कार्यकाल के दौरान एक दिन हंफ्रे ने सीनेट चैंबर की पिछली कतार में बैठे हुए मुझे पकड़ लिया। वे जानते थे कि बतौर राष्ट्रीय उम्मीदवार उनका समय गुजर गया है तो वे हमेशा मुझे उनके सीखे सबक का लाभ प्रस्तावित करने का प्रयास करते रहते थे। उन्होंने मुझसे कहा कि यदि मैं भविष्य में राष्ट्रीय राजनेता बनना चाहता हूँ, जैसा कि उन्हें लगता था तो उनकी एक सलाह थी, "तुम्हें ऐसा विषय चुनना होगा, जो तुम्हारा ही हो जाए। इसी तरह तुम अपने सहकर्मियों को अपने पीछे चला सकते हो, जो। इसी तरह तुम अपनी नेकनीयती दरशा सकते हो। कष्ट देनेवाले मनुष्य मत बनो, तुम्हें मिस्टर हाउसिंग बनना है। हाउसिंग ही भविष्य है, तुम ऐसी बिल्कुल नई पीढ़ी के नेता बन सकते हो, जो अमेरिका में मध्यवर्ग और निम्न मध्यवर्ग और गरीबों को उचित घर प्रदान कर सकें।" वे जानना चाहते थे कि मेरे पास इस बारे में कोई विचार है तो मैंने कहा है। मुझे लगा कि हमें अर्बन होमस्टेड ऐक्ट को लागू करना चाहिए और कर्मचारी वर्ग और गरीबों को उनका अपना घर देता हो। मुझे लगता था कि हमने संघीय धन के आवंटन के तरीके को बदलना होगा, जिससे हम पब्लिक हाउसिंग के सार्वजनिक स्थलों को शासनादेश में लाना होगा और सभी गरीबों को शिकागो की कैबरिनी ग्रीन, जैसी हाई-राइज इमारतों में बसाना चाहिए, जो निरपवाद रूप से मलिन बस्तियों और अराजकता में बदल देते हैं, जो किसी के लिए अच्छा नहीं होता। मैं फिलाडेल्फिया में एक ऐसा ही प्रोजेक्ट देखने गया था और मैंने वहाँ रह रहे लोगों से बात की; मैं विलमिंगटन में पब्लिक हाउसिंग के लोगों से भी मिला। संदेश यही था कि यह काम नहीं कर रहा। मैं बॉस (मैं सीनेटर हंफ्रे को हमेशा यही कहता था) को कहा, हमें सबसे

पहला काम यह करना चाहिए कि केंद्रित हाई-राइज पब्लिक असिस्टेंस हाउसिंग को गिरा दें।

"अभी रुको जरा जो!" उन्होंने कहा।

"तुम शुरू से शुरुआत नहीं कर सकते।"

"लेकिन बॉस, यह काम नहीं कर रहा। हमें इसे सुधारना होगा, वरना कुछ नहीं बचेगा, क्योंकि मध्य वर्ग हमसे मुँह मोड़ लेगा और यही वे लोग हैं, जो गरीबों के लिए राजनीतिक समर्थन प्रदान करते हैं।"

हंफ्रे ने अपना हाथ मेरी बाँह पर रखा। वे चाहते थे कि मैं उनकी बात सुनूँ, "जो, क्या तुम्हें पता है कि पहाड़ चढ़ना कितना मुश्किल काम है?" वे लगभग मिन्नत कर रहे थे।

"तुम्हें पता है, यह कितना मुश्किल था?"

"लेकिन बॉस," अब मैं भी मिन्नत कर रहा था, "हमें मानना पड़ेगा कि यह काम नहीं कर रहा। जनता को अभी भी मदद की जरूरत है, लेकिन उन्हें दिखता होगा कि यह काम नहीं कर रहा।"

"जानते हो, अगर तुम मान लो कि पब्लिक हाउसिंग कार्यक्रम काम नहीं कर रहा तो जो, वे हमें जिंदा खा जाएँगे।" हंफ्रे ने कहा, "वे हमें फाड़ डालेंगे।"

मैं देख सकता था कि वे मुझसे निराश हुए और वे निश्चित ही यह देखकर आहत हुए होंगे कि मैंने राष्ट्रीय पत्रिका में यह कहा, "हम नव उदार डेमोक्रेट्स अपने अधिकांश वरिष्ठ सहकर्मियों के इस सिद्धांत को खारिज करते हैं कि आप पर्याप्त धन खर्च करके किसी भी समस्या को सुलझा सकते हैं।" मैं इसे ऐसे देखता हूँ कि इससे हमारी दीर्घकालिक युद्ध पश्चात् संतुष्टि का दौर समाप्त हो गया। ग्रेट ब्रिटेन, जर्मनी, फ्रांस और जापान, फिर से उत्पादक राष्ट्र बन गए थे। अमेरिका इस पीढ़ी की सबसे पहली आर्थिक मंदी में था; डेलावेयर में मेरी जिन भी लोगों से बात हुई, वे समझते थे कि मुद्रास्फीति के अनुपात में उनका वेतन भी बढ़ता रहेगा। मुझे लगता है कि अब सरकार के व्यय पर निगाह रखने का समय आ गया है। अच्छी मंशा तो अच्छे वित्त पोषण का संतुलन मिलना चाहिए। मैंने अपने स्टाफ को कह दिया कि वे जब भी किसी कार्यक्रम को मेरी अनुशंसा के लिए भेजें तो यह भी लिखें कि उसपर कितनी लागत आएगी और हम इसका भुगतान कैसे करेंगे तथा मैं एक द्विपक्षीय प्रयास से जुड़ गया, जिससे कांग्रेस को मजबूरन हर चार वर्ष में संघीय कार्यक्रमों को पुनः प्राधिकृत करना हो, जिससे हम निरंतर वास्तविक लोगों

को मिले प्राप्त वास्तविक परिणामों का आकलन कर सकें। मैंने सार्वजनिक रूप से कहा, "कोई भी संघीय कार्यक्रम एक बार शुरू हो जाने पर, उसे रोकना या यहाँ तक की उसकी अवधारणा को बदलना भी मुश्किल होता है, इसके बीते प्रदर्शन की तो बात ही छोड़िए, अब समय आ गया है कि इस कार्यक्रमों के प्रबंधक और हम विधायक, दोनों को ऐसा नियमित व सतत आधार मिले, जिससे हम इन कार्यक्रमों के परिचालन की पूरी सावधानी और विस्तार से जाँच कर सकें।"

मैं अपने दक्षिण केरोलिना के फ्रिट्ज हॉलिंग्स और फ्लोरिडा के लॉटन चाइल्स सरीखे नए सीनेटरों में राजनीतिक आत्मज तलाश रहा था, लेकिन मुझे विश्वास था कि बॉस फिर से फुसला लेंगे; हंफ्रे का विश्वास, उनके मन में बैठाएँगे और अनुदारवादी पूरे ढाँचे को गिरा देंगे, जिसमें एल.बी.जे. का वॉर ऑन पॉवर्टी से चमचमाते गुंबज से न्यू डील से निर्मित एफ.डी.आर. की बुनियाद सब होंगे। बैरी गोल्डवॉटर जैसे सीनेटर, जिन्होंने वर्ष 1964 में जब वे रिपब्लिकन राष्ट्रपति नामित थे, बड़ी सरकारों की खिलाफत की थी—खुशी-खुशी यह बीड़ा उठा लेंगे।

मैं अपना तर्क तैयार करने में इतना व्यस्त था कि मैंने कभी भी रुककर इसपर इस तरह विचार नहीं किया, जैसे हंफ्रे ने किया होगा। वे चालीस के शुरुआती दशक से ही निष्पक्ष हाउसिंग, समाज कल्याण और नस्लीय समानता के पैरोकार रहे हैं, जब इन मुद्दों पर किसी का ध्यान नहीं था। वे तब भी पीछे नहीं हटे, जब उन्हें अपनी जाति का गद्दार या साम्यवाद पर नरम कहा गया। उनका अपने बारे में विचार इस लड़ाई से निर्मित हुआ, जैसे उनके अधिकांश साथी योद्धा, जिन्होंने देश की बेहतरी के लिए तबदील करने में मदद की, हंफ्रे यह सुनिश्चित करना चाहते थे कि वह जमीन जिसके लिए वे लंबे समय तक लड़े और जिसे जीतना इतना मुश्किल था, उसमें से एक इंच भी गँवा दें। मेरा डींग मारना व्यर्थ था। मूल बात यह थी ह्यूबर्ट हंफ्रे ने अपने बाकी सहकर्मियों की तरह, इन प्रोजेक्ट्स में व्यक्तिगत निवेश किया था।

मैं सीनेट को जितना परिचित होता जाता, मुझे इसकी परंपराएँ, इसके नियम और इसके संवैधानिक रहस्यों को उतना ही अधिक पहचानता जाता, उतना ही यह अहसास बढ़ता जाता कि इसे आपस जुड़े गेयरों की शृंखला, जो इसकी छोटी सी काररवाई को बढ़ाती है, वह व्यक्तिगत संवाद है। मैं यूनाइटेड स्टेट्स सीनेट की इस ठोस अंतरंगता और इतिहास के विविधतापूर्वक संपादन से हैरान रह गया। कुछ कुरसियाँ वर्ष 1819 से थीं और वर्ष 1975 में डेमोक्रेटिक पक्ष का खेमा और

ज्यादा घना था। वर्ष 1974 के चुनावों में हमें चार सीटों का लाभ हुआ, जिसका मतलब हुआ कि रिपब्लिकन खेमे की चार कुरसियाँ डेमोक्रेटिक खेमे में लग गईं। रिपब्लिकन कुरसियों के बीच इतना खाली स्थान था कि मेरा बेटा रोलर स्केटर चला सके; हमारी तरफ कुरसी से कुरसी चिपकी थी।

अपने पहले कार्यकाल में कुछ क्षण मुझे स्थायी कुरसी मिलने के पूर्व मैं दो डेमोक्रेटिक सहकर्मियों के बीच बैठा करता था, जिनमें से एक दक्षिणी राज्य से था तो दूसरा उत्तरी राज्य से। कुरसियाँ आमतौर पर राज्यवार सीनेटर-दर-सीनेटर होती हैं तो मेरे दिमाग में यही बैठ गया, हालाँकि मुझे इसकी सच्चाई पर यकीन नहीं था कि मैं जिन कुरसियों के बीच बैठा हूँ, उनका उपयोग कभी कट्टरपंथी राज्यों के दक्षिणपंथी और भावी पृथकतावादी जॉन सी. कल्हॉन करते थे और एक बार इन कुरसियों पर अटूट मिलन और फेडरल पॉवर का बिगुल फूँकनेवाले डैनियल वेबस्टर ने किया था। 140 वर्ष पहले के पुराने सीनेट चैंबर में वेबस्टर और कल्हॉन के बीच संविधान की प्रकृति और राष्ट्र और खुद संघ की प्रकृति पर लंबी मौखिक बहस हुई थी—ये दो महाशय बहस कर रहे थे, जब हमारी संघीय सरकार ने 'जनता द्वारा, जनता के लिए, जनता का शासन है' या कुछ राज्यों के बीच सहज समझौता स्थापित कर रहे थे। वेबस्टर और कल्हॉन की बहस पर कई वर्षों तक नाराजगी रही; ऐसा कुछ नहीं था, जिसपर वे दोनों बुद्धिमान विधायक एकमत हो पाते, लेकिन मुझे यह बात आश्चर्यजनक लगी कि जब सबसे बड़ा दाँव लगा था तो उनके मुट्ठी भर साथी सीनेटर उस समुद्र पर पुल बनाने में सक्षम थे, जो कल्हॉन और वेबस्टर को अलग करता था और जिसने देश को लगभग तीस वर्षों से अधिक तक साथ रखा; जब उनके शांति कायम रखने के प्रयास अंततः विफल हो गए, इसका परिणाम छह लाख लोगों की हत्या रहा और कई मिलियन अन्य को अपंग बना दिया।

अस्थायी कुरसी के पास खड़े होकर मुझे ज्ञात हुआ कि अपने दाएँ पैर पर झुकने भर से मैं अपना सीधा हाथ वहाँ रख सकता था, जहाँ वेबस्टर की कुरसी थी; और जब मैं बाएँ पैर पर जोर दूँगा तो मेरा बायाँ हाथ कल्हॉन की कुरसी पर रख सकता था। मेरे लिए यह कोई छोटा रूपक नहीं था और जो यूनाइटेड स्टेट्स सीनेटर की संभावनाओं को स्पष्ट करता है—दुर्लभ अवसरों पर कोई अच्छा पुरुष या महिला इन खतरनाक अंतरालों को बंद करने के लिए पर्याप्त होता है, जिसे अन्य बहुत से लोग असंबद्ध मानते हैं।

ऐसा नहीं है कि मैंने ऐसा व्यक्ति बनने के लिए मजबूत उम्मीदवार के तौर

पर शुरुआत की। यदि मैं अपने बाईं तरफ के दोस्तों के साथ सख्त होता हूँ, जिनसे आमतौर पर मैं सहमत होता हूँ, मैं वस्तुतः दाईं तरफ के लोगों के प्रति सख्त होता हूँ, जिनसे मैं शायद ही कभी सहमत होता हूँ और मुझे वास्तव में वह सीनेटर नापसंद थे, जो अभी भी इस दौड़ के लिए विनाशकारी थे।

नॉर्थ केरोलिना के रिपब्लिकन जेसी हेल्म्स ने शुरुआत में मुझे पागल कर दिया। जेसी उसी वर्ष चुने गए थे, जिस वर्ष मैं चुना गया था। वे साम्यवादियों, अल्पसंख्यकों, समलैंगिकों, मार्टिन लूथर किंग के खिलाफ थे और हर व्यक्ति, जिसे वे गुम होते देखते हों, जिसे वे श्वेतों के लिए ईश्वर-प्रदत्त विशेषाधिकार के तौर पर देखते थे। जब मैंने उन्हें पहली बार सीनेट के फ्लोर पर भाषण देते देखा तो इसने सचमुच मुझे परेशान किया, अगली बार जब मेरी माइक मैंसफील्ड से मुलाकात हुई तो मैंने अपनी बात कही, "मुझे हेल्म्स जैसे लोगों पर यकीन नहीं आता। वे बिल्कुल हृदयहीन हैं।" मैंने कहा, "वह व्यक्ति…"

मैंसफील्ड ने मेरी बात काटते हुए कहा, "सुनो जो," उन्होंने मुझसे कहा, "यहाँ मौजूद हर व्यक्ति में कुछ है। उन्हें चुननेवाले लोगों ने उनमें कुछ तो अच्छा देखा होगा।" इसके बाद उन्होंने मुझे हेल्म्स के नौ वर्षीय बच्चे को गोद लेने की कहानी बताई, जिसे मस्तिष्क पक्षाघात था। मैंसफील्ड ने यह कहानी इस तरह सुनाई, बच्चे ने स्थानीय अखबार में क्रिसमस के लिए माँ और पिता के होने की गुहार लगाई थी और जेसी होल्म्स और उनकी पत्नी ने उसे गोद लिया।

"तुम्हारा काम यहाँ अपने सहकर्मियों में अच्छी चीजें तलाशना है, चीजें जो उनके राज्य ने देखीं, न कि बुराई पर केंद्रित रहें।"

मैंने कहा कि मैं समझ गया।

"और जो, किसी भी व्यक्ति के उद्देश्य पर हमला न करे, क्योंकि आपको उसका उद्देश्य नहीं पता।"

मैंसफील्ड की सलाह मानने में कोई कठिनाई नहीं थी। हमारे बाइडन परिवार में, बच्चे तक में अच्छी मंशा की कल्पना हमेशा से रही थी। हमारे बाइडन परिवार का व्यक्तित्व मजबूत है और हम में काफी नजदीकी है। हम बीते साठ वर्षों से एक दूसरे के जीवन में शामिल हैं, अतः परिवार में बहुत सारे चोट खाए अहं और आहत अहसास हैं, लेकिन एक आस्था का विषय है, जो हमें साथ जोड़े रखता है—बाइडन परिवार में कभी भी किसी ने जान-बूझकर किसी दूसरे को कष्ट नहीं पहुँचाया। हम एक-दूसरे के प्रति सद्भावना की धारणा से शुरुआत करते हैं। सीनेट परिवार में भी

यही बात खरी उतरती है, मैंसफील्ड ने मुझे यही याद दिलाया था। यह संभवतः मुझे मिली मेरे कॅरियर की इकलौती सलाह थी।

आज तक यदि मुझे किसी मुद्दे पर मदद चाहिए होती है तो मैं जिनपर भरोसा करता हूँ, उनमें केवल मेरे राजनीतिक साथी ही नहीं होती; कई बार मुझे न लोगों के सहारे की भी जरूरत होती है, जो हमारे फैसला लिया 80 फीसदी सवालों पर मेरे साथ बुनियादी रूप से असहमत हों। मैं उनसे समर्थन की केवल इसलिए आशा नहीं रख सकता कि यह मेरे लिए इतना अधिक मायने रखता है, लेकिन यदि मैं उनके प्रति सम्मान दिखाऊँ, अन्य मुद्दों पर उनसे वादा करते हुए अपने शब्दों को मान दूँ, उद्देश्यों पर सवाल न उठाऊँ तो कम-से-कम मैं उनके मेरी बात सुनने की उम्मीद तो कर ही सकता हूँ।

मैंने अपने डेमोक्रेटिक सहकर्मी हवाई के सीनेटर डैनियल ईनूये को देखकर बहुत कुछ सीखा है। वे असाधारण शालीनता वाले व्यक्ति हैं। मैं उन्हें कभी भी पार्टी या मित्रता के कारण राजनीतिक निष्ठा की माँग करते कभी नहीं देखा और न ही मैंने उन्हें अपनी बात से पलटते देखा है। हमने ज्यादातर चीजों पर एक साथ वोट किया है और यदि उन्हें अपने किसी नजदीकी मुद्दे पर मेरी जरूरत होती तो वे मेरा समर्थन अर्जित करते। कभी विरले अवसरों पर ऐसा भी हुआ कि मैं उनके साथ नहीं होता, जबकि उन्हें मेरी जरूरत थी तो मैं उन्हें साफतौर पर स्पष्ट कर देता, “माफ कीजिए डैनी, ये मेरे लिए सिद्धांत का मामला है।” उन्होंने न तो कभी दबाव बनाया और न ही कभी द्वेष रखा। उनकी सीनेट में अलास्का के रिपब्लिकन टेड स्टीवंस के साथ नजदीकी रिश्ता था। उनका लगभग चालीस वर्ष की दोस्ती राजनीति से बढ़कर थी और आज इतने समय बाद भी मैंसफील्ड की मुझे दी सलाह की ताकत अक्षुण्ण है।

मैंसफील्ड पद्धति के कारण मेरे कुछ असंभाव्य रिश्ते भी बने, जैसे कि जेम्स ओ. ईस्टलैंड, जो नागरिक अधिकारों पर मुझसे संभवतः उतने ही दूर थे, जितना कि सीनेट का कोई भी व्यक्ति था, लेकिन वे ज्यूडिशियरी कमेटी के चेयरमैन भी थे, वह कमेटी, जो सभी आपराधिक मुकदमों का प्रबंधन करती है। वह कमेटी, जिसमें मैं सेवा देने को लालायित था। ज्यूडिशियरी में जगह पाने के लिए मुझे उनका आशीर्वाद चाहिए था तो मैंने उन्हें जानना आरंभ किया। मैंने उनसे सवाल पूछने से शुरुआत की। उन्हें अपनी सबसे लंबे समय से सेवा दे रहे सीनेटर और संस्थागत मशाल का वाहक होने पर गर्व था। मैं सोचता हूँ कि वे मेरे दिखाए आदर से खुश

हो गए थे और मेरे सवालों पर मिले उनके जवाब अकसर मुझे हैरान कर देते थे।

मैंने एक बार उनसे पूछा कि सीनेट में सबसे शक्तिशाली व्यक्ति कौन है? मैं उत्सुक था कि वे किसे चुनेंगे—हाल ही में रिटायर हुए रिचर्ड रसेल को, जिन्होंने चालीस वर्ष तक सेवा दी थी और तत्त्वत: चालीस से साठ के दशक तक सीनेट के कारोबार का प्रबंधन किया था या रसेल प्रोटेशे, लायडन जॉनसन होंगे, जब जॉनसन ने ईस्टलैंड और अन्य दक्षिण पंथियों को नागरिक अधिकारों के विधान को आगे बढ़ाने पर डबल-क्रॉस किया, तब से उन्होंने अधिकांश लीडरों को कभी भी इतनी ताकत प्रदान नहीं की। सत्तर के दशक की शुरुआत में, दक्षिणपंथी चेयरमैन—ईस्टलैंड, स्टेनिस, मैक्लीलन, हरमन टालमेज और फुलब्राइट उन अन्यों में थे, जिन्होंने ताकत का लगभग बड़ा हिस्सा खुद अपने पास रखा। ज्यादातर लीडर लगभग मुद्दों से हटे थे और किसी भी एक व्यक्ति में रसेल जितना शक्ति नहीं थी। ईस्टलैंड ने कहा कि जब रिचर्ड रसेल ने सीनेट में वोट किया, तब यह छत्तीस वोट थे। मेरे संपूर्ण पहले कार्यकाल के दौरान दक्षिणपंथी चेयरमैन ने गुट की तरह शासन किया। यदि रसेल लॉन्ग ने अन्य चेयरमैन को कहा कि उन्हें उनके वोट की जरूरत है, उन्होंने ऐसा बिना कोई सवाल किए कर दिया। सीनेट में शक्ति मेरे लिए हमेशा उत्सुकता का कारण रही और जब मैंने ईस्टलैंड से पूछा कि सीनेट में सबसे शक्तिशाली व्यक्ति कौन था? तो उन्होंने बिना झिझके कहा, "केर्र!"

रॉबर्ट केर्र ओकलाहोमा के तेल कारोबारी सीनेटर थे, जिनके नाम के साथ तेल उत्पादकों को तय से थोड़ा अधिक टैक्स ब्रेक देना जुड़ा है; तेल खंड के बाहर, कोई भी केर्र के बारे में ज्यादा नहीं सोचता था।

ईस्टलैंड ने कहा, "मेरी पहचान के लोगों में केर्र ही ऐसे हैं, जो मेक्सिको की खाड़ी को ओकलाहोमा ला सकते थे।"

मैंने अनुमान लगाया कि केर्र को अपने ओकलाहोमा की भूमिवाले दोस्तों पर लागू करने के लिए खुले समुद्र में तेल ड्रिलिंग पर शासित अनुकूल कानून मिल गए थे। केर्र की सेवा कर चुके एक अन्य होल्डओवर ने बताया कि किस तरह ऑयलमैन ने तेल आदि के लिए चिट खरीदीं। केर्र अंडरग्राउंड सब-वे से कूदकर अपने साथी सीनेटर के पास जाएँगे, उनसे हँसी-ठट्ठा करके बातचीत आरंभ करेंगे, "मैं पिछले छह महीने से आपको यह देना चाहता था।" और फिर वे अपनी ऊपर की जेब से लिफाफा निकालेंगे, जो शेयर सर्टिफिकेटों से भरा होगा और इसे अपने सहकर्मी की ऊपरवाली जेब में ठूँस देंगे।

"मुझे पता है, आप इस सौदे में शामिल होना चाहेंगे। यह बेहद शानदार सौदा है, बिल्कुल वैसा, जैसा आपको चाहिए था तो मैंने आपकी तरफ से इसमें $3,000 लगा दिए हैं। मेरे सेक्रेटरी को फोन करके उसे चैक दे दीजिएगा।" आम नियम है कि लिफाफे में रखे शेयर सर्टिफिकेटों का मूल्य पहले ही $3,000 के खरीद भाव से दस गुना अधिक होता है।

एक दिन मैंने ईस्टलैंड से पूछा कि उन्होंने अपने समय और अब में वाशिंगटन में क्या सबसे अहम बदलाव हुआ देखा है।

"एयर-कंडीशनिंग!" उन्होंने कहा।

"हुँह ?"

"ए.एच.आर. कंडीशनिंग, जो," उन्हें कहा, "ठहरते नहीं थे, हमारे सीनेट फ्लोर पर होते, अप्रैल के दौरान सूर्य इतना गरम हो जाता था कि इस चैंबर का तापमान लगभग 140 डिग्री कर देता था तो हम बस उठते और घर चले जाते। इसके बाद उन्होंने ए.एच.आर. कंडीशनिंग करवाई, जिससे अब हम सारा साल वाशिंगटन में रह सकते हैं और देश में गड़बड़ी कर सकते हैं।"

अपने पहले सत्र के अंत में ईस्टलैंड ने मुझे ज्यूडिशियरी में जगह दी; उन्होंने मेरे अगले प्रचार कार्यक्रम के दौरान डेलावेयर आने का भी प्रस्ताव रखा। "मैं तुम्हारे लिए या तुम्हारे खिलाफ कैंपेन करूँगा, जो। तुम्हें जिससे भी ज्यादा मदद मिल सके।"

मैं दूसरे कार्यकाल में शामिल होने के बारे में सोचने लगा था और जिल जैकब ने इसे संभव बनाया। उन्होंने मुझे मेरी जिंदगी वापस दी; उन्होंने मुझे फिर से अपने पूरे परिवार के बारे में सोचना शुरू करवाया। पहली बार सीनेट मजेदार लग रही थी, जब मुझे जिल से प्यार हुआ तो मैं फिर से सामान्य महसूस करने लगा, मुझमें जैसे दूसरे कार्यकाल में शामिल होने की क्षमता आ गई थी। इसे विरोधाभास यह था कि जिल को राजनीति से कोई लेना-देना नहीं था और निश्चित ही वे एक यूनाइटेड स्टेट्स सीनेटर से कभी विवाह नहीं करना चाहेंगी।

जिल एहतियात बरत रही थीं। मैं उनसे दो साल बड़ा था और मेरे दो बेटे थे। उन्होंने अपना कॅरियर बस शुरू ही किया था। मुझे लगता है कि उनके लिए हमारे प्रेम की शुरुआत का वक्त ज्यादा आसान रहा होगा, जब मैं विवाह के बारे में नहीं सोच रहा था। हम दोनों को बस फिर से किसी दूसरे के साथ आमोद-प्रमोद अच्छा लग रहा था और वे इसे ऐसे ही जारी रखना चाहती थीं। मैंने जिल को लड़कों से

उसी वक्त नहीं मिलवा दिया, लेकिन एक बार जब मिलवाया तो उन्हें भी वे पसंद आई और जिल भी उन्हें हमारी कुछ डेट में शामिल करने में खुश थीं, लेकिन जब मैंने वैल और जैक के साथ डबल डेट का प्रयास किया तो जिल कतराने लगीं।

एक दिन नॉर्थ स्टार जाते वक्त रास्ते में मैं जिल को ग्रिनविल ले गया, वह नया घर दिखाने, जिसे मैं खरीद रहा था। हमने ड्राइवे पर मिट्टी के बीच से रास्ता लिया। अँधेरे में भी बताया जा सकता था कि घर के बाहरी हिस्से को मरम्मत की जरूरत थी और एक बार जब हम अंदर पहुँच गए, तब मैं सोचने लगा कि मैंने जिल को यहाँ लाकर अपने सपनों का घर दिखाकर गलती की है। अचानक ही वह स्थान गुफानुमा और खाली और थोड़ा हास्यास्पद सा लगने लगा। उन्होंने बाद में कहा, "मैं समझ नहीं पा रही थी कि आपको इतना बड़ा घर किसलिए चाहिए था ?" जिल व्यावहारिक महिला हैं। जहाँ मैं उस बड़े घर को बच्चों व पोते-पोतियों से भरा देख रहा था, उन्हें उसमें टपकती छत और सत्तासी बिना ढकी खिड़कियाँ दिखाई दीं। उनका अंदाजा शायद बेहतर था कि पहले ही वर्ष में मेरा हीटिंग बिल में खर्च मेरे किराए से भी अधिक होगा।

मुझे जिल में जो एक चीज सबसे अच्छी लगती है, इस सहज तथ्य के सिवाय कि हर बार उन्हें देखते ही मेरा दिल धड़कने लगता है, यह उनकी व्यवहारिकता है। वे सुंदर, दृढ़, विनम्र और आत्मविश्वास से पूर्ण हैं और उनमें चट्टान जैसी ताकत है। जिल कभी आपको हार नहीं मानने देंगी और न ही बहाने बनाने देती हैं। मुझे हमेशा से भरोसा रहा कि वे अपने हिस्से का कोई भी बोझ पूरी जिम्मेदारी से उठा लेंगी, लेकिन सबसे बढ़कर, जिल किसी को भी, खुद को दबाव में नहीं लेने देतीं।

जब उन्होंने पहली बार मुझे अपने विस्तृत परिवार से मिलवाया तो वो बेहद घबराई हुई थीं और उन्होंने मुझे ब्यू और हंटर को पिज्जा खिलाने तथा इसके बाद वहाँ आने के लिए कहा, जब मैं वहाँ पहुँचा तो मुझे घर जैसा अहसास हुआ। जिल के दादाजी अपने टमाटर के पौधों के साथ पिछले आँगन में बैठे थे, जबकि बच्चे ऊधम मचा रहे थे, जब मैं और बच्चे भीतर दाखिल हुए तो जिल कि एक दादी-माँ ने मुझे पकड़ लिया। उन्होंने कहा, "जानते हैं, मैंने डब्ल्यू.पी.ए. में फ्रैंकलिन डी. रूजवेल्ट के साथ काम किया है।" मुझे दिख रहा था कि जिल को यह अच्छा नहीं लग रहा; वे नहीं चाहती थीं, मुझे फुसलाने वाले लोग मिलें, जिससे दबाव बढ़ जाए, लेकिन जिल की दुनिया मुझे सहज लगी, बड़ा परिवार रविवार को सब साथ; क्रिसमस की पूर्वसंध्या पर स्पैगेटी बनाना, बिल्कुल बाइडन परिवार

की तरह। जिल के पिता ने अपनी शुरुआत बैंक टेलर से की और बचत व ऋण विभाग के अध्यक्ष तक पहुँचे। वे पूरा दिन कड़ी मेहनत करते, हर रात डिनर के लिए घर आते और हर रविवार लड़कियों को लेकर उनके दादा-दादी व नाना-नानी के पास लेकर जाते। जिल के इतालवी दादा-दादी के यहाँ घर में बने नूडल्स और मीटबॉल्स, पास्ता-ए- फेगियोले और वेडिंग सूप; बाकी घरों में भुना गोश्त, कुचले आलू और कोल स्लॉ होते थे। संभव होता तो वे हर सप्ताहांत दोनों घरों में जाते। उनके पिता भरोसेमंद व्यक्ति थे और वे दूसरे व्यक्ति में विश्वसनीयता को बेशकीमती मानते थे। उन्हें मैं इसलिए पसंद आया, क्योंकि मैंने उनकी बेटी की तब भी देख-रेख की जिम्मेदारी ली थी, जबकि उसने साफ कर दिया था कि उन्हें देख-रेख की जरूरत नहीं है। जिल ने अपने पिता से कहा कि वे ज्यादा उम्मीदें न लगाएँ। सीनेटर के साथ यह शायद ज्यादा नहीं चलनेवाला।

लेकिन पहली छुट्टियाँ आने से पहले जिल पहले ही हमारे जीवन में शामिल हो चुकी थीं। यहाँ तक कि जब हम वाशिंगटन में फँस गए थे तो वे मौंटचान रोड पर नए घर में रुके, हमने इसे द स्टेशन का नाम दिया, वहाँ हमने वैल और जैक तथा बच्चों के साथ डिनर किया। वर्ष 1975 में थैंक्सगिविंग पर जिल ने ही कहीं घूमने जाने की बात कही। वेस बारथेल्म्स ने नानटिकट का सुझाव दिया तो हम चारों कार में सवार होकर लंबे सप्ताहांत के लिए उत्तर की तरफ चल दिए। यात्रा के दौरान कार में ही जिल ने लड़कों को क्रिसमस लिस्ट बनाने में मदद की और उस वर्ष जब क्रिसमस आया, जिल ने सुनिश्चित किया कि 'द स्टेशन' आनंदकारी व सुखद हो।

जिल में एक अनोखी आदत है, जिसने मुझे आकर्षित किया। यदि वे किचन में काम कर रही हों तो लगभग हमेशा एक कैबिनेट का दरवाजा खुला रखती थीं और वे शायद ही कोई ढक्कन ठीक से लगाती हों। इस मायने में वे बिल्कुल नीलिया जैसी थीं। तार्किक रूप से मैं भलीभाँति जानता था, लेकिन मेरे भीतर एक छोटा सा अंश यकीन करना चाहता था कि जैसे नीलिया ने ही जिल को मेरे पास भेजा है, वे इसी के संकेत थे।

अगले वर्ष एक सुबह ब्यू और हंटर मेरे बाथरूम में आए, जब मैं दाढ़ी बना रहा था और मैं समझ गया कि वे किसी गंभीर मुद्दे के बारे में बात करना चाहते थे। ब्यू हाल ही में सात वर्ष का हुआ था; हंटर छह का था और उन्हें बात शुरू करना मुश्किल हो रहा था।

"तुम बताओ हंट!" ब्यू ने अपने भाई से कहा।

"नहीं, तुम बताओ।"

अंत में हंटर ने कहा, "ब्यू को लगता है कि हमें शादी कर लेनी चाहिए।"

"इसका क्या मतलब हुआ, ब्यू?"

"अच्छा," ब्यू ने कहा, "हमें लगता है कि हमें जिल से शादी कर लेनी चाहिए, आप क्या कहते हैं, डैड?"

"मुझे लगता है, यह अच्छा विचार है।" मैंने उनसे कहा। मैं भूल नहीं सकता कि उस वक्त मुझे कितना अच्छा महसूस हुआ था।

"लेकिन डैड," ब्यू ने गंभीरता से कहा, "क्या आपको लगता है कि वे मान जाएँगी?"

मेरे बेटे, कितने चौकस थे।

मुझे सचमुच लगता था कि वे कर लेंगी, लेकिन पहली बार जब मैंने पूछा तो जिल ने कहा कि वे अभी तैयार नहीं हैं। यही समस्या अब भी लागू होती है। उसे भरोसा नहीं था कि वे पूर्णकालिक माँ बनने के लिए तैयार थीं और जहाँ तक राजनीति की बात है, जिल सार्वजनिक व्यक्ति नहीं बनना चाहती थीं। मैंने पूछना बंद नहीं किया, लेकिन मैं जितना दबाव बनाता, उनका इनकार उतना बढ़ता जाता। यदि मैं पाँव पीछे खींचता तो वे आगे आतीं तो हम दुविधापूर्ण भविष्य पर यह सवाल बनाए रखने पर सहमत थे, तब भी हम अलग नहीं हुए और स्टाफ में यह चुटकुला आम था कि मैं अविश्वसनीय रूप से गायब रहनेवाला सीनेटर हूँ। "वह कहाँ पर है?"

"मुझे नहीं पता कि वह कहाँ है।"

"क्या तुमने मार्बल रूम में देखा?"

"वह यहाँ नहीं है।"

"क्लॉक-रूम में?"

"नहीं है।"

"वे जरूर जिल के साथ कहीं होगा।"

जिल कहती हैं कि मैंने उनसे पाँच से भी ज्यादा बार शादी करने के लिए पूछा होगा और वे लगातार यही कहती रहीं कि उन्हें और समय चाहिए। मैं समझता था, इसलिए धैर्य बनाए रहा, लेकिन वर्ष 1977 में जब मैं दक्षिण अफ्रीका के दस दिवसीय दौरे पर जाने की तैयारी कर रहा था, मैं आखिरकार टूट गया, मैंने जिल से कहा, "देखो, मैंने बहुत देर इंतजार कर लिया। मैं और इंतजार नहीं करनेवाला,

या तो आप मुझसे शादी करें या इसे यहीं खत्म करते हैं। मैं और इंतजार नहीं कर सकता। मैं तुम्हें सिर्फ दोस्त से कहीं ज्यादा चाहता हूँ।" मैंने उन्हें मेरे जाने के बाद इसपर विचार करने के लिए कहा।

अफ्रीका में ये दस दिन बहुत लंबे लग रहे थे। मैं बेहद बुरे दौर से गुजर रहा था, लेकिन मैं जानता था कि यदि जिल ने मना किया तो यह बेहद दुःख देनेवाला होगा, बल्कि मैंने उनके साथ सौदा करने का भी फैसला किया, यदि वे मुझसे शादी करती हैं तो मैं सीनेट का चुनाव नहीं लड़ूँगा।

जब मैं अफ्रीका से वापस लौटा, जिल ने कहा कि वो मुझे गँवाना नहीं चाहतीं। यदि शादी या सब खत्म करने में से चुनना है तो वे शादी के लिए तैयार हैं। मैंने उन्हें भरोसा दिलाया कि यदि वे चाहती हैं तो मैं सीनेट भी छोड़ दूँगा। मैं वर्ष 1978 के पुनर्निर्वाचन के लिए तैयार था और अब इसपर फैसला लेने का वक्त था। एक दिन हम द स्टेशन की लाइब्रेरी में बैठे थे, जब उन्होंने कहा कि मैं सीनेट को छोड़ने को लेकर गंभीर तो नहीं हूँ।

"आपका सचमुच यह मतलब नहीं था न।"

मैंने उनसे वादा किया था और मैं गंभीर था। मैं पहले ही राज्य में कुछ लोगों को, मैं न लड़ सकूँ तो सीनेट चुनाव लड़ने के लिए तैयार कर लिया था, लेकिन मैं जिल से बात कर रहा था; मुझे उसे दिखाना था कि मेरी बात में अर्थ है। उस दोपहर लाइब्रेरी में मैंने फोन उठाया और डायल करना शुरू किया, "ठीक है," मैंने उससे कहा।

"मैं बिल फ्रैंक को फोन कर रहा हूँ और उनसे कह रहा हूँ कि मैं चुनाव नहीं लड़ रहा।" फ्रैंक विलमिंगटन न्यूज-जनरल में चीफ राजनीतिक रिपोर्टर थे और एक बार जब मैंने उन्हें बता दिया तो वर्ष 1978 में मैं समाप्त था। मुझे दूसरी तरफ फ्रैंक का फोन बजता सुनाई दे रहा था, तभी मुझे डायल टोन सुनाई देने लगी। जिल की उँगली फोन क्रेडिल पर थी। उन्होंने फोन काट दिया था। "ऐसा मत करो।"

उन्होंने मुझे बाद में बताया कि उन्होंने ऐसा क्यों किया। उन्होंने कहा, "यदि मैं तुम्हारे सपनों से इनकार करती हूँ तो मैं उस व्यक्ति से शादी नहीं कर रही, जिससे मैं प्यार करती थी।"

□

# 8

# बदलाव

जिल और मेरी शादी कैथोलिक पादरी ने न्यूयॉर्क की अमेरिकी चैपल में जून 1977 में हुई। हमने अपने परिवार और निकटस्थ मित्रों के अलावा और किसी को नहीं बताया; हम प्रेस को ललचाना नहीं चाहते थे। यह समारोह भी केवल परिवार के लिए ही था, लेकिन इसमें भी लगभग चालीस लोग थे। ब्यू और हंटर हमारे साथ वेदी पर खड़े थे। जिस तरह यह हुआ, उन्हें लगा कि हम चारों की शादी हुई है, लेकिन मैं देख रहा था कि जिल समारोह में परिचय करवाते हुए बेचैन थीं। हमारी शादी के दिन वे थोड़ी घबराहट के साथ सुबह पाँच बजे उठ गईं, लेकिन एक बार जब हमने आपस में वादा कर लिया तो मुझे महसूस हुआ, जैसे उसके संदेह दूर हो गए हैं। हमने 'साइन ऑफ द डोव' में बड़ा रिसेप्शन लंच दिया और सलामती के जाम के बीच मैंने अपने और जिल के माता-पिता को देखा कि वे हमारे लिए कितने खुश थे।

रिसेप्शन के बाद और हमारे परिवार के अपने घर चले जाने पर हम चारों ने अपना हनीमून आरंभ किया। जिल और मैंने समय मिलने पर लंबी यात्रा पर अकेले जाने के बारे में बात की, लेकिन हमने फैसला किया कि चूँकि हम चारों की शादी हुई है तो हमें बच्चों को भी अपने हनीमून में शामिल करना चाहिए। हमने दो बढ़िया होटल रूम बुक किए और बच्चों से कोई एक चुनने को कहा। उस रात हम ब्रॉडवे में एनी फिल्म देखने गए, जहाँ जिल ने थियेटर की भीड़ में जैकी कैनेडी को पहचान लिया। हमने फिल्म के बाद डिनर की योजना बनाई, लेकिन लड़के इतना थक गए थे तो हमने ब्लिम्पीज से हैमबर्गर लिये और उन्हें अपने साथ होटल ले आए।

उस रात मेरा जीवन फिर पटरी पर आ गया। मैं पूरी तरह से जिल के प्यार में था और मैं जानता था कि वे लड़कों के लिए शानदार माँ साबित होंगी, लेकिन मैं यह भी जानता था कि उनका काम बहुत मुश्किल है। मैंने एक बार उनसे पूछा था, यह हमारी शादी से कुछ ही समय पहले की बात है कि वे मेरे नीलिया को इतना ज्यादा चाहने की बात जानते हुए भी मेरे साथ शादी क्यों कर रही हैं और वे जरा भी नहीं झिझकीं। "इसी कारण मैं आपसे शादी कर रही हूँ," जिल ने मुझसे कहा।

"जो व्यक्ति ने एक बार इतनी गहराई से प्यार किया है, वह फिर से ऐसा कर लेगा।" तब मुझे अहसास हुआ कि जिल के प्यार ने मेरे लिए क्या किया है; इसने मुझे फिर से वह बनने की इजाजत दी, जो मैं हूँ। नीलिया को गँवाने का दुःख चाहे जितना गहरा रहा हो, मैं अपने दिल से इर्द-गिर्द सुरक्षा दीवारें बनाने में बहुत खराब रहा। अपना पूरा जीवन अच्छे या बुरे के लिए मैं अपने जुनून द्वारा चलाया गया, जैसे अपने को जीवित अनुभव करने के लिए मुझे जिंदगी में हर बड़ी चीज में जोखिम लेना हो। जिल ने मुझे यह दिखाया कि वह जुनून आज भी मेरे अस्तित्व का नियंत्रक पहलू है।

उसका लड़कों की माँ के रूप में बदलाव लगभग निर्दोष था, लेकिन इसमें भी मार्ग की बाधाएँ अवश्य थीं। बीते तीन वर्षों से ब्यू और हंटर के लालन-पालन में मेरी माँ वैल की मदद कर रही थीं और उनके लिए इसे छोड़ना आसान नहीं था। शुरुआत में वे जिल को लगभग रोजाना याद दिलाते समय कभी नम्र और कभी नम्रतारहित हो जातीं। यदि ब्यू अपने गले कि शिकायत करे तो तुम डॉक्टर को बुला लेना। लड़कों को बेसबॉल सीजन के लिए नए जूते चाहिए होंगे। जिल को मेरी माँ की आवाज की छिपी प्रवृत्ति परेशान कर जाती थी, जैसे उन्हें लड़कों को लेकर जिल पर पूरा भरोसा नहीं है। मैं जानता था कि मुझे क्या करना चाहिए और विडंबना

यह थी कि मैं यह सबक अपनी माँ से ही सीखा था। जिल मेरी पत्नी थी और मेरा काम उसका सौ प्रतिशत साथ देना था। मैं बताना चाहता था कि अब समय आ गया है कि माँ थोड़ी पीछे हटें; मुझे जिल को लेकर कोई संदेह नहीं था।

उसने जिस तरह लड़कों को अपने निकट किया था, उससे मैं हैरान था। मुझे नहीं पता कि मुझमें उसके जितना धैर्य है या नहीं। यह उचित ढंग से नहीं हुआ, लेकिन मैं कभी नहीं भूल सकता कि उस वक्त कैसा महसूस हुआ था, जब पहली बार मैंने उसे अपनी बाँहें फैलाकर दौड़ते हुए ब्यू और हंटर को गले लगाते देखा था। मैंने नियम बना रखा था कि घर अपने नियमित समय पर पहुँचना है, अकसर मुझे इसके लिए मैजोरिटी लीडर से गुहार लगानी पड़ती है कि वह सीनेट की वोटिंग इस तरह रखे कि मैं यूनियन स्टेशन से पाँच बजे की ट्रेन पकड़ सकूँ। मैं अपनी कुरसी चैंबर की पिछली कतार में पसंद करता था, जिससे आसानी से निकल सकूँ, लेकिन जिल इस तरह की अभिभावक थी, जो लड़कों के ग्रेड स्कूल में हॉटडॉग खिलाने या लाइब्रेरी में काम करती थीं। जिल उन्हें खेल और कब स्काउट्स के लिए ले जातीं और लातीं। ऐसी बहुत सी रातें थीं, जब डिनर के लिए सिर्फ वे तीनों ही होते थे। मैं घर आता और जिल जोरों से हँस रही होती तथा हमारे दोनों बेटे घर भर में दौड़ रहे होते। घर में अपने पहले हफ्ते के मध्य में ब्यू ने कहा था, "जिल क्या आप कपड़े नहीं धोतीं?"

"क्या मतलब ब्यूइ–ई?" जिल ने कहा, "मैं आमतौर पर ऐसा हफ्ते में एक बार करती हूँ।" उन्हें उन कपड़ों की संख्या का अंदाजा नहीं था, जो ये दोनों लड़के गंदे कर देते हैं।

"आपको यह रोज करना चाहिए।" ब्यू ने शिष्टता से खुलासा किया।

उन्होंने एक साथ गुप्त जासूसी एडवेंचर भी किए। कुछ वर्ष बाद जब जिल को पहला बार लगा कि वे गर्भवती हैं, उन्होंने ब्यू और हंट को कार में बैठाया और कार चलाकर ईकेर्ड दवा की दुकान पर गईं और वहाँ से आरंभिक गर्भ जाँच किट खरीदी। वे स्टोर पर पहचाना नहीं जाना चाहती थीं और यह अंत में अखबारों में जगह पा जाता, इसलिए उन्होंने अपने ट्रेडमार्क ब्लांड बालों के ऊपर स्कार्फ बाँध लिया, काला चश्मा लगाया और लड़कों को सिखा दिया कि जब वे गोपनीय खरीदारी कर रही हों तो वे कार में ही बैठे रहें। वस्तुतः लड़कों को मुझसे पहले पता था कि हमारे यहाँ बेबी आनेवाला है और जिल कभी नहीं भूल सकतीं कि वे दोनों उस दिन कितने उत्साहित थे। जिल ने उनसे कहा कि बच्चे का नाम वे ही रखें और

ब्यू व हंटर ने अपने बहन का नाम 'एश्ले' रखा।

एक और दिन जब वे कार में पेट्रोल भरवा रहे थे तो वहाँ के कर्मचारी ने जिल से कहा, "कितना पेट्रोल चाहिए हनी?"

"माँ," उस व्यक्ति के अपने काम में लग जाने के बाद ब्यू ने कहा, "अगर उसने फिर से आपको हनी कहा तो मैं बाहर निकलकर उससे बात करूँगा।"

यह एक और चीज थी, जिसने मुझे हैरान किया। जिल और मैंने कभी भी अकेले में या लड़कों के सामने इस बारे में बात नहीं की, लेकिन मैंने एक दिन ध्यान दिया कि वे अब उन्हें जिल कहकर नहीं पुकारते, वे उन्हें माँ कहते हैं। मैं इनचार्ज होने का आदी था, लेकिन वास्तव में ये जिल और लड़के थे, जिन्होंने हमारे पुनर्निर्मित परिवार को आकार दिया था। पहले-पहल मुझे पता नहीं था कि घर में मौजूद नीलिया की तसवीरों का क्या करूँ, लेकिन जिल ने इसे आसान बना दिया, जब उन्होंने मुझे और लड़कों को गले लगाया तो हर चीज को गले लगा लिया। लड़के लगभग हर वर्ष ईस्टर और गरमियों की छुट्टियों के दौरान नीलिया के माता-पिता से मिलने स्केनटेलीज जाते थे। यदि मैं सीनेट या प्रचार कार्यों में फँसा होता तो जिल बच्चों को नॉर्थ से ले जातीं। वे हंटर परिवार को बतातीं कि वे लड़कों की तारीफ करें, चूँकि उन्हें परीक्षा में 'ए' मिला है या खेल में अच्छे रहे हैं। जिल हमारी नीलिया की स्मृतियों का भी आदर करती थी और हमेशा यही कहतीं कि यदि उन्हें कुछ हो जाए तो उन्हें उम्मीद है कि मैं लड़कों में उनकी स्मृति को जीवित रखूँगा।

उसने एक बार कहा, "आप नीलिया को इससे बाहर कैसे रख सकते हैं? नीलिया यहीं हैं और यह बहुत अच्छा अहसास है कि वे भी इसका हिस्सा हैं। उन्होंने मुझे दो खूबसूरत बच्चे दिए हैं। मुझे पता है कि सुनने में अजीब लगेगा, लेकिन कई बार मुझे लगता है कि वे ऊपर से हमें देख रही हैं।"

कुछ वर्ष बाद एक पत्रिका के तथ्य-परीक्षक ने मेरे सीनेट ऑफिस को डेडलाइन समस्या को लेकर फोन किया। हमारे परिवार के बारे में एक कहानी प्रेस में जा रही थी और तथ्य-परीक्षक भ्रमित थी। उसने नीलिया और नाओमी की दुर्घटना के बारे में पढ़ा था, लेकिन जब उसने ब्यू और हंट से उनकी 'सौतेली माँ' के बारे में सवाल किया तो उन्होंने कहा, "ओह, नहीं, हमारी सौतेली माँ नहीं हैं।"

ब्यू और हंटर ने लंबे समय पहले चयन कर लिया था—जिल ही माँ हैं।

"वे आपको पसंद आएँगी जो?" फ्रैंक ने मुझसे कहा था।

"उन्हें राजनीति पसंद नहीं है।" जिल ने वर्ष 1978 में आग से बपतिस्मा

सीनेट प्रचार के दौरान लिया, जिसकी शुरुआत गाजे-बाजे के साथ वर्ष 1977 की गरमियों में, ठीक हमारे विवाह के बाद हुई थी। हमने इस पहले कैंपेन के दौरान सभी वालंटियरों के साथ स्थानीय हाई स्कूल में पिकनिक मनाई। वहाँ हजारों की संख्या में बाइडन समर्थक मौजूद थे और वे सभी जिल से मिलना चाहते थे, लेकिन उन पर अभी भी सन् 1972 का प्रभाव छाया था और सिर्फ एक बार फिर से इकट्ठा होने भर से पाँच वर्ष पहले मिली असंभव जीत की अब तक जलती चिनगारी को हवा मिल गई। मैंने अपनी नई दुलहन को सहानुभूति से देखा, क्योंकि एक के बाद एक वालंटियर उसे अभिवादन के लिए आ रहे थे। वे कहते, "मैं नीलिया को जानता था, वे बहुत शानदार थीं।" और जिल इन सबमें पूर्ण सुघड़ता से तल्लीन थीं। पिकनिक समाप्त होने के बाद मैंने उनसे कहा, "माफ करना, मैं जानता हूँ कि उन लोगों ने खयाल नहीं किया।" लेकिन जिल ने कहा कि वे समझती हैं।

अपने पहले कार्यकाल के समाप्त होने तक आखिरकार मैं सीनेट की कुरसी को अपनी कुरसी मानने लगा था। मुझे वहाँ होना अच्छा लग रहा था और मैं जो हासिल किया था, उसपर मुझे गर्व था। वर्ष 1975 में मुझे फॉरेन रिलेशंस कमेटी में जगह मिली, जो किसी नए व्यक्ति के लिए दुर्लभ थी और मैं लीडर्स व मुद्दे, खासकर यूरोप व साथ ही साथ शेष दुनिया के भी, समझ आने लगे और मैंने डेमोक्रेटिक नेतृत्व को स्पष्ट रूप से इतना प्रभावित किया कि उन्होंने यू.एस. इंटेलिजेंस एजेंसियों की निगरानी करनेवाली नव निर्मित स्थायी समिति में शामिल कर लिया। इस स्थायी समिति का निर्माण चर्च कमेटी से हुआ था, जो सेंट्रल इंटेलिजेंस एजेंसियों के अनैतिक और अकसर अनधिकृत गुप्त कामों की छानबीन करती थी। सी.आई.ए. ने विदेशी सरकारों को अस्थिर करने की अनुचित योजनाएँ बनाई थीं तथा कुछ हत्याओं की अनोखी योजनाएँ बनाई थीं, जिसमें एक फिडेल कास्त्रो को विस्फोटक सिगार से मारना भी था। चर्च कमेटी ने कांग्रेस द्वारा निगरानी की अनुशंसा की। उसने सही अर्थों में द्विदलीय स्थायी कमेटी का प्रस्ताव रखा, जिसमें दोनों ही दलों के दो चेयरमैन और समान संख्या में सीनेटर होंगे। पूरी सीनेट द्वारा वोट मिलने के अलगे दिन कमेटी अस्तित्व में आई, मैं अपने ऑफिस में गया और अपने दोस्तों व भरोसे के साथियों, टेड कॉफमैन को अपनी परेशानी बताई। "वे मुझे इंटेलिजेंस में भेजना चाहते हैं।" मैंने कहा।

इंटेलिजेंस सेवा का मतलब हमेशा मौखिक आदेशों के तहत रहने जैसा है। मेरे वर्तमान सहकर्मी क्रिस डॉड ने इसे पैकमैन कमेटी का नाम दिया। कमेटी के

सदस्यों को, इंटेलिजेंस मीटिंग हेतु सुरक्षित कक्ष एस-407 में सुनी हर बात को पी जाना होता है। इंटेलिजेंस समुदाय सदस्यों को ऐसी बातें बताती थी, जो सबको पता थीं। सदस्य गोपनीयता की शपथ लेते, भले ही यह जानकारी अखबार में आए और सब लोग पहले से ही इसके बारे में बातें कर रहे हों। उन बंद दरवाजों के पीछे वे हमें जो बताते थे, उसमें से 80 फीसदी गोपनीय नहीं होता था।

"देखा," टेड ने कहा, "यदि तुम इसमें नहीं जाना चाहते तो मैंसफील्ड को बता दो।"

बाद में उस दिन मैं डेमोक्रेटिक क्लॉक-रूम के दरवाजे पर खड़ा था, तभी सीनेटर सैन नुन रुके और उन्होंने मुझे सीनेट इंटेलिजेंस कमेटी के असाइनमेंट के लिए मुबारकबाद दी। चर्च कमेटी के जाँच-परिणाम खबरों में रहने के साथ ही जनता में एफ.बी.आई. और एन.एस.ए. के अवैध फोन टेपिंग की अधिकता के प्रति रोष था और यह ठीक भी था। बहुत से मामलों में ब्यूरो गोपनीय वारंट या बिना वारंट के ही अमेरिका में नागरिकों की जासूसी कर रहा था। हम इस लहर को आता देख रहे थे, जनता चाहती थी कि हम सभी गोपनीय कार्यों की निगरानी करें और इससे इंटेलिजेंस कमेटी की साख गिरनी थी, लेकिन कोल्ड वॉर अभी भी जारी थी और एस-407 में मेरे मैं और मेरे सहकर्मी अमेरिका के नागरिकों व गैर-नागरिकों तथा मॉस्को और तेहरान में बैठे विदेशी एजेंटों के बीच बातचीत की निगरानी द्वारा महत्त्वपूर्ण सूचनाएँ एकत्र कर रहे थे। यह कांग्रेस की जिम्मेदारी थी कि वे ऐसा तरीका तलाशें, जिससे इस असंवैधानिक घरेलू जासूसी पर लगाम लगे और एक ऐसा वैध तंत्र स्थापित हो, जिससे इंटेलिजेंस के उपयोग से अंतरराष्ट्रीय जासूसी की जा सके। यह तंत्र का हमारे संविधान और बुनियादी मूल्यों से सामंजस्य हो और राष्ट्र वास्तविक हानि से सुरक्षित भी रहे। हमें ऐसा तरीका तलाशना होगा, जिससे इंटेलिजेंस सर्विस यदि आवश्यकता हो तो तेजी से आगे बढ़ सके और सच्चाई जानने के बाद कोर्ट का आदेश मिल सके। समाधान न तो स्पष्ट था और न आसान, और वर्ष 1978 का फॉरेन इंटेलिजेंस सर्विस ऐक्ट या एफ.आई.एस.ए का जन्म इस संघर्ष के बीच हुआ कि नागरिक अधिकारों और सार्वजनिक सुरक्षा के बीच संतुलन बना रहे। मुझे हैरानी नहीं है कि तीस वर्ष बाद हर वक्त आगे बढ़ते नए हालातों व तकनीक से, मैं और मेरे सहकर्मियों को उस नाजुक संतुलन के पुन: नवीकरण के लिए बुलाया जाता है।

वर्ष 1977 में चेयरमैन ईस्टलैंड के आशीर्वाद से मुझे ज्यूडिशियरी कमेटी

में अपना असाइनमेंट मिल गया। मैं कानूनों पर काम शुरू करना चाहता, जिसके सड़कें सुरक्षित और आपराधिक न्याय व्यवस्था निष्पक्ष हों। सुरक्षा प्रदान करने के तरीके तलाशने और इसके बाद भी आपराधिक आरोपियों के अधिकारों को सुरक्षा देना संविधान के बुनियादी आधारों तथा केंद्रीय सरकारी काररवाइयों में से एक है। जमीनी हालात लगातार बदल रहे थे और मुझे लगता था कि ज्युडिशियरी में होने से यह हमारा दायित्व था कि हमेशा सावधान रहें कि यह संतुलन निष्पक्ष रहे।

मैंने सार्वजनिक वकील के छोटे से काल में दिलचस्प बोध उत्पन्न कर लिए थे। मैंने स्पीडी ट्रायल ऐक्ट पर बहुत जोर दिया, क्योंकि अभियुक्त पर आपराधिक अभियोग लंबे समय तक लटका रहता है। मैं यह भी जानता था कि मौत की सजा का मॉडल अवांछित हालात उत्पन्न कर रहा था। बहुत पहले प्रगतिशील युग से ही, अनेक गलतियों की तरह इनकी शुरुआत भी अच्छी मंशा से होती है, जब अपराधियों का पुनर्वास न्यायिक व्यवस्था के लिए शानदार उम्मीद थी, जब तक मैं अदालत में बतौर वकील रहा, तब जेल का समय निर्धारित करनेवाला नियंत्रक सवाल यह था—किसी आरोपी अपराधी के पुनर्वास में कितना समय लगेगा? सजा देनेवाले जजों में ऐसी दिव्यता की उम्मीद की जाती है कि वे पुनर्वास को लेकर इतना संवेदनशील व्यक्ति हों, जो सजा को व्यापक विस्तार प्रदान करे या कर सके। एक आरोपित अपराधी, जिसका परिवार हो, समाज में स्थान हो और शिक्षित हो, उसे प्रमोशन मिले और वह व्यक्ति, जिसका परिवार नहीं, समाज में स्थान भी अधिक नहीं और शिक्षा भी कम हो, उसी अपराध के लिए दस वर्षीय सजा दी जाए। नियमत: अश्वेतों को श्वेत व्यक्तियों के मुकाबले लंबी सजाएँ मिलती हैं तो व्यवस्था ने एक और विषमता की स्थिति का निर्माण कर दिया है, जो भेदभावपूर्ण है।

आपराधिक आरोपियों को पता हो कि उनके लिए सड़कों के साथ ही अदालतों में भी अवसर हैं। बतौर सरकारी वकील, मैंने पाया कि मेरे एक क्लाइंट की प्ली बार्गेन अस्वीकार होना सामान्य बात थी। मैंने किसी से कहा, "ठीक है, उन्होंने तुम्हारा काम नहीं किया। उन्होंने तुम्हें दो चोरियों, दो घरों में सेंध लगाने के लिए पकड़ा है। अटॉर्नी जनरल ने दो साफ पहचान बताई हैं। तुमने इनमें से एक घर में अपने जूते छोड़ दिए थे।"

"तो फिर क्या हो गया?"

"एक वर्ष की जेल।"

"मुकदमा करने और हारने में कितना वक्त मिल जाएगा?" वे बस यही जानना चाहते हैं।

"पाँच तक," मैं कहता, "शून्य से पाँच।"

"मुझे तो शून्य ही मिलेगा? लगता है, मुझे यह जोखिम लेना चाहिए।"

व्यवस्था काम नहीं कर रही थी और मैंने सोचा कि अब नए मॉडल द्वारा गलती सुधारने का वक्त आ गया है। मुझे लगा कि ऐसा सिस्टम काम कर सकेगा, जहाँ व्यक्तिगत दायित्व, निरंतरता और निश्चितता को प्रोत्साहित किया जाए। कांग्रेस कहेगी कि एक ही तरह के हालातों में, एक ही तरह के संघीय अपराध के लिए जेल भी समान समय के लिए होनी चाहिए। हम जजों के इस्तेमाल के लिए संकीर्ण किस्म के सजा निर्देश देते हैं और अपराधियों को समान कीमत चुकानी पड़ती है। हम यहाँ व्यक्ति पर नहीं, बल्कि अपराध पर फैसला दे रहे हैं।

कुछ अन्य बड़े मुद्दे भी हैं। ड्रग्स संबंधी हिंसक अपराधों का उदय सत्तर के दशक में हुआ तो इसलिए जरूरी था कि ड्रग्स पाबंदी के लिए सख्त कानून लाए जाएँ और सड़कों से बंदूकों को दूर रखा जाए और वहाँ बीट पुलिसकर्मियों की तैनाती हो। कांग्रेस लीगल एनफोर्समेंट एसिस्टेंस एडमिनिस्ट्रेशन के लिए पर्याप्त धन आवंटन कर रही थी, लेकिन मैं जानता था कि यह सुनिश्चित करने का कोई तो तरीका होगा कि स्थानीय सरकार इस संघीय धन को अधिक पुलिसकर्मी नियुक्त करने में उपयोग करे, लेकिन जब तक मैं ज्युडिशियरी कमेटी में शामिल हुआ, तब तक यह सब मिलकर एक बहुत बड़े, बहुत विभाजक मुद्दा बन गए प्रतीत होते थे, ऐसा जो सीनेट और बाहरी प्रचार के दौरान में मेरा सारा समय और ऊर्जा सोख लेता। मैं डेलावेयर के उत्तरी हिस्से में किसी भी किराने की दुकान या रेस्टोरेंट से जबरदस्त डाँट सुने बिना नहीं निकल पाता था।

मैं वर्ष 1978 के वार्षिक चिकन फेस्टिवल को कभी नहीं भूल सकता, जिसमें डेलावेयर में बड़ी भीड़ एकत्र होती है। मैं पार्किंग से निकलकर भीतर की तरफ जा रहा था, मतदाता मुझे रोककर मुझसे हाथ मिलाते, तभी मैंने एक महिला को चिल्लाते सुना, "सीनेटर बाइडन! सीनेटर बाइडन!" वह मुझसे करीब तीस यार्ड दूर थी और तेजी से नजदीक आ रही थी। लगभग मेरी ही उम्र की आकर्षक ब्लांड महिला, वह छोटे लड़कों का हाथ पकड़े, उन्हें खींचती हुई जल्दबाजी में मेरी तरफ आ रही थी। उसके मुँह पर लंबी मुसकान थी और मेरे पास आने के बाद वह अपने बेटों की तरफ मुड़ी और बोली, "बच्चो, मैं तुम्हें सीनेटर बाइडन से मिलवाना चाहती

हूँ। इन्हें अच्छी तरह से देख लो। यह वह व्यक्ति है, जिसने तुम्हारी जिंदगी बरबाद की है।" उसकी आवाज में गुस्सा था। वह अपने बेटों से बात करते हुए मेरी तरफ इशारा कर रही थी। "इन्हें अच्छी तरह देख लो। इन्हीं के कारण तुम्हें सबके साथ बस में जाना पड़ता है।"

"मैम," मैंने कहना आरंभ किया। मुझे सबके लिए बस के बारे में अदालती आदेश के बारे में बहुत कुछ कहना था, लेकिन उसने मेरी बात काट दी।

"मुझसे कुछ कहने की जरूरत नहीं है।" इसके बाद वह मुड़ी और वहाँ से चली गई।

बात यह थी कि मुझे उस व्यक्ति के तौर पर जाना जाता था, जो यह सुनिश्चित करने का प्रयास कर रहा था कि उसके बच्चे बस द्वारा अन्य जिले के स्कूल में न जा सकें, लेकिन वर्ष 1978 तक प्रचार आरंभ करने के जोश में मैं डेलावेयर के मतदाताओं में चर्चित एक ही मुद्दे के दोनों पक्षों के कोप का भाजन बन गया था।

बसिंग (सबके लिए समान बस) मेरे पहले प्रचार अभियान का छोटा सा गौण मुद्दा था। मैं काफी मुखर प्रतिद्वंद्वी रहा था, क्योंकि जहाँ मैं पब्लिक स्कूलों के एकीकरण की जरूरत पर गहराई से यकीन करता था, वहीं मुझे लगता था कि बसिंग प्रतिकूल साबित हो रही है। बसिंग को पब्लिक स्कूलों में अश्वेत व श्वेत बच्चों के बीच बेहतर एकीकरण में इस्तेमाल पर जोर देने की शुरुआत 1960 के दशक के उत्तरार्ध में हुई, लेकिन बसिंग का वास्तविक प्रभाव इसकी मंशा से पूरी तरह उलट प्रतीत हो रहा था। श्वेत लोग अपने बच्चों को पब्लिक स्कूलों से निकालने लगे। दक्षिणी शहरों और उत्तरी शहरों के उपनगरों से समान रूप से श्वेता का पलायन होने लगा। अटलांटा, डेट्रायट, लुइसविल और इंडियानापोलिस, रिचमंड, वर्जिनिया और विलमिंगटन, डेलावेयर में केंद्रीय स्कूलों में अश्वेत छात्रों के प्रतिशत में नाटकीय ढंग से इजाफा हुआ—अटलांटा के स्कूलों में 80 फीसदी श्वेत हुआ करते थे और अब उनमें केवल 30 फीसदी श्वेत थे, जबकि उपनगरीय जिलों में 80–90, बल्कि 95 फीसदी श्वेत थे। सत्तर के दशक की शुरुआत में फेडरल कोर्ट ने नस्लीय संतुलन फिर से कायम करने के लिए अन्य जिला बसिंग शुरू करने का फरमान जारी किया।

वर्ष 1974 में फ्लोरिडा के सीनेटर एड गुर्ने ने यह विधेयक पेश किया, जिसमें बच्चों को उनके पास के पब्लिक स्कूल में जाना अनिवार्य क्या जाए और जिससे फेडरल कोर्ट को बसिंग को पृथक् स्कूलों की उपचार क्षमता में उपयोग

को वास्तव में वंचित हो जाए, जब यह साफ हो गया कि गुर्ने का संशोधन पास हो जाएगा तो सीनेट में रिपब्लिकन नेता मैंसफील्ड और ह्यूग स्कॉट गड़बड़ करने लगे। वे इस तथ्य को भलीभाँति जानते थे कि ब्राउन बनाम बोर्ड ऑफ एजुकेशन के साहसिक सप्ताह के बाद बीस वर्ष बाद इसपर फ्लोर में चर्चा हो रही है, जिसमें सुप्रीम कोर्ट ने सर्वसम्मति से आदेश दिया था कि पृथक् स्कूल होना स्वभावतः असमानता है। इन दोनों नेताओं ने अपना खुद का संशोधन पेश किया कि ऐसा हर प्रयास किया जाए, जिससे सुनिश्चित हो सके कि स्कूली बच्चे अपने सबसे घर के सबसे निकटवाले स्कूल में दाखिल हों, लेकिन उन्होंने बसिंग की संवैधानिकता को अदालतों पर छोड़ दिया।

सीनेट फ्लोर की भीड़भाड़ में मैंसफील्ड के एक कर्मचारी ने मुझे पकड़ लिया। जो हमें पता है कि आप बसिंग के खिलाफ हैं, लेकिन आप उन लोगों में से नहीं हैं, जो अदालत की ताकत से वंचित करना चाहते हों। आप अदालत का सम्मान करते हैं। आप संविधान का सम्मान करते हैं। यह गैर-जिम्मेदाराना है। हम बस इतना कर रहे कि आप यहाँ कुछ ऐसा नहीं करना चाहेंगे, जो असंवैधानिक की परिभाषा में आता हो तो आप इसपर बोलते क्यों नहीं।

माइक मैंसफील्ड सही थे। अदालतों में यह क्षमता होनी चाहिए कि वे सरकार द्वारा लागू पृथक्ककरण को रोक सकें।

मैंने मैंसफील्ड-स्कॉट के पक्ष में वोट दिया और यह एक वोट से पास हो गया। यह ऐसा बड़ा वोट था, जो जल्दी ही विशालकाय वोट बन गया, जब संघीय अदालतों ने न्यूकैसल काउंटी, डेलावेयर के स्कूल अधिकारियों को व्यावसायिक अन्य जिला बसिंग स्कीम को योजना का केंद्र बनाने का आदेश दिया।

बसिंग उदार ट्रेन मलबा था और यह लोगों को अलग कर रहा था। विलमिंगटन में व इसके आसपास स्कूलों की गुणवत्ता को पहले ही संकट में थी और वह फिर कभी पहले जैसी नहीं हुई। शिक्षकों को बिना नए स्कूल जिलों से सलाह किए स्थानांतरित कर दिया जाता। कुछ घटनाओं में उनकी जबरन वेतन कटौती की गई। न्यू कैसल काउंटी में राज्य की लगभग दो-तिहाई स्कूली उम्र की आबादी थी और अब हर बच्चे को नस्लीय संतुलन के आधार पर नया स्कूल आवंटित किया जा रहा था। उनमें से एक बड़ा प्रतिशत नए स्कूल में, जिनमें कुछ दर्जनों मील दूर थे—जा रहा था, जब सितंबर 1978 से नए स्कूली वर्ष की शुरुआत हुई। श्वेत माता-पिता को डर था कि उनके बच्चों को विलमिंगटन के गुश्किल इलाकों में भेज दिया

जाएगा; अश्वेत माता-पिता भयभीत थे कि उपनगरीय स्कूलों में कहीं उनके बच्चे हिंसा का निशाना न बन जाएँ। इसका यह मतलब भी था कि अभिभावक-शिक्षक मंत्रणा में उनके काम का आधा दिन लग जाएगा और आपात स्थिति हुई तो क्या होगा? विलमिंगटन की इनर सिटी में ऐसे बहुत से लोग थे, जिनके पास कार नहीं थी और उनके पास कोई विश्वसनीय पब्लिक ट्रांस्पोर्टेशन नहीं था। कोई खुश नहीं था। मैं लगातार विधेयक पेश करके बसिंग को आखिरी रास्ता बनाने का प्रयास करता रहता, जिसे केवल तभी उपयोग किया जाए, जब सभी स्कूल डिस्ट्रिक्ट बच्चों के नस्लीय आधार पृथक् करने, कानूनी रूप से पृथक् करने के लिए सक्रिय होकर काम करते हों। मैंने एक पत्रकार से कहा था—

मेरी राय में आज बसिंग के प्रति श्वेत व अश्वेत दोनों ही समुदायों की इतनी मुखर प्रतिक्रिया का कारण यह है कि वे अपने सहज बोध का इस्तेमाल नहीं कर रहे। हर अमेरिकी के लिए सहज बोध का मतलब है—'यह विचार है कि आप मुझे कक्षा के नासमझ की जगह नस्लीय प्रतिशत का हिस्सा बनाएँ।' इसके अलावा बसिंग इसलिए भी नुकसादेह थी, क्योंकि इसमें ट्रांसपोर्टेशन पर धन व्यय होता था, जिसे नई पुस्तकों और अन्य शैक्षणिक सुधारों पर खर्च किया जा सकता था। लोग यह समझ नहीं पा रहे थे कि वे क्यों अपने बच्चे को सड़क पार के दो ब्लॉक दूरवाले स्कूल में नहीं भेज सकते और इस नस्लीय तनाव के बढ़ने का परिणाम क्या होगा। आपको श्वेत कहते सुनाई देंगे, 'मुझे पता है, यह क्यों हो रहा है। ये उन गॉल-डार्ट नागरिक अधिकार वालों का किया-धरा है। ये उन बेकार उदारवादियों की करनी है।' और इस शोरगुल के बाद स्कूली दिनों की हानि और शिक्षकों के न आने के बाद यह हीन होकर, 'उन अश्वेतों की करनी है,' में बदल जाएगा।"

अश्वेत समुदाय के मेरे दोस्त और समर्थक बसिंग-विरोधी लॉबी ने कोड शब्दों को पढ़ सकते थे। मैंने उसी पत्रकार से कहा—

'मुझे लगा कि मेरी अश्वेत विधानसभा इसलिए भयभीत थी कि यदि राष्ट्र ने उठकर बसिंग को नामंजूर कर दिया तो यह बसिंग से ज्यादा बड़ी बात का संकेत होगा। अश्वेतों के साथ बीते आठ वर्षों से इस देश में जो हो रहा था, उसे देख रहे थे। हाउसिंग के क्षेत्र में, रोजगार अवसरों के क्षेत्र में और उच्च शिक्षा तक पहुँच के क्षेत्र में, अश्वेत फिर से पिछली सीट पर धकेल दिए जाएँगे और वे ये जानते थे। वे डरे हुए थे कि वे यदि सचमुच बसिंग से पीछे हट गए तो ये सभी राजनीतिक संस्थानों के लिए संकेत होगा कि वे संस्थान नस्लीय प्रगति से पीछे हट रहे हैं।'

जहाँ न्यू कैसल बसिंग आदेशों के लिए कानूनी चुनौतियाँ संघीय अपीलीय न्यायालयों के माध्यम से अपना काम कर रही थीं, मैंने बसिंग को रोकने का विधेयक पेश कर दिया। विलियम रॉथ, डेलावेयर से रिपब्लिकन सीनेटर ने बिल का समर्थन किया। सुनवाई हफ्तों तक चलती रही, जिसमें शिक्षा विशेषज्ञों को गवाही के लिए ज्युडिशियरी कमेटी के समक्ष बुलाया गया। थोड़े सहज बोध को जगाने के मेरे प्रयासों के कारण मेरे कुछ सहकर्मियों ने मुझे कोने में ले जाकर पूछा कि मुझपर कब और किस तरह यह 'नस्लवादी हावी हो गए।' एक सुनवाई के दौरान मुझपर 'पचास के दशक की पृथकतावादी राजनीतिक की तरफ वापस ढकेलने' का आरोप लगा। एक शानदार वकील, क्लेरेंस मिट्चैल, जो डॉ. किंग के सबसे अहम सहयोगियों में से एक थे, मुझसे सचमुच निराश प्रतीत हुए। मैं उनका प्रशंसक था, इसलिए इससे मुझे बेचैनी हुई, जब उन्होंने मुझसे कहा कि मैं मुझे कुछ चालाक लोगों ने ठग लिया है, जो मेरे अश्वेत समुदाय की वास्तविक प्रगति के उद्देश्य को साझा नहीं करते और यह मेरे उदारवादी दोस्त थे। सच तो यह है कि यह हिल गया था। मैं बाइडन–रॉथ बिल के लिए इक्कवान वोट भी नहीं जुटा सका और मुझे यह अहसास होना शुरू हो गया कि इस बसिंग की कीमत मुझे आनेवाले चुनावों में अपनी सीट से चुकानी होगी।

मूलतः मैं दो पक्षों में घिरा था और चूँकि बसिंग की योजना चुनावों से दो माह पहले से प्रभावी होनी थी तो किसी और चीज के बारे में बात करना मुश्किल होगा। मैं और टेड कॉफमैन एक दिन ट्रेन द्वारा प्रचार के लिए वाशिंगटन जा रहे थे और हम साथ मिलकर मेरी सीनेट सीट के लिए रिपब्लिकन नामांकन की रणनीति बना रहे थे। हमने पूछा कि कोई प्रतिपक्षी जो बाइडन को कैसे हरा सकता है ? यह ज्यादा मुश्किल नहीं था। जो बाइडन की नागरिक अधिकारों और नागरिक स्वतंत्रता की ठोस प्रतिबद्धता का उल्लेख करें। उन बयानों का उल्लेख करें कि वे राजनीति में मुख्य रूप से नागरिक अधिकारों के लिए आए हैं। प्रतिपक्षी जनता से कह सकता है कि जो बाइडन उदारवादी समर्थक हैं और उनका बसिंग के अदालती आदेश का अनादर करने का प्रचार केवल दिखावा है। एक बार जो बाइडन जब फिर से छह वर्षों के लिए चुन लिया जाएगा तो वह बसिंग–खिलाफ लॉबी के नीचे से जमीन खींच लेगा, जब तक हम ट्रेन से उतरे, मैंने और टेड ने अपने आपको यकीन दिला लिया था कि मुझे हराया जा सकता है।

ईस्टलैंड और जॉर्जिया के सीनेटर हर्मन टेलमाड्गे ने सुझाव दिया कि घर

जाऊँ और 'इस आंदोलनकारी व्यक्ति को इस मुद्दे से बाहर निकालूँ।' लेकिन मैं इस खाई को चौड़ा करने या भावनाओं को भड़काने के पक्ष में नहीं था। लोग बेहद क्रोध में थे। कानूनी चुनौतियों ने सितंबर में स्कूल खुलने पर न्यू कैसल बसिंग आदेश को लागू होना लंबित कर दिया था, लेकिन स्कूल खुलने वाले नहीं थे। बसिंग योजना के विरोध में शिक्षक हड़ताल पर चले गए थे और अक्तूबर की शुरुआत में भी हड़ताल पर ही थे। डेलावेयर के लोगों की निराशा ज्यादा से ज्यादा बढ़ती जा रही थी। चुनावी दिन के निकट आने तक लोगों का यह रोष लगभग मुख्य चीज होगा; दुनिया भर की तार्किक बातें इसे बदल नहीं सकेंगी। मतदाता या तो मेरे निष्पक्ष होने के प्रयास में भरोसा करेंगे या नहीं करेंगे।

मुझे लगा कि मैं भीतर से जानता हूँ कि मेरा सबसे अहम दायित्व लक्ष्य होना है। लोग अपना क्रोध निकालने के लिए बेकरार थे और यदि यह यूनाइटेड स्टेट्स के सीनेटर पर निकले तो और अच्छा है। मुझे वर्ष 1978 में समझ आया कि जनसेवक होने का एक हिस्सा उस जनता का कोप झेलना भी है जो नहीं जानती कि इसे कहाँ निकाले। यदि मैं उनकी समस्या का निवारण नहीं कर सका तो मुझे कम-से-कम गुबार निकालने का साधन तो बनना ही होगा।

मुझे हमेशा याद रहेगा, एक बार मैं जब विलमिंगटन के निकट कर्मचारी-वर्ग के शहर स्थिति स्कूल जिमनेजियम में एक कार्यक्रम के लिए जा रहा था। इस कक्ष में कुरसियों की कतार नीचे से ऊपर की तरफ जाती थी। ये अपनी क्षमता से दोगुनी भरी थीं। लोग गलियारों में खड़े थे; वहाँ बेहद गरमी और तनाव था। वहाँ भीतर जाते समय मुझे बड़ी संख्या में पुलिस दिखाई दी। मैं भीड़ के बीच से जगह बनाता हुआ पोडियम तक पहुँचा, मैंने सुना, लोग फुसफुसाते हुए बोल रहे थे, "ये आ गया··· सत्यानाशी बाइडन···दुष्ट को मार डालो।" और वे मेरे मतदाता थे—कर्मचारी-वर्ग के डेमोक्रेट्स।

एक बार मेरे पोडियम पर पहुँच जाने के बाद कक्ष में हर कोई जानना चाहता था कि बसिंग पर मेरा पक्ष क्या है। मैंने समझाने का प्रयास किया कि मैं सीनेट में क्या कर रहा हूँ और वास्तविक (या अनिच्छित) और कानूनी रूप से (या सरकार-इच्छित) पृथकता में क्या अंतर है, लेकिन श्रोता लगातार दबाव बना रहे थे। वे चाहते थे कि मैं पूरी तरह गलती मानूँ और बसिंग की निंदा का ठोस बयान दूँ। इस पर मैं भी गरमा गया। मैं चाहता था कि उन्हें मेरा पक्ष साफ हो जाए। मैंने उनसे कहा कि 'देखिए, वास्तविकता में पैटर्न और सामुदायिक सुविधा में हाउसिंग

स्वामित्व की जगह पृथकता के उपचार के तौर पर बसिंग के खिलाफ हूँ, लेकिन यदि यह इच्छित पृथकता थी तो मैं व्यक्तिगत रूप से बच्चों को ले जाने हेतु हेलिकॉप्टर के भुगतान के लिए तैयार हूँ।' भीड़ में घोर विरोध के स्वर गूँजने लगे।

मैं अपने बयान पर कायम रहा, लेकिन यह शायद मेरा चुना इकलौता मूर्खतापूर्ण पल था। कक्ष पहले ही उबल रहा था और इससे मेरे उद्देश्य में कोई मदद नहीं मिलनी थी। मैंने महसूस किया कि मेरे पीछे खड़े चुने हुए अधिकारी कुछ कदम पीछे हट गए हैं। उस वक्त मैंने सचमुच खुद को शारीरिक तौर पर कमजोर महसूस किया तो मैंने श्रोताओं से सवाल पूछना और सबसे मुखर लोगों से सुझाव माँगना आरंभ किया। मैंने वहाँ पोडियम पर खड़े रहकर लोगों को मुझपर चिल्लाने दिया, जब तक उनका क्रोध शांत न हो गया।

कुछ हफ्तों बाद न्यू कैसल काउंटी के स्कूलों में सत्र फिर आरंभ हो गया और लगभग अक्तूबर के अंत में सुप्रीम कोर्ट के आदेश से बसिंग योजना को आगे बढ़ाने की अनुमति मिल गई। मेरे अत्यधिक प्रयास करने के बावजूद, बसिंग वर्ष 1978 के चुनावी दिन से कुछ ही हफ्ते पहले बसिंग प्रभावी हो गई।

अंतिम हफ्ते में हमारे चुनावों में मैं सबसे आगे था, लेकिन फिर भी मैं आराम से नहीं था। मुझे लगता है कि चुनाव भरोसे पर था। डेलावेयर के लोगों को यकीन था कि मैं सही चीज कर रहा हूँ और मैं पक्षपाती नहीं था। आँकड़ों में मैं आसानी से जीत गया था—58 फीसदी बनाम 42—लेकिन यह काफी नजदीक का मामला था, बल्कि यह जीत से ज्यादा बचना महसूस हो रहा था।

मेरे अनेक डेमोक्रेटिक सहकर्मी इतने भाग्यशाली नहीं रहे। रूढ़िवादी आंदोलनों ने अपना पहला बड़ा नुकसान कर दिया था। कोलोराडो में फ्लॉइड हास्केल, टॉम मैकइनटायर न्यू हैंपशायर में और विंडेल एंडरसन मिनेसोटा में हार गए, लेकिन हमारे लिए सबसे हैरानी की बात यह थी कि हम मिनेसोटा में दूसरी सीट भी हार गए, यह ह्यूबर्ट हंफ्रे की सीट थी, जिनका जनवरी 1978 में कैंसर से निधन हो गया था।

मुझे ह्यूबर्ट हंफ्रे प्रिय थे; बॉस अपने किस्म के अकेले राजनीतिज्ञ थे। वे वर्ष 1968 में राष्ट्रपति भी बन सकते थे, यदि उन्होंने अपने आपको वियतनाम में लिंडन जॉनसन के विनाशकारी युद्ध से जोड़ा नहीं होता। वे राष्ट्रपति जॉनसन की वृद्धि की नीति से सहमत नहीं थे, लेकिन बतौर उपराष्ट्रपति हंफ्रे ने अपना दायित्व व व्यक्तिगत मान समझते हुए राष्ट्रपति को बचाया। वे शानदार उदार व्यक्ति थे, जो

प्रायः राजनीतिक आकलन में बहुत खराब रहे थे, जब उन्होंने मेरे व मेरे भाई जिम्मी के लिए यूरोप की सरप्राइस छुट्टियों का आयोजन किया, जब मैं ऑफिस में अपने पहले माह में संघर्षरत था। मुझे याद है, मैंने उनसे पूछा था, "बॉस, मत का क्या होगा ? अगले हफ्ते सत्र है।" हंफ्रे ने मुझे चिंता न करने को कहा। उन्होंने सीनेट का कलेंडर देखा और मेरा कुछ नहीं छूट रहा था। जिस हफ्ते मैं वहाँ नहीं था, तब एक अड़ंगा आया था। मेरे सत्तर मत नहीं डले, जो डेलावेयर में रिपब्लिकंस के लिए उपयोगी तथ्य रहा, जो मुझे सीट से हटाना चाहते थे।

जब माइक मैंसफील्ड ने हाथ खींच लिया तो हंफ्रे ने बहुसंख्यक लीडर के तौर पर उम्मीदवारी को समर्थन के लिए कहा। मैं मना नहीं कर सका, जब उन्होंने मुझे डेमोक्रेटिक काकस में मनोनीत करने को पूछा, मेरे लिए ऐसा करना सम्मान की बात थी। इसी बीच जब उनके प्रमुख प्रतिद्वंद्वी बॉब बायर्ड ने मुझे उनका समर्थन करने को कहा, जब मैंने चेयरमैन बायर्ड को कहा कि मैं हंफ्रे के साथ हूँ तो उन्होंने मुझसे पूछा कि यदि कोई नहीं जीता तो क्या सैकेंड बैलेट में मैं उनका समर्थन करूँगा तो मैंने उनसे कहा कि मैं तब भी हंफ्रे का साथ दूँगा, तब उन्होंने मुझसे पूछा कि यदि हंफ्रे शामिल न हों तो मैंने उनसे कहा कि मैं तब फ्रिट्ज हॉलिंग्स को वादा किया है। बायर्ड कठोर थे।

फिर भी बायर्ड तब निश्चित ही हैरान हुए होंगे, जब काकस में मैंने उठकर हंफ्रे का नाम मनोनयन किया। बायर्ड का नाम पहले ही लिया जा चुका था, जब अध्यक्ष ने मुझसे यह पूछा था; यह सब बेहद औपचारिक था। अध्यक्षता कर रहे ईनूये ने कहा, "डेलावेयर के सीनेटर, सीनेटर बाइडन।"

आय मूव द नॉमिनेशन ऑफ ह्यूबर्ट हंफ्रे टू बी लीडर ऑफ द यूनाइटेड स्टेट्स सीनेट, मैंने कहा और जैसे ही मैंने ह्यूबर्ट हंफ्रे की विशिष्ट योग्यताओं के बारे में और वे अध्यक्ष बनने के लिए क्यों सही व्यक्ति हैं, के बारे में भाषण देना आरंभ किया, हंफ्रे ने खुद खड़े होकर आधिकारिक रूप से प्रशंसा की। जो, तुम बहुत प्यारे हो। बहुत प्यारे हो। तुम्हारा बहुत-बहुत शुक्रिया! ये बहुत शानदार है। तब हंफ्रे ने खुलासा किया कि काकस से ठीक पहले उन्होंने बायर्ड से बात की और इसके बाद उन्होंने कहा। जिससे मुझे झटका लगा और मैं सर्वसम्मति से बॉब बायर्ड को अपने अगला विशिष्ट अध्यक्ष चुनने की अनुशंसा करता हूँ।

इस तरह समर्थन द्वारा बायर्ड हमारे नए अध्यक्ष बन गए और मैं वहाँ मुँह खोले खड़ा रह गया। हंफ्रे ने खुद मुझे ही लटका दिया। उन्होंने मुझे बताना जरूरी

नहीं समझा कि उनका बायर्ड के साथ सौदा हुआ है। कमरे में लगभग हर कोई इसपर हँस रहा था; तो बॉस ऐसे थे—साहसी, उदार और आत्म-तुष्ट। उन्होंने एक बार भी नहीं सोचा कि इसका मुझपर कैसा प्रभाव होगा। उनके नकारात्मकता जरा भी नहीं थी, लेकिन बॉस को यह सुनना अच्छा नहीं लगा कि ऐसा व्यक्ति, जो उनका प्रशंसक हो उनको नामांकित करे। आह, कक्ष में मौजूद सभी लोग बॉब बायर्ड को जानते थे; मैंने खुद हमारे नए नेता के पक्ष में कुछ नहीं किया था। मीटिंग के बाद जॉन कुलवेर ने मुझे बाहर पकड़ लिया। वे अभी भी हँस रहे थे। "जो, हर अच्छे काम की सजा मिलती है।" उन्होंने कहा।

एक और बड़ा अभियान था, जिसके बारे में हंफ्रे ने मुझे नहीं बताया। वर्ष 1974 में भाषण देने अटलांटा गया था और जॉर्जिया के गवर्नर ने मुझे उनके घर ठहरने का निमंत्रण दिया। उनकी राष्ट्रीय पहचान तो नहीं थी, लेकिन उन्होंने गुप्त रूप से मुझे बताया था कि वे राष्ट्रपति का चुनाव लड़ने का सोच रहे हैं। उन्होंने ऐसे बहुत से डेमोक्रेट्स को देखा था, जो वर्ष 1976 में राष्ट्रपति का चुनाव लड़ने की बातें कर रहे थे और वे उनके कतई प्रभावित नहीं थे। वस्तुतः उन्होंने मेरी दीर्घावधिक प्रचार-अभियान चलाने की सलाह मानी थी। मैंने उन्हें बताया कि उन्हें इसके लिए कई बाधाएँ पार करनी होंगी—वे दक्षिण से थे। उन्हें विदेशी नीति का कोई अनुभव नहीं था। वे राष्ट्रीय मुद्दों के बारे में अधिक कुछ नहीं जानते थे। मैंने उनसे मजाक में कहा कि अगर आप मेरी बहन को प्रचार अभियान का काम सौंपें तो वे जीत सकते हैं।

जब हम वापस वाशिंगटन लौटे तो मैंने हंफ्रे से पूछा कि क्या वो वर्ष 1976 का राष्ट्रपति चुनाव लड़ने को प्रतिबद्ध हैं या नहीं। वर्ष 1976 में मैं जॉर्जिया से बाहर का वह पहला निर्वाचित अधिकारी था, जिसने जिम्मी कार्टर का राष्ट्रपति पद के लिए समर्थन किया। उस वक्त में कार्टर को अमेरिकी मध्यवर्गीय कर्मचारियों से गँवा रही डेमोक्रेटिक पार्टी के लिए अनिवार्य परिवर्तनवादी व्यक्ति के तौर पर देखता था। मेरा मानना था कि कार्टर पार्टी के अंतरालों में पुल का काम करेंगे। वे दक्षिणी थे, जो चुनावों में सबसे आगे थे। वे संतुलित बजट की बात करते थे। वे बिना कल्याणकारी राज्य का अंधानुकरण किए, गरीबी से युद्ध के आदर्शों पर प्रतिबद्ध थे। वे सोवियतों के साथ शस्त्र सीमाओं पर बातचीत के लिए तैयार थे और वे हमारी विदेश नीति में मानव-अधिकारों को केंद्र बनाने पर राजी थे।

लेकिन एक बार निर्वाचित हो जाने के बाद जिमी कार्टर ऐसा कर नहीं सके।

वे डेमोक्रेटिक पार्टी की रूढ़ियों से बाहर नहीं निकल सके और न अपने से आगे बढ़ सके। मुझे उनके राष्ट्रपति पद पर चुने जाने के पहले ही सप्ताह में समस्याएँ दिखनी शुरू हो गईं। कार्टर ने वर्ष 1976 में चुनाव-प्रचार के दौरान वाशिंगटन में अधिक समय नहीं बिताया था, अंशतः क्योंकि वे यहाँ स्वीकार्य महसूस नहीं करते थे। पूर्व गवर्नर के सीनेट के डेमोक्रेट्स के बहुत कम रिश्ते थे और उनमें से ज्यादातर उनकी उम्मीदवारी को मजाक समझते थे। वास्तविक और कल्पित उपेक्षित कार्टर के उनके डेमोक्रेटिक नामांकन में मददगार ईंधन बने; वे डेमोक्रेटिक संस्थान के खिलाफ चुनाव लड़े, लेकिन कार्टर के अभिषेक से पहले ही, सीनेट के डेमोक्रेट्स उन तक पहुँच गए। हमने उन्हें अपने काकस में भाषण देने के लिए बुलाया और मुझे उनका परिचय देना था और जब वे राष्ट्रपति-निर्वाचित हो गए और जब मैं उनके साथ जाने के लिए दरवाजे के बाहर इंतजार कर रहा था तो मैं यह देखकर हैरान रह गया कि वे कितने घबराए हुए थे। वे बेचैन से आगे की तरफ झुके हुए थे और उनके हाथ कँपकँपा रहे थे। उन्होंने मुझे विवाह के दिन वाले नीलिया के डैड की याद दिला दी। उस दिन उनका यह व्यवहार समझ में आनेवाले था; लेकिन दुःखद था।

कार्टर के लिए माफ करना और भूलना आसान नहीं था और यह व्हाइट हाउस में उनके कर्मचारियों के माध्यम से फैल गया। उन्हें वाशिंगटन में बहुत थोड़े से लोगों पर भरोसा था। मेरा व मेरे स्टाफ का कार्टर के व्हाइट हाउस से रिश्ता हिल में और किसी से भी ज्यादा नजदीकी था और हमें उन्हें शांत करवाना असंभव लगने लगा। कार्टर के अभिषेक के फौरन बाद, ए.एफ.एल.-सी.आई.ओ. की पेंसिल्वेनिया स्टेट काउंसिल ने मेरे ऑफिस फोन किया और व्हाइट हाउस में मिलना तय किया, जब जॉनसन राष्ट्रपति थे, तब स्टेट काउंसिल अकसर व्हाइट हाउस के दौरे पर आती रहती थी और राष्ट्रपति से आमने-सामने मुलाकात करते थे। उन्होंने मेरे चीफ ऑफ स्टाफ, टेड कॉफमैन से ऐसी ही बैठक तय करने को कहा। उन्होंने कहा किस, इसके लिए उन्हें राष्ट्रपति कार्टर के समय की आवश्यकता नहीं थी, उपराष्ट्रपति मोंडेल से मिल लेना काफी होगा।

तो मेरे स्टाफ ने व्हाइट हाउस के कर्मचारियों को फोन किया और जवाब यह मिला कि पेंसिल्वेनिया के ए.एफ.एल.-सी.आई.ओ. को कुछ नहीं मिलेगा। कार्टर के स्टाफ ने हमें याद दिलाया कि ए.एफ.एल-सी.आई.ओ. ने प्राइमरीज में हमारा समर्थन नहीं किया था, बल्कि वे कार्टर का नामांकन रोकने का प्रयास करने के

लिए अंतिम मिनट हंफ्रे के पीछे खड़े हो गए थे। कार्टर का व्हाइट हाउस यह सब भूला नहीं था।

कार्टर ने मुझे भी कई बार यही महसूस करवाया कि उन्हें मुझपर भरोसा नहीं, इस तथ्य के बावजूद कि मैंने प्राइमरीज में अपने बहुत से सीनेट सहकर्मियों के विरुद्ध उनके समर्थन में एड़ी-चोटी का जोर लगा दिया था, बल्कि वर्ष 1976 में मैंने लगभग तीस राज्यों में जिमी कार्टर का प्रचार भी किया था, लेकिन जब मैं व्हाइट हाउस उनसे मिलने गया तो मुझे सौभाग्य से दस मिनट मिल गए और मीटिंग के दौरान मैंने देखा कि वे अपने कार्डिगन स्वेटर के नीचे कमीज की बाँह हटाकर (वे कलाई घड़ी को उलटा पहनते थे) बार-बार घड़ी में समय देख रहे थे।

वे बाहरी सलाह सुनने को ज्यादा वक्त नहीं देते थे और वे जिन लोगों को नहीं जानते, उनके साथ रिश्ते स्थापित करने में भी बहुत व्यावहारिक नहीं थे। इसी कारण उन्हें समस्या हुई, विशेष रूप से हमारे यूरोप के मित्रों के साथ। कार्टर अमेरिका-सोवियत रिश्तों के पुनर्निर्माण के लिए कड़ी मेहनत कर रहे थे, लेकिन वे हमारे जर्मन चांसलर हेल्मट श्मिट जैसे सहयोगियों से अलग भी होते जा रहे थे। श्मिट शुरुआत के लिहाज से बेहद जटिल व्यक्ति थे। श्मिट के साथ मेरी पहली मुलाकात भी बहुत अच्छी नहीं रही थी। बॉन की लंबी यात्रा के बाद, मैं कुछ ज्यादा ही देर सो गया और मीटिंग के लिए देर से पहुँचा। श्मिट मुझ पर चढ़ बैठे। कोई हैरानी नहीं कि दुनिया के ऐसे हालात हैं। आप जवान लोग कुछ नहीं जानते।

मैंने भी हार नहीं मानी। मैंने उनसे कहा, "लेकिन मि. चांसलर, हम दुनिया को उतना नहीं बिगाड़ सके, जितना आपकी पीढ़ी ने किया है।"

श्मिट को शायद जवाब पसंद आया और इसके बाद हमारे संबंध सहज हो गए। उस दिन उन्होंने मुझसे खूब बातें कीं। वे चिंतित थे कि कार्टर बहुत सारे मिश्रित संदेश दे रहे हैं और शायद राष्ट्रपति पश्चिमी यूरोप में अपने सहयोगियों को खो बैठें। कार्टर सोवियतों के साथ शस्त्र सीमा अनुबंध करना चाहते थे, लेकिन ऐसा लग रहा था कि उनकी मंशा अमेरिका को लंबी दूरी के बम से सुरक्षित करने, जबकि यूरोपियाई आबादी को मध्यम दूरी की मिसाइलों के खतरे में छोड़ना चाहते हैं। उन्होंने श्मिट से सार्वजनिक रूप से न्यूट्रोन बमों के विकास का समर्थन करने को कहा। श्मिट मुसीबत में थे और अब कार्टर आगा-पीछा कर रहे थे।

छह माह बाद मेरा यूरोप का दौरा तय था, जिसमें मुझे बीच में रुककर चांसलर श्मिट से मिलना था, लेकिन जब सीनेटर गैरी हार्ट ने मुझे कोलोराडो में

जेफरसन-जैकसन डे के डिनर पर भाषण देने को कहा, मैंने श्मिट को नोट भेजा कि मैं तय समय पर नहीं मिल पाऊँगा।

अगले दिन जर्मन दूतावास से फोन आया कि वे चाहते हैं कि चांसलर श्मिट से मिलूँ। डेढ़ घंटे बाद कार्टर के सेक्रेटरी ऑफ स्टेट, एड मुस्की के यहाँ से स्टेट डिपार्टमेंट का संदेशवाहक हाथ से लिखे पतेवाला लिफाफा लेकर आ पहुँचा। संदेश था—मुझे फोन करें!

जब मैंने मुस्की को फोन किया तो उन्होंने बताया कि एक बड़ी समस्या आ गई है। श्मिट, जो कार्टर को पसंद नहीं करते, बिना अमेरिका या किसी भी अन्य साथी से सलाह किए सोवियत प्रमुख लियोनिद ब्रेझन्नेव से मिलनेवाले हैं। मुस्की नहीं जानते थे कि श्मिट अलग से सोवियतों से कौन सा सौदा करने की सोच रहे थे और श्मिट ने हमारे राजदूत से बात करने से भी इनकार कर दिया है। वे मुस्की से भी बात नहीं कर रहे। वे कार्टर से भी बात नहीं कर रहे, लेकिन मुस्की ने कहा, "वे मेरे साथ बात करने को तैयार हैं।"

तो मैं टेड कॉफमैन तथा सीनेट फॉरेन रिलेशन कमेटी के स्टाफ कर्मचारी के साथ विमान में सवार हुआ और और हमने पश्चिम जर्मनी की तरफ उड़ान भर ली। श्मिट पूरी मीटिंग के दौरान लगातार धूम्रपान करते रहे, जब उन्होंने हमें वे योजनाएँ दिखाईं, जिनके बारे में ब्रेझन्नेव से बात करनी थी। उन्होंने वादा किया, वे पश्चिम को नहीं बेचनेवाले। वे चाहते थे कि मैं व्हाइट हाउस तक यह संदेश पहुँचा दूँ, लेकिन वे चाहते थे कि मैं यह भी साफ कर दूँ कि वे उससे काफी नाराज हैं, जिस तरह कार्टर ने न्यूट्रोन बम प्रोजेक्ट को रद्द किया है। कार्टर ने ऐसा श्मिट से सलाह किए बिना ही कर दिया और वह भी तब जब उन्होंने श्मिट से आगे आकर इस कार्यक्रम का समर्थन करने को कहा था। वे चाहते थे कि कार्टर यूरोप को लेकर अपनी नीति पर स्पष्ट और निर्णायक रहें। किसी भी वक्त श्मिट टेबल पर मुक्का मार देते। "जो, आप नहीं समझते," उन्होंने धुएँ के कुहासे के बीच कहा, "हर बार जब अमेरिका छींकता है तो जुकाम यूरोप को हो जाता है। मुझे लगता है कि राष्ट्रपति को समझना चाहिए कि शब्द महत्त्व रखते हैं। वे महत्त्वपूर्ण हैं।"

जिम्मी कार्टर शिष्ट व सैद्धांतिक व्यक्ति थे, लेकिन यह काफी नहीं था, तब मुझे पहली बार अहसास हुआ कि राष्ट्रपति का काम—करते—प्रशिक्षण खतरनाक चीज है।

कार्टर के राष्ट्रपति काल के दौरान राजनीति में बड़े बदलाव आए, लेकिन यह

डेमोक्रेटिक पार्टी में नहीं आए थे। रिपब्लिकन पार्टी नई हो गई थी और इसका राष्ट्र और संसद् पर गहरा प्रभाव हो रहा था। द मोराल मैजोरिटी और नेशनल कंजर्वेटिव पॉलिटिकल एक्शन कमेटी का बल पहले ही जी.ओ.पी. में बढ़ रहा था, जिनका निशाना व हमला डेमोक्रेट्स थे, लेकिन यह साइड-गेम था। गंभीर बदलाव कुछ ज्यादा ही बुनियादी थे और पहली बार मैं कार्टर के शासन प्रबंध के बीच बदलाव की गहराई की क्षमता को वास्तव में समझ सका। मैं रोचेस्टर, न्यूयॉर्क के एक कार्यक्रम से वापस लौट रहा था, मेरे साथ रिपब्लिकन सीनेट सहकर्मी और एक रिपब्लिक कांग्रेसमैन भी थे और हम सरकार के खर्च व बजट घाटे पर बात करने लगे। वे मुख्यधारा के, संभ्रांत व अनुभवी रिपब्लिकंस थे। मैंने सोचा कि उन्हें भी मेरे जैसा ही लगता होगा। हमें बजट को नियंत्रण में लाना ही होगा और खर्च सोच-समझकर करना होगा, लेकिन इन लोगों की सोच बिल्कुल अलग थी। उनका मतलब घड़ी को बुनियादी रूप से बिल्कुल अलग समय में वापस घुमाना था। मेरे सीनेट सहकर्मी ने समझाया कि उनके अनुसार उनकी पार्टी कहाँ गलत हुई।

वास्तविक आमूल परिवर्तन काल टाफ्ट और आइजनहॉवर की अवधि का था। टाफ्ट वह व्यक्ति थे, जो मुद्दों को न्यू डील के सिद्धांतों से सुलझाते थे, लेकिन तब आइजनहॉवर आए और बुनियादी रूप से यह कहा कि न्यू डीलर्स जीत गए थे। उन्होंने रिपब्लिकन पार्टी की तरफ से तर्क दिया, "मैं भी, लेकिन कम। मैं भी, पर इतना नहीं।" रिपब्लिकन पार्टी ने चालीस के अंत और पचास की शुरुआत में सरकार की भूमिका के बारे में तर्क देने का प्रयास करना छोड़ दिया। वर्षों तक इसके खिलाफ तर्क देने के बाद हमने सोशल सिक्योरिटी को अपना लिया। हमने मेडिकेयर के खिलाफ तर्क करने के बाद अंत में इसे भी अपना लिया। हम वित्तीय दायित्व वाली पार्टी बन गए, मैं भी, पर इतना नहीं, क्योंकि हम इस निष्कर्ष पर पहुँचे कि हम कभी भी इनमें से किसी भी कार्यक्रम को राजनीतिक रूप से खत्म नहीं कर सकते। जो, हम बस यही कर सकते थे कि इसे धीमा करने के प्रयास में, ऊर्जा समाप्त कर देते, लेकिन जो, अब मैंने यह नतीजा निकाला है कि आप घाटे को मुद्दा बना सकते हैं। मैं इसे दूसरी तरह से लेता हूँ। मैं घाटे की पार्टी बनूँगा। आप वित्तीय दायित्व वाली पार्टी बनना, क्योंकि अंदाजा लगाओ, इन बोझ जैसे कार्यक्रमों को समाप्त करने में आप केवल एक तरीके से जीत सकते हैं कि जब खर्च करे के लिए धन बिल्कुल न हो तो जनता के पास जाएँ, अब आप बाहर जाकर और अधिक टैक्स लेने का तर्क दे सकते हैं, जिससे समाज-कल्याण की कमियाँ दूर हो सकें।

मैंने वर्ष 1978 में डेलावेयर के चुनावों में इसे बेहद रूखे मन से शुरू होते सुना था। मेरे प्रतिद्वंद्वी ने मॉरिस के उदाहरण का इस्तेमाल शुरू किया, वह नकचढ़ी बिल्ली, जो बिल्लियों का भोजन नहीं खाती थी। उन्होंने कहा, "मैं जानता हूँ, मॉरिस को बिल्लियों का खाना कैसे खिलना है। उसे भूखा रखो। भूखा रखो। उसका सारा खाना ले लो और फिर वह वही खाएगी, जो आप उसे देंगे और हमें यही सरकार के साथ भी करना चाहिए।" रेवेन्यू कटौती, टैक्स कटौती और सरकारी कार्यक्रमों को भूखा मार दो—यह नई योजना है और तब वे सामाजिक कल्याण पर सबसे कपटपूर्ण तरीके से हमले आरंभ करेंगे। वे सीधे कल्याणकारी कार्यक्रमों पर हमला नहीं करेंगे; वे कल्याण को रोकने की बात नहीं करेंगे। वे बस कल्याण के नाम पर धोखाधड़ी तथा कैसे संघीय सरकार मेहनतकश करदाताओं से लिए धन को व्यर्थ कर रही है, इसका ढोल पीटते रहेंगे।

मैंने रिपब्लिकंस को यह जवाब दिया, यह स्वार्थलोलुपता का संदेश था, लेकिन यह समझ में आता है और उन्होंने आसान रास्ता लिया। सरकार की खिलाफत करने और सरकार से काम करवाने के प्रयास के लिए बहुत कम ऊर्जा, बुद्धिमत्ता और क्षमता चाहिए होती है, लेकिन कांग्रेस में एक और झटके का प्रभाव था। संस्थानों और नागरिकों के बीच इसके सदस्यों को सम्मान उतार पर था।

मैं ह्यूबर्ट हंफ्रे के अंतिम दिनों को अपने कॅरियर की द्विदलीय शिष्टता के उच्चतम बिंदु पर थी। ह्यूबर्ट हंफ्रे का सीनेटर रहते निधन हुआ तथा कैपिटल में उनके अंतिम माह में कैंसर ने उन्हें कमजोर कर दिया था। हम सबने ऐसा होते देखा था। उनके बाल उड़ गए थे; वे दुर्बल हो गए थे। वे वास्तविक बहस में शामिल होने के पैमाने से क्षीण हो गए थे, लेकिन वे वोट देने आते थे। उन्हें सीनेट पसंद थी। हंफ्रे ने एक बार कहा था, "सीनेट वह स्थान है, जो मंगलकामना और शुभ उद्‌देश्यों से परिपूर्ण है और यदि नरक की राह यहीं से जाती है तो यह वहाँ जाने का काफी अच्छा मार्ग है।" अपने अंतिम दिनों में ऐसा लगता था, जैसे वे चैंबर छोड़ना नहीं चाहते थे। वे देर रात तक फ्लोर पर ही रहते। वे तथा उसके दोस्त सीनेटर बैरी गोल्डवॉटर उन चीजों के बारे में बातें करते, जो उन्होंने साथ मिलकर और सीनेट में अलग रहते हासिल की थीं। राजनीतिक दृष्टि से दोनों व्यक्ति बहुत दूर नहीं थे। हंफ्रे वर्ष 1964 में उपराष्ट्रपति पद के उम्मीदवार रहे थे, जब गोल्डवॉटर रिपब्लिकंस राष्ट्रपति नामांकित हुए थे और उस वर्ष बॉस का सम्मेलन भाषण गोल्डवॉटर की कमान के सामने फीका रहा। उन्होंने ऐसे अनेक कार्यक्रमों की सूची बनाई,

जिनके हक में उदारवादी रिपब्लिकंस के सीनेट में वोट दिया, जिसमें सबके बाद था, "लेकिन सीनेटर बैरी गोल्डवॉटर ने नहीं दिया।" कुछ ही सप्ताह बाद वे दोनों प्रचार अभियान के दौरान अनायास ही एयरपोर्ट पर टकरा गए और रुककर मित्रवत् अभिवादन किया। उनके अलग होते समय किसी ने गोल्डवॉटर को कहते सुना, "ठीक है, हमले जारी रखो ह्यूबर्ट।"

वर्ष 1977 का अंत आते-आते यह ज्यादा साफ होता गया कि अब बॉस के पास अधिक दिन नहीं हैं। एक दिन सीनेट के फ्लोर पर बैरी गोल्डवॉटर गलियारा पार करके इस तरफ आए और ह्यूबर्ट हंफ्रे को एक लिफाफा दिया। गोल्डवॉटर इतने विशालकाय और हंफ्रे इतने कमजोर थे कि हंफ्रे लगभग गायब ही थे। दोनों व्यक्ति लंबे समय तक साथ खड़े रहे, गले मिले और मैंने देखा कि दोनों ही लोग रो रहे थे। उन्होंने इसे छिपाने का कोई प्रयास नहीं किया।

वर्ष 1980 का राष्ट्रपति प्रचार अभियान जारी था, मैं जानता शा कि हम डेमोक्रेट्स परेशानी में थे। कार्टर ने जिसे भी छुआ, वह जैसे उनका हाथ लगते ही मिट्टी हो गया—ऊर्जा संकट, मंदी, मुद्रास्फीति, ईरान बंधक संकट। मध्य पूर्व शांति प्रक्रिया में उनकी बजती तूती फीकी पड़ रही थी और जब उन्होंने वर्ष 1979 में ऊर्जा संकट के निवारण के लिए समग्र नीति का निर्माण किया, उन्होंने इसमें लंबी प्रस्तावना अमेरिका में विश्वास के संकट की थी। "भविष्य के प्रति हमारे भरोसे का अपक्षरण अमेरिका के सामाजिक और राजनीतिक ताने-बाने को समाप्त करने वाला खतरा है।" कार्टर ने कहा, "हमारे लोगों का भरोसा, न केवल सरकार में, बल्कि बतौर नागरिक हमारे लोकतंत्र के अंतिम शासक व आकार देनेवाले की क्षमता में भी टूट रहा है।" इस भाषण का 'बेचैनी में भाषण' के रूप में जाना जाता है और इससे वे नागरिकों के मन में इनकार करनेवाले व बद्‌जबान की छवि बन गई और यह अवधारणा बनी रही, क्योंकि उनके व्यक्तित्व में उपदेशक जैसा कुछ हमेशा मौजूद रहा।

मैंने दो चुनावों में कार्टर का जमकर प्रचार किया, लेकिन मुझे लगा कि उनमें नैतिकता को लेकर खतरनाक प्रवृत्ति थी। मैंने उनसे एक बार कहा था, "आपने एक बार और बाइबिल को पटका और आप मुझे भी गँवा देंगे।"

जिम्मी कार्टर से परेशान होनेवाला मैं अकेला डेमोक्रेट नहीं था; इसकी बड़ी लंबी कतार थी। वर्ष 1980 राष्ट्रपति चुनाव की शुरुआत में डेमोक्रेटिक राजनीतिज्ञ सलाहकारों के एक छोटा से समूह द स्टेशन आया और चुनाव नामांकन पर विचार

करने को कहा। बॉब स्क्वायर, जॉन मार्टिला के साथ दौरा किया, जिन्होंने वैल कि मेरा सीनेट प्रचार अभियान चलाने में मदद की थी। वे इसे जिस तरह देख रहे थे, कार्टर परेशानी में थे। टेड कैनेडी पहले ही अपनी उम्मीदवारी की घोषणा कर चुके थे। यह सलाहकार इसपर एकमत थे कि कैनेडी और कार्टर बिल्कुल बराबर के हैं और आम चुनावों में से कोई नहीं जीत सकेगा। उन्होंने कहा कि मैं मध्यमार्गी उम्मीदवार हो सकता हूँ। न्यू हैंपशायर में एक संगठन पहले से ही नए चेहरे को तलाश रहा था।

जब उन्होंने प्रचार आरंभ किया तो मैं सोचने लगा—मेरे राष्ट्रपति चुनाव में उतरने का कोई कारण नहीं है। मैं सैंतीस साल का था। मुझे अभी भी अपने लिए पर्याप्त समय नहीं मिल पाता था। मैं द स्टेशन की नक्काशीदार सीढ़ियों पर रुका और पिछली खिड़की के पीछेवाले दो विशाल पंखों को देखने लगा और इस स्थान के आकार ने मुझे डरा दिया। हे ईश्वर, मैंने सोचा, क्या यह मैं हूँ? अनावश्यक जोखिम? और अब हम व्हाइट हाउस चुनाव में शामिल होने के बारे में बात कर रहे थे।

लेकिन मेरे ऑफिस में बैठे लोग समझदार थे, मैं उनका सम्मान करता था और मैं खुश था। हम फायरप्लेस के पास बैठे और आयोवा तथा न्यू हैंपशायर की प्रमुख महत्त्व की बातों पर विचार किया। यह असंभव नहीं था, मेरा नामांकन और जीत। यह वर्ष 1972 का दोहराव हो सकता था और तब जॉन मार्टिला ने बीच में कहा, "जानते हैं सीनेटर, आपको राष्ट्रपति का चुनाव नहीं लड़ना चाहिए, क्योंकि सामरिक दृष्टि से आप जीत सकते हैं। आपको यह सवाल पूछना चाहिए, आप राष्ट्रपति का चुनाव क्यों लड़ें और राष्ट्रपति बन जाने पर आप क्या करेंगे। आपको चुनाव तब तक नहीं लड़ना चाहिए, जब तक आपको इन सवालों के जवाब न मिल जाएँ।"

□

# 9

# हमें नुकसान नहीं होगा

जिस दिन मैंने अमेरिका के राष्ट्रपति के डेमोक्रेटिक नामांकन में अपनी उम्मीदवारी की आधिकारिक घोषणा की। 9 जून, 1987 को 'स्क्रैंटन ट्रिब्यून' ने अपना पहला पृष्ठ समर्पित किया और इसमें स्क्रैंटन के लड़के का सीनेटर जोसफ आर. बाइडन जूनियर बनने के बारे में कहानी थी। मेरे विलमिंगटन के भाषण और परिवार, दोस्तों, शुभेच्छु और राष्ट्रीय मीडिया से भरी ट्रेन के वाशिंगटन की लंबी यात्रा को अपेक्षित कवरेज मिली, लेकिन देश के अखबारों के विपरीत, स्क्रैंटन ट्रिब्यून ने मेरे पुराने वोटिंग राज्यों—आयोवा और न्यू हैंपशायर—में मेरी संभावनाओं या मेरे राष्ट्रीय मतदान संख्या को ज्यादा जगह नहीं दी, जो उन स्थानीय लोगों का छोटा जयकार था, जो मुझे अपना पसंदीदा बेटा समझते थे। उस दिन मैं स्क्रैंटन की बड़ी उम्मीद था। मेरे पुराने चुनावी साथी, जैसे चार्ली रॉथ, लैरी ओर्र, टॉमी बेल और जिम्मी कैनेडी पर विस्तार से चर्चा की थी। एक रात पहले

द स्टेशन पर अचानक आए तीन समझदार लोगों द्वारा लाए उपहारों स्क्रैंटन की सर्वोत्तम, प्रेनो की स्पघेटी सॉस लाने का उन्होंने जिक्र किया। मैं अभी भी वही पुराना जो था, उन्होंने ट्रिब्यून के पाठकों को फिर यकीन दिलाया।

लेकिन इस सेक्शन में मेरे बारे में मुख्य चीज एक धुँधली सी तसवीर थी, जो ग्रैंडपॉप फिनेगन के पुराने दोस्तों की फाइल में अचानक मिल गई। टॉमी फिलिप, अखबार के लंबे समय से राजनीतिक रिपोर्टर थे। यह तसवीर बहुत पहले स्क्रैंटन डाउनटाउन में सेंट पैट्रिक्स डे परेड की थी और फोकस उस दिन के ग्रैंड मार्शल, अभी हाल ही में सेवानिवृत्त हुए राष्ट्रपति हैरी ट्रूमैन पर था, जो बिना छतवाली बड़ी गाड़ी में खड़े थे। फ्रेम के निचले हिस्से में, परेड रूट पर कतार लगाए भीड़ में एक स्कूली बच्चे की धुँधली सी आकृति भी थी, जिसका नाम जो बाइडन था। उन संपादकों ने मेरे चेहरे के इर्द-गिर्द गहरे रंग का गोला बनाया था। यह''द मोमेंट (खास क्षण) था। मेरे स्क्रैंटन के पुराने दोस्तों ने पुष्टि की। बाइडन ने बाद में दोस्तों को बताया—"पूर्व राष्ट्रपति की एक झलक ने उनके खुद के भीतर राष्ट्रपति बनने की महत्त्वाकांक्षा को जगा दिया।"

यदि मैं उस वक्त पर विचार करूँ या ऐसा करने को कोई कहे तो निश्चित ही मुझे याद नहीं आएगा, लेकिन यह स्क्रैंटन की एक खूबसूरत कहानी थी—मध्यवर्गीय ग्रीन रिज का एक बच्चा, जिसका डेमोक्रेटिक राष्ट्रपति नामांकन किया था, उसकी तसवीर (बिल्कुल वैसी, जैसी उन्हें चाहिए थी—दूर से ली गई)। द मोमेंट मिथक की शक्ति और लोगों को इसकी आवश्यकता की बात करता है।

मेरी घोषणा के आधार पर लिखे अखबारों और पत्रिकाओं के फीचर्स में, लेखक मेरी दीर्घावधिक महत्त्वाकांक्षा के बारे में और भी बहुत सी कहानियों को चुन सकते थे। "वे हाई स्कूल से ही राष्ट्रपति बनने की बात करते थे," मेरे दोस्त डेव वॉल्श ने रिपोर्टरों से कहा। मेरे बहनोई ने 'लाइफ' पत्रिका के एक लेखक को हमारी लॉ स्कूल में नए लॉकर्स आवंटित होनेवाले दिन हुई पहली मुलाकात के बारे में बताया। उन्होंने मुझसे कहा, "मैं अपनी गर्लफ्रेंड नीलिया से शादी करूँगा, डेलावेयर वापस जाऊँगा, आपराधिक वकील बनूँगा और फिर डेलावेयर से यू.एस. सीनेटर बनूँगा।" कई बार जब जैक यह कहानी सुनाता तो वह कहता, "मुझे याद नहीं कि उन्होंने राष्ट्रपति कहा था या नहीं, लेकिन शायद कहा होगा।" एक और कहानी घूम रही थी, जो मुझे पता है कि सच्ची थी, क्योंकि यह अभी कुछ ही वर्ष पहले, सीनेट में मेरे पहले कार्यकाल के दौरान हुआ था। मैं एक प्राथमिक विद्यालय की कक्षा में

बात कर रहा था और एक बच्चे ने मुझसे पूछा कि क्या मैं राष्ट्रपति बनना चाहता हूँ, जब मैंने क्लास के बच्चों को बताना शुरू किया कि मैं सीनेटर बनकर खुश हूँ और मेरा व्हाइट हाउस जाने की कोई योजना नहीं तो कमरे में पीछे की तरफ बैठी एक नन खड़ी हुईं; उन्होंने कहा, "यह सच नहीं है, जो बाइडन!" इसके बाद उन्होंने अपनी अलमारी में से तह किए हुए कागजों में से एक कागज निकाला, जिसे मैंने ग्रेड स्कूल में लिखा था। मैंने लिखा था कि मैं बड़ा होकर राष्ट्रपति बनना चाहता हूँ, उन्होंने बताया तो मैं रँगे हाथों पकड़ा गया, जो स्कूली लड़के की सोच जैसी ग्लानि थी। बात यह है कि मैंने कभी सोचा भी नहीं था कि इस तरह का कागज मुझे बाकी बच्चों से अलग कर बना देगा। क्या बारह वर्ष के ज्यादातर बच्चे यही चीजें नहीं लिखते?

मेरे लिए दस वर्ष बाद यूनाइटेड स्टेट्स सीनेटर होते हुए भी राष्ट्रपति बनने का विचार दूर की कौड़ी था। मैंने इसके लिए आवश्यक जमीनी कार्य बहुत कम किया है। मैंने सैकड़ों कॉलेज कैंपस में भाषण दिया है और मैं कभी भी उनमें से किसी में भी इतनी देर नहीं रुका कि उन लोगों के नाम या फोन नंबर ले सकूँ, जो बाइडन के राष्ट्रपति प्रचार में काम करने के इच्छुक हों। मैंने कभी भी स्थानीय अखबारों के रिपोर्टरों को साक्षात्कार के लिए अतिरिक्त समय नहीं दिया या फिर बड़े शहर के संपादकीय बोर्ड में सही लोगों से जान-पहचान नहीं बढ़ाई। मैं किसी भी नगर में इतने लंबे समय तक नहीं रहा कि ऐसे लोगों से मिल सकूँ, जो राष्ट्रीय प्रचार अभियान करने योग्य धन जुटा सकते हों। संक्षेप में कहें, मैं रोज सुबह उठकर यह नहीं सोचता था कि अमेरिका का राष्ट्रपति किस तरह बन सकता हूँ। मैंने अपना कॅरियर ओवल ऑफिस के प्रयास में नहीं बिताया है, शायद नामांकन के लिए मेरा पहला चुनाव मेरे किए अधिक बेहतर काम कर जाए।

जो लोग वर्ष 1980 में मुझसे चुनाव लड़ने की बात किया करते थे, वही वर्ष 1984 में मेरे पास फिर से आए। मेरा पुराना दोस्त पैट कैडेल, प्रतिभाशाली युवा राजनीतिक रणनीतिकार व लेखक, जो मेरे वर्ष 1972 के चुनावों का अहम हिस्सा रहा था, उसने प्रभार सँभाला। कोई भी चुनावों में छिपे अर्थों को पैट की तरह नहीं समझ सकता और उसके पास कुछ नए सदस्य भी थे, जो वर्ष 1984 की कहानी पहले ही बताते थे। पूर्व उपराष्ट्रपति वॉल्टर मॉण्डेल डेमोक्रेट्स के संभावित नामांकन थे, लेकिन वे रोनाल्ड रीगन को नहीं हरा सकते थे। पैट ने कहा, "मतदाता नए युवा चेहरे और नए विचारों के लिए लालायित थे, जैसे मैं जो डेमोक्रेटिक पार्टी

के उदार ग्रेट सोसाइटी विंग की पुरानी थकाऊँ राजनीति से बँधा न हो। मैं और पैट इसपर सहमत थे कि पार्टी को पुनर्जीवित करनेवाली बड़ी ताकत अपने बेबी बूम पीढ़ी में थी। यदि कोई प्रतिभाशाली नया उम्मीदवार इस बूमर शक्ति को सँभाल सके तो वह राष्ट्रपति पद को जीतकर देश को बदल सकता है; लेकिन देश में बदलना क्या है, बस यह साफ नहीं था, लेकिन पैट को यह साफ था कि मैं उम्मीदवार हो सकता हूँ। इस कैंपेन गुरु के पास रणनीति, युक्ति विचार और सबसे बढ़कर एक संदेश भी था, एक संदेश, जो प्रतीक्षारत बेबी बूमर्स को आकर्षित करेगा।"

वर्ष 1983 की गरमियों में मैं डेमोक्रेटिक पार्टी की पुन: जाँच करनेवाला एक संदेश तैयार करने में प्रयासरत था, इसलिए नहीं कि मैं राष्ट्रपति चुनाव लड़ रहा था, बल्कि वर्तमान प्रबंधन की अनुदार नीतियों का विरोध करने के लिए। हमने राष्ट्रपति रीगन और राइट को नागरिक अधिकारों, कल्याण, शिक्षा और टैक्स नीति पर बहस की भाषा नियंत्रित करने की अनुमति दी। उन्होंने प्रभावी ढंग से बसिंग की भाषा, 'नस्लीय कोटा' और 'कल्याण कपट' का इस्तेमाल कर डेमोक्रेटिक पार्टी के विभिन्न निर्वाचन क्षेत्रों के बीच अटका दिया। रीगन समर्थकों ने सफलतापूर्वक श्वेतों को अश्वेतों, प्रबंधन को श्रमिक, मध्य वर्ग को गरीबों के खिलाफ खड़ा कर दिया। इन सबके बीच डेमोक्रेट्स हित-समूह-चालित युक्तियों की आभासी रक्षा में व्यस्त था और उन्होंने अपनी स्फूर्तिदायक शक्ति को गँवा दिया, जो साथ मिलकर इसके लिए काम करने की इच्छा थी कि हमारे बच्चों को गुणवत्तापूर्ण शिक्षा और स्वास्थ्य सेवाएँ मिल सकें। कर्मचारियों को अमेरिकी आर्थिक उपहार में से उचित हिस्सा मिल सके और सभी लोगों को, बिना नस्ल, मत या लिंग भेदभाव के, समान अवसर मिल सकें। मुझे लगा कि वक्त आ गया है कि डेमोक्रेट्स को फिर से अपने थोड़े व्यक्तिगत आराम को बलिदान देने की इच्छा पर निर्भर होना याद दिलाएँ और सबके भले व सामाजिक नीति पर राष्ट्रीय बहस को उस भाषा में फिर से ग्रहण करना आरंभ करें, जो लोगों को एक-दूसरे से जोड़ती हैं। मैंने पैट और मार्क गिट्नस्टाइन ने उस भाषण को लिया, जिसे मैंने उन गरमियों जेसी जैकसंस ऑपरेशन पी.यू.एस.एच. राष्ट्रीय सम्मेलन के लिए उड़ाने के दौरान वास्तव में लिफाफे के पीछे लिखा था और हम इसे भाषण का रूप देने लगे, जिसे मुझे सितंबर 1983 में अटलांटिक सिटी में न्यू जर्सी स्टेट डेमोक्रेटिक सम्मेलन के दौरान देना तय था, जो पहली प्राइमरी से बस कुछ ही माह पहले के थे। ज्यादातर घोषित प्रत्याशी अटलांटा सिटी में ही थे, लेकिन मैं वहाँ की भीड़ के लिए अप्रत्याशित था। वाशिंगटन पोस्ट

ने लिखा—"यह युवा पीढ़ी की वाक्-विद्या ही थी, जिसने मंगलवार को घोषित निरर्थक स्ट्रॉ पोल के परिणामों के बाद प्रतिनिधियों को लंबे समय तक चर्चा में लगाए रखा। सीनेटर जोसफ आर. बाइडन (डी-डेल) ने 1,500 प्रतिनिधियों को अपने कदमों पर झुका लिया, जब उन्होंने कसम खाई कि वे और उनके युवा डेमोक्रेट्स अपने को उन मूल्यों के प्रति पुनः समर्पित करने को तैयार हैं, जिसने बीते 50 वर्षों में डेमोक्रेटिक पार्टी को प्रभावी बनाए रखा है।"

उस दिन पोडियम पर खड़े होकर जब मैं भाषण दे रहा था, मुझे पता था कि यह ठोस संदेशों की शुरुआत है। मैंने अपनी दीर्घावधिक धारणा को दोहराया कि डेमोक्रेटिक पार्टी विफल हो चुकी थी।

हम यहाँ इतनी दूर तक किस कारण और कैसे पहुँचे हैं, यह याद रखने के लिए नैतिक आक्रोश, सभ्य वृत्ति, साझा त्याग का भाव और पारस्परिक दायित्व, तथा राष्ट्रीय प्राथमिकताओं के समूह में उनपर जोर देना, जो हम सबमें एक जैसे हों, पार्टी जो राष्ट्रीय हित का इंजन थी, हमारे बहुलवादी हित ऐसे सम्मोहन नए सामाजिक अनुबंधन में ढाले जाएँ, जो आगामी पचास वर्षों तक देश की सेवा कर सकें, वह संकीर्ण विशिष्ट हितों के ब्रोकर से थोड़ा ही अधिक दिखाई पड़ती है। हम अपने आपको सबसे पहले अमेरिकी, दूसरे, डेमोक्रेट ओर तीसरे, हित समूह के सदस्य मानने की जगह हमने सबसे पहले विशिष्ट हितों और इसके बाद महान् हितों को रखना शुरू कर दिया है, हम अपने विरोधियों को एजेंडा तय करने देते हैं और फिर परिभाषित करते हैं कि दाँव पर क्या लगा है।

मैंने वहाँ संकेत किया कि अब वक्त आ गया है कि हम अपने संकीर्ण एजेंडा का महान् जनकल्याण के लिए उदात्त बनाएँ। हम एक बड़ी और विविधात्मक राजनीतिक पार्टी हैं, जो यूनियन के सदस्यों, नागरिक अधिकार कार्यकर्ताओं और महिला अधिकार समर्थकों, प्रवासियों के बच्चों व नाती-पोतों से भरी है, जिन्होंने मध्य वर्ग तक का अपना रास्ता बनाया है, साथ-ही-साथ साठ के दशक के ऐसे युवा और समृद्ध बच्चे, जो पार्टी की तरफ नस्लीय समानता और वियतनाम युद्ध के संघर्ष के कारण आकर्षित हुए हैं। मैं उन सबसे बात करना चाहता था, मैं उनमें से हर एक से कुछ पूछना चाहता था। पैट और मार्क ने मुझे भाषण को पैकेज का रूप देने में मदद की, जिसमें पिछली पीढ़ी के नायकों—जॉन एफ. कैनेडी, मार्टिन लूथर किंग, बॉबी कैनेडी और उनकी परंपरा जारी रखने के हमारे साझा अवसरों पर जोर रहे।

मेरी पीढ़ी के लिए अब यह एक चुनौती है। आनेवाले दिनों में हमें परखा जाएगा कि क्या हम में वह नैतिक साहस, यथार्थवाद, आदर्शवाद, दृढ़ता और भविष्य में निवेश के लिए अपने थोड़े से वर्तमान आराम के त्याग की क्षमता है? विशेषज्ञों मानते हैं कि डेमोक्रेटिक पार्टी की तरह चालीस वर्ष से कम के मतदाता भी थोड़ी सुरक्षा, वास्तविक हो या काल्पनिक के लिए अपनी आत्मा बेचने के लिए तैयार हैं। वे हमें गलत समझते हैं, क्योंकि हमारी राजनीतिक नायकों की हत्याएँ हुई हैं, इसका यह मतलब नहीं कि वह सपना जीवित नहीं हैं, वह हमारे टूटे हुए दिलों की गहराई में दबा है।

उनके शब्द अभी भी गूँज रहे हैं, याद दिलाते हैं कि केवल अपने आदर्शवाद, प्रतिबद्धता और ऊर्जा से ही हम उस भाग्य को हासिल कर सकते हैं, जो इतिहास ने हमारे समक्ष रखा है। न कि अश्वेत या श्वेत; न कर्मचारी या पेशेवर; न धनी व निर्धन; न पुरुष या स्त्री, बल्कि न ही डेमोक्रेट या रिपब्लिकंस के तौर पर, बल्कि अमेरिकी स्वप्न की सेवा करनेवाले ईश्वर के लोगों के रूप में।

अटलांटिक सिटी में भीड़ कॉलेज-शिक्षित, कर्मचारियों की भीड़ नहीं थी, जो किसी तरह बेबी बूम शब्द का पर्याय बन गया था। यह ऐसी भीड़ थी, जो इस पीढ़ी और कटी हुई पीढ़ी जितनी विविधता थी; पूरा सम्मेलन पार्टी के पूर्णकालिक नियमित कार्यकर्ताओं—कर्मचारी पुरुष और कर्मचारी महिलाएँ, लेबर लीडर्स, नागरिक अधिकार और महिला अधिकार पेशेवरों से भरा था। इनमें से अनेक बूमर्स के माता-पिता थे, लेकिन मुझे महसूस हो रहा था कि वे शब्द-प्रतिशब्द मेरे साथ थे। मेरी छठी इंद्री गवाह थी। सोलह से साठ तक की उम्रवाले लोगों ने इस संदेश से जुड़े। यह हर किसी के लिए था। मैं ठीक प्रकार से यह तो नहीं बता सकता कि श्रोताओं में हर व्यक्ति मेरे हर शब्द का अपना मतलब नहीं निकाल रहा है, शायद वे मेरी मंशा से भिन्न सुन रहे थे। आखिरकार, हर व्यक्ति के टूटे दिल में कुछ-न-कुछ थोड़ा भिन्न दबा ही होता है, लेकिन उस दिन अटलांटिक सिटी में मैं कह सकता हूँ कि लोग मेरे साथ खड़े होने को प्रेरित हुए थे।

गुरु रोमांचित हो उठे और मुझपर चुनाव लड़ने का दबाव बनाने के लिए विलमिंगटन के चक्कर लगाने लगे। कैडल अपने ब्रीफकेस में डॉट-मैट्रिक्स प्रिंटआउट निकालते और नवीनतम चुनावी डाटा दिखाते और इसके बाद वे ठोस बात पर आते कि मैं '84 का चुनाव क्यों जीत सकता हूँ, क्यों यह सही समय है। पैट अटल थे। उन सर्दियों द स्टेशन की मेरी लाइब्रेरी में बैठे हुए, आवेदन की अंतिम

तारीख से ठीक पहले मैं यही कहे जा रहा था, "बेकार है, पैट, मैं यह नहीं करना चाहता।" लेकिन वो कहता रहा। उसने कहा, मान जाओ और न्यू हैंपशायर प्राइमरी का चुनाव लड़ने के फॉर्म पर हस्ताक्षर कर दो तो मैंने हस्ताक्षर कर दिए, लगभग मजाक में, लेकिन मैंने कमरे में मौजूद हर व्यक्ति को सुनाकर कहा कि यह कागज वैल के पास रहेगा। इसे और कोई नहीं छू सकता, अगर मैंने चुनाव लड़ने का फैसला किया तो वैल नॉर्थ जाकर यह कागज जमा करवा सकती है। इसके बाद मैं और जिल विमान में बैठकर छुट्टियाँ बिताने चल दिए।

वर्ष 1984 का चुनाव लड़ने की मेरी कोई इच्छा नहीं थी और मेरे नजदीक के लोग यह जानते थे, लेकिन द्वीप जानेवाली उड़ान में मैंने और जिल ने इसपर गंभीरता से बात की। मुझे हारने को लेकर ज्यादा चिंता नहीं थी। सबसे पहले किसी को भी मेरे जीतने की उम्मीद नहीं थी। मेरे जीतने की संभावनाएँ न्यूनतम थीं, लेकिन क्या हो, वैसे संभव तो नहीं कि अगर मैं जीत गया? इस बड़े सवाल का मेरे पास अभी भी कोई जवाब नहीं था। चुनाव क्यों लड़ूँ? क्या करने के लिए? मैं अपने आपको संघीय सरकार की नौकरशाही चलाते देखने की कल्पना भी नहीं कर पा रहा था। मैं सोचता था कि मुझे सरकार कैसे काम करती है, इस बारे में पर्याप्त जानकारी नहीं है और मुझे यह यकीन भी नहीं था कि मैं सही लोगों को जानता हूँ। सीनेट में ग्यारह वर्ष रहने के बाद भी मैं पर्याप्त रूप से भरोसेमंद और सही लोगों को नहीं जानता था और न ही सही लोग मुझे जानते या मुझपर भरोसा करते थे। बजट ऑफिस किसके सुपुर्द करूँगा? मैं स्टेट, ट्रेजरी और डिफेंस सेक्रेटरी किन्हें बनाऊँगा? मैं सैन नुन या अन्य सीनेटर जैसा नहीं था, जिनके जनरलों के साथ व्यक्तिगत रिश्ते थे। अपने मानकों के आधार पर मैं राष्ट्रपति बनने को तैयार नहीं था।

जब तक हमारे विमान ने द्वीप की जमीन को छुआ, मुझे पता लग गया था कि मुझे क्या करना होगा। मैंने वैले को फोन किया, "उस फॉर्म को जमा मत करवाना।" मैंने उससे कहा, "मैं चुनाव नहीं लड़ रहा।"

राष्ट्रपति रीगन के वर्ष 1984 में दूसरी बार जीतने के बाद मेरे चुनाव लड़ने का सवाल फिर से उठ खड़ा हुआ। वर्ष 1988 में यह खुला मैदान था—डेमोक्रेटिक पक्ष से न कोई भी पदधारी और न प्रत्यक्ष उत्तराधिकारी था। मुझे पूरा विश्वास था कि एक सबसे दुर्जेय डेमोक्रेट, न्यूयॉर्क के गवर्नर, मारियो कुओमो, चुनाव नहीं लड़नेवाले थे और जब मैंने संभावित उम्मीदवारों को देखा तो गैरी हार्ट, रिचर्ड गेफार्ड, जेसी जैक्सन, मुझे लगा कि मैं उनसे बढ़कर हूँ। मैं केवल बयालीस वर्ष का था, लेकिन

'सीनेट फॉरेन रिलेशंस कमेटी' में एक दशक और लगभग इतना ही समय सीनेट सिलेक्ट कमेटी ऑन इंटेलिजेंस में रहने के बाद मैं दुनिया और इसमें अमेरिका की जगह को इस तरह समझता था, जैसा बहुत कम राजनेता समझते थे। विदेशी मामलों में मेरी शिक्षा केवल कमेटी की सुनवाइयों में बिताए समय तक सीमित नहीं थी, बल्कि दुनिया भर की यात्रा और नेताओं से मिलने में थी। रिपोर्टों को पढ़ना और विशेषज्ञों को सुनना महत्त्वपूर्ण था; इससे ज्यादा महत्त्वपूर्ण प्रभावशाली लोगों को पढ़ना था। इन नेताओं को निकट से सुनना कूटनीतिक व्यक्तिगत अंतरंगता की शानदार खिड़की थी। मुझे प्रधानमंत्री गोल्डा मीर से हुई शुरुआती मुलाकात याद आती है, जहाँ वे इजरायल की शांति व सुरक्षा की संभावनाओं पर मेरी मायूसी को देख सकीं। उन्होंने मेरा हौसला बढ़ाया और मुझे इजरायली दृष्टि से ताकत और कमजोरी का न भूलने वाला सबक दिया, "हम यहूदियों के पास अरबों से लड़ने का एक गुप्त हथियार है।" मीर ने मुझसे कहा।

"हमारे पास जाने के लिए और कोई जगह नहीं है।" स्थितियाँ सामान्य होने पर मेरे पहले चीनी दौरे में मैंने डेंग शियाओ पिंग में सोवियतों के चीनी जनवादी प्रजातंत्र से विशिष्ट खुफिया सहायता पाने के वास्तविक भय की संभावना को प्रत्यक्ष रूप से देखा।

मैंने अनुभव से यह भी सीखा कि जब आप अमेरिका की तरफ से बोलें तो नम्रता से ज्यादा खरापन अहम है। यह वैश्विक नेता कमजोरियां सूँघ लेते हैं और उनके पास निष्ठाहीनता के लिए रडार होते हैं। साफ कहना और ताकत दिखाना हेल्मट श्मिट जैसे नेताओं का भरोसा जीतने का तरीका था; और मुझे यह भी लगा कि मैंने पूर्व सोवियत प्रमुख एलेक्साई कोसीजिन का, उनके निधन से काफी समय पूर्व अनिच्छुक सम्मान भी हासिल किया था, जब मेरे नेतृत्व में सीनेटरों का शिष्टमंडल शस्त्र नियंत्रण पर बात करने मॉस्को गया था। वर्ष 1979 की गरमियों में राष्ट्रपति जिमी कार्टर और सोवियत राष्ट्रपति लियोनिद ब्रेझनेव ने रणनीतिक शस्त्र नियंत्रण संधि—एस.ए.एल.टी. II पर हस्ताक्षर किए, वह जल्दी ही सीनेट के विचाराधीन आया और निरस्त हो गया। इस संधि को हेनरी 'स्कूप' जैक्सन, बैरी गोल्डवॉटर और जेसी हेल्मस जैसे कोल्ड वॉरियर सीनेटरों से खतरा था और इसके सबसे मुख्य डिफेंडर फॉरेन रिलेशंस चेयरमैन, फ्रैंक चर्च थे, जो अपने गृह राज्य आयडाहो में राजनीतिक जीवन बचाने की लड़ाई लड़ रहे थे, जब जनता को क्यूबा में सोवियत ब्रिगेड की उपस्थिति को पुष्ट करनेवाली तसवीरें डराने लगीं, तब

चेयरमैन चर्च को एक मुश्किल फैसला लेना पड़ा—क्यूबा से सोवियत वापसी नहीं तो एस.ए.एल.टी. II भी नहीं। राष्ट्रपति कार्टर जानते थे कि उनकी संधि आजमाइश पर है और उन्हें चिंता थी कि सीनेट के नए डेमोक्रेट्स संभवत: उनपर नियमानुसार दबाव बनाएँगे तो राष्ट्रपति ने सुझाव दिया कि मैं क्रेमलिन के दौरे में युवा सीनेटरों के शिष्टमंडल का नेतृत्व करूँ और सुनिश्चित करूँ कि सोवियत सीनेट द्वारा निर्धारित नई स्थितियों का पालन करें तो मैं अपने पाँच सहकर्मियों के साथ सोवियत नेतृत्व से बात करने मॉस्को के आयरन कार्टन के पार गया था।

यह बैठक क्रेमलिन के शानदार मीटिंग रूम में हुई, जब मैं और मेरे साथी सीनेटर लंबी कॉन्फ्रेंस टेबल पर अपनी तरफ की कुरसियों पर बैठ गए, राष्ट्रपति ब्रेझन्नेव और प्रीमियर कोसीजिन कमरे में आए और हमारे सामने बैठ गए। हमारे शिष्ट मंडल के सामने उनका हौसला बढ़ा हुआ दिख रहा था, जिनमें तब न्यूजर्सी के नए सीनेटर बिल ब्रैडली पैंतीस वर्ष के थे। मैं ब्रैडली से बस आधा वर्ष बड़ा था और हमारी तरफ से हम ही बातचीत का नेतृत्व कर रहे थे। ब्रेझन्नेव जर्द दिख रहे थे; हमें पता नहीं था, लेकिन वे पहले ही काफी बीमार थे व मृत्यु की तरफ बढ़ रहे थे। परिचय के बाद सोवियत राष्ट्रपति हमने इजाजत माँगी और मीटिंग का नेतृत्व पुराने हार्ड-लाइनर कोसीजिन की तरफ मोड़ दिया कि वही बात करेंगे। कोसीजिन में पहले ही सार्वजनिक रूप से एस.ए.एल.टी. II के अनुमोदन में सीनेटरों के खिलाफ ताल ठोक दी थी और मुझे याद है कि बातचीत शुरू करते वक्त उनकी निगाह कितनी पैनी थी। हम अनुवादकों के माध्यम से बात कर रहे थे। राष्ट्रपति कार्टर ने मीटिंग के लिए स्टेट डिपार्टमेंट के सबसे उत्तम व अनुभवी अनुवादक भेजे थे, ये वही थे, जिनका उपयोग वे ब्रेझन्नेव के साथ अपनी बैठक में करते थे, लेकिन कोसीजिन ठीक मेरे सामने बैठे थे और बुनियादी नियम तय करते हुए उनकी नजरें मुझपर ही टिकी हुई थीं। मुझे याद है, उन्होंने कहा, जनाब सीनेटर, दो चीजें साफ कर लेते हैं। पहली मैं यू.एस.एस.आर की तरफ से बोलूँगा और आप यू.एस.ए. की तरफ से बोलेंगे। आप बोलेंगे और कोई नहीं बोलेगा, अब मैं उन्हें क्या बताता कि ऐसा शायद ही कोई सीनेटर मिलेगा, जो इस सौदे पर सहमत न हो और दूसरी चीज सीनेटर, कोसीजिन ने आगे कहा, आप युवक हैं, लेकिन आपकी उम्र में मेरा भी काम उतना ही अहम था, जितना आपका है। वे मुझे बताना चाहते थे कि मेरी उम्र में उन्हें भी ऐसा ही काम दिया गया था, जिसमें उन्हें द्वितीय विश्वयुद्ध के दौरान लेनिनग्रादे को नाजियों की शहर की नारकीय घेराबंदी से निकालना था।

वस्तुत: वे यह साफ कर देना चाहते थे कि मैं भी खुद अमेरिका की भाँति, युवा और अनुभवहीन हूँ। उन्होंने यह भी हमारे पूरे शिष्टमंडल को याद दिलाया कि दूसरे विश्वयुद्ध में हमारे सोवियत साथियों ने कितनी बड़ी कीमत चुकाई थी। रूस के ग्यारह मिलियन सैनिक और सोवियत सेटेलाइट और 16 मिलियन नागरिक मारे गए थे। केवल लेनिनग्राद के कब्जे में ही तकरीबन एक मिलियन लोग मारे गए। कोसीजिन और उनके देश के नागरिकों ने साबित कर दिया कि वे इस तरह के मानवीय विनाश में भी बचे रह सकते हैं।

इसके बाद उन्होंने कहा, "एक और बात सीनेटर," इसपर सहमत होना होगा कि हम दोनों को एक-दूसरे पर भरोसा नहीं है और न ही कोई कारण है कि हम एक-दूसरे पर भरोसा करें। आप अमेरिकियों को लगता है कि आप परमाणु हथियार कभी इस्तेमाल नहीं करेंगे। आपको लगता है कि आप पहले हमपर इसका उपयोग नहीं करेंगे, लेकिन मुझे आशा है कि आप समझेंगे कि हमें क्यों लगता है कि आप ऐसा करेंगे।

मैंने बीच में बोलना चाहा, लेकिन उनकी बात खत्म नहीं हुई थी। मानव इतिहास में आप ऐसा इकलौता देश हैं, जिसने परमाणु हथियारों का कभी उपयोग किया है। मेरे बारे में तो अनुमान ही है, लेकिन आप इसका उपयोग कर चुके हैं तो आपको समझना होगा कि हम मानते होंगे कि आप उसका फिर से उपयोग कर सकते हैं।

और याद रखें, ये आप ही थे, जिसने वर्ष 1917 में व्हाइट रशियंस के साथ मिलकर लड़ने के लिए अमेरिकी सैन्य टुकड़ियों को हमारे देश में भेजा था। हमने आपकी जमीन पर कभी कदम नहीं रखा और न ही हमने कभी बम गिराया है।

कोसीजिन ने साफतौर पर शर्तें तय कर दी थीं। उनकी बातें वैध थीं और हम भयभीत व भ्रमित थे, लेकिन कोसीजिन की बातें याद रखने योग्य थीं। हमारे देश की मंशा चाहे जितनी भी अच्छी हो, हम दूसरे देशों से यह उम्मीद नहीं कर सकते कि वे भी हम पर उतना ही यकीन करें, जितना यकीन हम खुद पर करते हैं। अच्छी मंशा का अनुमान अंतरराष्ट्रीय कूटनीति तक शायद ही विस्तार लेता है।

मीटिंग तीन घंटे तक चली और यह मुख्यत: कोसीजिन के दीर्घावधिक एकालाप जैसा था। एक बिंदु पर सोवियत प्रीमियर ने यूरोप में अमेरिकी और सोवियत सेनाओं की संख्या को लेकर मुझे बातचीत में शामिल करने का प्रयास भी किया। सैन्य घटाव में पारस्परिक संतुलन भी चर्चा का विषय बना। मैं दोनों

पारंपरिक सैन्य बलों और परमाणु बलों के संतुलन का अध्ययन करने लगा तो जब उन्होंने मुझे सोवियत टैंकों की संख्या बताई तो वो हास्यास्पद ढंग से कम थी, मैंने इसे मंजूर नहीं किया। कोसीजिन महोदय, मैंने कहा, "मैं जहाँ से आता हूँ, वहाँ एक कहावत है—'बकवास करनेवालों से बकवास न करें', उन्हें शायद यह पसंद आया।" शिष्टमंडल के सीनेटरों में से एक ने मुझे बाद में बताया कि उसने स्टेट डिपार्टमेंट के अनुवादक से पूछा था कि क्या उसने कोसीजिन को यह साफ बता दिया था। जाहिर है वह कुछ अधिक कूटनीतिक था। उसने अनुवाद किया, बहलाने वालों को न बहलाएँ।

हालाँकि ज्यादातर बातचीत कोसीजिन ने ही की, लेकिन मैं उनसे अनकहा आश्वासन ले सका कि सोवियत उस संधि में संशोधन पर सहमत हैं, जो सीनेट के विचाराधीन थी। सोवियत भी इस संधि को पास करवाना चाहता था।

एक वर्ष बाद कोसीजिन का निधन हो गया और इसके दो वर्ष बाद ब्रेझन्नेव का भी निधन हो गया। क्रांतियों और विश्वयुद्ध की खटास के बीच निर्मित नेताओं की पीढ़ी, जो कट्टर विचारधारा के कारण विभाजित थी, दृश्य से बाहर हो रही थी। रीगन दूसरी बार जीत गए थे, यह साफ होता जा रहा था कि नए सोवियत नेता मिखाइल गोर्बाचेव ऐसे भागीदार को तलाश रहे थे, जिससे शीतयुद्ध का समापन किया जा सके और चुनावी कतार में ऐसा कोई नाम नहीं था, जो मेरे विचार से मुझसे बेहतर भागीदार साबित हो पाता।

लेकिन वर्ष 1986 में मेरी चिंता व्हाइट हाउस नहीं थी। मैं नहीं सोचता था कि मुझे दुनिया को बदलना है और अब मेरा वक्त आ गया है। मैंने फैसला कर लिया था कि एक दिन मैं अमेरिका के राष्ट्रपति का चुनाव लड़ूँगा, लेकिन मैं जानता था कि मेरे साथ ये राजनीतिक कार्यकर्ता हमेशा नहीं रहनेवाले। इस वक्त मेरे साथ जो स्त्री-पुरुष थे, वे अपने कामों में सर्वोत्तम थे और वे सब इसके लिए तैयार भी थे। मुझे पता था कि यदि मैंने जल्दी ही कोई कदम नहीं उठाया तो उन्हें वर्ष 1988 के लिए कोई और प्रत्याशी मिल जाएगा तो अब वक्त आ गया था कि उन्हें दिखाया जाए कि मैं गंभीर हूँ और जमीनी काम आरंभ कर दिया। आयोवा में मुझे काउंटी चेयरमैन और न्यू हैंपशायर में मेयर व सिटी काउंसिलमैन से मिलना था। मुझे ए.एफ.एल-सी.आई.ओ. के अध्यक्ष, फॉर्च्यून 500 कंपनियों के सी.ई.ओ. और देश भर के धनवान लोगों से मिलना था। चतुर राजनीतिज्ञ लोग सोचते होंगे कि मुख्य चीजों के लिए भी $10 मिलियन से अधिक की आवश्यकता होगी। मैं किसी भी

प्रचार अभियान से एक मिलियन भी नहीं जुटा पाया था।

यह मेरे पहले सीनेट चुनावों जैसा नहीं था। अतीत में जब मैं दिन में आठ 'कॉफी कार्यक्रमों' में भी जाता था, मैं जीत की रात के बाद क्या करना है, इस बारे में जानता था, सीनेटर बनना क्या होता है, सीनेटर बनकर मुझे क्या करना होगा। राष्ट्रपति का चुनाव और राष्ट्रपति बनने में मुझे कुछ दिखाई नहीं देता था, लेकिन मैंने समझ लिया कि मेरा अपना समय पैमाना है। मैंने राष्ट्रपति का अन्वेषण इस लिहाज से शुरू किया कि इस सबको साथ मिलाकर मुझे ऐसी कच्ची सामग्री मिल जाए, जो मेरे व्हाइट हाउस तक पहुँचने का रास्ता बना सके और मेरे दिमाग में अभी भी आगे का वक्त चल रहा था।

यदि वर्ष 1986 में किसी ने मुझे झूठ पकड़ने वाली मशीन में बैठाया होता और पूछा होता कि क्या मैं वर्ष 1988 में पूर्णत: घोषित प्रत्याशी रहूँगा तो मैं कहता, "नहीं।" यदि वे मुझसे पूछते कि क्या मैं वर्ष 1992 या 1996 में होनेवाले राष्ट्रपति चुनावों के लिए आधार बना रहा हूँ तो मैं कहूँगा, "बिल्कुल।"

जब से हमने इसके निर्माण की शुरुआत की थी, मैं तभी से अपने दोस्त और लंबे समय से चीफ ऑफ स्टाफ रहे टेड कॉफमैन से यही कह रहा था, "हम बस कोशिश कर रहे हैं।" और मैं जानता था कि मैं कमरे में किसी भी दूसरे जितना ही यह अपने आपसे भी कह रहा था।

जिल मुझसे भी ज्यादा संदेह में थी और उस व्यक्तिगत कीमत को लेकर चिंतित थीं, जो हमें इस चुनाव में नामांकन के लिए चुकाना पड़ सकता है। वर्ष 1984 के चुना के कुछ ही समय बाद उनकी मुलाकात एक कॉकटेल पार्टी के दौरान गैरी हार्ट की पत्नी ली से हो गई थी। इस चुनाव में हार्ट ने डेमोक्रेटिक नामांकन के लिए वॉल्टर मोंडेल को लगभग मात देकर सबको हैरान कर दिया था। हार्ट वर्ष 1988 के लिए सबसे आगे थे, लेकिन ली व्हाइट हाउस में जाने को लेकर अधिक उत्सुक नहीं थीं। कॉकटेल पार्टी के दौरान ली हार्ट सफेद पोशाक पहने जिल के सामने आईं, जैसे कोई संरक्षक दूत हों। "तो जो भी राष्ट्रपति बनना चाहते हैं?" उन्होंने जिल से आत्मविश्वास भरी आवाज में कहा।

"यह जितना आपने सोचा है उससे कहीं ज्यादा मुश्किल है।"

इस तरह की चीजें जिल भूल नहीं पाती हैं, लेकिन मैंने उन्हें बताया कि मुझे '88 में चुनाव नहीं लड़ना है। मैं बाहर जाऊँगा, मुझे जिन लोगों को जानना चाहिए, उनसे मिलूँगा, बतौर उम्मीदवार थोड़ी अपील करूँगा और इसके बारे में बात

करूँगा। मैं कुछ ऐसे दोस्त बनाऊँगा, जिनकी भविष्य में मुझे जरूरत होगी और उन लोगों से मिलूँगा, जो मुझे धन जुटाने में मदद कर सकते हैं। "देखो, हम बस शुरुआत कर रहे हैं।" मैंने जिल से कहा, "हमें नुकसान नहीं होगा।"

मार्टिला ने जो बड़े सवाल पूछे थे, "आप चुनाव क्यों लड़ रहे हैं? राष्ट्रपति बनने के बाद आप क्या करेंगे?" वे अभी भी अस्पष्ट थे, लेकिन मैंने उन्हें लंबित कर दिया था। मेरे पास अन्य व्यावहारिक व्यक्तिगत सवालों की शृंखला भी थी, जो मैंने अपने आपसे पूछे थे, 'क्या मैं राष्ट्रपति का चुनाव लड़ते वक्त वैसा पति या पिता रह सकूँगा, जैसा बनना चाहता हूँ? और क्या मैं वैसा सीनेटर रह सकूँगा, जैसा चुनाव के दौरान मैं चाहता था?' वर्ष 1986 में हम डेमोक्रेट्स सीनेट को मध्यावधि चुनाव में ले गए और इसी से तात्कालिक समस्याएँ उत्पन्न हुईं। मैं जानता था कि हमारे बहुसंख्यक नेता, बॉब बायर्ड, अपने डेमोक्रेटिक सहकर्मियों के राष्ट्रपति चुनाव लड़ने से खुश नहीं थे, क्योंकि इससे उनका काम और कठिन हो जाता। यदि उनके मुट्ठी भर लोग भी आयोवा और न्यू हैंपशायर में प्रचार करने चले आते तो बायर्ड के लिए वोट गिनना और शेड्यूल तय करना कठिन हो जाता, जब मैंने उन्हें बताया कि मैं नामांकन को लेकर गंभीर हूँ तो वे होश खो बैठे, लेकिन मैंने वादा किया कि मैं सीनेट में उन्हें या अपने काम को नहीं छोड़नेवाला। "लीडर महोदय," मैंने उनसे कहा, "अगले कुछ वर्ष अगर आपको मेरी महत्त्वपूर्ण लगनेवाले किसी भी वोटिंग में जरूरत हो तो मैं वापस आ जाऊँगा। मैं इस वक्त जो कर रहा हूँ, उसे छोड़कर लौट आऊँगा।"

ज्यूडिशियरी कमेटी कठिन मामला था। सीनेटर टेड कैनेडी ने चेयरमैनशिप की पहली झलक तब देखी थी, जब जनवरी 1987 को नई कांग्रेस आहूत हुई। एक दिन उन्होंने मुझे फोन किया, जब मैं द स्टेशन पर राजनीतिक योजना बैठक के मध्य में था। "जो, मैं आपको ज्यूडिशियरी का चेयरमैन बनाना चाहता हूँ," उन्होंने मुझसे कहा, "लेकिन मुझे और स्टाफ चाहिए होगा।" यह सीनेट की एक पुरानी तिकड़म थी। कैनेडी भी सीनेट लेबर कमेटी के वरिष्ठ सदस्य थे तो वे चेयरमैनशिप चुन सकते थे। वे लेबर को भी चुन सकते थे, लेकिन उन्होंने अपनी वरिष्ठता का उपयोग ज्यूडिशियरी में किया, ताकि कमेटी स्टाफ में अधिक हिस्से पर मोल-भाव कर सकें।

"नहीं जी।" मैंने कहा।

"मैं चेयरमैन नहीं बनना चाहता।"

"जो, मैं गंभीर हूँ।"

"मैं भी हूँ।" मैंने कहा।

बहरहाल सीनेटर कैनेडी ने लेबर की कुरसी सँभाली और मुझे ज्यूडिशियरी की सौंप दी। तुलनात्मक रूप से कम समय के भीतर ज्यूडिशियरी कमेटी को चलाना मुश्किल हो जाता है। इसका स्टाफ और बजट सीनेट में सबसे बड़ा होता है, हर सत्र में अनेक विवादित कानून पारित होने के लिए कमेटी के सामने आते रहते हैं। बतौर चेयरमैन मुझे संघीय अदालत द्वारा नियुक्त हर पुरुष व स्त्री की सुनवाई पुष्टि की अध्यक्षता करना होती थी। मुझे एक और बड़ी समस्या दिखाई दे रही थी, क्योंकि जनवरी 1987 में सुप्रीम कोर्ट में बड़ी उम्रवाले जजों की संख्या बहुत थी—थरगुड मार्शल, मिलियम जे, बर्नान, लुइस पॉवेल और अगर उनमें से किसी एक ने भी सेवानिवृत्ति का फैसला कर लिया तो सीनेट में राष्ट्रपति रीगन द्वारा नामित होने की असली लड़ाई शुरू हो सकती थी।

रीगन ने यह साफ कर दिया था कि वे ऐसे न्यायाधीशों को पद देना चाहते हैं, जो वॉरेन कोर्ट के व्यक्तिगत अधिकारों के महँगे विजन को वापस कर सकें। राष्ट्रपति के दक्षिणी समर्थकों का सोचना था कि उनका सैंड्रा डे ओ' कॉर्नर का नामांकन करना, जो बाद में गर्भपात और सकारात्मक काररवाई को लेकर मध्यमार्गी साबित हुईं, उनकी बुजदिली थी। उनका वर्ष 1986 में कट्टर अनुदारपंथी एंटोनिन स्कालिया का बतौर एसोसिएट जस्टिस मनोनयन इसका साफ संकेत था कि राष्ट्रपति वही गलती फिर से नहीं दोहराना चाहते। यदि व्हाइट हाउस को एक और न्यायाधीश के मनोनयन का मौका मिला तो उन्होंने साफ कर दिया था कि वे किसी ऐसे व्यक्ति को चुनेंगे, जो संतुलन को मजबूती से दक्षिण की तरफ झुकाकर रखे। इसका मतलब सीनेट में बड़ी लड़ाई थी। मुझे पूरा यकीन था कि मैं विवादग्रस्त सुप्रीम कोर्ट नामांकन में जगह बना सकूँगा और इसके साथ ही राष्ट्रपति चुनाव के नामांकन में भी जगह पा जाऊँगा; मुझे भरोसा नहीं हो रहा था कि मैं यह दोनों चीजें एक साथ कर सकूँगा।

लेकिन जब मैं पहली बार प्रचार के लिए निकला तो चीजें बेहतर होना शुरू हो गई थीं; मैं जहाँ भी जाता, लोग ऐसे प्रत्याशी के लिए लालायित दिखते, जो उन बुनियादी चीजों में यकीन रखता हो, जिनमें वे थे। लोग सरकार के दुश्मन होने के पुराने रीगन दिखावे से पूरी तरह थक चुके थे, जब मैंने लोगों से भरे कमरे में कहा कि हम सबके साथ आने से वह अवसर मिलेगा कि हम राजनीतिक बहुसंख्यक प्रतिबद्धता के विचार पर निर्मित सरकार बना सकें, जिसपर सभी अमेरिकियों के

जीवन में सुधार लाने में रचनात्मक भूमिका निभाने का दायित्व हो तो मैं लोगों को अपने तरफ झुकते देख रहा था और मैं व पैट कैडिल इस बारे में इस हद तक सही थे—बूमर पीढ़ी सबसे ज्यादा उत्सुक प्रतीत होती है। मैं सहज बोधवाला राजनीतिज्ञ हूँ; मुझे कमरे से निकलते वक्त पता होता है कि मैं जुड़ाव बना पाया या नहीं और शुरुआत में मेरी बहुत चूकें तो नहीं हुईं। मुझे यह महसूस होने लगा था कि जब तक मैं दिखा सकूँगा कि मैं कौन हूँ और मुझे सबसे ज्यादा क्या प्रिय है, मैं ठीक रहूँगा। इसमें आसान हिस्सा यह बताना था कि मुझे किसपर यकीन है। "मेरे माता-पिता और आपके माता-पिता का इस पीढ़ी को दिया उपहार महान् भौतिक उदारता है, सबसे व्यापक बौद्धिक अवसर और इस ग्रह पर ज्ञात जीवन की अत्यंत असीमित व्यक्तिगत स्वतंत्रता है," मैंने कहा और मैं लोगों को निकट आते देख रहा हूँ। "...केवल व्यक्तिगत त्याग के माध्यम से, केवल अपने आदर्शवाद से, हमारी प्रतिबद्धता और हमारी ऊर्जा से हम उस भाग्य की पूर्ति की आशा रख सकते हैं, जिसे इतिहास ने हमें बतौर राष्ट्र-चिह्नित किया है। हम इसे अश्वेत या श्वेत होकर नहीं कर सकते, न दक्षिणी या उत्तर का होकर। हम इसे अमीर या गरीब होकर या पुरुष या स्त्री होकर नहीं कर सकते। हम इसे डेमोक्रेट्स या रिपब्लिकंस के तौर पर नहीं कर सकते, बल्कि ईश्वर के इनसान बनकर अमेरिकी सपने की सेवा करें।" मैंने भाषण समाप्त किया तो लोग उमड़ते हुए आगे बढ़ने लगे। हमें कहाँ हस्ताक्षर करने हैं? हम कैसे मदद कर सकते हैं?

सच है कि यह उत्साहजनक था। यह भाषण मेरे लिखने और काम करने दोनों के लिए कुंजी थी। मैंने बतौर सीनेटर हजारों वोट दिए थे और मैं हमेशा हर वोट के स्पष्टीकरण को तैयार हूँ, लेकिन भाषण लिखना ऐसा तरीका है, जिसमें बैठकर इन मतों पर समग्रता से विचार करना है, मेरी सार्वजनिक सेवा अनुप्राणित थी। वर्ष 1987 की शुरुआत में मुझे यही लगता था कि मेरा संदेश कुछ अस्पष्ट है, जैसे श्रोता मुझे किसी परदे के पीछे से सुन रहे थे। मैंने अभी तक भाषण को शब्दों में नहीं उतारा था, जो मुझे पूर्ण रूप से विश्वसनीय महसूस हुए, लेकिन मुझे लय और ताल मिलने लगी और जब मुझे संकर्षण महसूस होना शुरू हुआ और मेरे पैरों तले की जमीन खिसकने लगी, मैंने चुनावों को गलत प्रिज्म के माध्यम से देखना आरंभ कर दिया था। मैंने आसपास देखा, अपने को नामांकन के अन्य संभावित उम्मीदवारों के मुकाबले आँका और वर्ष 1987 की शुरुआत में मैंने फैसला कर लिया कि मैं उन्हें हरा सकता हूँ।

मेरे अहम भाषण ए.एफ.एल.-सी.आई.ओ. में और फ्लोरिडा व कैलिफोर्निया के एक प्रमुख डेमोक्रेटिक कार्यक्रम में होना तय था। जनवरी 1987 में जनवरी के अंतिम दिन मैं कैलिफोर्निया डेमोक्रेटिक सम्मेलन में भाषण देने के लिए देश के दूसरी तरफ से उड़ान भरकर सैक्रामेंटो पहुँचा। भाषण समाप्त होने तक तीन हजार अहम व प्रभावशाली कैलिफोर्निया डेमोक्रेट्स खड़े हुए और उन्मत्त हो गए। उस दिन मुझे पता चल गया कि मुझे चुनाव लड़ने से कोई नहीं रोक सकता। हमने प्रथम श्रेणी की राजनीतिक टीम को साथ लिया था। शुरुआती अवस्था में कार्यकर्ता हस्ताक्षर करने लगे थे और मैं उतना धन जुटा रहा था, जितना मेरे विचार से मुझे चाहिए था। मैं दौरे के बाद वापस न्यू हैंपशायर या आयोवा लौट आता और टेड कॉफमैन से कहता, "बाहर हालात सचमुच अनुकूल हैं। गति काफी अच्छी है।"

कैलिफोर्निया के दो सप्ताह बाद मुझे देश के सबसे शक्तिशाली श्रम संगठन ए.एफ.एल.-सी.आई.ओ. के राष्ट्रीय सम्मेलन में भाषण देना था। बाल हार्बर, फ्लोरिडा के प्रतिनिधि, समर्थन करने के लिए उम्मीदवार तलाश रहे थे। हार्ट सबसे आगे थे, लेकिन श्रमिकों पर उनके रिकॉर्ड ने नेताओं को आकर्षित नहीं किया। कांग्रेसमैन रिचर्ड गेपहार्ड्ट ने काफी सख्त ट्रेड पॉलिसी बनाई थी, जिससे अमेरिकी कर्मचारियों को सुरक्षा मिलनी थी, लेकिन मुझे ऐसा लगा कि श्रमिक नेताओं को उनके देश चलाने की क्षमता पर संदेह है। न्यूयॉर्क के गवर्नर मारियो कुमो अभी चिंता में ही थे कि चुनाव लड़ें या नहीं। मेसाचुसेट्स के गवर्नर माइकल डुकाकिस पहले से तय सबसे महत्त्वपूर्ण श्रमिक बैठकों से ही नदारद रहते थे।

मैंने यूनियन के लोगों को कुछ ऐसा अनुभूत नहीं करवाया, जो उन्हें ठीक लगे। राष्ट्रपति रीगन की ऊपर से नीचे की ओर लाभ पहुँचाने की आर्थिक नीतियों ने देश के व्यावसायिक हितों को ऐसा आवरण दिया था, यूनियन के सदस्यों के खिलाफ सीधे युद्ध छेड़ने के जैसा था। "चैंबर्स ऑफ कॉमर्स जानता है कि क्या दाँव पर लगा है।" मैंने उन्हें याद दिलाया।

"वे इसमें ऐसा कुछ करनेवाले हैं कि अमेरिका के आर्थिक उपहार व समृद्धि में आपका दखल और आपका हिस्सा बुनियादी रूप से परिवर्तित हो जाएगा, अगर आप यह समझ नहीं पा रहे तो आप गलत पेशे में हैं।" जब मैं उनसे कह रहा था कि उन्हें जागना होगा और मेरे साथ मिलकर लड़ना होगा तो मुझे महसूस हो रहा था कि वे पहले से तैयार हैं, जब मेरा भाषण समाप्त हुआ तो लोगों की खड़े होकर बजाई तालियाँ इतनी तेज और जोरदार थीं कि स्टेज से उतरते वक्त मेरा उत्साह

चरम पर था। मैंने पहले ही योजना बना ली थी कि वर्ष 1988 के चुनाव के लिए ऐसा मजबूत भाषण बनाऊँगा, जिससे मुझे धन जुटाने को बढ़ावा देने में मदद मिले, लेकिन उस दिन जब मैंने बाल हार्बर में भाषण समाप्त किया तो मुझे महसूस होने लगा कि नामांकन में विजयी होना वास्तविक संभावना है तो जब भाषण के बाद मैं रिपोर्टरों से घिरा था तो मैंने उनसे सीधे-सपाट शब्दों में कहा कि मैं वर्ष 1988 में चुनाव लड़ने की योजना बना रहा हूँ, लेकिन मैंने बच निकलने के लिए यह कहकर सुनिश्चित किया कि "सिवाय इसके कि अब आधिकारिक घोषणा के वक्त तक किस कारण मेरा दिमाग न बदल जाए।"

सैक्रामेंटो के भाषण के एक हफ्ते बाद लॉस एंजिलस टाइम्स के एक प्रमुख राजनीतिक रिपोर्टर रॉबर्ट शोगन ने रविवार के अखबार में पहले पृष्ठ पर मेरे बारे में एक बड़ा टेकआउट फीचर प्रकाशित किया। मैं शोगन से मिला था, वह ऐसे सख्त लोगों में से था, जो सरल बातचीत के बहाव में नहीं आते, लेकिन उसने मेरी उम्मीदवारी को काफी गंभीरता से लिया था। वह सैक्रामेंटो के डेमोक्रेटिक सम्मेलन के श्रोताओं में था और उसे मुझ में साफतौर पर कुछ दिखा था। "ऐसा वाक्पटुतापूर्ण भाषण देशभर के पार्टी श्रोताओं ने बीते चार वर्षों में नहीं सुना होगा।" शोगन ने लिखा, "बाइडन ने न केवल रीगन युग के बीच डेमोक्रेटिक भावना को फिर से सुलगाने में मदद की, बल्कि अपनी राष्ट्रपति बनने की महत्त्वाकांक्षाओं में भी जान फूँक दी।" मेरे परिवार, मेरे घर, मेरे मूल्यों और मेरे अच्छा पिता, पति, सीनेटर और संभावित राष्ट्रपति उम्मीदवार बनने में संतुलन के संघर्षों का उसने काफी उदारता से आकलन किया।

लेकिन इस कहानी की गहराई में एक चेतावनी भी थी। मैं बोलता बहुत हूँ; मैं तर्क की जगह भावनाओं पर चलता हूँ; मैं सीनेट में अपना काम ताल ठोककर नहीं करता। उन्होंने बड़े सवालों को एक लंबे परिच्छेद में संक्षिप्त कर दिया। "हालाँकि श्रोताओं को उत्तेजित करने की बाइडन की क्षमता पर कोई सवाल नहीं है, लेकिन इस उपहार ने उनके बतौर सीनेटर प्रदर्शन और राष्ट्रपति बनने की संभावनाओं की सबसे महत्त्वपूर्ण आलोचना को स्पष्ट करने में मदद मिलती है, वे उससे कहीं बढ़कर हैं, जितने दिखाई (और सुनाई) देते हैं; कि वे लोगों को वह दे रहे हैं, जो वे चाहते हैं, न कि जो उनकी जरूरत है; वे मेहनती घोड़े से ज्यादा दिखावे का घोड़ा हैं।"

मुझे पता है, जब मैंने यह परिच्छेद पढ़ा तो यह वही सवाल था, जो मेरे चुनावी

दौड़ में शामिल होने के बाद से प्रेस संकुल में चारों तरफ घूम रहा था और इसका जवाब वे लोग दे रहे थे, जिन्हें मेरे बारे में लगभग कुछ नहीं पता था।

जनवरी 1987 में पीछे मुड़कर देखने पर मुझे एक भी ऐसी व्यक्तिगत मीटिंग, निजी कॉफी मिलन या निजी लंच या निजी डिनर दिखाई नहीं दिया, जो किसी गंभीर पत्रकार के साथ हुआ हो। मेरा ऐसे किसी व्यक्ति के साथ व्यक्तिगत रिश्ता नहीं था, जो राष्ट्रीय राजनीति की खबरें देखता हो। ऐसा एक भी बड़े रिपोर्टर या प्रमुख अखबार के संपादकीय बोर्ड सदस्य का नाम नहीं था, जिसमें मैं अनाधिकारिक रूप से गंभीर चर्चा-परिचर्चा कर सकूँ। मैंने यह नहीं किया। मैंने सीमा से बाहर जाकर रिपोर्टरों को नजरअंदाज नहीं किया, लेकिन न ही मैंने कभी उनके साथ रिश्ता बनाने को समय निकाला। मैं रोज शाम यूनियन स्टेशन पहुँच जाता था, ताकि अपने घर विलमिंगटन वापस लौट सकूँ। मैं उन्हें नहीं जानता था और वे मुझे नहीं जानते थे। सच तो यह है कि मैं रिपोर्टरों पर भरोसा करने को लेकर निश्चित नहीं था।

बड़ी प्रेस से मेरा परिचय सही ढंग से नहीं हुआ था। राजनीतिक में प्रवेश के वक्त मेरे मन में रिपोर्टरों का सम्मान था; जहाँ तक मेरी बात है मैं मानता था कि वे देश की सेवा कर रहे थे, लेकिन वर्ष 1972 की दुर्घटना के बाद मैं शैतान की नजर में आ गया। अचानक से मैं एक व्यक्ति नहीं रह गया था—एक अच्छी कहानी थी। रिपोर्टर मेरा पीछा नहीं छोड़ रहे थे। फोटोग्राफर अस्पताल से बाहर निकलते मेरी फोटो खींचते रहते, जब रिपोर्टर चीख-चीखकर मुझसे सवाल पूछते, "सीनेटर, हंट को कितने टाँके आए हैं?"

"ब्यू की कितनी हड्डियाँ टूटी हैं?"

"आप कैसे हैं सीनेटर?"

"आप कैसा महसूस कर रहे हैं?"

यह बहुत बुरा महसूस हो रहा था। मैं जानता था कि ये उनका काम है, लेकिन वे मुझे मनुष्य होने और दुःखी होने तक का मौका देते प्रतीत नहीं होते थे। अठारह महीने बाद जब मैं बुरे दिनों से गुजर रहा था, एक रिपोर्टर मेरे पास आया और कहा, "सीनेटर, आप इन सबसे कब तक उबर पाएँगे?"

मेरे सीनेट कॅरियर के शुरुआती दौर में रिपोर्टरों के साथ मेरे रिश्तों में इतनी खटास थी कि मैं प्रेस के साथ कभी सहज नहीं हो सका। वाशिंगटन में रिपोर्टरों और निर्वाचित अधिकारियों के बीच दीर्घावधिक खेल जारी था; जमीनी नियम पहले से तय थे। निकट संबंध के प्रभाव से मुझे समझ आया कि मैं बिना उद्धृत हुए रिपोर्टरों से

बात कर सकता हूँ, उन्हें मेरा नाम दिए बिना जानकारी दे सकता हूँ। मैं पीछे रहकर या बहुत पीछे रहकर या अनाधिकारिक तौर पर बात कर सकता हूँ, लेकिन मैं इस खेल में शामिल होना नहीं चाहता था; मुझे सहायता का सौदा पसंद नहीं था, बल्कि किसी कारण मुझे अनाधिकारिक बातचीत करना लगभग अनैतिक लगता था। यदि मेरे पास कुछ कहने को होगा, मैं आधिकारिक तौर पर इसे सीधे कह सकता हूँ। मुझे याद है, एक दिन मैं सुनवाई समाप्त होने के बाद बाहर निकल रहा था तो रोप लाइन पर एक दीर्घावधिक कैपिटल हिल रिपोर्टर मुझसे बात करने लगा—

"सीनेटर, वहाँ क्या बात हुई?"

"मैं आपको नहीं बता सकता।" मैंने कहा।

"देखिए सीनेटर, आप मेरा ध्यान रखें, मैं आपका ध्यान रखूँगा।"

मैंने उसे वहाँ से जाने के लिए कह दिया।

सीनेटर के अपने पहले वर्ष में, मेरे पास फीचर लेखकों के साक्षात्कार के लिए प्रति सप्ताह आधा दर्जन अनुरोध आते थे। मुझे पता था कि मैं रोचक कहानी क्यों हूँ—वाशिंगटन में एक युवा सीनेटर, दो लड़कों का एकल पिता, त्रासदी से पीड़ित। मैंने उनमें से किसी के भी साथ बात करने से इनकार कर दिया और कड़वाहट के साथ देखने लगा कि किस तरह प्रेस मुझे शोकाकुल विधुर से योग्य कुँवारा में बदलने पर उतारू थी। मैंने निजी जीवन के बारे में बात करने से पूरी तरह इनकार कर दिया और मेरे मौन ने उनकी ललक को शांत किया। मेरा पहला चीफ ऑफ स्टाफ वेस बार्थहेल्मस आखिरकार मुझे कोने में ले गया और समझाया कि मुझे नीलिया और अपनी बेटी के बारे में केवल एक साक्षात्कार दे देना चाहिए। वेस पहले खुद भी पत्रकार थे और वे इस खेल को जानते थे। उन्होंने मुझे यकीन दिलाया कि एक बार जब मैं अपनी आधिकारिक कहानी बता दूँगा तो मुझे फिर कभी इसे बारे में बात नहीं करनी होगी। उन्होंने एक रिपोर्टर को चुना। वह युवा और अनुभवहीन थी, लेकिन वेस को वह अच्छी लगी और उन्होंने सोचा कि वह निष्पक्ष होगी।

तो वर्ष 1974 के वसंत में वाशिंगटनियन पत्रिका ने किटी केली नाम की एक युवा रिपोर्टर को सीनेट में युवा पिता और विधर के रूप में मेरे जीवन से संबंधित साक्षात्कार के लिए भेज दिया। वह युवा और बातचीत के लिए सहज थी और जब मैंने अपने ऑफिस में बैठकर उसे नीलिया के साथ अपनी जिंदगी और उसकी मृत्यु के आगे-पीछे की घटनाएँ बताना शुरू कीं तो वह शोकग्रस्त हो गई। मैं नीलिया

से जुड़े साक्षात्कार को दुखद कहानी बनाना नहीं चाहता था। मैं अपने को लाचार व्यक्ति नहीं दिखाना चाहता था; उस वक्त तक मेरा जीवन इतना कठिन नहीं रह गया था तो मैंने इसपर केंद्रित होने का प्रयास किया कि नीलिया और मेरे बीच चीजें कितनी शानदार थीं और मैंने किस तरह अपने आप को सँभाला। चर्चा समाप्त होने के बाद मुझे इसे आगे बढ़ जाने से राहत मिली।

किटी केली का वाशिंगटनियन का लेख—'डेथ एंड ऑल-अमेरिकन बॉय' मुझे थोड़ा असंतुलित व्यक्ति पेश करता था। केली ने मेरे सीनेट ऑफिस को मेरी मृत पत्नी नीलिया का पुण्य स्थल बताया और गलत रिपोर्ट दी कि मेरे आंतरिक ऑफिस में नीलिया के कब्र के पत्थर की तसवीर रखी है। वास्तव में वह ओल्ड न्यू कैसल, डेलावेयर के सत्रहवीं-शताब्दी के कब्रिस्तान की तसवीर थी, जो मेरे गृह राज्य के ऐतिहासिक स्थलों की श्रृंखला में से एक थी। किटी केली ने मेरे कहे यहूदी-विरुद्ध चुटकुले को घुमाव देकर मेरे साक्षात्कार द्वारा साबित किया कि मैं कमजोर और अनभ्यस्त हूँ। यह निराश कर देने वाला था, तब से मैं प्रेस को लेकर एहतियात बरतने लगा, अब मैं सक्रिय रूप से उनके घृणा करता हूँ।

वेस को मिस केली को चुनने का खेद था, लेकिन उन्होंने कभी भी रिपोर्टरों के साथ मेरी मदद करने का प्रयास कभी नहीं छोड़ा। उसी वसंत उन्होंने मुझे काउंटर-ग्रिडायरन डिनर में शामिल होने पर बात की। उस वक्त वर्ष 1974 में वार्षिक ग्रिडायरन डिनर, जिसकी मेजबानी वाशिंगटन रिपोर्टर्स क्लब करता था और इसमें लगभग हमेशा राष्ट्रपति भी शामिल होते हैं, महिलाओं के बिना, अत: काउंटर-ग्रिडायरन ने मेयरमाउंट कॉलेज पर एक टेंट में अपने डिनर का आयोजन किया और वेस मुझे वहाँ ले गए। मैं आज तक कभी ऐसे कार्यक्रम में नहीं गया था, जिसे लेखक और रिपोर्टरों ने आयोजित किया हो और मैं जानता था कि वह पल आ ही जाएगा, जिसपर मैं सहमत नहीं था। मैं रोष सहित वहाँ गया। डिनर के दौरान वेस ने मुझे किसी से मिलवाया, जिसे वे पसंद व प्रशंसा करते थे। "सीनेटर, मैं आपको अपने एक दोस्त से मिलवाना चाहता हूँ, मार्टी नोलान।" मैंने नोलान के काम से परिचित था और वे अच्छे थे। वह बोस्टन ग्लोब का प्रतिभाशाली युवा रिपोर्टर थे, जो वाशिंगटन में वर्षों से काम कर रहे थे। वेस को लगता था कि हमारी अच्छी बनेगी, लेकिन मेरी दिलचस्पी प्रेस समूह से दोस्ती का दिखावा करने तक में नहीं थी और मेरे सामने अपने पर पूरा यकीन रखनेवाले नोलान अपने सैन्य जैकेट पहने खड़े थे।

"तो आप हैं महान् मार्टी नोलान!" मैंने कहा और सुनिश्चित किया, इससे थोड़ा अधिक बढ़त मिल सके। मैं देख रहा था कि वेस मुझे मजाकिया लहजे में देख रहे थे और फिर उन्होंने लगभग क्षमा-याचना सहित नोलान की तरफ देखा। नोलान ने वेस की तरफ ऐसे देखा, जैसे मैं वहाँ हूँ ही नहीं, "इन्हें पिंजरे से बाहर किसने निकाल दिया?"

वेस मेरे लिए बड़े भाई के जैसे थे; वे जानते थे कि मैं रिपोर्टरों के आसपास होने पर इस तरह व्यवहार क्यों करता हूँ, लेकिन मेरे रोष ने उनके मेरे सभ्य होने के यकीन दिलाने के उनके प्रयास को कठिन बना दिया। वाशिंगटन में लगभग हर एक निर्वाचित अधिकारी प्रेस के लिए काम करता था। मैं नहीं। रिपोर्टरों के लिए मैं बस एक लंबा युवक था, जो सुनवाई के दौरान सवाल पूछता था, सीनेट हॉल-वे में उन्हें दिख जाता था और भाषण देता है। मेरे बारे में वे ज्यादा-से-ज्यादा यही जानते थे कि मैं अपने घर विलमिंगटन जाने के लिए ट्रेन पकड़ने की जल्दी में रहता हूँ। वेस ने एक दिन मुझे बुनियादी परेशानी समझाने का प्रयास किया, जब मैं एक शहर में कार्यक्रम के दौरान भाषण देकर चुका था, मैं उनके लिए शून्य था। उन्होंने मुझे बताया कि डेविड ब्रोडर, वाशिंगटन पोस्ट के शीर्ष राजनीतिक रिपोर्टर और उनके एक समय के सहकर्मी व लंबे समय से दोस्त थे, ने कुछ ऐसा कहा, जिसे लेकर मुझे सचेत रहना चाहिए, जब वेस मुझे यह समझा रहे थे, मेरे भाषण के बाद उन्होंने ब्रोडर से उनकी राय पूछी और ब्रोडर ने कहा कि उन्होंने रॉबर्ट कैनेडी के बाद से किसी को भी भीड़ को इस तरह उद्वेलित करते नहीं देखा। वेस के मुताबिक, ब्रोडर का केवल एक सवाल था कि मैं रॉबर्ट कैनेडी था या एल्मर गैंट्री। यह दंश था, लेकिन उस वक्त मुझे यही लगता था कि मुझे किसी रिपोर्टर को अपनी गंभीरता साबित करने की जरूरत नहीं है, फिर भले ही वह कितना भी महत्त्वपूर्ण क्यों न हो।

वर्ष 1987 तक डेविड ब्रोडर उस ग्रुप के नेता थे और हमारे बीच कभी किसी चीज पर कोई मौलिक चर्चा नहीं हुई थी। मेरा रोष धूमिल हो गया, लेकिन मैं अभी भी सावधान था और राष्ट्रीय प्रेस में कोई दोस्त नहीं बनाया था। रिपोर्टर, जो सीनेट को निकट से कवर करते थे और मेरे एस.ए.एल.टी. II के कामों या वर्ष 1984 के विस्तृत अपराध बिल का सीनेट में नेतृत्व करने के बारे में जानते थे, वे राजनीतिक अभियानों को कवर नहीं करते थे। बीग फीट, जैसा कि प्रमुख राष्ट्रीय राजनीतिक रिपोर्टरों को जाना जाता था, सीनेट को नहीं जानते थे। उन्होंने मुझसे पूछा कि मैंने विदेश नीति पर क्या किया था? मैंने आपराधिक कानूनों में क्या किया? मैं भीतर से

जानता था कि मेरी पहले कार्यकाल में बनी साख से बचा नहीं जा सकता। जो भी रिपोर्टर मुझे जाननेवाले सीनेटरों के साथ बैठने और बात करने को समय नहीं देते वे मेरे बारे में बस वही जान सकते थे, जो बाकी सब जानते थे या उन्हें लगता था कि वे जानते थे—बाइडन वह व्यक्ति है, जिसे नहीं पता कि वो सीनेटर बनना चाहता है या नहीं। बाइडन वह व्यक्ति है, जो बजट कमेटी को सुनने के लिए अपनी सीट पर बैठने को इच्छुक नहीं होते। बाइडन वह व्यक्ति है, जो कड़ी मेहनत करने को तैयार नहीं। मुझे लगता था कि मैंने सीनेट में अपने सहकर्मियों के साथ इसे लंबे समय पहले सुलझा लिया है, लेकिन यह ऐसा अभियोग था, जो राजनीतिक रिपोर्टर अभी भी आरोपित कर रहे थे। मैं दिखावे का घोड़ा हूँ या मेहनती घोड़ा?

वर्ष 1987 की शुरुआत में एक जगमगाते सर्द दिन मैं सेंट लुईस में एक विमान में बैठा उसके उड़ान भरने का इंतजार कर रहा था, जिसमें साथ यात्रा करनेवाले एकमात्र रिपोर्टर नवजात बाइडन फॉर प्रेजिडेंट कैंपेन के—पॉल टेलर थे, जो वाशिंगटन पोस्ट में प्रशिक्षु बिग फीट थे। मैं खिड़की के पासवाली सीट पर बैठा बाहर सूर्य की रोशनी को चमकीले पंख पर अठखेलियाँ करते देख रहा था; विमान में खामोशी थी और लगभग खाली ही था। टेलर गलियारे वाले सीट पर थे और बीच की सीट पर झुके हुए मुझसे बात कर रहे थे। "क्या आप इस कैंपेन की व्हाइट-हॉट हीट को सँभाल सकेंगे?" उन्होंने पूछा। उन्होंने जिस तरह यह पूछा था, इसमें कुछ भी भयभीत करनेवाला नहीं था, लेकिन मुझे 'व्हाइट-हॉट हीट' शब्द सुनना याद है, जब मैं विमान के पंख पर दमकते सूर्य की चमकते प्रकाश को अठखेलियाँ करते देख रहे थे। मैंने बाद में सोचा कि टेलर का मतलब केवल दोस्ताना सलाह देने से था, लेकिन मुझे पता था कि वे क्या कह रहे हैं। मेरे राजनीतिक सलाहकार ने चेतावनी दी थी कि प्रेस मेरे अतीत का हर पन्ना खोलेगी। उस वर्ष चरित्र का सवाल तेजी पर था, जिससे मुझे समस्या नहीं थी। यह वे रिपोर्टर थे, जो अपने क्षेत्र में शीर्ष पर पहुँचे थे। वे चतुर थे और मुझे लगता था कि अध्यवसायी भी थे तो मुझे भरोसा था कि जब वे मेरे जीवन का लंबा, ठोस विश्लेषण करेंगे तो यही निष्कर्ष निकालेंगे कि मैं ईमानदार, सम्मानित, सीधा व्यक्ति हूँ। डेलावेयर में अच्छे रिपोर्टर थे, जो मुझे पंद्रह वर्षों से कवर कर रहे थे और उन्होंने मेरी ठोस पड़ताल की। हाँ, मैंने टेलर से कहा, मैं इसे सँभाल लूँगा। मुझे पक्का नहीं था कि मेरी सीनेट में रिकॉर्ड इतना पर्याप्त होगा कि मतदाताओं को यकीन दिला सके कि मैं राष्ट्रपति बन सकता हूँ; मुझे पक्का नहीं था कि कि मतदाता स्वीकार करेंगे कि एक चवालीस वर्ष का

व्यक्ति देश चलाने के योग्य है। उस वक्त मैं सोचता था कि लेकिन यदि उन्होंने सत्यनिष्ठा पर मेरा आकलन किया तो मैं इस पड़ताल का स्वागत करूँगा। यदि उन्होंने चरित्र पर मेरा आकलन किया तो मैं जीत जाऊँगा।

मुझे लगता है कि यह कहना उचित होगा कि मैं अनाड़ी हूँ।

ली हार्ट द्वारा उनकी दिल दहलानेवाली चेतावनी से पहले ही जिल राष्ट्रपति कैंपेन की व्यस्तताओं को लेकर अप्रसन्न थीं, अब जब यह ज्यादा वास्तविक होता जा रहा था तो स्वाभाविक था कि उन्होंने मुझे भी चेताया। उन्होंने मुझे याद दिलाया कि उस वक्त हमारा जीवन कितना भरपूर था। ब्यू आर्कमेरे से स्नातक होनेवाला था और हंट उससे बस एक साल पीछे था। एश्ली ने अभी अपनी प्राथमिक शिक्षा आरंभ ही की थी। वे सब आनंदित और आराम से थे और वे मुझसे भी खूब मिल पाते थे। मैं हर गेम, नाटक, जन्मदिन या बड़े कार्यक्रम में उपस्थित रहता था और वे काफी समय पहले ही जान गए थे कि प्रसिद्ध व्यक्ति की संतान होना कैसा होता है, लेकिन जैसा कि जिल ने कहा था कि मेरे ऐसा करने पर बच्चों के जीवन पर असर जरूर होगा, मैंने अपने को यकीन दिलाया कि मैं चुनाव में नामांकन के बाद भी वैसा ही पिता रहूँगा, जैसा मुझे होना चाहिए।

मनुष्य के दिमाग की तर्कसंगतता की क्षमता को कभी कम नहीं आँकना चाहिए। मैं वास्तव में अपने आपसे यह कहा था, क्योंकि बच्चे बहुत छोटे थे, वर्ष 1988 में चुनाव लड़ना अगले चार या आठ साल बाद से ज्यादा आसान था। आठ वर्षों में एश्ली इतनी बड़ी हो जाएगी कि उसे लोग उसके पिता के बारे में जो कहेंगे, उससे बचाना मुश्किल होगा। आठ वर्षों में ब्यू और हंट अपना कॅरियर शुरू कर रहे होंगे और संभव है कि लोग कहें कि वे जहाँ भी पहुँचे हैं, वे उनके पिता की वजह से है। मैंने अपने आपको यकीन दिला दिया कि वर्ष 1988 बाइडन परिवार के लिए सही समय है।

ऐसे भी दिन थे, जब मुझे लगता, जैसे मेरा सिर किसी शिकंजे में फँसा है और कई बार दर्द नीचे गरदन तक पहुँच जाता। मैं जिंदगी में कभी भी सिवाय बचपन में हुए अस्थमा या कंधे उतरने के, कभी बीमार नहीं हुआ, लेकिन फरवरी और मार्च 1987 में, जब मैं कैलिफोर्निया, फ्लोरिडा, अलबामा, आयोवा और न्यू हैंपशायर में प्रचार कर रहा था तो मेरी यात्रा साथियों में हमेशा एक बड़े आकार वाली टायलीनॉल की बोतल होती थी। मैं दिन भर में छह, आठ या दस टायलीनॉल गटक जाता था। मैं हर चार घंटे में दो या तीन गोलियाँ लेता और कई बार मेरे साथ

जो भी होता, उससे जोर से कहता कि यह सिरदर्द काफी अजीब है। मुझे पहले कभी ऐसा कुछ नहीं हुआ था। मेरा परिवार, मेरे दोस्त और मेरा स्टाफ लगभग हर व्यक्ति यही कहता था कि यह आम बात है। मैं अच्छा पति, पिता, सीनेटर और राष्ट्रपति उम्मीदवार बनने का प्रयास कर रहा था। मैं बहुत दबाव में था। इस सिरदर्द का कारण संभवत: तनाव था। लोग जितना ज्यादा यह कहते, मेरा क्रोध उतना ही बढ़ता जाता। यह मेरी आत्म–छवि पर हमले जैसा था। मैं ऐसा व्यक्ति हूँ, जो हमेशा तनाव को सँभाल लेता था। तनाव कभी मेरी परेशानी नहीं बना। मैं बहुत बुरे हालातों से गुजर रहा था, उन्हें गलत होना ही होगा।

और तब कुछ ऐसा हुआ, जिससे मुझे लगा कि शायद वे लोग सही थे।

23 मार्च, 1987 को न्यू हैंपशायर में मेरा पूरे दिन का कार्यक्रम था—नाशुआ के रोटरी क्लब में विदेश नीति पर भाषण, पूर्व मेयर द्वारा समर्थन, मेरे स्टेट स्टीयरिंग कमेटी में होने की घोषणा संबंधी प्रेस कॉन्फ्रेंस तथा लॉ स्कूल में संवैधानिक मुद्दों पर भाषण, अब मैं लगभग आधिकारिक घोषित उम्मीदवार था, बल्कि इसकी थोड़ी प्रेस कवरेज भी होने लगी थी। स्थानीय रिपोर्टर वहाँ मौजूद थे और बोस्टन स्टेशन एक क्रू भेजनेवाला था। टेलर यात्रा में मेरे साथ थे, तभी एक नए सी.बी.एस. शो में, जिसका नाम 'वेस्ट फिफ्टीसेवेंथ स्ट्रीट' था, मेरा एक लंबा प्रोफाइल बना रहे थे तो मेरे कोट के कालर पर लैवेलियर माइक्रोफोन लगा था।

आज दिन की मुख्य चीज रोटरी क्लब में विदेश नीति पर भाषण था। मैं वहाँ यह स्पष्ट करने जा रहा था कि राष्ट्रपति रीगन के स्ट्रेटेजिक डिफेंस इनिशिएटिव–स्टार वॉर के सपने में परमाणु हथियारों से बचने के लिए आसमान में कवच स्थापित करना, के कारण सोवियत के साथ हमारे रिश्ते पटरी से क्यों उतर सकते हैं। राष्ट्रपति रीगन को सलाह दी गई है कि वे इकतरफा ढंग से उस एंटी–बैलिस्टिक मिसाइल ट्रीटी को पुन: परिभाषित कर सकते हैं, जिसपर निक्सन और ब्रेझन्नेव ने वर्ष 1972 में हस्ताक्षर किए थे। यदि रीगन ऐसा करते हैं तो इससे हमारी संधियों से सम्मान की इच्छा पर सवाल उठेगा। यह कहना जरूरी था और मैं प्रेस से प्रसन्न था कि मेरे कैंपेन को एकत्र किया।

लेकिन जब मैं उस दिन के कंट्री क्लब लंच के बड़े भाषण के लिए जा रहा था तो शेड्यूल स्पष्ट हुआ। मुझे तभी पता चला कि उस दिन बायर्ड ने अनुबद्ध सहायता हेतु क्लॉटर वोट का आह्वान किया था और मैंने उनसे वादा किया था कि उनके कहने पर वोट देने वापस आ जाऊँगा, जब रोटरी क्लब के सदस्य मेरा परिचय दे रहे थे,

मेरा स्टाफ पहले ही मेरे डी.सी. वापस लौटने के लिए उड़ान के इंतजाम में लगा था और मेरा सिर बुरी तरह दुःख रहा था। मैं जैसे ही पोडियम पर खड़ा हुआ, मेरी गरदन के पिछले हिस्से में तेज दर्द शुरू हो गया। मैंने कुछ चुटकुले सुनाए, लेकिन मैं लोगों के चेहरे देखकर बता सकता था कि मैं नीरस था। इसके बाद मैं लड़खड़ाने लगा। मैंने मजाक करते हुए कहा, "दोस्तो, मुझे एक समस्या है। मैं अभी वापस आता हूँ, चिंता न करें। मैं खाने नहीं जा रहा।" और जब विस्मित से श्रोता देख रहे थे, मैं मंच से नीचे आया और सीढ़ियाँ उतरकर लॉकर रूम में चला गया।

मैं लकड़ी के सख्त बेंच तक पहुँचा और उसपर बैठ गया, लेकिन इससे ज्यादा मदद नहीं मिली। मैं लेट गया, लेकिन पीठ के बल लेटने से सिर और ज्यादा घूमने लगा। मेरा सिर ऐसा लग रहा था, जैसे फटनेवाला हो, अब तक दर्द बेहद बढ़ गया था, मुझे उबकाई आ रही थी। मैं उठा और ऐंठने लगा। ईश्वर जाने कि सी.बी. एस. साउंड वाला व्यक्ति क्या सोच रहा होगा, मैं माइक बंद करना भूल गया था। अगली चीज, जो मुझे पता थी कि उस दिन मेरे साथ यात्रा कर रहे बर्ट डिक्लेमेंट मेरे पास खड़े गुज़ारो पूछ रहे थे कि क्या हुआ है ?

"मुझे एक मिनट दो, बर्ट।"

"शायद थोड़ी हवा चाहिए, जो," बर्ट ने कहा। उसकी आवाज में चिंता था।

बर्ट ने लॉकर रूम को दरवाजा खोला और मुझे बाहर निकलने में मदद की, जिससे मैं छोटी सी पत्थर की मुँड़ेर पर लेट सकूँ। ठंड की तीव्रता से मुझे थोड़ा बेहतर महसूस होने लगा। मैं थोड़ी सी बर्फ उठाई और अपने चेहरे पर मलने लगा। बर्ट ने कहा, "देखो, मैं तुम्हें यहाँ से ले जानेवाला हूँ।" लेकिन मुझे यकीन था कि मैं कम-से-कम भाषण पूरा करने तो जा ही सकता हूँ। यह भाषण खबरों में आना था और यदि मैं वापस नहीं गया कि प्रेस इस बारे में क्या कहेगा।

तकरीबन दस मिनट बाद रोटरी क्लब का एक सदस्य बाहर आया और उसने मुझसे पूछा कि क्या मैं ठीक हूँ। मैंने यकीन दिलाया कि मैं ठीक हूँ। मैं उठा और थोड़ा लड़खड़ाता हुआ, सीढ़ियाँ चढ़ा और भाषण दिया। यह बिल्कुल आठवीं कक्षा जैसा था, जब मैं सिर झुकाकर हकलाते हुए बोलता था। भाषण के बीच ऐसा भी लगा कि मैं शायद बेहोश होनेवाला हूँ। मुझे ऐसा लगा, जैसे मैं अपने शरीर से बाहर हूँ और मुझे पृष्ठ के शब्द पढ़ने में दिक्कत हो रही थी और मैं उन्हें जोर से बोल रहा था, मैं सोच रहा था, क्या मुझे जाननेवाले लोग सही थे ? या क्या मेरे साथ सचमुच कुछ गलत है ?

कुछ भी हो, अभी डॉक्टरों के लिए समय नहीं है। मैंने फटाफट भाषण खत्म किया, पोडियम से नीचे उतरा, थोड़ी टायलीनॉल ली, प्रेस कॉन्फ्रेंस में अपने न्यू हैंपशायर स्टीयरिंग कमेटी में होने की घोषणा की और सीनेट में वोट देने के लिए विमान द्वारा वाशिंगटन लौट आया। इसके बाद मैंने लॉ स्कूल में भाषण देने के लिए, फिर से न्यू हैंपशायर जानेवाली फ्लाइट ली। टायलीनॉल ने दर्द कम कर देती थी, लेकिन उस दिन यह नहीं ली।

एक हफ्ते में एक राष्ट्रीय मतदान हुआ, जिसमें गैरी हार्ट को बतौर उम्मीदवार डेमोक्रेटिक नामांकन में सबसे आगे दरशाया गया। वे 42 फीसदी पर थे; मैं 1 फीसदी पर था। वाशिंगटन पोस्ट ने एक कहानी प्रकाशित की थी कि मैं बतौर ज्यूडिशियरी चेयरमैन अपना दायित्व कम कर रहा हूँ। एक और प्रकाशन के लघु लेख का शीर्षक था—'इज जो बाइडन मोर दैन जस्ट अ स्पीच?' इसके बाद क्लेरमोंट, न्यू हैंपशायर में एक छोटे से मैं हार गया। मैं वहाँ पहले स्थान पर नहीं हो सकता था। मुझे बहुत बुरा महसूस हो रहा था। उस दिन मेरा सिरदर्द पहले से ज्यादा था, इसके साथ ही मुझे फ्लू भी हो गया था और मेरे भाषण के बाद प्रश्न-उत्तर सत्र में मुझे ऐसा लगने लगा, जैसे मेरे अपने समर्थकों को भी मेरी बुद्धिमत्ता पर संदेह है। मैंने यह जिस तरह सुना था, वह व्यक्ति बुनियादी रूप से कह रहा था कि मैं उतना होशियार नहीं हूँ। मुझे अपनी गरदन के पिछले भाग में तपिश बढ़ती महसूस हो रही थी; यह फिर से हाई स्कूल फ्रेशमैन होने जैसा था, जब लड़के मेरी हकलाहट का मजाक उड़ाते थे। मेरी प्रतिक्रिया स्वचालित थी और मेरे स्टाफ जैसे ही मेरी ठोड़ी बाहर निकलती देखते हैं, संभवतः इधर-उधर होकर बचने लगते हैं। "मुझे लगता है कि मेरा आई.क्यू. आपसे ज्यादा होगा," मैंने उससे कहा और इसके बाद मैं शुरू हो गया, मैंने अपनी कॉलेज की डिग्री और अवाड्र्स के बारे में, लॉ स्कूल में अपनी स्थिति के बारे में बताया। इसके बाद मुझे अच्छा महसूस होने लगा; मैंने जो कहा, वह सब त्वरित और बेवकूफी भरा था, जो मुझे लगता है कि काश मैंने नहीं कहा होता। इससे बुरा यह कि मैंने बिना सोचे-समझे अपने अकादमिक रिकॉर्ड का बढ़ा-चढ़ाकर बखान कर दिया। शुक्र है, लगता है कि मैं जब उस कार्यक्रम से निकल रहा था तो कमरे में मेरे इस रोष को देखनेवाले ज्यादा लोग नहीं थे।

शायद टॉम डोनिलॉन समझ सकें कि एक दिन मुझे किसी कवर करनेवाले की जरूरत होगी। वे मेरी राजनीतिक टीम के सबसे समझदार व्यक्ति थे और उनका सोचना था कि वक्त आ गया है कि मैं राष्ट्रीय प्रेस के कुछ बड़े लोगों से परिचय

बढ़ाने का प्रयास करूँ। उन्होंने साप्ताहिक खबरों और प्रमुख अखबारों के कुछ अच्छे युवा रिपोर्टरों को अनाधिकारिक रूप से रात के खाने पर आमंत्रित किया। मैं जॉर्जटाउन स्थित इस छोटे से रेस्टोरेंट में डिनर के वक्त पहुँचा और मैंने इस मीटिंग में गड़बड़ कर दी, शायद मैं सख्त था; यह वही सप्ताह था, जब गैरी हार्ट अपने राजनीतिक जीवन को लेकर संघर्षरत थे, चूँकि उनपर आरोप था कि वे अपने विवाह से इतर प्रेम करते पकड़े गए हैं, बल्कि पॉल टेलर ने हाल ही में सीनेटर हार्ट से सार्वजनिक रूप से पूछा था कि क्या उन्होंने कभी परस्त्रीगमन किया है और पहली चीज, जो यह लेखक मुझसे जानना चाहते थे, वह कहानी थी, जो टेलर ने उन्हें सुनाई थी। हमारे पहले के एक दौरे में मैंने टेलर को समझाने का प्रयास किया था कि मैंने स्कूल में वियतनाम युद्ध का विरोध क्यों नहीं किया था और मैं उससे कितना दूर हूँ। मैंने उसे बताया, मैं लॉ स्कूल में था। विवाहित था। स्पोर्ट्स का कोट पहनता था। मुझे याद है, मैं लॉ स्कूल से बाहर निकलता था और जीनेसी स्ट्रीट से होता हुआ दोपहर के भोजन के ले वर्सिटी पिज्जा शॉप पहुँचा। मेरे साथ कुछ लॉ स्कूल के दोस्त भी थे। हम एडमिनिस्ट्रेशन बिल्डिंग के पास से निकले और जब हमने ऊपर देखा तो लोग—चांसलर्स ऑफिस के बाहर—खिड़कियों से झाँक रहे थे और एस.डी.एस. बैनर लिये हुए थे। उन्होंने बिल्डिंग पर कब्जा कर लिया था और हमने ऊपर देखकर कहा, "इन मूर्खों को देखो।" मैं युद्ध-विरुद्ध आंदोलन के इतना दूर था। स्पष्ट था कि टेलर ने यह कहानी प्रेस संकुल में सुनाई थी और उस रात डिनर पर वे लोग इसी के बारे में जानना चाहते थे। मैं साठ के दशक में प्रदर्शनकारी था या नहीं? मैंने समझाने का प्रयास किया कि मैंने कभी भी युद्ध को महान् नैतिक मुद्दे के तौर पर नहीं देखा है। मेरे लिए, यह नागरिक अधिकारों जैसा स्पष्ट नैतिक मुद्दा नहीं था। मेरे लिए युद्ध दोषपूर्ण आधारवाली त्रासदीपूर्ण गलती थी। मैंने समझाने का प्रयास किया कि मैं वियतनाम युद्ध को नैतिकता नहीं, बल्कि मूर्खता के मायनों में देखता हूँ।

हम वियतनाम युद्ध के मुद्दे से हटे नहीं थे। मैंने उन्हें बताया कि कैसे युद्ध के दौरान बतौर सीनेटर मैं निक्सन और फोर्ड के साथ खड़ा रहा था, लेकिन वे मेरी वियतनाम युद्ध की नैतिक अशिष्टता पर मेरे हथियारों पर वर्तमान विचारों को स्वीकार करने के इच्छुक प्रतीत नहीं होते थे। मुझे यह बेकार होता दिख रहा था। ये सभी रिपोर्टर मुझसे पाँच या दस साल छोटे दिखाई देते थे, उस उम्र के लोग, जो युद्ध के खिलाफ प्रदर्शन करने के आग्रह से आकर्षित थे। वे इतने बड़े तो थे कि

उन्हें बॉबी कैनेडी का वर्ष 1968 का युद्ध विरोधी अभियान याद हो, लेकिन उससे पहले का कुछ नहीं था। बाद में मैंने विचार किया तो मुझे अहसास हुआ कि जब इन कॉलेज शिक्षित रिपोर्टरों ने मुझे भाषणों में बॉबी कैनेडी की वकालत करते देखा होगा तो संभवत: उन्होंने सबसे पहले कैनेडी की युद्ध विरोधी बयानबाजी के बारे में सोचा होगा। मैं यह नहीं जान पाया था कि जब मैं उस पीढ़ी के लोगों से बात करते हुए उन्हें कैसे समझाऊँ, जो डेमोक्रेटिक पार्टी के मिशन को पुनर्जीवित कर रहे हों, मैं चालीस वर्ष के उस श्रमिक नेता के बारे में भी उतना ही सोचता हूँ, जिसने वियतनाम युद्ध में अपनी आँखें खो दीं, जितना कि कैंपस प्रदर्शनकारियों या पीस कॉर्प्स के स्वयंसेवकों के बारे में सोचता हूँ। मैं एक चीज कहने का प्रयास कर रहा था। वे कुछ और सुन रहे थे। रात को जब डिनर आरंभ हुआ, मैं बस इतना जानता था कि ऐसा कुछ नहीं कर सका कि इन स्मार्ट युवा रिपोर्टरों को यकीन दिला पाता कि मैं दिखावे के घोड़े से कहीं बढ़कर हूँ।

लेकिन वे कैंपेन के बस कुछ खराब घंटे थे, जो वास्तव में काम करते थे। मुझे राष्ट्रीय पोल की परवाह नहीं थी। मेरे लिए यह मायने रखता था कि मेरी आँखों के सामने आयोवा और न्यू हैंपशायर में क्या हो रहा है और गैरी हार्ट के मई 1987 में पीछे हटने से काफी पहले ही, मुझे पहले ही यकीन होने लगा था कि हम दोनों राज्य जीत सकते थे। जमा होनेवाली भारी भीड़ से यही महसूस होता था। मैं आयोवा और न्यू हैंपशायर से मुझे वोट करने को मनाने की सीमा रेखा पार कर गया था। ऐसे लोग काफी संख्या में थे, जिनका मानना था कि मैं न केवल ईमानदार व शिष्ट, बल्कि चतुर भी हूँ, मेरे पास कुछ जवाब थे और मैं राष्ट्रपति पद सँभाल सकता हूँ।

लेकिन मैं समझ गया था कि मुझे बिग फीट को भी मुझमें गहराई होने का यकीन दिलाना होगा तो मैंने प्रचार कर रहे सभी लोगों को कहा कि वे जो बाइडन के बतौर उम्मीदवार जुनून और जीतनेवाले प्रत्याशी के जोरदार प्रचार से पीछे हट जाएँ। मुझे कुछ वक्त चाहिए था कि मैं कुछ भाषण तैयार कर सकूँ, जिसमें उन विचारों को प्रारूप दिखाई दे, जिसपर बाइडन का राष्ट्रपति पद निर्मित होगा। मैंने अर्थव्यवस्था, बाल निर्धनता के खिलाफ लड़ाई और विदेश नीति पर अलग-अलग भाषण लिखे। कुछ राजनीतिक गुरु संदेह में थे, लेकिन मैं यह अपने लिए भी उतना ही करना चाहता था, जितना कि राष्ट्रीय प्रेस के लिए। चीजें तेजी से मेरे लिए सुविधाजनक हो रही थीं; यदि मैं सचमुच वर्ष 1988 का चुनाव लड़ता तो न केवल आगे के लिए तैयारी कर रहा होता, तब मुझे और भी कुछ जानना होगा। मैं युद्ध और

शांति, अंतरराष्ट्रीय संबंधों, अपराध व सजा, नागरिक अधिकार, नागरिक स्वतंत्रता, महिलाओं के मुद्दे और लगभग पंद्रह वर्षों के लिए टैक्स तर्कसंगतता के मुद्दे को बतौर अमेरिकी सीनेटर देख रहा था, लेकिन मैंने कभी भी इतने लंबे समय साँस नहीं रोका कि साँस भरकर उस बड़े सवाल पर विचार कर सकूँ जो मार्टिला ने उठाया था। राष्ट्रपति बनकर मैं क्या करूँगा? यूनिवर्सिटी सीरीज इसी सवाल का जवाब देने की शुरुआत थी।

मैंने मई के अंत व जून की शुरुआत में मेरी आधिकारिक घोषणा होने से हफ्तों पहले, यूनिवर्सिटी सीरीज की रचना आरंभ की। इसका ज्यादातर हिस्से को श्रोताओं की जोरदार तारीफ मिली और राष्ट्रीय मीडिया ने भी इसे अच्छी तरह कवर किया, लेकिन विदेशी नीति पर भाषण, जो मैंने हार्वर्ड कैनेडी स्कूल के हर्षोन्मत्त भवन में दिया था, को वाशिंगटन पोस्ट ने भी जगह दी। पोस्ट के संपादकीय के सामनेवाले पृष्ठ पर मेरी दो तसवीरें थीं। डेविड ब्रोडर ने अपने लेख में स्वीकार किया कि वे मेरे हार्वर्ड के भाषण के वक्त वहाँ नहीं थे, लेकिन तब भी वे मेरी प्रच्छन्न निंदा से बाज नहीं आए। "हार्वर्ड का भाषण बताता है कि बाइडन अपने अनुभवों को स्पष्ट मानक बनाने या ऐसा पक्ष लेने, जिससे एक भाषण में निरंतरता बन सके, के सुधार से कोसों दूर हैं।" इस प्रेस ग्रुप के अगुवा ने लिखा। "प्रयासों के लिए उन्हें 'ई' दिया जा सकता है, लेकिन उन्हें असाइनमेंट पर काम करते रखना चाहिए ''बाइडन के भाषण में सीधे जवाब की जगह मुद्दे को उलझाने का रुख दिखता है।"

ब्रोडर के लेख में मुझे सार रूप से परेशान नहीं किया; मैंने फॉरेन रिलेशंस और इंटेलिजेंस कमेटी पर तैयारी कर रखी थी, जिसके बारे में उन्हें कभी सुना भी नहीं होगा, लेकिन मुझे इस चीज ने ज्यादा परेशान किया कि विदेश नीति संस्थानों में से किसी ने भी खड़े होकर मेरी इस विषय मेरे ज्ञान आधार या अंतरराष्ट्रीय मामलों में मेरा वर्षों का अनुभव या मेरी सहज वृत्ति या बुद्धिमत्ता की पैरवी नहीं की। मेरी प्रतिभा को जाननेवाले एवेरिल हैरीमैन और जैक जेविट्स, दोनों का निधन हो चुका था। हेनरी किसिंगर रिपब्लिकन थे और मैं संस्थान में और किसी के इतना निकट नहीं था कि उन्हें फोन कर रक्षात्मक पैरवी के लिए कह सकूँ। मेरी आधिकारिक घोषणा में एक सप्ताह से भी कम समय बचा था और मैं जानता था कि ऐसा कुछ नहीं है, जो कहने से मैं बिग फीट को यकीन दिला सकूँ कि दिखावे के घोड़े से कहीं बढ़कर हूँ।

घोषणा का दिन जितना पास आता जाता, मैं उतना उत्तेजित हो रहा था। मुझे

कैंपेन पेशेवरों से जूझना था, जो यह नहीं समझ पा रहे थे कि उन्हें यह घोषणा ब्यू के आर्कमेरे से स्नातक होने के तथा जिल और एश्ली के जन्मदिवस समारोह के बाद करनी थी। यह कैंपेन मेरा पारिवारिक समय खा रहा था। द स्टेशन अघोषित रूप से बाइडन फॉर प्रेसिडेंट का ऑफिस बन गया था। वहाँ हमेशा कोई-न-कोई मौजूद रहता—कई बार वे ऐसे लोग होते, जिन्हें हम जानना चाहते थे। एक सुबह घोषणा से ठीक पहले, मैं और जिल सिलसिलेवार मीटिंग्स के बाद ऊपरवाले कमरे में आराम कर रहे थे। हम उस दिन के पहले सार्वजनिक कार्यक्रम के लिए तैयार हो रहे थे। जिल मेकअप कर रही थीं। हमारे बेडरूम की खिड़की से छनकर सूर्य की रोशनी भीतर आ रही थी; यह बिल्कुल शानदार सुबह थी। मैं सोच रहा था कि उस क्षण हमारा जीवन कितना बेहतरीन है और मैं कुछ ऐसा करनेवाला था, जिससे सबकुछ बदल जाएगा, अब तक सब हमारे हाथ में था, लेकिन मैं जानता था कि एक बार जब मैंने आधिकारिक घोषणा कर दी तो फिर पीछे नहीं लौटा जा सकता।

"मैं यह नहीं करना चाहता।" मैंने जिल से कहा।

वह मेरी तरफ मुड़ी और बिना झिझके कहा, "अब आपको यह करना ही होगा। आपके ऊपर बहुत से लोगों का जीवन निर्भर है।" जिल इतनी समझदार थीं कि वे हमारे लिए दूसरे लोगों के किए त्याग को सराह रही थीं। स्टाफ का एक कर्मचारी मेसाचुसेट्स राजनीति से था, उसके अपने गवर्नर, माइकल डुकाकिस से रिश्ते खराब हो गए थे, जो खुद भी इस दौड़ में थे। एक और महिला ने सीनेटर जॉन कैरी की नौकरी छोड़ दी थी, क्योंकि जॉन इसे लेकर खुश नहीं थे। मेरे कैंपेन स्टाफ के लोगों ने अन्य उम्मीदवारों को छोड़ा, अपनी नौकरियाँ छोड़ीं या अपने परिवारों को बोस्टन या वाशिंगटन में छोड़कर विलमिंगटन चले आए। जिल ने आज तक यह कभी नहीं कहा था। मैं समझ गया कि उनका क्या मतलब है, अब दिमाग बदलने के लिए बहुत देर हो गई थी।

"ऐसे बहुत से लोग हैं।" जिल ने कहा।

□

# 10

# बौद्धिक युद्ध

जिस दिन मैंने अपनी डेमोक्रेटिक राष्ट्रपति नामांकन की उम्मीदवारी की घोषणा की, तब पाँच मतदाताओं में से एक मेरा नाम पहचानता था। मुझे यह बताने के लिए जनमत सर्वेक्षणों की आवश्यकता नहीं थी, हालाँकि वे मदद के लिए हमेशा तैयार थे। मुझे यह स्वत: समझ आ जाता था, जैसे एक वर्ष पहले क्लीवलैंड में फंड जुटानेवालों से भरे कमरे में मेरी एक झलक देखनेवाले स्थानीय टेलीविजन रिपोर्टर की ही बात क्यों न हो। वह दौड़ता हुआ अपने कैमरामैन के साथ आया, "कमिश्नर!" निश्चित ही उसने मुझे, लॉस एंजिल्स के देशव्यापी पूर्व अध्यक्ष और वर्तमान में मेजर लीग बेसबॉल के कमिश्नर पीटर वी. यूबेरोथ समझा था। "आप क्लीवलैंड किसलिए आए हैं?"

"ड्रग्स टेस्टिंग," मैंने कहा, "…रिपोर्टरों के लिए।"

टी.वी. क्रू आगे की बात सुनने के लिए रुका नहीं।

मैं चौकन्ना और जागरूक था कि डेलावेयर से बाहर ज्यादातर लोग न तो मुझे सीनेटर के तौर पर और न ही मेरे कॅरियर के बारे में कुछ जानते थे। मैं खाली स्लेट के जैसा था। जिस दिन से मेरी आधिकारिक उम्मीदवारी के नामांकन की घोषणा हुई थी, मैंने देखा कि मेरे पास आधा वर्ष है कि मैं अमेरिकियों को अपनी खाली स्लेट को भरा हुआ दिखा सकूँ। मुझे लगा कि यदि वे मुझे जान जाएँगे, तभी मैं जीत सकता हूँ।

सबसे बड़ा मौका ह्यूस्टन के वॉर्थम सेंटर में जुलाई का पहला दिन था। पब्लिक टेलीविजन ने राष्ट्रीय स्तर पर प्रसारित होनेवाली बहस का आयोजन किया था, जिसकी मेजबानी विलियम एफ. बक्ले कर रहे थे और सभी डेमोक्रेट उम्मीदवार वहाँ उपस्थित रहनेवाले थे। पी.बी.एस. ने 10 मिलियन दर्शकों का वादा था, यह ऐसा परीक्षण खिड़की थी, जिसमें जिससे उनपर सभी उम्मीदवारों का पहला प्रभाव पड़ना था। गैर हार्ट के दौड़ से बाहर हो जाने से मैदान साफ हो गया था—मेसाचुसेट्स के गवर्नर माइकल डुकाकिस, एरिजोना के गवर्नर ब्रूस बाबिट, मिसोरी के कांग्रेसमैन रिचर्ड गेफार्ड, नागरिक अधिकार नेता रेवरेंड जेसी जैक्सन और मैं। यह दुर्भाग्यशाली अंक था; प्रेस ने हमें सात बौने कहना शुरू कर दिया था।

ह्यूस्टन के इस कार्यक्रम से बड़ी संख्या में दर्शकों को हम सबको आँकने का अवसर मिला था और मैं जानता था कि यह कितना अहम है। मैं सीनेटर जॉन एफ. कैनेडी और उपराष्ट्रपति रिचर्ड निक्सन को वर्ष 1960 के कैंपेन में कभी नहीं भूल सकता। सार रूप से बहस अविजित रही, लेकिन कैनेडी धूप से तप्त व तंदुरुस्त लग रहे थे और निक्सन दर्द पीड़ित व थके हुए। उपराष्ट्रपति लंबे कैंपेन के बाद सीधे स्टूडियो आए थे। उनकी तुलना में कैनेडी, जिन्होंने कैंपेन से वापस आकर तैयारी और आराम किया था, पर निक्सन अस्त-व्यस्त दिख रहे थे।

तो मैंने अपने समय-निर्धारक से कहा कि वह शिकागो के होटल में बहस की तैयारी के लिए पूरे दो दिन रखे। मैंने समय निकाला और शिकागो में होमवर्क किया, विमान द्वारा सीधे बहस की सुबह ह्यूस्टन पहुँचा, थोड़ी कसरत की, थोड़ा आराम किया और रात को बिल्कुल ताजादम था। यदि जो बाइडन पहली बार देश के सामने आ रहा है तो मुझे सबसे बेहतरीन होना चाहिए।

मैं थोड़ा और समय माँगता, लेकिन कैलिफोर्निया में कुछ फंड जुटानेवालों से मिलना पहले से तय था और इसे लंबित नहीं किया जा सकता था। कैंपेन को

धन की जरूरत हमेशा होती है, अतः शुक्रवार, 26 जून को जिल मैं अपने यात्रा के साथियों टॉमी वालेली और रूथ बेरी के साथ विमान में सवार हुआ और धन-दाताओं से मिलने लॉस एंजिल्स चल दिया, जब हमारा विमान हवा में था, व्हाइट हाउस ने एक घोषणा की, जिसने मेरे जीवन को इतना बदल दिया, जितना मैंने सपने में भी नहीं सोचा था, जैसे ही विमान जमीन पर उतरा, हमारा एक स्थानीय कैंपेन कार्यकर्ता वैलेली के पास आया, "सीनेटर को फौरन ऑफिस फोन करना है," उसने टॉमी से कहा, लेकिन मैंने खबर सुनी, "जस्टिस पॉवेल ने इस्तीफा दिया।"

यह देश के लिए बुरा मोड़ और मेरे लिए गलत समय था। मुझे राष्ट्रपति चुनाव लड़ने और ज्यूडिशियरी कमेटी का अध्यक्ष बनने पर पहले ही संदेह था; मुझे समझ नहीं आ रहा था कि मैं एक साथ सुप्रीम कोर्ट का संभावित नामांकन की समर्थन सुनवाई और प्रचार कार्य की योजना व क्रियान्वयन कैसे करूँ, अब लेविस पॉवेल के इस्तीफे ने सब और खराब कर दिया। पॉवेल की नियुक्ति रिचर्ड निक्सन ने की थी; अपने समर्थन के वक्त वे व्यवसाइयों के लिए मित्रवत् और नियम व कानूनों पर सख्त थे। अभी हाल ही में कुलीन वर्जीनिया के लोगों के गर्भपात, समर्शनात्मक कार्यों और चर्च व राज्य के पृथक्करण में 5-4 के विवादित निर्णयों में संख्या के आधार पर निर्णयात्मक वोट थे। जस्टिस पॉवेल तत्त्वतः ऐसा सहारा थे, जो सुप्रीम कोर्ट को राष्ट्रपति रोनाल्ड रीगन के अनुदारवादी सामाजिक एजेंडे के अनुसमर्थन से रोकते थे।

रीगन के ज्यादातर एजेंडा को लोकप्रियता व वैधानिक समर्थन नहीं मिलता था, अतः अदालतें रीगन रिवॉल्यूशन को पूरा करने का सुअवसर थीं। "सुप्रीम कोर्ट में दो न्यायाधीशों की नियुक्ति—स्कूली प्रार्थना, पोर्न-विरोध, बसिंग-विरोधी, जीवन का अधिकार और (अंत में) रोजगार में कोटा के सोशल एजेंडा को आगे बढ़ाने के लिए इतना कुछ कर सकती थी, जितना कांग्रेस बीस वर्ष में कर पाती," व्हाइट हाउस के कॉम्यूनिकेशन डायरेक्टर पैट्रिक बुकानन ने वर्ष 1986 में लिखा था। रीगन व्हाइट हाउस पहले ही एंटोनिन स्केलिया को अदालत पहुँचा चुकी थी तो यदि देश व्हाइट हाउस से उसके वादे पूरे करवाना चाहता था तो पॉवेल का इस्तीफा राष्ट्रपति के लिए ऐसा अवसर था कि वे एक पीढ़ी या अधिक के लिए संतुलन बना सकें।

"मार्क को बुलाओ!" मैंने वैली से कहा।

जब तक मैं अपने ज्यूडिशियल कमेटी के चीफ काउंसिल मार्क गिटंसटाइन तक पहुँचा, वे पहले ही रीगन के ज्यूडिशियरी डिपार्टमेंट के जॉन बोल्टन से बात कर चुके थे। बोल्टन, जो जॉर्ज डब्ल्यू. बुश के मातहत संयुक्त राष्ट्र में विवादित

और स्थायी राजदूत रह चुके थे, तो पूरा यकीन था कि नया नामित अनुदारवादी आंदोलन का चहेता, फेडरल कोर्ट ऑफ अपील के जज रॉबर्ट बोर्क होंगे। मार्क ने मुझे बताया कि व्हाइट हाउस में उस बयान की कॉपी घूम रही है, जो मैंने एक वर्ष पहले फिलाडेल्फिया इन्क्वायरर को दिया था। उन्होंने वह बयान पढ़कर सुनाया—

"मान लीजिए, शासन बोर्क को भेजता है और हमारी जाँच के बाद वे काफी कुछ स्केलिया जैसे लगते हैं, तो मुझे उनके लिए वोट करना होगा।"

मुझे वह बयान याद था। मैं बस यह कहने का प्रयास कर रहा था कि मुझे उदारवादी हित समूह नहीं बताएगा कि किसे वोट देना है; मैं अपना फैसला अपनी खुद की जाँच के आधार पर लूँगा। मैंने कहा था, "जाँच के बाद।" मैंने उन्हें याद दिलाया।

"हालाँकि, यह अलग है।"

स्केलिया ने एक अन्य अनुदारवादी की जगह ली थी; सुप्रीम कोर्ट में उनकी तरक्की के विपरीत, जज बोर्क वैचारिक संतुलन को बदल सकते थे। राष्ट्रपति अदालत का राजनीतिक ढाँचा बदलने के प्रयास के लिए स्वतंत्र थे, लेकिन मुझे यकीन था कि सीनेट के पास वह शक्ति है कि उनके ऐसा करने के प्रयास को रोक सके।

गिंटेस्टाइन ने उदारवादी व अनुदारवादी दोनों ही तरह के संवैधानिक विद्वानों व कानून विशेषज्ञों के साथ मेरी कॉन्फ्रेंस कॉल जोड़ी, जो जज बोर्क के रिकॉर्ड से वाकिफ थे। वे लेविस पॉवेल जैसे नहीं थे, इसपर सभी सहमत थे। उन्होंने बताया कि वे बेहद अनुदार हैं और वॉरेन कोर्ट के अनेक अहम फैसलों के प्रति अवज्ञापूर्ण हैं, जिनमें निजता का अधिकार और आपराधिक संदिग्ध अधिकार तथा हाल ही का गर्भपात व समर्थनात्मक गतिविधियों से संबंधित बर्गर कोर्ट निर्णय शामिल थे। उन्होंने मुझे बताया कि बोर्क ने अनेक मंचों से कहा है कि उन्हें पुराने फैसले पलटने में जरा भी शर्मिंदगी नहीं होगी।

उस दिन फोन पर विशेषज्ञों से बात करने के बाद मुझे जज बोर्क पर भारी संदेह था, लेकिन इस बात मुझे पक्के तौर पर पता थी—एक विचार चालित प्रत्याशी, जिसे उसकी पहले से तय मामलों को पलटने की इच्छा के लिए चुना जाए, विभाजनकारी व अनावश्यक संघर्षों को निमंत्रण होगा। मैंने इस आशा में बयान जारी किया कि इससे इस तरह का रक्तपात रुक सके—

"जस्टिस पॉवेल बीते पंद्रह वर्षों में नागरिक अधिकारों व नागरिक स्वतंत्रता के फैसलों में निर्णायक रहे हैं। न्याय का तराजू पक्षधर विचारधारा से असंतुलित नहीं

होना चाहिए। मैं इस प्रशासन के किसी भी प्रयास का विरोध करूँगा, जो अप्रत्यक्ष रूप से करने का प्रयास करेगा, जो सीधे संसद् से न करवा सके और यह हमारे विधिशास्त्र पर विचारधारा एजेंडा थोपना है। लेविस पॉवेल के अत्यधिक महत्त्व वाले अनेक मामलों में निर्णायक होने की बाखूबी निभाई भूमिका के आलोक में मैं किसी भी नामांकन की विशेष सावधानी के साथ जाँच करूँगा, जो दीर्घ स्थापित प्रस्तावों को अनकिया करने के लिए पहले से प्रवृत्त हों, जो हमारे सामाजिक ताने-बाने का हिस्सा बन गए हैं, जो बतौर राष्ट्र हमें जोड़ता है।"

संविधान का आर्टिकल II, सेक्शन II राष्ट्रपति को सुप्रीम कोर्ट के न्यायाधीशों के चयन की शक्ति देता है, "सीनेट की सलाह व सहमति द्वारा व सहित।" मुझे लगा कि अब सलाह देने का समय आ गया है और मैंने रीगन के चीफ ऑफ स्टाफ, हावर्ड बेकर को फोन मिलाया, ताकि समझ सकूँ कि क्या मैं बोर्क के नामांकन को रोक सकता हूँ। बेकर सीनेट में मेरे सहकर्मी रहे थे। वे टेनेसी से उदारवादी रिपब्लिकन थे, जो दोनों पक्षों के सदस्यों के लिए सम्मानित थे। राष्ट्रपति ने बेकर को व्हाइट हाउस में लिस्टिंगशिप को वैध बनाने के लिए बुलाया था। ईरान-कोण्ट्रा जाँच, जिसमें खुलासा हुआ कि किस तरह रीगन प्रशासन में कांग्रेस ने निकारागुआ में कोण्ट्रा को धन मुहैया करवाकर और ईरान में बंधकों के लिए हथियारों का सौदा करने धन जुटाने में मदद के लिए संघीय कानूनों की अवहेलना की थी तथा अटॉर्नी जनरल एड मीस के इर्द-गिर्द घूमता नैतिक स्कैंडल व प्रशासन में अन्य चीजों ने व्हाइट हाउस को भारी क्षति पहुँचाई थी। एक वर्ष पूर्व के मध्यावधि चुनाव राष्ट्रपति के भर्त्सना के जैसा था। डेमोक्रेट्स पुनः सीनेट में शामिल हुए और अब हमारे पास दस व्यक्ति का सुविधापूर्ण मार्जिन था। बहुत से नए डेमोक्रेट्स दक्षिणी राज्यों से थे, जिनपर रिपब्लिकंस को भरोसा था। चर्चा यह भी थी कि पचहत्तर वर्ष की उम्र के रीगन अपनी राजनीतिक गति खो रहे हैं।

हावर्ड बेकर का राजनीतिक रडार अचूक था और उन्हें पता होना चाहिए था कि प्रशासन सख्त लड़ाई के लिए तैयार नहीं था। मेरे अनुभव के अनुसार वे ऐसे व्यक्ति नहीं थे, जो राजनीतिक लड़ाई तलाशते हों। वे नामांकन में कोई भी फैसला लेने से पहले मुझसे मिलने पर राजी हो गए।

मैंने शिकागो में पहले दिन की बहस की तैयारी पूरी कर ली, जिससे मुझे कुछ और दिन मिल गए और मुझे ह्यूस्टन की बहस की तैयारी के लिए कुछ अतिरिक्त समय तलाशने लगा। मैंने गुरुओं के पीढ़ीगत कॉल-टू-आर्म संदेश को छोड़ दिया;

यह बहुत संकीर्ण था और यह वो भाषा नहीं बोलता था, जिस किस्म का राष्ट्रपति मैं बनना चाहता था। मैं ट्रेड या ऊर्जा नीति, शिक्षा, पर्यावरण, मध्य-पूर्व शांति प्रक्रिया, या सोवियत यूनियन से निपटने की नवीन वास्तविकताओं पर जो कहना था, उसे लेकर भ्रमित नहीं था, लेकिन मैं अभी भी वो सरल, सीधी और संक्षिप्त भाषा की तलाश में था, जो जन नीतियों को मेरी गहनतम व्यक्तिगत आस्थाओं से जोड़ती हो। मैं सोचने के समय और सीनियर स्टाफ व नीति बनानेवाले लोगों की मदद से बहस की तैयारी हेतु पूरे दो दिन पाने के लिए लालायित था, लेकिन ज्यादातर कर्मचारियों में संदेश या कैंपेन में उनकी अपनी स्थिति को लेकर विवाद था। इससे भी बुरा यह कि किसी ने एक ऐसे कारोबारी को आमंत्रित कर लिया था, जिन्हें मैं जानता नहीं था और वे मुझपर इस अजनबी को कैंपेन प्रबंधन सौंपने के लिए राजी करने का प्रयास कर रहे थे, अतः बहस की तैयारी की लड़खड़ाती शुरुआत हुई और मैं अभी भी अपने सिरदर्द को टायलेनोल से दबाने की कोशिश कर रहा था; अब मैं एक दिन में शायद दस गोलियाँ ले रहा था। मैंने टेड कॉफमैन से कहा कि अब शायद राजनीतिक गुरुओं की स्लेट को साफ करने का वक्त आ गया है, उन सब को मुअत्तल करके नई शुरुआत करो, तब हावर्ड बेकर ने सुप्रीम कोर्ट नामांकन के संबंध में मुझे फोन किया, "जो, यह चीज बहुत तेजी से हो रही है," उन्होंने कहा, "अच्छा हो कि आप यहाँ आ जाएँ।"

"हावर्ड, मैं सोचता हूँ कि हमें पहले इस बारे में बात करनी चाहिए।"

"हम करेंगे," उन्होंने कहा, "और अच्छा है कि इसी दोपहर कर लें।"

मैंने डी.सी. की फ्लाइट में भी बहस की तैयारी जारी रखी, लेकिन मैं बता नहीं सकता कि मैं ट्रेड पॉलिसी व शिक्षा सुधार पर अधिक केंद्रित हो पाया हूँ, जब विमान वाशिंगटन नेशनल एयरपोर्ट पर उतरा तो हमारा सामना पुलिस बल से हुआ और वे धकियाते हुए कैपिटल बिल्डिंग के सीनेट फ्लोर के पास ही स्थित मैजोरिटी लीडर रॉबर्ट बायर्ड के ऑफिस ले गए। वहाँ बायर्ड, बेकर और अटॉर्नी जनरल मेसी मेरी प्रतीक्षा में थे। मुझे अटॉर्नी जनरल मेसी के लिए बुरा लग रहा था; मेसी इज अ पिग (मेसी सुअर है) लिखी टी-शर्ट देशभर में दिख रही थीं। उनके एक न्यूयॉर्क की कंपनी में रक्षा विभाग से बिना-बोली अनुबंध हासिल करने में अनुचित व संभावित अवैध भूमिका के लज्जाजनक खुलासे के दबाव के बावजूद मेसी प्रसन्न व आशंकाहीन लग रहे थे, लेकिन मुझे पता था कि मेसी अभी भी राष्ट्रपति के कान हैं और मैं जानता था कि वे ही बोर्क का समर्थन कर

रहे थे। बोर्क ऐसे बौद्धिक योद्धा थे, जो आपराधिक संदेह अधिकार, व्यक्तिगत स्वतंत्रता तथा एफ.डी.आर. की न्यू डील आर्थिक नीतियों पहुँच पर वॉरेन कोर्ट के विशिष्ट आदेशों को पलटने पर केंद्रित आंदोलन से भटकनेवाले नहीं थे। मेसी उस आंदोलन के शीर्षस्थ सरकारी अधिकारियों में से थे। अटॉर्नी जनरल ऐसे भाषण दे रहे थे, जिन्हें वे 'विधिशास्त्र की मूल मंशा' बताते थे, जो तत्त्वत: राज्य विधायिका को अनुमति देता था कि बिल ऑफ राइट्स में उन्हें चुनें, जिनकी संविधान अपने नागरिकों को देने की गारंटी देता है।

बायर्ड के विशाल झाड़-फानूस के नीचे, बेकर और मेसी ने हमारे सामने सुप्रीम कोर्ट के संभावितों की सूची पेश की और वे एक-एक कर नाम पढ़ते हुए मेरी व बायर्ड दोनों की प्रतिक्रिया लेने लगे, जब वे बोर्क पर आए तो मैंने कहा कि शायद डेमोक्रेटिक सीनेट उन्हें आसानी से स्वीकार नहीं करेगी, जब बेकर ने बायर्ड से पूछा कि क्या उन्हें भी बोर्क से परेशानी है तो बायर्ड ने कहा कि वे बोर्क के नामांकन का विरोध नहीं करते। यह सुनकर मुझे ऐसा लगा कि बायर्ड तत्त्वत: बोर्क का समर्थन कर रहे थे।

"अगर आप बोर्क को नामांकित करेंगे," मैंने बीच में टोका, "तो यह गरमियाँ बहुत लंबी और मुश्किल होनेवाली हैं।"

निश्चित ही ब्रोडर को खबर मिल गई होगी कि बायर्ड ने मुझे बीच मझधार छोड़ दिया। उन्होंने अगली सुबह वाशिंगटन पोस्ट में लिखा—"बाइडन पर सचमुच भारी दबाव है, वे ऐसी परीक्षा का सामना कर रहे हैं, जिसे उन्हें जीतना ही होगा, यदि बाइडन ने राष्ट्रपति के चुनाव को मात देनी है तो अच्छा है कि वे अपने लिए मत जुटा लेंगे, डेमोक्रेटिक सीनेट का सुप्रीम कोर्ट न्यायाधीश नियुक्त करने की पुष्टि करवाने के लिए उन्हें हराने की कसम खाने के साथ ही खतरा भी उठाना होगा। यह ऐसी लड़ाई होगी, जिसमें राष्ट्रपति को आनंद आएगा।" जब मैं पी.बी.एस. डिबेट के लिए विमान द्वारा ह्यूस्टन पहुँचा तो मुझे बस यह आशा ही थी कि हार्वर्ड बेकर एड मेसी के साथ न जाएँ।

ह्यूस्टन में जेट-वे से बाहर निकलते वक्त मैं समझ गया था कि कुछ तो हुआ है, जहाँ रिपोर्टरों व कैमरामैन की भीड़ मेरा इंतजार कर रही थी। बोर्क के बारे में क्या कहेंगे? बोर्क के बारे में क्या कहेंगे? बोर्क के बारे में क्या कहेंगे? मेरी विमान यात्रा के दौरान रीगन ने बोर्क के नाम की घोषणा कर दी थी। क्या आप उनका विरोध करेंगे? क्या आपके पास वोट हैं? मैं आज तक कभी प्रेस के इतनी बड़ी

और भिनभिनाती भीड़ में नहीं रहा था और यदि मुझे कुछ संदेह थे भी तो इस जमघट से आते शोर ने मुझे जता दिया था कि उनका नामांकन न केवल राजनीति, बल्कि देश के भविष्य के लिए भी कितना अहम था। मैं बस इतना कर सकता था कि जज बोर्क के लिए पूर्ण व निष्पक्ष सुनवाई का वादा करता, लेकिन साथ ही मैंने यह भी साफ कर दिया कि मुझे जो पहले से ज्ञात है, उसके मुताबिक जज साहब को मेरा समर्थन नहीं मिलनेवाला।

मैंने आराम व विश्राम नहीं किया, लेकिन अब मुझे बहस की अंतिम मिनट की तैयारी करनी थी। उस रात की बहस मुझे धुँधली सी दिख रही थी। मेरे दिमाग में और भी बहुत कुछ था, जैसे किस तरह रीगन का समूह ध्यान को बोर्क के रिकॉर्ड की जगह मुझपर केंद्रित करने का प्रयास कर रहा था और इसमें उन्हें मदद भी काफी मिल रही थी। अनुदारवादी स्तंभकार जॉर्ज विल पहले ही व्हाइट हाउस की सेवा में लगे थे, जिन्होंने फिलाडेल्फिया इंक्वायरर में प्रमाण के रूप में हवाला दिया कि मैं बदनीयती से कार्य कर रहा हूँ। विल ने लिखा—'छह माह पहले, बाइडन को ज्यूडिशियरी कमेटी की चेयरमैनशिप दी गई, जो ऐतिहासिक उदाहरण है कि किसी व्यक्ति को इतनी रस्सी दी जाए कि वह खुदकुशी कर सके। अब बाइडन, शानदार ढंग से सिकुड़ते राष्ट्रपति पद उम्मीदवार, ने अपने भड़कीले प्रचारित सिद्धांत से पलटी मार ली है। बाइडन का सुर बदलने का कारण या तो समूह उनका पट्टा खींच रहे हैं, इससे भी बुरा किसी अनुमानित अप्रिय स्थिति पर अनुबंध का प्रयास है।'

जब तक मैं वाशिंगटन वापस लौटा, मामला और गरम हो गया था। सीनेटर टेड कैनेडी, ज्यूडिशियरी कमेटी के दूसरे दर्जे के डेमोक्रेट सीनेट के फ्लोर से पहले ही एक बयान दे चुके थे—'रॉबर्ट बोर्क का अमेरिका ऐसा स्थान है, जहाँ महिलाएँ पिछले दरवाजे से गर्भपात करवाने, अश्वेत अलग लंच काउंटर पर बैठने, दुष्ट पुलिस के नागरिकों के दरवाजे तोड़कर भीतर घुसने को मजबूर हैं, वहाँ स्कूली छात्रों को क्रम-विकास का पाठ नहीं पढ़ाया जा सकता।' उदारवादी हित समूह बोर्क पर ऐसे ही सामने से हमले का वादा कर रहा था; उनके कुछ प्रवक्ताओं ने मुँहजोरी शुरू भी कर दी थी। एन.ए.ए.सी.पी. के न्यूयॉर्क स्टेट डायरेक्टर ने डेमोक्रेटिक सीनेटर पैट्रिक मोयनीहान की निंदा करने की धमकी दी थी, यदि वे बोर्क का विरोध नहीं करते और जॉर्ज विल एक चीज के बारे में ठीक थे—समूह मेरा पट्टा खींचने का प्रयास कर रहे थे।

बोर्क के नामांकन के बहुत पहले ही फेडरेशन ऑफ वुमेन लॉयर की निदेशक ने पहले ही सावधान कर दिया था कि जो बाइडन नामांकन पर ध्यान दें और "उस तरह के नेतृत्व का प्रदर्शन करें, जिसके सीनेट ज्यूडिशियरी कमेटी के चेयरमैन से उम्मीद थी, अगर वह ऐसा न कर सके तो समझदारी इसी में है कि वे चेयरमैनशिप से इस्तीफे पर गंभीरता से विचार करें।"

पूरी लड़ाई निजी होती जा रही थी। यदि उदारवादी समूह मुझपर हमला कर रहे थे तो मैं अंदाजा ही लगा सकता था कि वे बोर्क के साथ क्या करेंगे। मैं देख रहा था कि यह बहुत जल्दी नाम बिगाड़ने तक पहुँच गया था; बोर्क को नस्लवादी, सेक्सिस्ट और धनी व शक्तिशाली के हथियार बताया जा रहा था। यदि यह सच भी था तो मेरी नजर में यह सबसे खराब रणनीति थी, ऐसी जिसका मैं हिस्सा नहीं बनना चाहता था। मैंने बोर्क से भी यह कहा, जब वे उम्मीदवारी की घोषणा के कुछ हफ्तों बाद मेरे ऑफिस आए थे। मैंने संविधान पर उनके स्पष्ट नजरिए का पर्याप्त अनुसंधान कर लिया था और तब तक यह लगभग सुनिश्चित था कि मैं उनकी उम्मीदवारी का विरोध करूँगा। मुझे समझ नहीं आ रहा था कि उन्होंने इतने सारे प्रकाशित लेखों और भाषणों में जो चरम स्थिति ली है, उससे वे कैसे बच सकते हैं। इनके अलावा उन्होंने निजता के आम अधिकार को मान्यता देने से इनकार कर दिया था, लेकिन अपनी पहली व इकलौती निजी मुलाकात में मैंने जज बोर्क को विश्वास दिलाया कि ज्यूडिशियरी कमेटी में उनपर निष्पक्ष सुनवाई होगी और मैं उन्हें उनका मामला साफ करने का पर्याप्त अवसर दूँगा। मैंने प्रमुख नागरिक अधिकार गठबंधन के अध्यक्ष को पहले ही कह दिया था, इसमें कोई अड़ंगेबाजी नहीं होगी। हमें सीनेट के नियमों व दाँवपेंच पर भरोसा नहीं है। जज को पूरे सीनेट से कम या अधिक वोट मिलेंगे और मैंने जज साहब से वादा किया, "मैं उनपर कोई व्यक्तिगत हमला नहीं करूँगा।"

कुछ ही घंटे बाद मैंने विभिन्न उदारवादी हित समूहों के प्रमुखों से मुलाकात की। मीटिंग में मैंने सबसे पहले साफ कर दिया कि मैं जो कुछ भी कहूँगा, वह केवल उन तक ही रहे। मैंने उन्हें बताया कि उनकी तरह मुझे भी पता है कि बोर्क की उम्मीदवारी ऐतिहासिक महत्त्व की है और मैंने उन्हें यकीन दिलाया कि मैं कमरे में उपस्थित कुछ लोगों के कटाक्ष करने पर भी सुनवाई के लिए अपना पूरी समय व ऊर्जा दूँगा। मैंने उन्हें बताया कि मुझे बोर्क को लेकर गंभीर संदेह थे, लेकिन मैंने उन्हें मशवरे के तौर पर सुझाव दिया कि वे अपने आपको शांत रखें अन्यथा वे नामांकन

प्रक्रिया के पूरा होने से पहले उन्हें रोकने का अवसर गँवा बैठेंगे। इन समूहों के पास बोर्क को रोकने के लिए वोट की ताकत नहीं होगी, यदि वे उदारवादियों की जमीन पर खेलते रहे। यदि उनके पास सीनेट में बोर्क के विरोध के लिए कोई तर्क हो तो यह राजनीतिक केंद्र में रिपब्लिकंस और डेमोक्रेट्स के बीच होना चाहिए। उदाहरण के लिए, यदि हमने इसे गर्भपात के अधिकार के लिए मत-संग्रह बनाने का प्रयास किया तो हम हार जाएँगे। "देखिए, मैं एक बात और साफ कर देना चाहता हूँ। मैंने फैसला कर लिया है कि बोर्क की चिंता करनेवालों के लिए हमारी क्या रणनीति होगी। यदि मैं इस लड़ाई का नेतृत्व करूँगा तो यह एक मुद्दे का कैंपेन नहीं होता।" मैंने उनसे कहा कि मैं उन्हें रणनीतिक चर्चा में व्यस्त नहीं करना चाहता। मैं नामांकन को अपने तरीके चलाऊँगा। कमरे में मौजूद हर व्यक्ति इससे सहमत था।

मेरे मीटिंग से निकलने के कुछ ही मिनट बाद न्यूयॉर्क टाइम्स से मेरे स्टाफ के पास इस पुष्टि के लिए फोन आया कि क्या मैंने समूहों को बोर्क के खिलाफ 'लड़ाई का नेतृत्व' करने का वादा किया है। मैंने नहीं किया था, लेकिन मैं इसे ऐसे नहीं दिखाना चाहता था कि मैंने निजी तौर पर कहा था कि मैं बोर्क के खिलाफ हूँ और सार्वजनिक रूप से मैं अभी भी रुककर देखना चाहता हूँ। मैं बोर्क के बारे में इतना तो जान गया था कि उनके लिए मुझे यकीन दिलाना असंभव होगा कि वे कोर्ट के लिए सही व्यक्ति थे तो हमने कहानी में विवाद नहीं डाला। अगले दिन जब रिपोर्ट चली तो टाइम्स ने फिर से मेरे एक वर्ष पहले फिलाडेल्फिया इंक्वायरर में दिए बयान का हवाला दिया। इससे प्रभाव यह गया, जिसका व्हाइट हाउस लाभ लेने को उत्सुक था कि समूहों ने मुझे डराया और मैंने दबाव में आकर कमर कसी है तो अब ऐसा लग रहा था, जैसे मैं उनकी तरफ से बोली लगा रहा हूँ और इसके लिए मेरी निंदा हुई। एक मध्यमार्गी स्तंभकार ने मुझे 'उदारवादी दबाव समूहों का बलि का बकरा' बताया। व्हाइट हाउस ने कहानी फैलाई कि मैं बोर्क का विरोध इस कुटिल रणनीति के तहत कर रहा हूँ, ताकि डेमोक्रेटिक राष्ट्रपति उम्मीदवारी के लिए समर्थन जुटा सकूँ। राष्ट्रपति के प्रवक्ता मार्लिन फिट्जवॉटर ने कहा कि उनके बॉस को यह 'खेदपूर्ण' लगा कि मैंने 'सुनवाई को इस तरह की पक्षपातपूर्ण शैली की राजनीति के लिए चुना है।' और यह काम कर गया, अगले दिन वाशिंगटन पोस्ट का संपादकीय था—'सीनेट से [बोर्क की] निष्पक्ष सुनवाई कैसे संभव होगी, जब बाइडन ने पहले ही अपने आपको ज्यूडिशियरी कमेटी में ज्यूरी-सदस्य की जगह अभियोजक की भूमिका में रख लिया है?' कुछ सप्ताह बाद टेनेसी के सीनेटर अल

गोर, जो डेमोक्रेटिक उम्मीदवारी के प्रयास में थे, पोस्ट के संपादकीय के विचार का उपयोग करना आरंभ कर दिया। गोर ने फैसले पर रोक लगा दी और उन्होंने मुझपर लेविस कैरोल की एलिस इन वंडरलैंड के पृष्ठ से सीधे निकाले—'सजा पहले, विचार बाद में' का आरोप लगाया।

मैंने अपने आपसे से कहा, राष्ट्रपति पद की राजनीति के विवादित सुप्रीम कोर्ट उम्मीदवारी से जुड़े अँधेरे मोड़ पर स्वागत है। मैं वहाँ सबसे पहले पहुँचा और वहाँ मेरे मित्रवत् संगी अधिक नहीं थे। व्हाइट हाउस में व आसपास पहुँच रिपब्लिकंस ने ताकत की प्राप्ति मुख्यत: निजी हमले करके की थी, जो असत्य या बेबुनियाद ही क्यों न हों और वे यही खेल मेरे साथ भी खेल रहे थे। लेविस पॉवेल के इस्तीफे के दो सप्ताह के भीतर मुझे ढुलमुल, उदारवादी हित समूहों का उपकरण, सिद्धांतहीन अवसरवादी, ऐसा व्यक्ति, जो जज रॉबर्ट बोर्क की महान् बुद्धिमत्ता या रीगन के व्हाइट हाउस के राजनीतिक कौशल के पासंग भी नहीं बताया जा रहा था, जैसा कि वाशिंगटन पोस्ट के शीर्षक लेखक ने लिखा—'द सीनेटर इज ओवरमैच्ड' (कमतर सीनेटर)। मुझे पूरा यकीन था कि मैं कमतर नहीं हूँ, लेकिन निश्चित ही मैं राजनीतिक दाँवपेंच में कमतर था। व्हाइट हाउस ने पहले ही प्रेम से बोर्क को शानदार तरीके से पेश कर दिया था और हमें अब इसकी बराबरी करनी थी।

पहले के डेमोक्रेटिक प्रमुखों में बोर्क की राजनीति काफी साफ थी। जज के बारे में ज्यादा जानने के बाद से आयोवा और न्यू हैंपशायर के डेमोक्रेट्स बड़ी संख्या में उनके खिलाफ थे। आयोवा में मेरे कैंपेन के अवैतनिक अध्यक्ष लोवेल जंकिंस और डेविड विल्हेम, जो मेरे आयोवा का प्रयास सँभाल रहे थे, ने बोर्क के साथ सार्वजनिक लड़ाई में नाटकीय उलटफेर देखा। जंकिंस अभी हाल में ही में आयोवा स्टेट सीनेट के मैजोरिटी लीडर के दीर्घकालिक कार्यकाल से मुक्त हुए थे तो वे यहाँ की राजनीतिक को भलीभाँति समझते थे। वे विमान द्वारा वाशिंगटन आए, जिससे बोर्क के खिलाफ मुझे मजबूत कर सकें और जल्दी भी। 'गेफार्ड, डुकाकिस, बल्कि बाबिट भी एन.ए.ए.सी.पी. सम्मेलन के दौरान बोर्क का विरोध करनेवाले थे।' हर कोई यही पूछ रहा था कि "बाइडन कहाँ हैं ?" मैंने उनसे कहा कि अभी इसका वक्त नहीं आया है। यह राजनीतिक से ज्यादा बड़ी चीज है। मैं बोर्क के खिलाफ तैयारी में जुटा था। राष्ट्रपति की गुत्थी खुद सुलझ जाएगी।

सच तो यह था, मैंने हफ्ते भर या उसके नामांकन से एक हफ्ते के भीतर उन्हें हराने की रणनीति तैयार कर ली थी। मुझे सबसे पहला काम यह करना था

कि नामांकन प्रक्रिया की सूची को फिर से आरंभ करूँ, जो बीते कुछ समय से लगभग केवल चरित्र और शिक्षा पर केंद्रित थी। रॉबर्ट बोर्क प्रमाणित स्कॉलर थे। वे अमेरिका के सॉलिसीटर जनरल, अमेरिका के एक्टिंग अटॉर्नी जनरल, येल विश्वविद्यालय में कानून के सम्मानित प्रोफेसर और यूनाइटेड स्टेट्स कोर्ट ऑफ अपील्स की डिस्ट्रिक्ट ऑफ कोलंबिया सर्किट में जज रहे थे। बोर्क को रोकने का तरीका, जैसा मुझे दिखता था, उनकी मुख्यधारा के न्यायिक दर्शन के बाहर या विचारधारा के सवाल में था और यह भी काफी दूर की कौड़ी थी। सीनेट में इस किस्म की लड़ाई के लिए आधुनिक दिनों की कोई मिसाल नहीं थी। मैं जब से सीनेट में था और इससे पहले जब मैं लॉ स्कूल में था, तब बुनियादी समझ यही थी कि सुप्रीम कोर्ट के नामित में जब तक बौद्धिक क्षमता, संवैधानिक कानूनों का विस्तारित अनुभव कहें तथा तार्किक न्यायिक प्रवृत्ति व नैतिक आशय से कोई अपराध न करे तो सीनेट उस व्यक्ति के नामांकन के लिए बाध्य है। विचारधारा सुप्रीम कोर्ट नामांकन की तीसरी बाड़ थी। राष्ट्रपति का अपना चयन हो सकता है। स्केलिया दशकों में अब तक नामांकित सबसे विवादित न्यायाधीश वर्ष 1986 में सीनेट में 98–0 से जीते थे। यहाँ तक कि सीनेटर टेड कैनेडी, जो बोर्क पर हमलावर थे, ने स्केलिया के खिलाफ वोट नहीं दिया था।

लेकिन मुझे पता है कि साठ के दशक में सुप्रीम कोर्ट नामांकन के लिए लड़ाई विचारधारा के सवालों से हटकर नामित व्यक्ति पर चारित्रिक हमले पर आ गई थी। ऐब फोर्टास (वित्तीय अनुचित व्यवहार), जी. हैरोल्ड कार्सवेल (योग्यता) और क्लेमेंट हैंसवर्थ (न्यायिक नैतिकता) को उनकी निजी कमियों के कारण अस्वीकृत किया गया था, लेकिन स्पष्ट और अनकहा कारण विचारधारा थी। हर मामले में निजी हमले केवल विरोध से बचाव के लिए किए गए थे।

मैंने सोचा कि अब वक्त आ गया है कि निजी हमलों को छोड़कर विचारधारा को सामने लाया जाए। मैं अपने सहकर्मियों से तर्क करना चाहता था कि क्या राष्ट्रपति बोर्क के बताए संवैधानिक दर्शन के लिए उनका नामांकन चाहते हैं, जिस दर्शन का सीनेट अर्थ व संभावित प्रभाव जानने के लिए बाध्य है। मैंने अपने स्टाफ को इस तर्क के समर्थन की पुष्टि प्रक्रिया के लंबे इतिहास के अनुसंधान के लिए कहा और उन्हें जो मिला, मुझे उसपर कतई हैरानी नहीं हुई, जब 23 जुलाई, 1987 को मैं सीनेट में अपनी कुरसी से उठा, मैंने सुप्रीम कोर्ट न्यायाधीश पर विचार करने के उद्‌देश्य से राजनीतिक विचारधारा को देखने के लंबे और सैद्धांतिक इतिहास

को पेश किया। मैंने ऐतिहासिक उदाहरणों में जॉर्ज वाशिंगटन के वर्ष 1795 में जॉन रुट्लेज की विफल नियुक्ति तथा एंड्रयू जैक्सन का सेकेंड बैंक ऑफ द यूनाइटेड स्टेट्स को भगाने में मदद हेतु न्यायाधीशों की नियुक्ति के प्रयास में क्रूरतापूर्ण झगड़ों का हवाला दिया, जब फ्रैंकलिन डेलानो रुजवेल्ट ने अमित्रवत् अदालत से पार पाने के खुले प्रयास में कांग्रेस को न्यायाधीशों की संख्या बढ़ाने के लिए मजबूर किया तो सीनेट ने उन्हें रोका था। मैंने अपने सहकर्मियों को बताया—

"राजनीतिक या दार्शनिक आधार पर अस्वीकृत होनेवाला अंतिम नामांकन जॉन जे. पार्कर का था, जिन्हें हर्बर्ट होवर ने [सन् 1930 में] नामित किया था और जज पार्क के मामले में, बहस नामित व्यक्ति की आस्था पर भी उतनी ही केंद्रित थी, जितना अदालत में एक अनुदारवादी को जोड़ने के कुल प्रभावों पर थी। पार्क का एकमात्र विद्या प्रमाण निंदा से परे था, लेकिन रिपब्लिकंस, जो अदालतों के टाफ्ट के तहत [चीफ जस्टिस विलियम होवार्ड के] अनुदारवादी निर्देशन से व्याकुल थे, विरोध करने लगे। उनका मामला तीन तर्कों पर जमा था—पहला, पार्कर श्रमिकों के प्रति मित्रवत् नहीं हैं; दूसरा, वे अश्वेतों को मताधिकार और राजनीतिक भागीदारी के खिलाफ हैं और तीसरा कि उनकी नियुक्ति राजनीतिक सोच से आदेशित है।

पार्कर की अदालती अपील संबंधी राय ने उनके श्रमिक कार्यकर्ताओं पर पक्ष की तरफ ध्यान खींचा। उन्होंने 'येलो डॉग' अनुबंध को सही ठहराया था, जिसमें कर्मचारी को नौकरी देने की शर्तों में यूनियन में शामिल नहीं होना भी था।

लेकिन विरोध के मामले में सबसे अर्थपूर्ण आयडाहो के सीनेटर [विलियम ई.] बोराह का था—'[हमारा न्याय] हम जो करते हैं, उससे फैसला होता है। इसलिए यह बेहद अहम है कि हम इस मामले में क्या फैसला लेते हैं।"

और नेब्रास्का के सीनेटर [जॉर्ज] नॉरिस ने उत्तेजनापूर्ण शब्दों में जोड़ा, जो हमें आज भी याद रखना चाहिए—'हम जब फैसला दे रहे हों तो हमें सिर्फ यह ध्यान नहीं रखना चाहिए कि वह अच्छा वकील है, न केवल यह कि वह ईमानदार है और मैं स्वीकार करता हूँ कि इस नामित व्यक्ति में ये दोनों ही योग्यता हों, बल्कि हमें यह भी देखना चाहिए कि उसके मानव स्वतंत्रता के महान् प्रश्नों पर विचार कैसे हैं।'

पार्कर की 41 पर 39 वोटों से अदालत में नियुक्ति खारिज हुई।

पार्कर जिस सीट को हारे थे, उसपर जिस व्यक्ति की नियुक्ति हुई, मैंने देखा कि वह वही व्यक्ति हैं, जिनके वर्ष 1937 की सम्मति में निर्णायक वोट से राष्ट्रपति रुजवेल्ट की न्यू डील का रास्ता साफ हुआ था। उस वोट से राष्ट्रपति, कांग्रेस और

राज्य सरकारों को वह नया सामाजिक अनुबंध लिखने की अनुमति मिली, जिसे देश ने तब से ही स्वीकार किया है। पार्कर बेंच में होते तो सुप्रीम कोर्ट संभवत: उदाहरण के लिए, सामाजिक सुरक्षा को रोक सकती थी।

उस भाषण में बाद में मैंने अपने कुछ सहकर्मियों को 'सलाह व सम्मति' के इतिहास में उनका अपनी जगह याद दिलाई। ज्यूडिशियरी में प्रतिष्ठित रिपब्लिकन स्ट्रॉम थुरमंड ने पहले अफ्रीकी अमेरिकी जस्टिस थरगुड मार्शल को बेच में जगह देने की स्थायित्व प्रक्रिया में विचारधारा का अवलंब लिया। 'सीनेटर थुरमंड' ने संतुलन में महत्त्व पर जोर दिया—'इसका अर्थ हुआ कि इसके लिए दो अतिरिक्त अनुदारवादी न्यायाधीशों की आवश्यकता है, जिससे भविष्य में सुप्रीम कोर्ट के फैसले के आशय बदले जा सकें।'

मैंने ध्यान दिलाया, थुरमंड ने अगले वर्ष समान भाव व्यक्त किया, जब कमजोर राष्ट्रपति लिंडन जॉनसन ने एब फोर्टास को चीफ नामांकित कर अर्ल वॉरेन को बदल दिया। उन्होंने चैंबर से कहा, "यह मेरा तर्क है कि सुप्रीम कोर्ट के सरकार के नीति निर्माण में ऐसी शक्तिशाली भूमिका ग्रहण की है कि सीनेट को चीफ जस्टिस के लिए अनिवार्य रूप से संभावित न्यायाधीशों के नजरियों पर विचार करना होगा, क्योंकि उनका संबंध अमेरिकी लोगों से संबंधित विस्तृत मुद्दों तथा इन मुद्दों से व्यवहार करनेवाली कोर्ट की भूमिका का सामना करता है।"

मैंने अपने सहकर्मियों को बताया, फोर्टास की लड़ाई में एक सीनेटर ने ऐसे तर्क दिए, जो तत्कालीन सुप्रीम कोर्ट चीफ जस्टिस विलियम एच. रेह्नक्विस्ट नामक युवा अटॉर्नी ने दिए थे। मैंने बताया, "वर्ष 1959 में, श्री रेह्नक्विस्ट ने हार्वर्ड लॉ रिकॉर्ड का आह्वान किया कि वह सीनेट का 'सुप्रीम कोर्ट नामित को वोटिंग से पूर्व अपनी पुष्टि के लिए इसके न्यायिक दर्शन से खुद को पूरी तरह जानकार बनाने' की प्रक्रिया को बहाल करे।"

उस दिन मैंने फ्लोर पर सबसे अहम बात यह कही, "हम एक बार पुन: लोकप्रिय राष्ट्रपति की सुप्रीम कोर्ट को उनके राजनीतिक सिरे से मोड़ने के कड़े प्रयास का सामना कर रहे हैं। किसी का भी प्रयास का अधिकार निर्विवाद है, लेकिन किसी को भी सीनेट के प्रतिक्रिया के दायित्व पर विवाद का अधिकार नहीं है।"

सीनेट में मेरे चौंतीस वर्ष के कार्यकाल में ऐसे ज्यादा पल नहीं रहे, जब मुझे भरोसा हो कि मैंने उस संस्थान के मार्ग को बदलने में मदद की थी, लेकिन जब मैं उस भाषण के अंत तक पहुँचा तो मुझे वह अहसास होने लगा। "जब हम बहस के

अर्थ को लेकर असहमत होने को तैयार थे, किसी ने भी बहस की शर्तों पर प्रतिरोध नहीं किया, किसी को भी हमें हमारे अधिकार और हमारे वोट देने के तात्त्विक सवाल पर विचार करने के दायित्व से वंचित न करने दें, क्योंकि संस्थापकों की भी ऐसी मंशा नहीं रही होगी।"

भाषण के बाद सीनेटर अर्लेन स्पेक्टर ने मुझे पकड़ लिया, यह कहने के लिए कि उन्होंने विचारधारा के उपयोग द्वारा सुप्रीम कोर्ट नामित के आकलन का ऐसा विश्वसनीय मामला कभी नहीं सुना। स्पेक्टर पेंसिल्वेनिया से उदारवादी रिपब्लिकन थे, जो ज्यूडिशियरी में बड़ा घुमाव देनेवाला वोट हो सकते थे। स्पेक्टर की प्रतिक्रिया से पहली बार किरण दिखी कि मुझे सुनवाई के जमीनी नियम तय करने में थोड़ी सफलता मिल सकती है, जब दो नए निर्वाचित दक्षिणी डेमोक्रेट्स तर्क में मेरी तरफ हैं तो मुझे पूरा यकीन था कि मैंने जहाँ जरूरी था, अमेरिकी सीनेट में, वहाँ उचित खिंचाव दिया है।

फ्लोर पर दिए भाषण में केवल सीनेट के संवैधानिक विशेषाधिकारों की बात की गई थी; मैंने जज बोर्क का उल्लेख केवल प्रसंगवश और उनके नामांकन की तरफ ध्यानाकर्षण के लिए किया था, लेकिन जब हम उस संवैधानिक गाइड को तैयार करने पर काम कर रहे थे, कमेटी के कर्मचारी भी रॉबर्ट एच. बोर्क के न्यायिक मशवरों तथा उनके विद्वत्तापूर्ण लेखों से वार्त्ता पुस्तक को भर रहे थे। वर्षों तक अकादमी में व इसके बाद जज के तौर पर, उन्होंने अपने पीछे कागजात की लंबी कतार छोड़ी थी, जो सीधे उनकी मूल आस्था और विधिशास्त्र-दर्शन तक ले जाती थी। उन्हें अपने पक्ष की पैरवी करते कभी शर्मिंदगी नहीं हुई। मैंने उन पुस्तकों को उड़ेलना शुरू कर दिया जब मेरी वास्तव में उदारवादी व अनुदारवादी, समझदार संवैधानिक स्कॉलर से सिलसिलेवार मुलाकात शुरू हुई, जो मुझे बार्क की, अकादमिक व न्यायिक, सोच की व्याख्या करने में मदद कर रहे थे। मैं अपना समय इसमें खर्च नहीं कर रहा था कि बोर्क से लड़ाई का मेरे राष्ट्रपति बनने की संभावनाओं पर कैसा प्रभाव होगा, लेकिन इन ज़ज साहब के बारे में मैं जितना ज्यादा जानता जाता, उतना ही मेरी यह अनुभूति मजबूत होती जाती कि उन्हें अदालतों से दूर रखना अनिवार्य है।

रॉबर्ट बोर्क के न्यायिक और संवैधानिक दर्शन के बारे में जानने की क्रिया से मुझे अमेरिकी लोकतंत्र के बुनियादी आधारों पर अपनी आस्थाओं की पुनः समीक्षा को पर्याप्त समय मिल सका। मुझे पता चला कि, मेरे व जज बोर्क के अमेरिकी

संविधान के पैमाने और अर्थ को लेकर काफी अलग नजरिए थे और मुझे याद है, जब यह मुझे पूरी तरह साफ हो गया। मैं द स्टेशन में बाहर अपने साइड पोर्च में बैठा कुछ विधिक विचारकों और स्कॉलर्स से बात कर रहा था, जब ड्यूक विश्वविद्यालय लॉ स्कूल के प्रो. क्रिस श्रोडर ने कुछ ऐसा कहा, जिसने मेरा ध्यान खींचा। श्रोडर ने बोर्क के बारे में सब पढ़ा था और वे उनके तर्कों पर मोहित थे। श्रोडर का मानना था कि बोर्क उतने आगे तक नहीं गए, जितना शिकागो स्कूल के अतिवादी गए थे, जिन्हें यकीन था कि 1930 के दशक में कोर्ट को यह अधिकार है कि वो रूजवेल्ट के न्यू डील विधायिका को रद्द करे और सरकार को मुक्त बाजार से लगभग पूरी तरह बाहर रखे—'उनका मानना था कि जब तक कांग्रेस अपने दायरे में रहकर काम करती रहेगी, वह बाजार का प्रतिरोध कर सकती है।" लेकिन बोर्क शिकागो स्कूल के संविधान की बुनियादी अवधारणा तथा जज की कानूनों की व्याख्या में संकीर्ण भूमिका को साझा करते थे। बोर्क की विचार प्रक्रिया के अनुसार, जज को केवल एक साधन पर ही काम करना चाहिए, यह पहचानना कि कानून को लिखनेवाले विधायकों की मंशा से "कानून क्या है।"

मैंने श्रोडर से बोर्क के नजरिए के बारे में पूछा, "प्रत्येक विधायी क्रिया बस एक अनुबंध या सौदा है, जो लोगों के प्रतिनिधियों ने किसी खास वक्त पर किया और यह व्यापारिक अनुबंध के जैसा है, जिसे सैद्धांतिक रूप से पढ़ा जाना चाहिए?"

"ठीक!"

"तो बोर्क के अनुसार, संविधान और वर्ष 1965 के नागरिक अधिकार कानून किसी भी तरह, मान लीजिए, पब्लिक वर्क्स बिल से भिन्न नहीं हैं? इनमें कोई स्फूर्तिदायक भावना नहीं है?"

यह उससे भी ज्यादा आधारभूत है, श्रोडर ने मुझसे कहा, "व्यक्तिगत चयन सुरक्षित होते हैं, क्योंकि मानव सीमाएँ और आकांक्षाएँ तत्त्वतः व्यक्तिपरक और विवेकाधीन मुद्दे हैं।" बोर्क का हवाला दिया, 'किसी भी मानव मूल्य को दूसरे पर प्राथमिकता देने का कोई सैद्धांतिक तरीका नहीं है।' श्रोडर ने बोर्क का नजरिया समझाते हुए कहा, बहुसंख्या के नियम से कौन से मानवीय मूल्य सुरक्षा के लायक हैं, यह व्यक्तिपरक चयन करना जज का काम नहीं है।

"यहाँ पूर्वग्रह निंदा या मानवीय गौरव की सराहना का भाव कहाँ फिट होता है?" मैंने पूछा।

"नहीं होते, जब तक वे उनका कानून या संविधान में विशेष रूप से संदर्भ

देकर अंतर्निहित न हुए हों और यदि नहीं हुए हैं तो यह अधिकार केवल अदालतों द्वारा हासिल नहीं हो सकते। भेदभावपूर्ण पूर्वग्रह, प्रवासियों के प्रति विरोध भावना, विरोधी नजरिए के प्रति सहिष्णुता, गरीबी के शिकारों के प्रति हमदर्दी, ये सब विवेकाधीन होते हैं।"

इसके बाद श्रोडर ने बोर्क के एक लेख का हवाला दिया, जो उन्होंने इंडियाना लॉ रिव्यू में लिखा था, जिसमें जज ने इस बात पर जोर दिया था कि पति व पत्नी के गर्भनिरोधक के उपयोग का अधिकार इलेक्ट्रिक उपकरणों की प्रदूषण स्वतंत्रता से बढ़कर है।" श्रोडर ने बोर्क की विचार प्रक्रिया पर कहा, "जज के फैसला स्पष्ट रूप से किसी अधिकारी संस्था, बाहरी स्रोत का अनुपालन करना है या नहीं और यह केवल झुकाव या सोच का सवाल नहीं होता।"

मैंने श्रोडर से कहा, "तो बोर्क व उनके दोस्तों की नजर में जज के पास किसी भी मामले पर फैसला लेने में केवल दो विकल्प होते हैं—बाहरी स्रोत, जो एक ओर तो कानून या संविधान के सीधे सपाट शब्द होंगे और दूसरी तरफ उसका पूर्वग्रह होगा। उसे केवल पहले वाले को चुनना चाहिए।"

श्रोडर ने मेरे विचार को जवाब के रूप में आगे बढ़ाया—"और सभी बाहरी स्रोत अंत में सिकुड़कर केवल एक प्रकार के हो जाते हैं। वसीयत, अनुबंध, कानून और संविधान बुनियादी रूप से एक ही हैं।"

इस कानून के प्रोफेसर से बात करने तक बोर्क के बारे में मेरी जानकारी पहले ही गहन हो चुकी थी, लेकिन इस बातचीत ने रॉबर्ट बोर्क के न्यायिक दर्शन में मेरी असहजता के मूल को उजागर कर दिया। मैंने जोर से कहा, "बोर्क का संविधान तत्त्वतः संकीर्ण रूप से बना एक अनुबंध है—न कम, न ज्यादा। इसमें भावनाएँ नहीं हैं; यह अमेरिकी लोगों की आशाओं व आकांक्षाओं का प्रतिबिंब नहीं है।"

रॉबर्ट बोर्क विस्तृत व तेज बुद्धि के व्यक्ति थे, लेकिन मुझे लगने लगा था कि वे खुद अपने बौद्धिक खेल में फँस गए हैं। मुझे बहुत से अन्य उदारवादी हित समूहों की तरह यकीन नहीं था कि बोर्क में दमघोंटू व्यक्तिगत अधिकारों और स्वतंत्रता के प्रति अकेले व्यक्ति के धर्मयोद्धा की सोच थी। मेरा विचार था कि बोर्क का जज की सीमित भूमिका का दर्शन बौद्धिक तर्कयुक्त व पूर्ण अकादमिक निर्माण का उत्पाद था, जो उन्हें ऐसी अजीब और यंत्रवत् स्थिति में ले गया, जो अभ्यास रूप में अधिकारों और स्वतंत्रता को घटाता है। उदाहरण के लिए, मुझे पता था कि बोर्क का प्लांड पेरेंटहुड में योगदान है। मुझे यकीन होने लगा था कि बोर्क संभवतः

व्यक्तिगत रूप से चयन के पक्षधर थे, लेकिन वे वस्तुतः यह कहते हुए बौद्धिक ईमानदार थे कि मैं ऐसे चयन-पक्षधर उम्मीदवार को वोट दूँगा, जो महिलाओं को गर्भपात की अनुमति के विधेयक को वोट दे, लेकिन चूँकि मुझे संविधान में यह अधिकार विशेष रूप से नहीं मिला तो अपनी जज की भूमिका में मैं इस अधिकार का केवल इसलिए बचाव नहीं कर सकता, क्योंकि मुझे व्यक्तिगत रूप से यह बचाव के योग्य लगता है।

'द स्टेशन' के हमारे कुछ सत्रों में अनुदारवादी विधि विद्वान् फिलिप कुरलैंड ने वह तर्क और कारण प्रस्तुत किया, जो बोर्क के तर्क को घेरे हुए था। कुरलैंड बोर्क के नजरिए के प्रशंसक थे और वे जज साहब के साथ हुए अपने संवाद के आधार पर इसे विस्तार दे रहे थे, जिसमें अंशतः बोर्क का तर्क वैध चिंता बनता है—यदि आप नौ लोगों को जीवन भर के लिए बार में नियुक्त कर देंगे तो उन्हें उनके अपने बुनियादी अधिकारों के निर्माण से कौन रोक सकता है ? बोर्क को संदेह था कि ऐसे मौलिक अधिकार भी हैं, जो निर्वाचित अधिकारियों के माध्यम से जनता के अधिकारों को आगे बढ़ाकर देश के लिए मूल्य तय करते हैं—सिवाय उनके, जो अधिकार विशेष रूप से संविधान में लिखित हों।

यह वैध अकादमिक तर्क है, लेकिन बोर्क जिस व्यक्ति, लेविस पॉवेल की जगह लेनेवाले थे, उन्होंने यह प्रमाणित किया था कि लगभग दो सौ वर्षों में अदालतें जनता से आगे कभी नहीं गईं और उन्होंने शायद ही कभी देश का भरोसा तोड़ा था। पॉवेल कहते थे, हमें अदालतों में आस्था रखनी चाहिए। मेरी सोच वास्तव में यही थी कि रॉबर्ट बोर्क सत्यनिष्ठ व उचित निर्णय लेनेवाले व्यक्ति हैं और मेरे लिए यह निराशाजनक था कि उन्हें अब खुद अपने मूल सहज बोध में आस्था नहीं रह गई थी। फैसला देने का एक हिस्सा व्यक्तिगत अंतर्बोध, बुद्धिमत्ता और हमदर्दी से आता है। यहाँ तक कि फेलिक्स फ्रैंकफर्टर, जिनका विधिशास्त्र राजनीतिक बहुसंख्य की इच्छा पर फौरन नतमस्तक हो जाता था, ने कहा था, "यह मानना कि फैसला लेने के इस न्यायिक अभ्यास से बचा जा सकता है, ऐसा सुझाव देना है कि संवैधानिक न्यायिक निर्णयों का सबसे अहम पहलू गतिहीन मशीनों के लिए कार्य करना है, न कि न्यायाधीशों के लिए।"

फ्रैंकफर्टर अदालतों में सेवा देनेवाले लगभग सभी न्यायाधीश और इनका निर्माण करनेवाले खुद भी यही मानते थे कि ऐसे मौलिक अधिकार हैं, जो अदालतों की सुरक्षा के योग्य हैं, भले ही वे संविधान में विशेष रूप से सूचित हों या नहीं,

और यहीं से मेरा रास्ता परस्पर विरोध रखते हुए जज बोर्क से अलग हो जाता है। मेरा भी यही मानना है कि ऐसे स्वाभाविक अधिकार हैं, जो किसी भी राजनीतिक या विधिक दस्तावेज के पहले से हैं; हमें यह अधिकार केवल इसलिए मिले हैं, क्योंकि हम ईश्वर की संतान हैं। डिक्लरेशन ऑफ इंडिपेंडेंस के लेखकों ने लिखा था—'हमारे लिए यह सत्य स्व-प्रमाणित है कि सब मनुष्यों की एक जैसा बनाया गया है, उन्हें उनके बनानेवाले ने कुछ निश्चित प्राकृतिक अधिकार दिए हैं, जिनमें जीवन, स्वतंत्रता और खुशी की तलाश करना आते हैं। इन अधिकारों को सुरक्षा देने के लिए, सरकारों ने लोगों के लिए संस्थाएँ बनाईं तथा शासितों की सहमति से उनकी न्यायिक शक्ति प्राप्त की।' मेरे लिए यही वह केंद्रीय ज्वलंत विचार है, जो हमारे लोकतंत्र के मार्ग को प्रशस्त व नागरिक व सरकार के बीच के रिश्तों को परिभाषित करता है। मेरा मानना है कि यदि संविधान नहीं होता तो भी मनुष्य को जिससे चाहे उससे विवाह करने का अधिकार होता; हमें तब भी अपनी जैविक संतति को देखने का अधिकार, बोलने का अधिकार और अपने धर्म का पालन करने का अधिकार होता; हालाँकि जज बोर्क का विचार है कि हमें यह अधिकार इसलिए मिले हैं, क्योंकि संविधान ने पूरी सावधानी के साथ हमें ये दिए हैं। बतौर जज वे उन बुनियादी मानव अधिकारों को स्वीकार नहीं करते, जो संविधान में वर्णित नहीं हैं।

यह ऐसा तर्क है, जो निर्माण के समय तक जाता है। जेम्स मैडिसन, संविधान के जनक होने के निकट थे, ने इसे व्यक्तिगत अधिकारों और स्वतंत्रताओं के विस्तार देने के लिए बनाया था और उन्हें चिंता थी कि बिल ऑफ राइट्स वस्तुत: स्वतंत्रता को संकीर्ण कर देंगे कि यदि निर्माताओं ने कुछ अधिकारों का नाम सूचीबद्ध किया तो जिनका नाम नहीं आएगा, उनसे नागरिक वंचित हो जाएँगे। नौवाँ संशोधन इसी के जवाब में हुआ था—'संविधान में कुछ अधिकारों का सूचीबद्ध होने का नागरिकों के अन्य अधिकारों से इनकार या उपेक्षा का अर्थ नहीं लगाना चाहिए।'

जब सुप्रीम कोर्ट ने पहली बार वर्ष 1965 में 'ग्रिस्वोल्ड बनाम कनेक्टिकट' नामक मुकदमे में निजता के मौलिक अधिकार के बारे में संवैधानिक तर्क पेश किए तो जस्टिस आर्थर गोल्डबर्ग ने लिखा था—'किसी अधिकार को जो इतना मौलिक और बुनियादी और हमारे समाज में इतनी गहरे-पैबस्त है, जैसे विवाह में निजता का अधिकार और उसका इसलिए उल्लंघन किया जाए, क्योंकि यह संविधान के पहले आठ संशोधनों में अनेक शब्दों द्वारा अधिपत्र नहीं है, नौवें संशोधन को अनदेखा करना और इसे किसी तरह की तरजीह न देना है, नौवाँ संशोधन संविधान लेखकों

की इस आस्था को दरशाता है कि उन मौलिक अधिकारों का अस्तित्व है, जो पहले आठ संशोधनों में स्पष्ट रूप से सूचीबद्ध नहीं हुए हैं और इस मंशा को भी दरशाता है कि इसमें शामिल अधिकारों की सूची को ही पूर्ण नहीं मान लेना है।'

लेकिन गोल्डबर्ग बिल्कुल उसी तरह का न्यायिक तर्क थे, जो बोर्क की चिंता था। बोर्क के लिए नौवाँ संशोधन अस्पष्ट व आकर्षक शब्द थे, जो जजों को बहलाकर वहाँ ले जाता है, जहाँ उन्हें नहीं जाना चाहिए। उनका कहना था कि जजों के लिए नौवाँ संशोधन गाइड के तौर पर उतना ही मददगार है, जितना पृष्ठ पर पड़ा पानी और इसलिए इसे भुला देना चाहिए।

नामांकन के कुछ ही दिनों बाद व्हाइट हाउस ने 'मेटीरियल ऑन जज बोर्क' जारी किया, ऐसा दस्तावेज जो बोर्क को जस्टिस लेविस पॉवेल की तुलना में उदारवादी बताता था। यह दस्तावेज वास्तव में बोर्क के सबसे विवादित नजरिए को छिपाता था। मैंने सोचा कि यदि व्हाइट हाउस की यही रणनीति थी तो यह नामित की प्रवृत्ति के विपरीत था। मुझे नहीं लगता था कि बोर्क खुद इस सुनवाई में जाएँगे और अपनी आस्थाओं में रद्दोबदल करेंगे। उनका नजरिया तर्क आधारित था, जिसे उन्होंने जोर देकर कहा था और मुझे लगा कि वे इनका बचाव भी उतनी ही ईमानदारी से करेंगे। बोर्क ने बाद में कहा कि वे अदालत की सेवा को 'बौद्धिक उत्सव' जैसा मानते हैं। मेरे लिए आगामी सुनवाई बौद्धिक युद्ध जैसी होनी थी।

अगस्त की शुरुआत में मुझे यकीन होने लगा था कि यदि बोर्क मौलिक अधिकारों को लेकर बहस करते हैं तो यह उन्हें अदालत नहीं पहुँचने देगा और देश के लिए यही अच्छा था, लेकिन इसमें गलती के लिए जगह नहीं थी। नामांकन के लिए और भी बहुत से सीनेटर युद्ध के लिए तैयार थे, लेकिन बतौर चेयरमैन, मैं जानता था कि मुझे बोर्क का सीधे व खुलकर सामना करने के लिए तैयार रहना होगा। मैं इसके लिए दृढ़ संकल्पित था।

मैंने कैंपेन के शेड्यूल में से लंबा समय निकाला, एक बार में दो या तीन दिन, ताकि विधि विशेषज्ञों से मिल सकूँ और बोर्क के बारे में अपना अध्ययन जारी रखूँ। मैंने सुनवाई की तारीख 15 सितंबर से शुरू होने के लिए तय की थी और इसका मतलब तैयारी के लिए छह सप्ताह, सुनवाई के लिए दो या तीन सप्ताह और तथा इसके बाद संभवत: सीनेट फ्लोर पर कठिन लड़ाई। मैं वोट प्रबंधन कर रहा होऊँगा। आयोवा और न्यू हैंपशायर में बाइडन फॉर प्रेसिडेंट अभियान चला रहे लोग निश्चित ही घबरा गए थे। माइकल डुकाकिस मेसाचुसेट्स के गवर्नर थे और उनके गृहनगर

के मीडिया बाजार में पड़ोस का न्यू हैंपशायर भी आता था। व्यावहारिक रूप से वे वहाँ के स्थानीय बेटे थे और मेरा मेसाचुसेट्स का स्टाफ डुकाकिस के जमीनी कैंपेन के बारे में ऐसे बताता था, जैसे उनके पास प्रशिया की सेना जैसे संपूर्ण सुस्पष्टता और संसाधन हों। वे आयोवा काउंटी में ब्लॉक दर ब्लॉक घूमकर वोट माँग रहे थे, जबकि मैं बोर्क के साथ निरर्थक काम कर रहा था। रिचर्ड गेफार्ड लगभग आयोवा शिफ्ट हो गए थे और शुरुआती पोल में वे सबसे आगे थे। मेरे सलाहकारों की सलाह थी कि यदि मैंने बाकी गरमियों कुछ नहीं किया और गेफार्ड को काफी आगे निकलने दिया तो मैं उनकी बराबरी नहीं कर पाऊँगा, अब वक्त आ गया था कि मैं लोगों के कमरों और निवास-स्थलों तक पहुँच बनाऊँ; राज्य विधायकों, स्थानीय मेयरों, टाउन काउंसिल सदस्यों और आम वोटरों के बीच समर्थन बढ़ाऊँ। जंकिंस और विलहेल्म दोनों का कहना था कि अगस्त वह समय था, जब मैं आयोवा में रहूँ और मतदाता गुटों के साथ अंतिम बातचीत करूँ तो मैंने अपनी पत्नी से वहाँ जाने के लिए कहा।

जिल मानसिक अस्पताल में पार्टटाइम बच्चों को अंग्रेजी पढ़ाने का काम कर रही थीं तो उन्हें वहाँ गरमियों की छुट्टियाँ मिलने ही वाली थीं, लेकिन उनके लिए यह लंबी छलाँग थी, अब तक जिल मेरे सपनों के साथ जी रही थीं। उनमें व्हाइट हाउस जाने की कोई इच्छा नहीं थी, इस खयाल ने उन्हें चिंतित कर दिया। मैंने उनसे हमेशा यही कहा था कि वे जो नहीं करना चाहतीं, उन्हें कभी नहीं करना होगा और मुझे पता था कि वे अकेले जाकर सड़क पर प्रचार नहीं करनेवाली हैं, लेकिन अब चूँकि मैं उनसे यह करने को कह रहा था और वे मान गईं।

तो जब मैं द स्टेशन के अपने पोर्च में बैठा था और पुस्तकों में बोर्क के बारे में जानकारी तलाश रहा था तथा स्टाफ व विधि विशेषज्ञों से मिल रहा था, जिल कैंपेन के लिए आयोवा चली गईं। वे एक बार में तीन या चार दिनों के लिए जाती थीं और जब वापस लौटतीं तो बुरी तरह थकी हुई होतीं। एश्ली छह वर्ष की थी। जिल जब भी वापस आतीं तो हमारी बेटी अपनी माँ को देखकर प्रसन्न हो जाती और उनके वक्त व ध्यान के लिए लालायित रहती। डैड के बनाए इकलौते भरोसेमंद व्यंजन, जिसे एश्ली-पा-स्पेटी, कहती थी, के तीन दिन बाद उसमें माँ के बनाए खाने की ललक रहती। जिल मुझे बतातीं कि उनका सपना है कि आयोवा की यात्रा से वापस लौटने पर वे होटल के ऐसे कमरे में रुकें, जहाँ कोई उन्हें तंग न करे और वे दिन भर वहाँ सोती रहें, ताकि एश्ली और लड़कों के लिए ताजा दम हो सकें, लेकिन जब जिल घर में होतीं तो मैं देख सकता था कि वे आयोवा में मिले लोगों से संबंधित

नोट्स लिखने को लेकर कितनी चिंतित रहती थीं। थकी होने पर भी वे अपने अगले दौरे की योजना बना रही होती थीं।

वे अपनी पसंद के यात्रा साथियों को ले जाती थीं और आयोवा की जमीन पर पैर रखते ही हमारे दोस्त ब्रूस कोपल उन्हें अपनी वैन में एक से दूसरे स्टॉप तक ले जाते। जिल डिनर और कॉफी के लिए लोगों के घर जातीं और वे जहाँ कहीं भी जातीं, लोग पूरी तरह समझ जाते कि मैं वहीं क्यों नहीं हूँ। बोर्क की सुनवाई महत्त्वपूर्ण थी, इसपर सभी सहमत थे; वे नहीं चाहते थे कि मैं तैयारी में शॉर्टकट लूँ। जिल को आयोवा के ढलवाँ पहाड़ और खेत-खलिहान बहुत पसंद आए और लोग उचित व्यक्ति के राष्ट्रपति बनने को लेकर इतने संलग्न और गंभीर थे कि उनसे बात करना आसान होता। वे मित्रवत् भी थे; लोग उनके मोटल के कमरे में घर के बनी कुकीज दे जाते।

जब जिल घर में होतीं तो वे मुझे उस भीड़ के आकार के बारे में बतातीं, जो उन्होंने सिडर रेपिड्स और डेस मोइंस और सियोक्स सिटी में खींची थी। जिल को राजनीतिक के उत्साह ने सहज ही नहीं बहा लिया, बल्कि वे इसमें इस तरह निवेशित हुईं, जैसा मुझे अनुमान नहीं था। उन्होंने मुझसे कहा, "जो, मुझे सचमुच लगता है कि हम आयोवा जीत जाएँगे।"

अगस्त के दूसरे हफ्ते में मैं अमेरिकी बार एसोसिएशन में भाषण देने विमान द्वारा सैन फ्रांसिस्को पहुँचा। ए.बी.ए. ने बोर्क को उनकी शिक्षा के आधार पर रेट किया, जैसा कि उन्होंने सभी सुप्रीम कोर्ट नामित के साथ किया था और मैं उन्हें समझाना चाहता था कि वे बोर्क के जीवनवृत्त के साथ ही साथ उनके न्यायिक दर्शन पर भी विचार करें। मैंने उन्हें वही तर्क दिया, जो सीनेट के फ्लोर पर दिया था, लेकिन बाद में मैंने इसके साथ ही बोर्क के रिकार्ड के कुछ बुनियादी तथ्य बताए। पहला, वर्ष 1981 में ज्यूडिशियरी कमेटी के सामने सिद्ध हुआ था कि ऐसे 'दर्जनों मामले' थे, जिनमें कोर्ट ने संविधान के दुरुपयोग या गलत अर्थ लगाया गया था और उन्होंने कहा कि इनमें से कुछ मामलों में वारंट निकालने पर भी फिर से विचार की आवश्यकता थी, जब मैंने ऐसे कुछ फैसलों की सूची पेश की, जिनमें बोर्क को संवैधानिक रूप से संदिग्ध माना जा सकता था, श्रोता अटॉर्नी दम साधे खड़े थे।

### पहला, ग्रिस्वोल्ड बनाम कनेक्टिकट, 1965

अदालत ने राज्य कानून को खारिज किया, जिसमें किसी डॉक्टर को विवाहित दंपती को गर्भनिरोधक के उपयोग की सलाह देना अपराध था।

जज बोर्क ने इसे 'सिद्धांतहीन फैसला' बताया और कहा कि संविधान में ऐसा कुछ नहीं है, जो पति व पत्नी की मुक्तभाव से 'बिना गर्भ ठहरने के भय के यौन संबंध बनाने' की इच्छा और विद्युत् उपकरणों के धुआँ–प्रदूषण अध्यादेश से मुक्त में अंतर करता हो।

## दूसरा, स्किनर बनाम ओकलाहोमा, 1942

अदालत ने अपराधियों के अनैच्छिक बंध्याकरण को अनुमति देने वाले कानून को खारिज किया।

जज बोर्क ने कहा कि 'स्किनर भी ग्रिस्वोल्ड जैसा ही अनुचित व बौद्धिक रूप से शून्य है।'

## तीसरा, शेली बनाम क्रेमर, वर्ष 1948 में

अदालत ने कहा कि चौदहवाँ संशोधन राज्य अदालतों को नस्लीय प्रतिबंधात्मक संविदाएँ लागू करने से रोकता है।

जज बोर्क ने लिखा कि उन्हें 'संदेह' है कि ऐसा 'तटस्थ सिद्धांत' खोजना संभव है, जो सुप्रीम कोर्ट के इस फैसले का 'समर्थन' करता हो।

## चौथा, बेकर बनाम कार, वर्ष 1962 में और पाँचवाँ, रेनॉल्ड्स बनाम सिम्स, वर्ष 1964 में

कोर्ट ने 'एक व्यक्ति, एक वोट' के सिद्धांत को स्वीकार किया। जज बोर्क ने निष्कर्ष दिया कि 'कोई भी संविधान सम्मत विख्यात वाद न होने से एक व्यक्ति, एक वोट का मत वॉरेन कोर्ट द्वारा 'थोपा गया' बहाना है।'

जज बोर्क सुझाव देते हैं कि क्या यह सच है कि विवाहित दंपती का गर्भनिरोधक खरीदने का अधिकार, 'एक व्यक्ति, एक वोट' वोटिंग राइट्स ऐक्ट को संविधान सुरक्षा नहीं देता?

जज बोर्क ने लिखा, क्या यह सच है कि नस्लीय प्रतिबंधात्मक संविदा, अपराधियों के बंध्याकरण को संविधान रोकता नहीं है?

हम भरोसा नहीं कर सकते कि यह उन दर्जनों उदाहरणों में से कुछ हैं, जिन्हें जज बोर्क पलट सकते हैं, लेकिन हमें यह भरोसा है कि जज बोर्क ने बीते तीस वर्षों में जो लिखा है, यदि वही उनका अर्थ है और यदि बीते तीस वर्षों में जस्टिस

बोर्क ऐसे थे और उनका नजरिया हावी हुआ तो अमेरिका बुनियादी रूप से वैसा नहीं रहेगा, जैसा वह आज है। जैसा आज है, हम उससे बिल्कुल अलग तरह के अमेरिका में रह रहे होंगे।

यह पहला महत्त्वपूर्ण भाषण था, जो मैंने रॉबर्ट एच. बोर्क के बारे में दिया था और जब यह समाप्त हुआ तो बटन-डाउन वकीलों ने अपनी सीट से खड़े होकर देर तक जोरदार तालियाँ बजाईं।

मेरे बाद चीफ जस्टिस वॉरेन बर्गर की बारी थी—'मुझे नहीं लगता कि आज से पचास वर्ष पहले जब मैं लॉ स्कूल में था, तब से लेकर अब तक जज बोर्क से अधिक बेहतर अर्हता वाले किसी पुरुष या स्त्री का नामांकन हुआ हो, मुझे सचमुच नहीं पता कि समस्या क्या है।'

जब वर्ष 1981 में ए.बी.ए. ने फेडरल सर्किट कोर्ट में रॉबर्ट बोर्क का नामांकन के वक्त आकलन किया था, तब फेडरल ज्यूडिशियरी की स्थायी समिति ने बोर्क को उच्चतम रेटिंग दी थी और उन्हें एक मत से 'असाधारण रूप से सुयोग्य' पाया था। इस बार ए.बी.ए. रेटिंग करनेवालों का निर्णय भी बँटा हुआ था। दस को वे न्यायिक रुख के आधार पर 'योग्य नहीं' लगे। मुझे पूरा यकीन था कि उन्हें बोर्क विचारधारात्मक मुख्यधारा से काफी बाहर लगे होंगे।

मुझे ज्ञात था कि कार्यरत वकीलों से भरे कमरे में बोर्क के अजीब कानूनी नजरिए के बारे में बात करना बड़ी संख्या में जनता के साथ बात करने से ज्यादा आसान होगा। मुझे पता था कि जब बोर्क से मुकाबले का वक्त आएगा तो मुझे ज्यूडिशियरी कमेटी के अनुदारवादी डेमोक्रेट्स, जैसे एरिजोना के डेनिस डिकोन्सिनी और हॉवेल हेफ्लिन तथा उदारवादी रिपब्लिकन स्पेक्टर को मनाना होगा। यदि मैं उन्हें बोर्क को नकारात्मक अनुशंसा का वोट देकर कमेटी से बाहर रखने के लिए राजी कर सका तो नामित व्यक्ति को अपने समर्थन के लिए इक्यावन सीनेटरों के वोट कभी नहीं मिल सकेंगे, लेकिन मेरा यह भी मानना था कि मुझे यह मामला ऐसे पेश करना होगा कि यह आम अमेरिकी को जोड़ सके। मुझे विश्वास था कि यदि अमेरिकी जनता बोर्क के नजरिए को समझ जाए तो वे उनके नामांकन का विरोध करेंगे, लेकिन मेरा काम अपने तर्क को सरल व सीधी भाषा में पेश करना था और मैं इसे ऐसा तर्क बनाना चाहता था, जिससे हर अमेरिकी—श्वेत हो या अश्वेत, अमीर हो या गरीब, रिपब्लिकन या डेमोक्रेट—इसके लिए एक साथ खड़े हों।

इस तर्क को तलाशने में एक मजेदार चीज हुई; इसने खुद मेरा अपनी

दीर्घावधिक राजनीतिक आस्थाओं पर नए तरीके से विचार करने का मार्ग खोल दिया। बुनियादी रूप से बोर्क पर मेरा तर्क खुद सरकार की भूमिका को लेकर था। बोर्क व उनके अनुयायियों सोचते थे कि यह अपने मार्ग से हट जाए और समाज व बाजार, जो चाहें वे करें। मैं सोचता हूँ कि सरकार का दायित्व है कि वह नागरिकों की मदद के लिए सक्रिय रहे। मैं सोचता हूँ कि सरकार को लोगों की सेवा करनी चाहिए। अनुदारवादी, यदि चाहें तो 'सोशल इंजीनियरिंग' की व्यंग्योक्ति कर सकते हैं, लेकिन मैं सोचता हूँ कि ज्यादातर लोगों का मेरी तरह यही मानना है कि सरकार को हमारी सर्वोत्तम आशाओं को पूरा करना चाहिए और संघर्ष कर रहे लोगों की तरफ मदद का हाथ बढ़ाएँ।

उसी माह एक पेशेवर टी.वी. पंडित, जिसे कैंपेन के आसपास रहना पसंद था, ने एक टेप भेजा, जिसमें ब्रिटिश लेबर पार्टी, जो मार्गरेट थैचर के अनुदारवादियों का विरोध कर रही थी, का विज्ञापन था। यह विज्ञापन दिलचस्प था; मैं इससे नजरें नहीं हटा सका, जब नील किनोक कह रहे थे—

'हजारों पीढ़ियों में मैं ही वह पहला किनोक क्यों हूँ, जो विश्वविद्यालय जा सका? हजारों पीढ़ियों में ग्लेनिस ही वह पहली महिला क्यों हैं, जो विश्वविद्यालय जा सकीं? क्या इसलिए, क्योंकि हमारे सारे पूर्वज मूर्ख थे? क्या उनमें प्रतिभा नहीं थी? वे लोग जो गा सकते थे, बजा सकते थे, संवाद कर सकते थे, कविता लिख सकते थे, वे लोग जो अपने हाथों से अद्भुत, खूबसूरत चीजें बना सकते थे? वे लोग, जो सपने देख सकते थे, विजन देख सकते थे? वे वहाँ क्यों नहीं जा सके? क्या इसलिए, क्योंकि वे कमजोर थे? वे लोग जो आठ घंटे जमीन के नीचे काम करते थे और बाहर आने के बाद फुटबॉल खेलते थे? कमजोर? वे महिलाएँ, जो ग्यारह बच्चों को जन्म देने के बाद भी बची रहीं? क्या वे कमजोर थीं? क्या कोई वास्तव में ऐसा सोच सकता है कि हमें जो मिला है, वे उसे इसलिए हासिल नहीं कर सके, क्योंकि उनमें प्रतिभा या ताकत या सहनशक्ति या प्रतिबद्धता नहीं थी? निश्चित ही नहीं? ऐसा इसलिए हुआ कि उन्हें वह मंच नहीं मिल सका, जिसपर वे खड़े हो सकें।'

यह मेरा तर्क उनके दिल से निकल रहा था। यह कितना सरल था। डेमोक्रेटिक पार्टी को सभी नागरिकों के लिए ऐसा ही करना चाहिए, उन्हें दें 'एक मंच, जिसपर वे खड़े हो सकें।' लोग सरकार से मुफ्त कुछ नहीं चाहिए या वे उनसे शानदार परिणामों का वादा नहीं चाहते। वे बस थोड़ा सा सहारा चाहते हैं कि उन्हें ऊपर उठने में मदद मिल सके। मैंने किनोक का विज्ञापन एक बार देखा और मैं उसे कभी

नहीं भूला, अंशतः इसलिए, क्योंकि वह मेरे अपने परिवार के अनुभव जैसा था। अंकल बू–बू ने मेरे पिता को कभी नहीं भूलने दिया कि मैं वह पहला बाइडन था, जो कॉलेज गया। मेरे पूर्वज स्क्रैंटन की कोयला खनन कस्बे से थे।

और उस अगस्त मैंने आयोवा और न्यू हैंपशायर के दौरों के दौरान मैं अपने चुनावी भाषणों में उस विज्ञापन का हवाला देने लगा, जिसमें हमेशा नील किनोक से सहमति रहती। मैंने देखा कि लोग संदेश से जुड़ रहे थे। वे पुराने रीगन राइट में गरीबों को दोष देने, कल्याण कार्य करनेवालों को धोखेबाजों का तमगा देने और अमेरिकी कर्मचारियों को बताना कि उनका काम दूसरे देश जाने पर उनकी जिम्मेदारी खुद उनपर ही होगी, को देखते हुए थक चुके थे। रिपब्लिकंस का यही संदेश था कि यह उनकी गलती है कि उनके पास उचित कौशल नहीं है। ज्यादातर अमेरिकी बस कोई ऐसा चाहते थे, जो उनके लिए हो और किनोक का मंच यही कहता था।

मैंने इस संदेश की ताकत का सबसे ज्यादा असर 23 अगस्त के आयोवा स्टेट फेयर बहस के दौरान देखा। मैंने युवा जो बाइडन सीनियर, Photo by Bachrach

- युवा जीन फिनेगन
- ग्रैंडपा फिनेगन के साथ जो और वैल
- वैल, जो और जिम्मी, वैल के पहले धार्मिक भोज पर
- नीलिया और जो, जो के तीसवें जन्मदिन पर, वर्ष 1972 के चुनावों के ठीक बाद © Corbis
- ब्यू, वैल और हंटर, वैल के बच्चों के देखभाल करने आने के बाद
- जो व जिल की मुलाकात के बाद ब्यू, हंटर, जो और जिल © Steven Goldblatt
- पहली मुलाकात के बाद जो और जिल
- जो और जिल
- एश्ली के साथ जो
- वैल और जो कैंपेन कार्यक्रम के दौरान
- हंटर, एश्ली और ब्यू © Bradford L. Glazner
- जो, हंटर, फ्रैंकी और ब्यू
- वर्ष 1999, जीन व जो बाइडन सीनियर अपने घर में
- जीन बाइडन के अस्सीवें जन्मदिन पर बाइडन खानदान
- थैंक्सगिविंग के लिए एकत्र बाइडन परिवार, नैनटकेट, नवंबर 2006

पूरे दो दिन मैंने बेथनी बीच डेलावेयर पर बिताए, जहाँ मैंने बोर्क के लिए तैयारी की और इसके बाद अंतिम मिनट में ज्यूडिशियल स्टाफ़ और विवरणात्मक पुस्तकों के ढेर के साथ चार्टर प्लेन में आयोवा की तरफ उड़ान भरी। डेस मोइन्स जाने के पूरे रास्ते हम बोर्क—नौवें संशोधन, चौदहवें संशोधन, ग्रिस्वोल्ड से लेकर आजनस्टैट्ट से रोव तक निजता के अधिकार संदर्भों, बोर्क का पूर्व नजीरों पर नजरिया और मौलिक अधिकारों पर पूर्व जस्टिस जॉन मार्शल हार्नेल III के नजरिए पर बातें करते रहे। डेस मोइंस की फ्लाइट के दौरान हमने बोर्क के प्रभाव पर भी बात करना बंद नहीं किया। मैंने स्वीकार किया कि स्टेट फेयर बहस की तैयारी में समय न देने के पूछे थोड़ी मात्रा में अहंकार भी था। यह मेरी सोच से बाहर की बात थी कि यह अपने आप सुलझ जाएगा। यह मेरे विश्वास की बात थी कि मैं इन गरमियों में सबसे महत्त्वपूर्ण कैंपेन कार्यक्रम में बात करके निकल जाऊँगा। उन गरमियों में आयोवा स्टेट फेयर बहस से बड़ा कोई राजनीतिक कार्यक्रम नहीं था और मैंने इसकी योजना बनाने के लिए लगभग कोई समय नहीं दिया, जब विमान ने डेस मोइन्स की जमीन को छुआ, तब तक मैंने शुरुआत और समापन भी तैयार नहीं किए थे।

डेविड विलहेल्म हमें विमान में मिले तथा मेला-मैदान तक जाने के रास्ते में उन्होंने मेरे समापन के बारे में पूछा। मैंने कहा कि अभी तैयार नहीं है। उन्होंने कहा, "अच्छी खबर है कि मुझे सात उम्मीदवारों में सबसे अंत में समापन का अधिकार मिला है, लेकिन फिर भी मुझे कुछ तो सोचना ही होगा।" उस दिन डेविड ने वैन में कहा, "आप मंच वाली बात का इस्तेमाल क्यों नहीं करते। यह बहुत अच्छा काम करता है।"

जब हम मेला-मैदान में पहुँचे तो बहस के आयोजकों ने हम सब उम्मीदवारों को अलग होल्डिंग पेन दिया और मेरे पास शुरुआत व समापन को लिखने के लिए करीब बीस मिनट थे, लेकिन इससे पहले कि मैं शुरू करता, मुझे जेसी जैक्सन का फौरन आने का बुलावा आया तो मैं जेसी से मिलने चला गया, जो मेरी मदद करने का प्रयास कर रहे थे। हर उम्मीदवार को दूसरे उम्मीदवार से एक सवाल पूछना था। रेवरेंड जैक्सन ने मुझे चुना था और वे मुझे सवाल संबंधी जानकारी देना चाहते थे। मैंने उनसे कहा कि उन्हें ऐसा करने की जरूरत नहीं, लेकिन जेसी ने कहा कि वे छोटे कद के डुकाकिस की निचले दर्जे की जुगतबाजी से तंग आ गए हैं। इन दोस्तों के बीच काफी कलह थी। वे काररवाई में थोड़ी शालीनता लाने का प्रयास कर रहे थे, जब तक मैं अपने होल्डिंग पेन पर वापस लौटा, तब तक हमारा मंच से बुलावा

आ गया था तो मैं अब श्रोताओं के सामने तीन मोड़वाला कागज लिये बैठा था, जिसपर मुझे अपना समापन लिखना था।

बहस बढ़िया रही और जब मेरे समापन की बारी आई, मैंने किनोक की मंच वाली बात कह दी, लेकिन समय कम था, इसलिए मैंने जल्दी की—'यहाँ आते वक्त मैं सोच रहा था कि जो बाइडन अपने परिवार में विश्वविद्यालय जानेवाला पहला व्यक्ति क्यों है?' मैं यह सब अपनी स्मृति के आधार पर बोल रहा था। कोयला खनन का काम करनेवालों का परिवार। क्या वे बुद्धिमान नहीं थे? क्या वे कमजोर थे? नहीं…उन्हें खड़े होने के लिए मंच नहीं मिला। भावनाओं की शक्ति अचूक होती है। मेरे बोलते वक्त वहाँ पूर्ण खामोशी छाई थी और मुझे नीचे देखने पर पहली कतार में बैठी वह महिला याद है, जो हरसंभव प्रयास के बावजूद अपने आँसू नहीं रोक सकी।

जब हम मंच से उतरे तो मेरे स्टाफ का एक सदस्य मुझसे मिला और कहा, "आपने किनोक का उल्लेख नहीं लिया?" मुझे रुककर श्रेय देने लायक समय नहीं मिला था। उम्मीदवारों व उनके प्रतिनिधियों से बात करने के लिए पत्रकारों का भारी जमघट मंच पर चढ़ गया था।

मैं पत्रकारों से घिरा रहने पर सिर्फ इतना कह सका, देखो दोस्तो, मैं रिकॉर्ड के लिए साफ कर देना चाहता हूँ कि मैंने अपना चुनावी भाषण जहाँ समाप्त किया था, उसका श्रेय किनोक को जाता है। मैंने नहीं कहा कि "जैसा किनोक ने कहा है।" मुझे ऐसा कहना चाहिए था। मैं हमेशा कहता हूँ। यह उनकी जुबान थी।

"काश मैंने कहा होता।"

सुनवाई से कुछ सप्ताह पहले मैं संपादकीय बोर्ड से मिला, जिनमें बाकी सबके साथ ही टाइम, वाशिंगटन पोस्ट और न्यूयॉर्क टाइम्स भी थे। उनमें से ज्यादातर के लिए बोर्क पहले थे और वे स्पष्ट रूप से निश्चयात्मक थे। मुझे लग रहा था, जैसे बोर्ड में ऐसे बहुत से लोग हैं, जो साफतौर पर मेरी समर्थन प्रक्रिया में विचारधारा के निष्पक्ष खेल होने के तर्क के कायल नहीं थे, लेकिन मैंने पुराने जॉन रूटलेज का रुख किया और न्यायिक दर्शन के मुद्दे को सुप्रीम कोर्ट नामांकन को उचित पैमाना बताया। मैंने मौलिक अधिकारों, दृष्टांतानुसरण और जज के संविधान के साथ निष्प्राण अनुबंध पर बोर्क के नजरिए पर बात की। मुझे संपादकों को नौवें संशोधन पर बोर्क का नजरिया बताना अच्छा लगा। बोर्क ने कहा था, 'जब प्रावधान का अर्थ अज्ञात हो तो जज अपने सामने रखे दस्तावेज पर पानी के धब्बे से ज्यादा कुछ नहीं होता और उसके लिए उचित क्रिया इसे अनदेखा करना है।'

मुझे भरोसा नहीं था कि संपादकीय बोर्ड अपने प्रकाशन में मेरा समर्थन करेंगे, लेकिन मुझे आशा थी कि वे सुनवाई से पहले कम-से-कम बोर्क का समर्थन करना बंद कर दें और तब तक मैं जज साहब के साथ बौद्धिक युद्ध के लिए पूरी तरह तैयार हो चुका था। सुनवाई आरंभ होने से एक सप्ताह पहले का वक्त प्रीसीजन के समापन और वर्ष के पहले फुटबॉल गेम के जैसा था। मैं जीत की गारंटी नहीं ले सकता था, लेकिन मैं तैयार था। मैं बढ़िया स्थिति में था। मैं बॉल को समझ रहा था। मैं अपने पिछले पैटर्न को जानता था और मैं वह दाँव जानता था, जो सबसे अच्छा काम करेगा।

मजदूर दिवस तक मुझे यकीन हो गया था कि मैं ऐसा खेलूँगा कि लक्ष्य तक पहुँच सकूँ। हमने सर्वेक्षण करवाया था, जिसके अनुसार बोर्क कमजोर थे, यदि हम नस्ल और लिंग पर उनकी निजी असंवेदनशीलता को विशेष रूप से दरशा सकें, लेकिन मैं असहमत था। यह व्यक्तिगत नहीं होना चाहिए; यह बस बोर्क जैसे हो सकते हैं, उस तक रहे। मुझे याद है कि मैं कब आश्वस्त हुआ। यह विलमिंगटन में अगस्त अंत के गरम दिन थे, जब हम शब्दों की कानूनी बारीकियों का सार निकालने का प्रयास कर रहे थे, जो आम लोगों को समझ आएँ। मेरे दोस्त और लंबे समय से कर्मचारी रहे, विंस डी'अन्ना, कानून के प्रोफेसरों और संविधान विद्वानों से संवाद करके इसे ज्यादा भारी व अजीब बनने से बचाने में मदद कर रहे थे। एक दिन मैं और विंस ग्रिस्वोल्ड के फैसले पर बात कर रहे थे, जिसकी बोर्क ने इतनी आक्रामक आलोचना की थी। मैंने विंस से कहा, "क्या आप कल्पना कर सकते हैं कि मैं गिरार्डो रेस्टोरेंट जाऊँ और वहाँ मौजूद विवाहित दंपती से सॉफ्टबॉल गेम के बाद कहूँ कि मैं उनका गर्भनिरोध का अधिकार छीन रहा हूँ?"

"वे पागल हो जाएँगे?"

"हमें इसे निजता से जोड़ना चाहिए," मैंने कहा। हमें गर्भपात की जरूरत ही नहीं होगी। इसकी कुंजी ग्रिस्वोल्ड हैं। मैंने प्रोफेसर कुरलैंड को सुझाव दिया कि अब स्थानीय शॉपिंग मॉल में छोटी सी परीक्षा का समय आ गया है। मैंने कहा, "मैं बताता हूँ, क्या करना है। हम वहाँ जाएँगे और वहाँ घूम रहे पहले तीन या चार लोगों से पूछेंगे कि 'क्या एक महिला और पुरुष, जो अपने बेडरूम की प्राइवेसी में हैं, उन्हें यह फैसला लेने का अधिकार है कि वे बच्चा चाहते हैं या नहीं, गर्भनिरोधक का इस्तेमाल करें या वे किस तरह से सेक्स करते हैं?' आप क्या सोचते हैं?"

प्रो. कुरलैंड इस प्रयोग से नहीं जुड़ना चाहते थे। इस अनुदारवादी विद्वान् को

गरमियों के तपते दिन शॉपिंग मॉल में लोगों से सेक्स के बारे में उनके विचार पूछना बुरे टेलीविजन गैंग जैसा लगा, लेकिन फिर भी हमने यह किया। मुझे लगता है कि कुरलैंड को इससे राहत मिली कि हमें इसके लिए किसी के पास जाना नहीं पड़ा। जो लोग मुझे जानते थे, वे मेरे पास आकर कहते, "हेलो जो," और मैं उनसे पूछता कि उनके अनुसार क्या विवाहित दंपती को गर्भनिरोधक के उपयोग का अधिकार है। वे मुझे ऐसे देखते, जैसे मैं सनक गया हूँ। "जरूर होना चाहिए!" और जब मैं पूछता कि 'क्यों' तो किसी ने भी निजता का वास्ता नहीं दिया। उन सबने कहा, "संविधान के कारण।"

□□□